Kock

P. de Kock.

L'Homme de la Nature

L'HOMME
DE LA NATURE

ET

L'HOMME POLICÉ,

PAR

CH. PAUL DE KOCK.

ÉDITION ILLUSTRÉE DE 31 VIGNETTES PAR BERTALL.

PRIX : **1** FRANC **10** CENTIMES.

PARIS

PUBLIÉ PAR GUSTAVE BARBA, LIBRAIRE-ÉDITEUR

8, RUE CASSETTE, 8

Toute traduction ou contrefaçon est interdite en France et à l'Etranger. (Propriété de l'Editeur.)

L'HOMME DE LA NATURE ET L'HOMME POLICÉ

PAR PAUL DE KOCK

CHAPITRE PREMIER. — Les deux Frères. — Les deux Naissances.

Dans une belle allée, ombragée par de grands peupliers, et qui se trouvait à l'extrémité d'une immense pelouse, deux hommes se promenaient depuis longtemps : l'un semblait goûter paisiblement les plaisirs de la promenade, l'autre paraissait fort agité ; il marchait à grands pas, puis s'arrêtait brusquement pour regarder à l'autre extrémité de la pelouse, où l'on apercevait deux jolies maisons bâties à la moderne, et qui, séparées seulement par quelques toises de terrain, dominaient une colline d'où l'on découvrait à peu de distance la jolie ville de Gisors, le petit hameau de Boisgelon, les ruines de l'ancien château de Vaux et plusieurs villages des environs, tels que Basincourt Saint-Eloi et Bernouville.

Ces deux propriétés étant très-voisines et à peu près de la même dimension, elles paraissaient de loin ne former que deux corps de logis de la même habitation ; mais en approchant on remarquait entre elles beaucoup de différence.

La première, simple, mais

M. Tourterelle était un adorateur du beau sexe.

de bon goût, n'offrait rien de remarquable à l'œil du voyageur. La cour, qui se trouvait en avant des bâtiments, était fermée par une grille de fer, à chaque coin de laquelle était planté un acacia. Dans la cour, il n'y avait ni arbustes ni statues, et la porte du vestibule par lequel on entrait dans l'intérieur de la maison était presque constamment fermée.

La seconde habitation était bâtie sur un plan semblable. Une cour précédait aussi les bâtiments, mais au milieu de cette cour on avait fait faire un bassin d'une vingtaine de pieds de diamètre, et dans le milieu du bassin un tuyau de plomb indiquait l'intention d'avoir un jet d'eau. Des caisses d'orangers, de lauriers, de grenadiers et des bancs étaient placés tout autour, probablement pour prendre le frais ou regarder nager les cygnes que l'on aurait mis dans le bassin si l'eau avait voulu y séjourner ; mais, malgré tous les efforts d'un architecte de Gisors et d'un inspecteur de ponts et chaussées, le tuyau n'avait jamais envoyé une goutte d'eau, et le bassin, si ce n'est dans plusieurs endroits, offrait dans d'autres quelques petites mares verdâtres, où, au lieu de cygnes, on n'apercevait que des têtards.

La grille d'entrée était dorée ; à chaque coin on voyait, en dedans, une statue représentant un gladiateur menaçant son adversaire, et le personnage était peint en couleur de chair, pour que l'illusion fût plus complète. Le vestibule n'avait point de porte, afin que l'œil pût plonger à travers une salle basse et apercevoir les jardins. Enfin un berger et sa bergère, en porcelaine coloriée, étaient placés à l'entrée de ce vestibule, et, par leur sourire gracieux, formaient un contraste piquant avec les poses farouches des Romains tout nus qui semblaient défendre l'entrée de la grille.

Les deux hommes qui se promenaient dans l'allée de peupliers étaient de la même taille, à peu près du même âge, et il y avait, de loin, quelques rapports dans leurs traits; mais, vus de près, on remarquait entre eux beaucoup de différence.

L'un, avec une figure peu régulière, avait dans les yeux quelque chose de spirituel, dans le sourire une expression aimable ; sa physionomie était franche, prévenante, ses manières distinguées et sa tournure élégante.

L'autre avait des traits plus beaux peut-être, mais ils offraient un singulier assemblage de présomption, de fatuité et de sottise ; quelquefois on semblait vouloir donner à tout cela une expression de bonhomie, d'indifférence pour toutes les passions humaines ; mais cette bonhomie n'était jamais naturelle ; elle laissait percer ce secret contentement de soi-même, indice de l'homme qui se croit infiniment supérieur aux autres. Ce second personnage avait un abord tantôt fier, tantôt ironique ; quoique ses manières et son langage fussent toujours polis, un compliment de sa bouche vous satisfaisait moins qu'un simple mot dit par le premier ; sa tournure n'était point commune ; mais il y avait trop de roideur dans sa démarche, ou il se dandinait avec une complaisance trop affectée pour que tout cela fût fait sans intention.

Le premier de ces messieurs, celui dont l'agitation semblait à chaque instant devenir plus vive, s'est encore arrêté, et, les yeux tournés vers les habitations qui sont à sa droite, il frappe du pied, et pousse un profond soupir. L'autre promeneur ne paraît aussi ; mais il ne paraît être nullement inquiet. Il vient de ramasser un caillou, et s'amuse à le lancer dans un petit étang qui est de l'autre côté de l'allée tout en disant à son compagnon :

— Quand vous vous ferez du mal, mon frère, quand vous vous impatienterez !... les choses n'en iront pas plus vite... La nature a marqué le terme... Tout l'art des hommes n'y peut rien... Cela viendra quand ça devra venir !...

— Ah ! mon frère, que vous êtes heureux de conserver tant de sang-froid... de tranquillité dans un tel moment !...

— Oui, c'est vrai, j'ai du calme... de la tête... Oh ! je puis me flatter d'avoir une tête bien heureusement organisée... Il y a de tout dans cette tête-là... Mathématiques, physique, chimie, mécanique, sciences, arts, invention... oh ! invention surtout !... J'ai le génie essentiellement inventif ; quand je songe à tous les procédés nouveaux dont on aurait pu faire usage si l'on avait voulu me croire... Et pourtant je n'ai encore que trente-huit ans ; juste trois années de plus que vous : je suis de 68, et nous sommes en 1806... Mais non, on n'a pas voulu employer mon génie, on a été jaloux de mes talents, on a dénigré mes inventions... Alors j'ai vu que les hommes étaient des ingrats, je me suis renfermé en moi-même, j'ai renoncé à me rendre utile, et j'ai dit : Bornons-nous à faire des enfants à ma femme.

— Pour cela, mon frère, ce n'est pas une chose que vous ayez inventée ; il me semble même que vous avez mis beaucoup de temps à l'exécuter.

— Je pourrais vous en dire autant.

— Mon frère... n'entendez-vous pas des cris ?...

— Non... Je n'entends que les canards qui barbotent dans ce ruisseau et les merles qui sifflent au-dessus de ma tête... Soyez donc tranquille, mon cher Rémonville... on viendra vous avertir... Notre ami Tourterelle n'est-il pas là ?...

— Je ne pense pas qu'il soit auprès de ma femme pendant qu'elle est en mal d'enfant.

— Et moi, je ne verrais aucun mal à ce qu'il fût auprès de la mienne... parce que, voyez-vous, mon frère, dans un moment semblable... il n'y a plus de sexe...

— Il me semble au contraire que c'est dans ce moment-là que l'on doit le plus de reconnaissance à la femme... Comment confondre celle qui souffre tant pour nous donner la vie, et celui qui pour cela n'a eu que du plaisir ?...

— Ah ! mon frère ! vous allez trop loin... Je ne suis pas d'avis que ce soit tout plaisir pour nous !... Il y a même des circonstances où...

— Chut !... écoutez... Ne vous appelle-t-on pas ?

— Eh ! non, encore une fois. D'ailleurs, n'ai-je pas dit à Rongin, mon concierge, de venir vous prévenir dès que tout sera terminé ?... Quant à moi, dès que ma femme sera accouchée, j'en serai averti... et, qui plus est, je saurai aussitôt le sexe de l'enfant. J'ai donné mes instructions pour cela à Rongin : un pétard si c'est une fille, et trois pétards pour un garçon !...

— Ah ! peu m'importe le sexe... que mon Amélie cesse de souffrir ; que j'aie un enfant, ne serai-je pas trop heureux ? Un enfant ! Ah ! mon frère, quel bonheur ce mot renferme ! Ne le sentez-vous pas comme moi, puisque votre femme se trouve, ainsi que la mienne, au moment de vous rendre père ?... Quel singulier hasard !... quel plaisir pour nous deux, mon cher Adrien ! nous serons pères le même jour... et si les projets, si les vœux de ces dames se réalisent, que nous ayons l'un une fille, l'autre un garçon, qui nous empêchera de marier ensemble nos enfants ? Il est si doux de resserrer les liens de la nature, et de n'avoir pas à sortir du petit cercle où l'on vit pour voir tous ceux que l'on aime !

M. Adrien Rémonville était en ce moment occupé à ôter quelques petites plantes qui s'étaient attachées à un de ses pieds ; il répondit d'un air presque indifférent, et en avançant ses lèvres pour singer la bonhomie :

— Oui, sans doute... c'est fort agréable... et nous pouvons faire des projets. D'ailleurs, cela n'engage à rien ; on peut toujours faire des projets... Moi, autrefois j'avais des vues élevées... J'avais l'ambition d'utiliser mon génie inventif ; on n'a pas su m'apprécier ; tant pis !... Désormais je ne me casserai plus la tête pour un monde ingrat.

— Mais, mon frère, vous vous plaignez sans cesse des hommes. Vous prétendez que vos talents ont été méconnus. Il me semble que plusieurs fois, cependant, on les a mis à l'épreuve. Il y a huit ans environ, on vous nomma à un poste important ; vous étiez chargé de faire partir les dépêches du gouvernement. Bientôt les courriers cessent d'apporter des nouvelles ; on s'inquiète, on s'informe, on se rend à votre bureau, et on y trouve plus de deux cents dépêches qui depuis quinze jours devaient être parties !

— Parbleu ! cela se conçoit ; depuis quinze jours, moi, je cherchais un nouveau procédé pour faire parvenir les dépêches plus vite, et je l'avais trouvé au moment où l'on me força à donner ma démission de mon emploi.

— Une autre fois, un gros fournisseur se charge de l'entreprise de nouvelles chaises de poste. C'était une belle affaire, où l'on devait gagner beaucoup d'argent. Il vous met à la tête d'une administration. Bientôt toutes les voitures cessent de rouler.

— Comme c'est malin ! parce qu'avant de les faire rouler, je voulais, moi, les perfectionner. J'avais trouvé et je trouve encore un grand vice dans la manière dont sont tirées les voitures ; c'est qu'elles offrent à ceux qui sont dedans le derrière d'un cheval en perspective. Vous conviendrez, mon frère, que cela est indécent, et désagréable...

— Ah ! vous vouliez faire marcher les chevaux comme les écrevisses ? — Non, mon frère, non ; je ne prétends pas réformer les bêtes ; mais j'avais trouvé un fort joli expédient ; c'était de retourner la caisse du cabriolet... Par ce moyen, le voyageur allait en arrière, et il n'avait pas la queue du cheval sous le nez. Mais, je vous le répète, mon frère, mon tort c'est que j'avais trop de talents, de génie ; je savais trop de choses, et c'est ce qui allumait la jalousie contre moi...

M. Rémonville n'écoute plus son frère. Il s'éloigne de lui avec impatience, et marche à grands pas sur la pelouse en s'écriant : Point de nouvelle ! je n'y tiens plus... Je vais aller demander... Mais entendre ses cris !... je n'en ai pas la force... Amélie ; qui sent tout le mal que cela me ferait, m'a ordonné elle-même de m'éloigner.

M. Adrien suit lentement son frère en disant : Moi, qui ai les nerfs moins sensibles que vous, je serais bien resté près de ma femme ; mais c'est elle qui ne l'a pas voulu. Vous savez que je prends souvent du tabac ; Céleste a prétendu que toutes les fois que j'ouvrais ma tabatière, cela faisait un bruit, un son qui lui faisait mal !... Par enfantillage !... Ma tabatière crie un peu, c'est vrai ; mais cela n'a rien de désagréable : cela imite la cornemuse, voilà tout. Certes j'aurais été enchanté de recevoir, le premier, notre enfant dans mes bras ; mais, comme il m'est impossible d'être plus de trois minutes sans prendre du tabac, je suis sorti de chez ma femme, et j'ai aussi bien fait ! car il y a plus d'une heure de cela, et il n'y a pas de raison pour que cela finisse aujourd'hui.

En disant ces mots, M. Adrien Rémonville tire de sa poche une forte boîte tabatière, qui en s'ouvrant laisse effectivement échapper un son prolongé. Il y puise une ample pincée de tabac, qu'il prend avec une certaine grâce, et s'écrie en riant :

— Au fait, c'est très-drôle que nos deux femmes... le même jour... à la même heure... Cela ferait présumer qu'il y a neuf mois c'était aussi au même moment que...

Un petit monsieur, qui venait d'une des deux propriétés, parut en ce moment sur la pelouse. C'était un homme de trente-six ans, un peu gras, un peu court pour son embonpoint, mais dont la figure, qui souriait continuellement, était fraîche et animée. Ses traits petits le paraissaient encore plus, cachés par deux joues qui menaçaient de faire totalement disparaître son nez ; mais ses yeux étaient très-vifs, ses dents fort blanches, et ses lèvres d'un vermeil un peu trop éclatant. La mise de ce monsieur était soignée, ses favoris étaient peignés avec symétrie, et ses souliers toujours bien luisants.

— Voilà Tourterelle ! dit M. Adrien Rémonville en apercevant le petit monsieur. Il vient à nous... c'est qu'il y a du nouveau ; ce-

pendant je n'ai pas entendu les pétards... Est-ce que ma poudre aurait fait long feu ?...
— Comme il vient lentement! dit M. Rémonville. — Bah! vous ne voyez pas qu'il court au contraire ?

M. Tourterelle courait en effet sur la pelouse, mais son embonpoint l'empêchait de courir vite, et de temps à autre il s'arrêtait pour reprendre sa respiration, et ôter de la rosée qui se mettait sur ses souliers.

— Je n'ose plus aller au-devant de lui, dit M. Rémonville en pâlissant ; s'il venait m'apprendre une fâcheuse nouvelle... Ma pauvre Amélie ! c'est à elle seule que je pense en ce moment...

— Je gage que la nouvelle est bonne... Voyez... Tourterelle sourit.

— Eh ! n'est-ce pas toujours ainsi qu'il aborde chacun ? — Vous aurez une fille, mon garçon... J'ai parié avec le receveur de Gisors une poularde du Mans que j'aurais un garçon.

— Ah ! que j'aie un garçon ou une fille, un enfant n'est-il pas toujours un trésor de plus ?... Mais Tourterelle approche enfin. Eh bien ! quelle nouvelle ?... Parlez... parlez donc... Est-elle accouchée ? De quoi ?

Le petit homme, qui continuait de courir sous lui, s'arrête tout à coup, et porte la main à sa jambe gauche en s'écriant : — Aïe ! une ortie !...

— De quoi dit-il que votre femme est accouchée ? dit Adrien en prenant sa tabatière ; je n'ai pas bien entendu.

M. Tourterelle court à Tourterelle, qui continuait à se frotter la jambe, au lieu d'avancer, et il lui répète avec une espèce d'emportement : — De grâce, monsieur ! que venez-vous dire ?

Le petit homme relève alors la tête, et tâchant de cacher la grimace qu'il faisait en se grattant sous son sourire habituel, il prend la main de M. Rémonville en s'écriant :

— Recevez mes compliments, monsieur Rémonville. J'ai voulu être le premier... J'étais là-bas... entre nos deux maisons... et je courais sans cesse de lune à l'autre en criant : Est-ce fait ?... — Eh bien ! mon Amélie est accouchée ? — Oui, mon cher monsieur, heureusement accouchée, et d'un beau garçon...

— Elle est accouchée !... D'un garçon !... je suis père !... Ah ! monsieur Tourterelle !... Ah ! mon frère !...

Et M. Rémonville se jette dans les bras du nouveau venu, son frère ; il les embrasse, les étouffe, puis les quitte en s'écriant : — Je vais le voir... je vais embrasser ma femme et mon fils !

M. Rémonville est déjà dans sa maison que les deux messieurs sont encore à la place où il les a laissés, l'un arrangeant la rosette de sa cravate qui a été froissée dans les embrassements de son ami, l'autre tâchant de composer sa figure, qui s'est extrêmement allongée en apprenant que son frère avait un garçon.

M. Adrien se décide à tirer de nouveau sa tabatière de sa poche, et pendant qu'il lui fait jouer de la trompette, il dit à demi-voix :

— Mon frère a un garçon... c'est drôle... j'aurais cru qu'il aurait une fille, mon garçon... Cependant j'ai parié une poularde du Mans que j'aurais un fils... et ma femme qui n'accouche pas en même temps que sa belle-sœur... c'est désagréable... Dites-moi donc, mon cher Tourterelle, pourquoi ma femme n'est-elle pas accouchée ?

M. Tourterelle, qui venait seulement de finir d'arranger sa rosette, se pose comme un maître d'armes devant son interlocuteur en disant :

— Est-elle bien faite ?

— Qui ? ma femme ?... Elle est moulée. — Non, je vous demandais si elle n'était pas un peu chiffonnée ? — Chiffonnée !... à vingt-huit ans !... avec une santé... une fraîcheur !... la plus belle femme du Vexin normand !...

— Mon cher ami, vous ne m'entendez pas, je vous parlais de ma cravate, que votre frère a totalement dérangée en me pressant dans ses bras... Quant à madame votre épouse, personne plus que moi ne lui rend justice : une taille ! une grâce ! une tournure !... Oui, je crois, sans trop de présomption, que nous faisons un assez joli couple !... C'est pour cela que j'aurais été bien aise d'avoir un fils... J'avais même déjà des idées... des projets... Oh ! je ne l'aurais pas élevé comme tout le monde !...— Qui le sait mieux que moi ?...

— Moi, je n'aime pas ces pelouses avec des herbes hautes : cela vous cache les pierres, les orties ; on se pique, il vous vient des ampoules, et c'est désagréable !

— Après tout, qu'importe que ce soit une fille ou un garçon ?... Ne suis-je pas maintenant revenu du monde et revenu de toutes mes vanités ?... Je suis un bon campagnard... J'ai huit mille livres de rente, et je plante tranquillement mes choux !...

— Ah ! vous êtes un véritable philosophe, mon cher monsieur Adrien. — Eh, mon Dieu ! mon ami, je l'ai toujours été... J'aurais donné mon temps, mes talents à mes concitoyens, ce n'était certainement pas par ambition..., — Qui le sait mieux que moi ?... Vous l'homme le plus champêtre du département !... — On ne m'a pas employé, tant mieux pour moi... je vivrai plus heureux... Après tout, et en y réfléchissant bien, je crois qu'il me sera beaucoup plus agréable d'avoir une fille...

— Je suis de votre avis : il n'y a rien de gentil comme une fille !...

— Une fille s'élève tranquillement... C'est une compagnie pour la maman... On n'a pas d'inquiétude à avoir... on lui donne une dot et on la marie, ça va tout seul !...

— Oui, une fille, cela peut aller tout seul.

— Ensuite, une fille, alors même qu'elle n'aurait pas un grand génie... qu'elle serait bête même, pourvu qu'elle se tienne bien en société, qu'elle fasse agréablement la révérence, qu'elle soit sage et modeste, n'est-ce pas suffisant ?

— Certainement que c'est suffisant ; et il n'y a aucun inconvénient à ce qu'une fille soit bête.

— Tandis qu'un garçon !... quelle différence !... Il faut absolument qu'un garçon ait de l'esprit, du génie même, surtout quand il descend d'une famille distinguée.

— Oui, un garçon est obligé... tenu à avoir de l'esprit... C'est ce que mon père m'a répété cent fois !

— Et puis un garçon !... combien de tourments cela peut nous causer !... que d'inquiétudes... de peines pour en faire quelque chose de bon !... Et qui sait encore si on réussira ?

— Ma foi... vous avez raison ; on n'en sait rien du tout.

— Je désirais un garçon, mais qui m'eût dit que mon fils ne serait pas devenu un très-mauvais sujet ?...

— Les garçons tournent souvent en mauvais sujets.

— Qui me dit que ce garçon n'eût pas été un dissipateur ?

— Les garçons dépensent beaucoup en général.

— Qui me dit que ce garçon ne serait pas devenu libertin ?...

— C'est juste !... pourquoi ne serait-ce pas un libertin ?

— Qui me dit même que ce garçon ne deviendrait pas un voleur ?...

— Au fait... qui empêcherait que ce ne fût un voleur ?

— Ah ! mon cher Tourterelle ! on désire des enfants ; on ne sait pas ce qu'on demande ! on ne réfléchit pas, on ne songe pas à tout ce qui peut résulter de la naissance d'un enfant !... Mais, comme je vous le disais, au moins avec une fille...

En ce moment une explosion se fait entendre. Le bruit partait de la maison au bassin.

— Qu'est-ce que c'est que cela ? demande M. Tourterelle. — Je sais ce que c'est, répond Adrien, dont la figure s'allonge encore plus en voyant que le bruit ne continue pas. C'est un pétard... Cela m'annonce que ma femme vient d'accoucher d'une fille.

M. Tourterelle allait faire un compliment au papa lorsque deux autres pétards partirent presque au même instant.

— A ce bruit, la figure d'Adrien Rémonville a entièrement changé. Il fait le saut en l'air, il bat des mains, il frappe sur le ventre de son ami, il est rayonnant, et peut à peine s'écrier :

— C'est un fils !... c'est un garçon !... J'ai aussi un garçon. Ah ! mon ami !... mon cher Tourterelle !... que je suis heureux !...

Et après avoir aussi passé dans ses bras le complaisant ami, M. Adrien court vers sa demeure en sautant, en dansant, en faisant mille folies.

M. Tourterelle, qui allait le complimenter sur la naissance d'une fille, le regarde courir et sauter dans la plaine d'un air étonné. Puis, examinant le désordre apporté de nouveau dans sa toilette, il s'écrie :

— Voilà deux garçons dont la naissance m'a valu de bien rudes embrassades... Ouf !... C'est heureux que ces dames n'aient point eu de jumeaux... car les papas m'auraient étouffé !... Et tout cela pour deux petits garçons qui seront peut-être méchants comme des ânes. J'aime bien mieux les petites filles, moi !

Après s'être rajusté et avoir passé en revue toutes les parties de son costume, le petit monsieur reprend le chemin de la pelouse en regardant avec attention s'il ne pose pas ses pieds sur des orties.

CHAPITRE II. — Le concierge Rongin.

La maison toute simple qui était sur la gauche de la colline appartenait au plus jeune des Rémonville, qui cependant aurait pu, à juste titre, afficher plus de luxe que son frère, car il possédait douze mille francs de rente, tandis que M. Adrien n'en avait plus que huit ; cette différence dans leurs fortunes, qui avaient été égales à la mort de leur père, provenait de celle qui existait dans leur esprit, dans leur caractère. Le cadet avait les goûts simples et bornés ; Adrien, au contraire, avait toujours eu la prétention d'être quelque chose et de faire parler de lui.

Les inventions ruinent quand elles ne réussissent pas ; Adrien avait dépensé de l'argent dans des essais, des mécaniques nouvelles ; il y avait réussi comme dans son emploi pour les dépêches et les voitures. Voyant qu'on ne l'écoutait plus ou qu'on se moquait de lui, M. Adrien avait affecté le plus profond mépris pour le monde, et s'était fait misanthrope pour être au moins quelque chose.

Pendant quelque temps, il avait fui la société ; retiré dans la maison de campagne qu'il venait d'acheter tout à côté de celle de son frère, il ne voulait ni recevoir personne, tenait constamment ses volets fermés, et ne sortait que le soir, fuyant la rencontre d'un paysan, et ne se promenant que dans les endroits isolés. C'est à cette époque qu'il avait fait placer contre sa grille les deux gladiateurs qui semblaient menacer les passants.

Adrien espérait que cette conduite attirerait l'attention générale, que dans tout le canton on le citerait comme un être singulier, que les hommes le regarderaient avec curiosité, et que les petites filles auraient peur de lui.

Mais le pauvre Adrien avait du malheur : on ne fit aucune attention à sa manière de vivre; son frère, qui d'abord l'avait vivement sollicité de venir souvent le voir, le laissa en repos dans sa maison; et les petites filles passèrent à côté de lui sans frémir, parce qu'il n'y avait rien dans sa personne qui ressemblât à *Robert le Diable* ou à la *Mère Grand*.

Ennuyé de faire le misanthrope seulement pour son portier et son jardinier, Adrien changea encore de manière de vivre : il retourna dans la société, revit le monde; alors il se fit bonhomme, mais bonhomme caustique, bonhomme railleur quelquefois; ce n'était qu'un faux bonhomme enfin, car il faut beaucoup d'esprit pour soutenir avec talent un caractère qui n'est pas le nôtre, et M. Adrien grimaçait quand il voulait être naturel.

Son frère venait d'épouser une demoiselle jolie, aimable, bien élevée et qui avait une honnête aisance. Adrien se maria avec une jeune personne qui n'avait rien et sur le compte de laquelle couraient quelques histoires peu rassurantes pour un mari; mais en faisant ce mariage, Adrien voulut encore prouver qu'il était au-dessus des propos des mauvaises langues. C'est à cette époque qu'il fit placer un berger et une bergère à la porte de son vestibule. Malgré cette différence de caractère, les deux frères vivaient en assez bonne intelligence. Le cadet, qui avait de l'esprit, cédait assez ordinairement à l'aîné; et celui-ci, qui dans le fond n'était pas méchant, devenait assez sociable avec les personnes qui semblaient vaincues par ses raisonnements. Les belles-sœurs se voyaient aussi, mais elles s'aimaient peu; il n'y avait aucune analogie dans leur manière d'être, et les liens du sang n'avaient pas là pour faire passer sur la différence des caractères : on se voyait parce qu'on demeurait tout près l'un de l'autre, qu'à la campagne on est bien aise de trouver à côté de soi de la société, et que, depuis qu'il avait renoncé à être misanthrope, M. Adrien s'ennuyait en tête-à-tête avec sa femme.

Quant à M. Tourterelle, que nous venons de laisser au milieu de la pelouse, c'était un ami des deux frères, un commensal des deux maisons. Propriétaire à Gisors d'une filature assez médiocre, il s'était retiré des affaires pour se livrer entièrement à son penchant pour la galanterie. M. Tourterelle était un adorateur du beau sexe; il ne pouvait pas voir une femme sans soupirer; un joli pied lui donnait des palpitations, et un sein bien blanc lui causait des vertiges : il était devenu la terreur des maris de Gisors. Malgré cela les frères Rémonville le recevaient avec plaisir, et ne paraissaient nullement le craindre; le cadet se fiait à l'amour, à la vertu de sa femme; et l'aîné se regardait dans une glace avec complaisance, bien persuadé que jamais nul mortel n'oserait jouter avec lui. Tourterelle se rendait souvent aux deux habitations, qui n'étaient pas à un quart de lieue de la ville, on remarquait cependant qu'il donnait la préférence à la demeure d'Adrien, et qu'il était plus assidu près de la sensible Céleste que chez madame Amélie Rémonville.

Tout était en l'air dans les deux maisons. Deux marmots de plus venaient d'y apporter la joie, le bonheur et cette agitation qui accompagne toujours un pareil événement. M. Rémonville embrassait sa femme, son fils, ses gens; il était dans l'ivresse, et la sienne était si vraie, si franche qu'il lui fût la moue difficile de ne pas la partager. D'ailleurs M. Rémonville était aimé de ses domestiques, parce qu'il n'était jamais injuste et colère avec eux. Le désordre fut bientôt réparé, le calme rétabli; Rémonville sentit que, dans la situation de sa femme, une joie paisible convient mieux que de bruyants témoignages de contentement. Amélie avait décidé qu'elle nourrirait son enfant : il n'y avait donc point de nourrice à chercher. Rémonville alla s'asseoir près du berceau de son fils, et se livra en paix aux sentiments que faisait naître dans son âme la vue du nouveau-né.

Chez Adrien, la scène était différente. Madame avait été fort effrayée par l'explosion des trois pétards; ayant appris que son mari était l'auteur de cette surprise, elle lui fit la moue lorsqu'il vint pour la féliciter. Les cris de son fils lui faisaient déjà mal à la tête; il fallut l'emporter bien vite de sa chambre. Pendant que le papa était allé à Basincourt chercher la nourrice, le papa avait pris son héritier dans ses bras, et il le promenait en triomphe dans toutes les pièces de sa maison.

M. Tourterelle venait d'arriver devant la demeure d'Adrien, et, suivant son habitude, le concierge ne se pressait pas d'ouvrir. Enfin, quand Tourterelle eut sonné de nouveau, un homme est et jaune, ayant passé la quarantaine, dont la figure rabougrie exprimait continuellement la mauvaise humeur, et qu'une cicatrice au-dessus de l'œil droit enlaidissait encore, parut à l'extrémité de la cour et se dirigea lentement vers la grille en murmurant : — On y va!... Eh mon Dieu!... tout le monde semble s'être donné le mot ici pour faire du vacarme; et tout cela pour la naissance d'un enfant... Comme si c'était une chose extraordinaire que la naissance d'un enfant! Jadis, on ne faisait pas tant de tapage quand un garçon venait au monde.

— Monsieur Rongin, je suis à la grille, dit Tourterelle en avançant sa tête d'un air aimable.

— Je le vois bien, monsieur... et il me semble que je vais vous ouv répond Rongin en faisant la moue, quoique cela n'ait pas toujours été mon métier d'ouvrir les portes... Je me flatte que je n'étais pas né pour servir...

M. Rongin a ouvert cependant, et Tourterelle entre en disant : — Eh bien! on a donc eu un garçon aussi dans cette maison?... — Parbleu!... n'avez-vous pas entendu le tapage?... C'est pour cela qu'on m'a fait tirer des pétards... J'ai manqué d'être éborgné au troisième!... Est-ce que je suis habitué à tirer des artifices, moi? Ce n'est pas que j'aie peur de la poudre... Je porte sur le visage des marques de ma bravoure. Mais ici on vous met à toute sauce, sans avoir aucune considération pour ce que les gens ont été... Ah!... si on m'avait dit il y a vingt-cinq ans que je tirerais des pétards pour un maître?

— Monsieur Rongin, où est mon ami Adrien?... Madame se porte-t-elle bien?... Puis-je me présenter chez le papa?... — Ah! mon Dieu! vous allez le trouver... Il est quelque part... par là-bas, qui promène son marmot... Oh! vous entendrez l'enfant crier... Ça va être amusant si on le garde ici, comme monsieur le veut... Est-ce que la nourrice ne serait pas mieux chez elle?... Est-ce que les enfants ne s'élèvent pas aussi bien chez le père nourricier?... Moi, j'ai été en nourrice dans les environs de Rouen : et pourtant ma mère avait bien le moyen d'avoir aussi une nourrice chez elle si elle l'avait voulu... C'est que je suis né de parents riches et établis, sans que ça paraisse; et si je sers, ce sont les événements et la révolution qui en sont cause !...

Tourterelle se dispense d'écouter le concierge. Il le laisse repousser la grille en murmurant, et continuer ses doléances dans la cour, qui est toujours sale, parce que, au lieu de la bien balayer et de faire soigneusement son ouvrage, M. Rongin préfère se plaindre du sort et grommeler contre ses maîtres.

Tourterelle a trouvé son ami Adrien se promenant dans un salon du rez-de-chaussée, avec son fils à demi-nu dans les bras : car, à force de tourner et de retourner l'enfant, le papa avait défait une partie des langes qui le couvraient, et le marmot, qui ne demandait qu'à gigoter en liberté, donnait, à chaque minute, de son genou ou de son pied dans le nez de monsieur son père.

— Le voilà, mon cher Tourterelle, le voilà cet enfant pour lequel j'avais parié une poularde... Hein?... Voyez qu'il est beau!... qu'il est fort!... Ah!... mon frère a un garçon... Pardieu! j'en ai un aussi, moi... J'étais certain d'en avoir un... Faites-moi donc compliment, mon ami, de ce que j'ai un fils.

— Mais, dit Tourterelle après avoir embrassé l'enfant qu'on lui met sous le nez, mais... il me semble que tout à l'heure vous disiez que vous aimeriez mieux une fille.

— Je n'ai pas dire une bêtise comme cela, monsieur Tourterelle, s'écrie Adrien en s'asseyant sur un sofa; qui est-ce qui ne désire pas avant tout un garçon... un héritier de son nom, de son génie?... Qu'il me vienne des filles après, je les prendrai... Ça me sera égal. Mais le premier doit toujours être un garçon!... C'est si gentil, si noble, si agréable d'avoir un héritier!...

Ici M. Adrien est obligé de se lever et de promener l'héritier, qui fait des cris perçants, parce que le sein d'une nourrice lui serait plus agréable que les caresses de son père.

— Cette nourrice est bien longue à venir, dit le papa en marchant dans le salon pour tâcher de calmer le marmot; j'ai pourtant recommandé à François de toujours courir jusqu'au village... Ah!... Tourterelle, vous verrez cette nourrice-là!... Une femme superbe!... un teint frais!... des formes athlétiques!... et du lait!... elle enfoncerait une vache!... C'est moi qui l'ai choisie... ma femme ne s'est mêlée de rien... Vous savez d'ailleurs que j'aime assez que tout se fasse par mon ordre chez moi. Je n'aurais pas été confier mon fils à quelque paysanne sale et misérable!... — D'où est votre nourrice? — De Basincourt, rien que cela... — Diable!... la femme de mon fermier Jean-Claude, rien que cela... — Diable!... la femme de mon fermier Jean-Claude peut fort bien... Ah! ah!... ces pauvres paysans!... Mais ici je réponds d'elle à mon mari!...

— Elle consent à nourrir mon fils, parce que c'est mon fils!... Vous comprenez que je comblerai ces gens-là de bienfaits, et ces paysans aiment fort l'argent!... Et puis, quand vous voudrez voir votre enfant... Basincourt est si près... — Oh! la nourrice ne nous quittera pas!... Elle logera ici dans un pavillon du jardin... Je ne veux pas perdre mon fils de vue... Diable!... j'ai des projets sur ce garçon-là...

— Et le fermier consent à cela?... — Parbleu!... est-ce que ces gens-là ont des volontés?... D'ailleurs, ce Jean-Claude ne s'avise-t-il pas d'être jaloux de sa femme? Et comme je lui ai dit qu'une fois chez moi on ne la perdrait de vue ni le jour ni la nuit, cela m'a paru lui faire grand plaisir. Vous entendez bien qu'il n'est pas toujours à sa ferme, et pendant qu'il est aux champs, madame Jean-Claude peut fort bien... Ah! ah!... ces pauvres paysans!... Mais ici je réponds d'elle à son mari!...

— Ah ça, voilà les projets de ces dames détruits : vous savez que l'on comptait marier le cousin à sa cousine.

— C'est un plan que je regrette peu. Entre nous, je suis certain que mon frère élèvera ses enfants dans la vieille routine... il en fera des enfants... comme tous les enfants... Tandis que moi, ce n'est plus ça. J'ai d'autres desseins !... Dieu merci, je connais le monde, j'en ai par-dessus la tête, du monde!... On travaille, on étudie, on se ruine la santé, et tout cela pourquoi, Tourterelle?... répondez-moi, pourquoi?

— Mais... dit Tourterelle en se grattant la jambe gauche, c'est pour... c'est pour... — C'est pour des ingrats, des envieux, des jaloux, qui, loin de récompenser ou d'utiliser vos talents, ne chercheront qu'à vous abreuver de dégoûts, à s'opposer à vos succès enfin !... — C'est juste... c'est pour cela... — Et vous croyez que je vais lancer mon fils dans la même voie... que je vais lui casser la tête avec des sciences qui ne lui serviront à rien, le fatiguer sur des rudiments, lui donner des talents pour un monde égoïste ?... vous croyez cela, Tourterelle ? — Non... je n'ai pas dit que je le croyais.

— Vous voyez bien ce beau garçon-là ?... Tais-toi donc, mon fils... Cette nourrice est d'une lenteur !... Ce garçon-là, Tourterelle, savez-vous ce que j'en ferai ? — J'attends que vous me le disiez... — Voulez-vous vous taire, petit drôle ?... Eh bien ! mon cher ami, j'en ferai un homme !... — Ah ! vous ferez un homme... de votre fils ? — Oui, mon ami, mais non pas un homme comme les autres, non pas un homme qui souffrira les caprices et les boutades des autres... non pas un pauvre garçon bien pâle, bien savant ou bien efféminé !... J'en ferai un gaillard que ne gâteront ni les pédants ni les collèges, et qui apportera le monde cette franchise, cette candeur, cette rondeur qu'il tiendra de son père... un garçon qui n'aura point de vernis, ce poli que vous appelez de l'éducation, et que moi je nomme de la fausseté... J'en ferai un homme de la nature enfin !

— Un homme de la nature !... dit Tourterelle en s'éloignant un peu du marmot, qui, tout en criant et en gigotant, avait répandu dans l'air un parfum qui n'était pas celui de la rose. Mais oui, en effet... je crois qu'il y aura de la nature dans cet enfant-là...

— Tenez, Tourterelle, examinez de front, ces yeux... ces jambes taillées en force... Taisez-vous, polisson... Examinez ce gros ventre... voulez-vous examiner aussi ?...

— Non, non, c'est inutile, je crois que l'enfant se porte très-bien... Mais... qu'entendez-vous particulièrement par un homme de la nature ?

— J'entends que je lâcherai la bride à mon fils, et que je lui laisserai la liberté de ne faire que ce qui lui fera plaisir. Vous comprenez qu'il en conservera plus de franchise, plus de rondeur dans ses manières. Tenez, mon cher Tourterelle, je vais vous faire une comparaison qui vous frappera : N'aimons-nous pas cent fois plus le fruit qui a encore toute sa fleur, la pêche avec son duvet velouté, que lorsque la main du marchand, jaloux de lui, et l'ornant de fleurs et de feuilles, a effacé cette première fraîcheur de la nature ? — C'est juste, et je vous comprends : un homme de la nature, c'est un homme qui a conservé son velouté. — Oui, mon ami, c'est cela même ; et je veux que mon fils garde cette fraîcheur, ce duvet... c... Il faut que cette nourrice se soit perdue en chemin... François est d'une lenteur... La domestique ne peut pas quitter madame... J'ai envie d'envoyer Rongin au village.

M. Adrien s'approche d'une croisée qui donne sur la cour ; il appelle Rongin trois fois avant que celui-ci se décide à répondre. Enfin, à la quatrième, le concierge quitte un vieux volume dépareillé des *Mystères d'Udolphe*, et répond : Eh bien ! qu'est-ce encore ? On y va... une minute ! On ne peut pas être à tout !...

M. Adrien est allé se rasseoir près de Tourterelle, qui voudrait bien aussi que la nourrice arrivât. Le papa recommence à bercer son fils en disant : Mon frère a un garçon ; j'en suis bien aise... Il va l'élever... comme on élève les enfants : il voudra en faire un Voltaire, un Tacite, un Pic de la Mirandole ! Il n'en fera peut-être qu'un pédant ou un imbécile. Moi, je vais suivre une autre route ; nous verrons lequel de nous deux aura montré le plus de discernement... Ce qui m'occupe maintenant, c'est de savoir comment je nommerai mon fils...

— N'est-ce pas le parrain qui donne le nom ? — Oui, mais le parrain est un vieil oncle de ma femme qui s'appelle Hector, et veut donner ce nom-là à son filleul : certainement je n'appellerai jamais mon fils Hector... cela n'est pas assez naturel... Je voudrais un nom... qui ne fût ni rustique ni prétentieux... ni... Diable ! c'est très-difficile à trouver, un nom... Aidez-moi donc, Tourterelle !

— Il me semble que Jean... — Ah ! fi donc !... Tous les paysans s'appellent Jean... Jean-Claude, Jean-Louis, Jean-Marie ! — Les paysans sont des hommes de la nature. — Oh ! mon ami, vous n'y êtes plus !... Ceux-là sont d'une nature rustique, épaisse, lourde ; tandis que mon fils... Taisez-vous, petit... Mon fils doit nécessairement naître avec des sentiments d'une tout autre espèce, et c'est ce qui fera le charme de son naturel.

— Eh bien ! Édouard... Alfred. C'est assez joli, cela. — Oui, mais ce sont des noms de roman : un homme de la nature ne doit pas s'appeler Alfred. — Adonis ? — C'est de la mythologie, et vous conviendrez que rien n'est plus loin de la nature. — Télémaque ? — C'est de la fable. — Clovis ? — C'est de l'histoire. — Tircis ? — C'est trop pastoral. — Galaor ? — C'est trop chevaleresque. — Isaac ? — C'est trop juif. — Ma foi, mon cher ami, vous me mettez au bout de mon rouleau.

Les deux amis étaient depuis quelques minutes enfoncés dans leurs réflexions ; mais Tourterelle, loin de se casser la tête pour trouver un nom qui pût plaire à M. Adrien Rémonville, ne cherchait plus en silence que ce qu'il pourrait mettre sur sa jambe pour calmer la démangeaison que lui causait la piqûre des orties.

Tout à coup le papa se lève en poussant une exclamation de joie, et ce mouvement subit fait jeter de nouveaux cris à l'enfant.

— Je l'ai trouvé, mon cher Tourterelle, je le tiens .. J'ai ce que je cherchais. — Moi, j'ai beau chercher, je ne trouve pas ce que je veux. — Ne cherchez plus, vous dis-je ; j'ai mon affaire... Un nom absolument tel que je le voulais... un nom qui coïncide parfaitement avec mes projets sur mon fils... Je veux en faire un homme de la nature ; je le nomme Adam !... — Adam ! — Eh ! oui, Adam... Quoi de plus simple, de plus naturel ?... le nom du premier homme !... Ma foi, si celui-là n'était pas l'homme de la nature, je ne sais pas où il faudra le chercher ! — En effet... oui... Adam... Il y a eu aussi un fameux menuisier de ce nom-là qui faisait des vers... — Il n'est pas question de menuisier ! Je donne à mon fils le nom de la créature dans toute son innocence... Je veux qu'il soit le premier de son siècle dans son genre... Je veux qu'il méprise des concitoyens ingrats... qu'il n'emploie son génie que pour lui, et qu'il ne se ruine pas à donner des dîners à des gens qui ne lui en auront aucune obligation, parce que le premier homme ne s'est jamais avisé de cela... Viens, mon petit Adam... embrasse ton père... enfant de la nature... et moque-toi du reste !

— Le petit Adam criait, pleurait encore plus fort. Tourterelle, n'y tenant plus et n'ayant pas de coton à mettre dans ses oreilles, allait y fourrer des boulettes de papier.

— Maudite nourrice !... elle laissera mon fils mourir de faim, dit le papa en se promenant de nouveau dans le salon. — Je crois, mon cher ami, que vous devriez appeler votre bonne... — Non, non ; madame peut avoir besoin d'elle : je ne veux pas qu'elle s'éloigne de sa maîtresse. Mais il me semble que j'avais appelé Rongin... — Oui... il y a même assez longtemps ; mais votre concierge n'a pas l'habitude de venir quand on a besoin de lui. — Que voulez-vous, mon ami ? Rongin est un homme pour qui j'ai des égards... C'est un pauvre diable qui a eu des malheurs... Il n'était pas né pour servir... Eh ! j'ai vu ça tout de suite en le prenant chez moi !... Rongin a été parfaitement élevé... d'une très-bonne famille... Il m'a assuré que son père portait l'épée... Il a de même... Malgré cela, je voudrais pourtant bien savoir ce qui l'empêche de venir dès que je l'appelle. Rongin ! Rongin !

Enfin la porte du salon est lentement entr'ouverte, et le concierge paraît sur le seuil, où il ne fait qu'une demi-grimace parce qu'il aperçoit son maître devant lui.

— Qu'est-ce qu'on me veut ?... Qu'est-ce qu'il y a ?... — Ah ! vous voilà, Rongin. Il y a fort longtemps que je vous appelle. Où étiez-vous donc ? — J'étais chez moi, monsieur, comme c'est ma coutume... monsieur sait bien que je n'ai pas l'habitude d'aller bavarder dans la cuisine avec les bonnes... Ça n'est pas mon genre. Quand on me verra caqueter avec les cuisinières, on pourra faire une croix sur la cheminée, d'autant que d'ailleurs... — C'est bien, c'est bien, Rongin ; je connais vos bonnes manières... Dites-moi : François n'est donc pas encore revenu de Basincourt avec la femme de Jean-Claude ? comment se fait-il qu'il tarde si longtemps ?... — Je ne sais pas ce que fait François. Je n'ai pas l'habitude de le fréquenter. Mais quant à ce que je disais tout à l'heure à monsieur, je tiens à ce qu'il sache que je ne hante pas les cuisines, et que j'aime mieux rester dans ma *petite locale*, au vis-à-vis de moi-même.

— Pour un homme qui a porté l'épée, dit tout bas Tourterelle à Adrien, il me semble qu'il a parfois de singulières locutions. — Mon ami, quand un homme a eu de grands malheurs, il lui est bien permis de prendre quelquefois un masculin pour un féminin...

Pendant que les deux amis parlent bas, Rongin prend gravement sa prise de tabac, puis il continue de pérorer : — Je sais bien qu'il y a des concierges que l'on voit sans cesse avec les autres domestiques... qui causent, qui rient, qui boivent avec eux... Mais il y a homme et homme... et quand on n'est pas né pour la domesticité, on a toujours en soi-même une certaine fierté qui empêche... — C'est bon, Rongin ; je vous ai assez... Il s'agit maintenant de me chercher cette nourrice. Le petit Adam ne peut pas vivre comme cela !...

— Qu'est-ce que c'est que ça, le petit Adam ?...

M. Adrien prend un air sévère et s'écrie : — Monsieur Rongin, faites attention à ce que vous dites. Le petit Adam est mon fils... votre jeune maître... Plus de ces propos en parlant de lui, je vous en prie ; cela ne me conviendrait pas du tout.

Le concierge baisse le nez en murmurant : — Monsieur... je ne savais pas... on ne m'avait pas dit le nom de monsieur votre fils... je ne pouvais pas le deviner... — C'est assez, je vous excuse pour cette fois. Mais il me faut sur-le-champ la femme de Jean-Claude. Rongin, prenez ma petite jument beliotte, montez à cheval... galopez jusqu'à Basincourt, et ramenez la nourrice en croupe avec vous.

Rongin fait une mine d'une aune, et ne bouge pas.

— Eh bien ! Rongin, m'avez-vous entendu ? — Oui, monsieur. Mais... que je monte à cheval... — Vous devez savoir monter... je vous ai entendu dire, je crois, que votre père avait des chevaux... — Oh !... certainement... ce n'est pas ça qui m'embarrasse... cependant il y a si longtemps... et je crois que votre jument a des ce-

prices... qu'elle est peureuse... — Il n'y a pas de bête plus facile à conduire. — Mais... si je m'en vas, qui est-ce qui gardera la porte ?
— Soyez tranquille; c'est mon affaire, cela. — Votre affaire... c'est une façon de parler... il me semble que c'est la mienne à moi. — Allons, morbleu ! monsieur Rongin, dépêchez-vous ; vous devriez être déjà revenu.

Le concierge s'éloigne en murmurant, lorsqu'on ne peut plus l'entendre : — Hum !... ce ton ! Ça n'a aucune considération pour les êtres qui ont eu des malheurs... Ça croit avoir affaire à des nègres... Le plus souvent que je resterai sur son cheval quand il faudra descendre la colline !...

Rongin ne se décide qu'avec peine à entrer dans l'écurie ; il chasse de loin le cheval devant lui; mais quand il s'agit de le seller, le concierge, qui ne sait pas comment s'y prendre, tourne et retourne dans ses mains la bride, le mors, la gourmette, passant alternativement de la gauche à la droite du cheval, et n'avançant à rien.

M. Adrien, qui par une croisée regarde son concierge, frappe du pied avec impatience, et s'écrie : — Eh bien ! Rongin, est-ce pour aujourd'hui ?... — Dame ! monsieur, un moment... Moi, je n'étais pas né pour brider les chevaux.

Tourterelle, qui fait parfois des réflexions assez justes, dit alors à demi-voix : — Il me semble que j'aimerais mieux avoir à mon service quelqu'un qui fût né pour être domestique.

En ce moment on entend une ânesse braire à peu de distance. Rongin, enchanté de quitter le cheval, court regarder à travers la grille, puis s'écrie : — Voilà François qui amène la nourrice de M. Adam.

CHAPITRE III. — La Famille du fermier.

Une petite caravane venait d'arriver près de la maison ; elle se composait d'abord du jardinier François, jeune garçon de dix-huit ans au plus, mais auquel les travaux de la campagne avaient donné une taille et des formes qui auraient fait honneur à un homme de vingt-cinq. Après le jardinier, venait un gros paysan, au teint hâlé, aux mains calleuses, dont les cheveux gras et plats couvraient une tête d'une énorme dimension, et accompagnaient une face large et commune, sur laquelle on remarquait sans cesse une expression de défiance et de niaiserie...

Ce paysan portait un garçon de deux ans sur son bras gauche, et une fille de trois ans sur son bras droit. Derrière lui venaient deux marmots qui pouvaient avoir de cinq à six ans. Enfin la marche était fermée par une ânesse, qui portait sur une selle à la fermière une grosse commère, bien rouge, bien fraîche, bien vermeille, laquelle tenait dans ses bras un poupon de sept mois.

Le concierge a ouvert la grille; François est accouru le premier. A la vue de tous ces bambins, dont les chants, les ris et les cris forment déjà un accompagnement aux pleurs du petit Adam, M. Adrien dit au jardinier :
— Pourquoi donc m'amenez-vous tout ce monde-là, François ? — Dame ! monsieur, c'est la famille de Jean-Claude... Je vous ai demandé la nourrice ; je n'ai pas besoin de toute la famille pour donner à téter à mon fils. — Morbleu ! il n'y en voulu venir nous.

— S'ils restent tous ici, je n'y resterai pas! se dit Tourterelle, qui aurait déjà pris congé de son ami si on ne lui avait pas parlé de la nourrice comme d'une fort jolie femme, et M. Tourterelle est trop amateur pour s'éloigner avant de l'avoir examinée.

M. Adrien se rend dans la cour pour recevoir la famille de son fermier. Jean-Claude vient d'arriver avec ses quatre enfants ; il ne reste plus à venir que la fermière avec son poupon ; et celle-ci pique sa monture afin d'entrer au trot chez son nouveau nourrisson. Mais l'ânesse, qui d'abord a paru bien disposée, s'arrête tout à coup et se regimbe devant la grille ; la vue des deux gladiateurs effraye le pauvre animal. La nourrice, ne concevant rien à ce caprice de sa monture, qui est ordinairement plus docile, pique de nouveau la bête : et celle-ci, tournant bride subitement, se met à redescendre au grand trot la colline, au lieu d'entrer dans la maison.

M. Adrien vient de frapper amicalement sur l'épaule de son fermier, qui lui présente Pierre, Nicolas, Fanfan et Suzanne; il se retourne pour chercher la nourrice, mais il n'y a plus personne près de la grille, et M. Rongin, qui commence à s'ennuyer de bercer le petit Adam dans ses bras, demande brusquement à Jean-Claude où est sa femme.

Le fermier la cherche des yeux et s'écrie : — Tiens ! comment ? est-ce que Catherine n'est pas entrée ?... Elle venait derrière nous. Dites donc, petits, où donc qu'est vot' mère ?

Les quatre marmots sont déjà occupés à jouer, à courir dans la cour, à barboter dans le bassin; et Rongin, qui est allé se rasseoir dans sa loge, les regarde du coin de l'œil en murmurant : — Ça va être propre ici!... avec cette trôlée de paysans !... On se trompe bien si on croit que le nettoierai les saletés de toute cette marmaille !...

Jean-Claude et M. Adrien ne comprennent rien à la disparition de la nourrice. Mais François, n'ayant pas perdu de vue la belle nourrice, s'est aperçu de la retraite précipitée de l'ânesse. Il sort de la cour, et montre à son maître la paysanne, que, malgré ses cris, sa monture emmenait au grand trot, et qui n'osait se laisser glisser à terre tenant un poupon dans ses bras.

— Tiens ! faut que notre ânesse ait mangé de l'avoine, pour prendre le mors aux dents comme ça ! dit Jean-Claude d'un air niais, et en regardant tranquillement sa femme s'éloigner.

— Je ne sais pas ce que mange votre âne, mais je vois qu'il m'emporte votre femme : et vous restez là sans bouger.

— O monsieur, gn'y a pas de danger !.... Catherine sait se tenir. Tenez, voyez plutôt. — Eh, morbleu !... est-ce vous ou votre femme qui venez pour nourrir mon fils ?... Attends, mon petit Adam... on va courir après ta nourrice... Holà, François, Rongin ! remuez-vous donc, puisque ce Jean-Claude reste là comme un terme... Allez retenir ce maudit âne.

— Laissez donc, monsieur, laissez donc !... puisque je vous dis que gn'y a rien à craindre... Faut qu'il lui ait pris un caprice à c'te bête, qui est, sans comparaison, douce comme vous et moi... Mais tenez, v'là Catherine qui lui fait tourner bride et qui vous la ramène tranquillement par ici... Oh ! Catherine sait conduire.

En effet, parvenue au bas de la colline, l'ânesse s'était calmée, et la fermière, l'ayant encore fait retourner sur ses pas, revenait d'un trot plus doux vers la maison.

Mais arrivée devant la grille, et au moment où M. Adrien se flattait de remettre enfin son fils dans les bras de sa nourrice, l'ânesse, apercevant les deux gladiateurs, dresse les oreilles, se retourne brusquement, et redescend de nouveau la colline au galop, tandis que la fermière crie de toutes ses forces : — J' voyons don ! c' qui lui fait peur... Faites donc retirer vos deux domestiques qui sont à c'te porte comme s'ils voulaient nous battre... Eh ! mon Dieu ! qu' c'est donc bête d'avoir des gens déguisés comme ça en tout nu, pour effrayer les passants !

On n'entendait pas les cris de la fermière. Jean-Claude se contentait de rire niaisement en regardant l'âne rebrousser chemin ; les quatre enfants continuaient de se rouler dans la cour, de barboter dans le bassin. Tourterelle s'éloignait d'eux pour ne pas recevoir de l'eau, et Rongin, assis dans sa loge, avait repris le vieux volume des *Mystères d'Udolphe*, comme s'il ne devait plus s'occuper de ce qui se passait dans la maison.

En voyant la nourrice lui échapper encore, M. Adrien devient furieux : il appelle Rongin, pousse Jean-Claude pour qu'il coure après sa femme, et trouvant que tout ces gens-là ne secondent pas assez vite son impatience, il met le petit Adam dans les bras de Tourterelle, et s'élance lui-même à la poursuite de l'ânesse.

Cependant François avait prévenu son maître ; il avait atteint l'âne, aidé Catherine à descendre de sa monture, et celle-ci revenait à pied vers la maison avec son poupon de sept mois dans ses bras.

— Faut ben que j'arrivions à pied, puisque c' maudit animal ne veut pas entrer chez vous, dit Catherine en faisant la révérence à M. Adrien. Celui-ci s'empresse de saisir le bras de la nourrice, craignant qu'elle ne lui échappe encore ; il ne la lâche pas qu'elle ne soit entrée dans sa maison.

Arrivée dans la cour, Catherine se met à rire aux éclats en regardant les deux gladiateurs. C'est en vain que son mari et son maître lui parlent ; lorsque la grosse commère a un accès de gaieté, ce qui lui prend très-souvent, elle ne peut ni écouter ni répondre avant d'avoir ri tout à son aise.

— Comment ! c'étaient des hommes pour rire ! dit enfin la fermière en se calmant un peu. Ah ! dame !... qu'est-ce qui peut en douter ?... Oh ! oh ! oh !... C'est qu'ils sont faits !... il n' leur manque rien... Oh ! oh ! oh !... C'te farce !... Dis donc, not' homme... ils ont plus d' mollet que toi, ces cadets-là... Ah ! ah ! ah !... En v'là un qui ressemble un brin à not' cousin Bertrand !...

— Tiens !... tu avais pris ces *estatues* pour des personnes véritables, dit Jean-Claude. Ah ! passe pour not' ânesse !... mais toi, not' femme, qu'es si futée. — Oh ! j' parie ben que tu y as été trompé tout de même, la première fois que t'es entré ici... et moi qui n'y étais jamais venue....

M. Adrien interrompit la conversation du mari et de la femme en disant à Catherine : — Pourquoi donc avez-vous amené votre poupon ? vous ne comptez pas donc le nourrir conjointement avec mon fils... Je veux qu'il ait votre sein à lui seul... Ça ne sera pas trop pour mon Adam, qui est déjà un gaillard.

Tourterelle, qui tenait gauchement le petit gaillard dans ses bras et suivait M. Adrien en faisant une figure qui n'annonçait pas qu'il fût bien satisfait de porter le jeune Adam , s'avance alors et présente l'enfant à son père en disant : — Mon ami, voici votre fils...

Mais M. Adrien s'éloigne de la main et continue de parler à la nourrice : — Madame Claude, il me semble qu'il a été dit que votre enfant serait sevré quand vous prendriez le mien... Si vous espérez nourrir les deux ensemble, ça ne peut pas me convenir.

— Oh ! mon Dieu ! monsieur, j'aurions ben assez de lait pour deux et même pour trois, allez !... Hein ? gn'a pas, not' homme ?... — Oh ! que oui, qu'alle en a... C'est la plus forte femme de not' endroit...

— Effectivement, elle me fait l'effet d'avoir beaucoup de lait, dit Tourterelle en présentant de nouveau l'enfant dont il voudrait bien être débarrassé ; mais son ami l'éloigne encore et s'écriait :

— Je n'entends pas tout cela !... quand vous auriez du lait pour six enfants, je ne veux pas que mon fils partage sa nourriture avec d'autres... C'est un enfant dont je veux faire un homme vigoureux, un homme sain de corps et d'esprit ; et, pour cela, il faut qu'il tette beaucoup et souvent...

— Il aurait même grand besoin de teter dans ce moment-ci ! dit Tourterelle en poussant un profond soupir.

— Enfin, dame Catherine, si mes conditions ne vous arrangent pas... si vous comptez, du moment que vous aurez entrepris mon Adam, donner encore le sein à votre enfant, cela ne me convient pas, et je vais chercher une autre nourrice.

Tourterelle frappe du pied d'un air désespéré en murmurant : S'il va chercher une autre nourrice, je suis perdu !...

— Oh ! ne vous fâchez pas, not' maître, dit Catherine en donnant à son mari le poupon qu'elle tenait. Pisque décidément vous le voulez... n'en parlons plus... ma petite Nannette est assez forte pour être sevrée... elle a sept mois sonnés... j'avais déjà commencé, dès hier, à la faire boire... Tu la continueras, Jean-Claude... Oh ! je n' sommes pas inquiète de not' fille, alle viendra bien tout de même !... Vous voyez que j' savons élever nos enfants... en v'là quatre qui s' portent ben...

— D'après cela, dit Tourterelle, je puis vous remettre votre nouveau nourrisson.

Il place l'enfant dans les bras de Catherine en laissant échapper une exclamation de joie. Suivant l'usage, la nourrice s'extasie sur la beauté de l'enfant qu'on lui confie. Jean-Claude joint ses compliments à ceux de sa femme, et M. Adrien redevient de bonne humeur, parce que les louanges trouvent encore moyen de nous flatter alors même qu'elles nous sont adressées par une bouche grossière, et qu'un père croit toujours avoir sa part dans les compliments qu'on adresse à son enfant, quoique bien souvent il n'y soit pour rien.

— Jean-Claude, vous allez entrer vous rafraîchir avant de quitter votre femme, dit M. Adrien en se dirigeant vers le vestibule. Le fermier s'incline et suit son maître, Catherine en fait autant ; mais à la vue du berger et de la bergère en porcelaine qui sont à l'entrée du rez-de-chaussée, la fermière s'arrête en s'écriant : — Ah ! la la bonne heure !... en v'là deux qui sont ben gentils... C'est sans doute le portrait de monsieur et de madame... N'est-ce pas moi' homme ? — Oh ! oui... ou ben queuqu'un de leux parents. — Ah ! j'aime mieux ça que ces vilains nus qui sont à la grille... Dis donc, Jean-Claude, sais-tu que c'est ben sans gêne d'avoir des hommes moulés comme ça, sans chemise, cheux soi ?... c'est qu'on voit joliment leu' sesque... Ces gens riches !... il paraît que ça n' leur fait plus rien d'avoir ça devant les yeux.

Le fermier pousse sa femme dans l'intérieur de la maison. La bonne, qui a enfin quitté sa maîtresse, parce que celle-ci dort profondément, apporte du vin et des verres. Pendant que son mari boit, Catherine donne à teter à son nouveau nourrisson, mettant en évidence un globe bien blanc qu'elle paraît fière de montrer à la société. M. Adrien est immobile devant la nourrice, admirant la manière dont son fils a tout de suite appris à vivre ; et M. Tourterelle est aussi en extase devant la paysanne, mais il admire autre chose que l'enfant.

Catherine est une femme de vingt-quatre ans, qui paraît bien son âge, parce qu'au village on n'est guère brûlé par le soleil, et qu'on vieillit vite lorsqu'on fait régulièrement un enfant tous les ans ; c'est ce que la fermière avait fait depuis cinq ans qu'elle était l'épouse de Jean-Claude. Mais Catherine avait de beaux yeux, dont l'expression était fort encourageante ; une bouche fraîche, de belles dents, de belles couleurs, et des cheveux d'un noir d'ébène. Catherine était donc une belle paysanne, bien faite pour être remarquée, et beaucoup trop rieuse pour le point donner des craintes à un mari jaloux et des espérances à un amant de bonne mine. C'est ce que se dit Tourterelle en considérant la différence de couleur qui existe entre le cou et le sein de la nourrice ; tandis que M. Adrien s'écrie :

— Comme cet enfant a tout de suite vu ce qui lui était propre !... Comme sans leçon il a su s'en servir !... Comme il a mordu à l'hameçon !...

— Tiens, not' maître qui appelle ça un hameçon !... dit le jardinier, qui est resté à l'entrée de la salle, d'où il regarde la nourrice. Ah ! jarni !... si j'en avais une paire comme ça pour pêcher !... — Écoutez-moi, mes enfants, dit M. Adrien en s'asseyant et en faisant signe au fermier, qui a placé sa petite Nannette sur un sofa, de prendre une chaise près de lui. Celui-ci obéit après plusieurs révérences ; mais il ne pose qu'une extrémité de son individu sur le siège qu'il semble craindre de gâter.

— Jean-Claude, voilà votre femme chez moi... La voilà nourrice de mon jeune Adam... C'est très-bien. Mais jusqu'à ce que le nourrissons puisse changer de nourriture, vous entendez, bien qu'entre vous... et votre femme il ne doit plus y avoir de relations particulières... parce que... cela pourrait amener des choses qui... enfin, parce que cela ne doit pas être.

— Oh ! oui, monsieur, dit le fermier en se dandinant sur le bord de sa chaise ; j'avions déjà prévenu not' femme de ça... Dam' ! c'est un temps à passer, v'là tout !...

— Pardi ! ça t'arrange, toi ! dit Catherine ; t'aimes ben autant ça...

Oh !... faignant !... — Veux-tu te taire, not' femme ? est-ce qu'on dit d' ces bêtises-là devant le monde ? — Tiens !... pisque c'est d' ça que monsieur nous parle... C'est égal, va, t'es un fameux faignant !

Catherine riait, Jean-Claude faisait la grimace ; Tourterelle faisait des yeux en coulisse à la fermière, et M. Adrien allait poursuivre, lorsqu'on entend un grand bruit dans la cour ; mais les cris des quatre enfants qui sont restés à jouer ne permettent pas de distinguer la cause de ce vacarme.

— Qu'est-ce que c'est que cela ? dit M. Adrien ; que vient-il d'arriver dans la cour ?... Rongin !... Rongin !...

— Oh ! c'est rien ! dit le fermier. C'est nos marmots qui jouent !... Ils font queuquefois ben pus d' bruit que ça.

Rongin, qui n'a pas l'habitude de venir vite quand on l'appelle, entre dans la salle d'un air exaspéré en disant : Monsieur, je crois de mon devoir de vous prévenir que les enfants de votre nourricier viennent de renverser la jolie bergère de porcelaine, laquelle en tombant s'est cassé le nez et un bras.

— Diable !... c'est désagréable... Vous auriez dû prévoir cela, Rongin ; vous auriez dû empêcher ces enfants d'approcher des statues.

— Comment, monsieur ! est-ce que ça me regarde cela ?... est-ce que je suis fait pour garder ces petits paysans ?... — Monsieur Rongin, vous devez veiller à ce qui se passe dans ma cour... Allez relever la bergère, monsieur.

Le concierge s'en va en murmurant, et Catherine s'écrie : — Ah ! les marmailles !... Il paraît qu'ils s'en donnent joliment... Quand ils jouent, d'abord, c'est des *cheval* échappés !

— Revenons à ce qui nous occupe, dit M. Adrien, c'est bien convenu, Jean-Claude, et vous, Catherine, que vous ne chercherez point à jouir de vos droits matrimoniaux tant que mon fils aura besoin de sa nourrice.

— Oui, monsieur, dit Jean-Claude en levant la main ; chose promise, chose due !... Pas de *matrimonaux* tant que ma femme sera chez vous.

— C'est bien, mon ami. Et vous, Catherine, vous jurez aussi...

— Dame ! monsieur, pisque mon homme le promet, i' m' semble que ça suffit ; à moins que vous ne croyiez que le matrimone sans lui !.....

— C'est bien ; cela suffit, mes enfants. Au reste, ne pensez pas que je veuille vous empêcher de vous voir tout le temps que Catherine va passer chez moi ! Non, certainement... Jean-Claude, vous viendrez voir votre femme quand cela vous fera plaisir... Vous vous dispenserez d'amener vos enfants avec vous... tous ensemble du moins. Mais, quand vous irez causer avec Catherine, Rongin, mon concierge, vous accompagnera et se tiendra constamment avec vous... car la chair est faible, mes enfants... et deux précautions valent mieux qu'une !

— Eh ben ! dit tout bas Catherine, pisqu'il mettra toujours un mouchard avec nous, c'était pas la peine de nous faire jurer.

— Monsieur, sans vous commander, où donc que logera not' femme ? dit Jean-Claude en se levant, et en regardant autour de lui.

— Suivez-moi, dit M. Adrien au fermier, je vais vous montrer le pavillon que je lui destine.

Tandis que Catherine reste assise avec son nourrisson, et que Tourterelle continue de lorgner la nourrice, Jean-Claude et M. Adrien traversent une partie du jardin, et arrivent devant un pavillon ombragé par des ébéniers, et qui n'a qu'un rez-de-chaussée avec une fenêtre garnie de persiennes.

M. Adrien monte trois marches de pierre et ouvre la porte qui introduit dans une grande chambre, la seule dont se compose le petit corps de logis.

— Voilà l'appartement de votre femme, Jean-Claude ; vous voyez qu'elle sera fort bien ici... Il n'y a qu'une chambre ces pavillon, c'est pour cela que je l'ai choisi... Quand on viendra y voir Catherine, il n'y aura pas moyen de se cacher ou de rester dans une autre pièce. Oh ! j'ai pensé à tout, moi !

— Ma fine, monsieur, vous n'êtes pas bête, tout de même. Mais j' sommes ben aise que nous soyons un brin seuls pour vous dégoiser c' que j'sis su' l' cœur...

— Qu'est-ce que c'est, mon ami ? — Voyez-vous monsieur, j'avons promis que, tant que not' femme sera cheux vous, il n'y aura point entre nous de matri... dé' matro... enfin... vous savez comme vous dites ça, monsieur. — Oui, je vous comprends. — Mais, voyez-vous ?... not' femme est un brin rieuse... et fièrement coquette, oh ! alle rit si facilement !... Et, voyez-vous, monsieur ? quand une femme rit... c'est que, vous comprenez, alle se défend mal... et, pour peu qu'la chatonille, vous entendez ben que... bernique !...

— Ah ça ! Jean-Claude, où voulez-vous en venir avec votre bernique ?... Je ne vois point de mal à ce que votre femme rie... Au contraire, la gaieté prouve la santé ; et je veux que la nourrice de mon fils se porte bien.

— Oh ! soyez tranquille, pour la santé, alle en a de reste !... Mais, voyez-vous ? c'est pas ça, monsieur ; c'est que not' femme ne rit point toute seule ; il y a le cousin Bertrand, qui a fait ses cinq ans dans le militaire, c'est un farceur que dans le village on trouve beau garçon parce qu'il a de gros favoris et qu'il se met de la farine dans la queue... Et Bertrand venait souvent à la ferme jaser avec not' femme... C'était une chose ou une autre qu'il venait chercher... et toujours de rire avec Catherine, qu'i n' faut pas pincer pour ça... Puis, il y a encore Lucas, le maréchal, qui fait son embarras parce qu'il sait jouer du bâton, et qui venait en jouer devant not' femme quand je n'étais pas là...

— J'entends, Jean-Claude, vous êtes jaloux !... — Ma fine, monsieur, je n' sais pas si j' sommes jaloux ; mais je tenons à not' honneur, voyez-vous ? et puisqu'il faut vous le dire, je ne me soucions pas d'être cornard... et je ne faisons point un enfant tous les ans à not' femme pour qu'un autre vienne se mettre à la traverse... C'est pour ça que j'avons consenti à vous donner Catherine pour nourrir vot' fieu, parce que je m' sommes dit : D'ici à c' qu'alle revienne cheux nous, le cousin Bertrand sera parti du village, où il ne doit pas rester, et Lucas le maréchal aura épousé sa prétendue.

— Eh bien ! en ce cas, vous devez être fort tranquille maintenant.
— Oh ! oui ; mais je gageons bien que d'autres comme Bertrand, Lucas ou d'autres viendront ici pour jaser tout d' même avec not' femme ; ils trouveront queuque raison pour ça, et v'là ce qui m' chiffonne...

Entrée du père Jean-Claude chez M. Adrien.

— Rassurez-vous, mon ami. La mesure que j'ai prise touchant Catherine ne concernera pas que vous. Elle ne pourra recevoir aucun homme du dehors sans qu'un tiers soit présent tant que durera la visite... Oh ! c'est une chose arrêtée ; et dès ce soir Rongin recevra mes instructions à ce sujet.
— Ah ! ben, comme ça, me v'là tranquille. J' vous remercions ben, monsieur, et j' vous demande ben excuse de la peine.
— Ce pauvre Jean-Claude qui a peur d'être... Ah ! ah ! ah !...
Rassurez-vous, mon ami. Je vous réponds de votre femme... tant qu'elle sera chez moi du moins, car après... — Oh ! après, ça me regardera.

La conversation se termine là. M. Adrien et le fermier retournent près de Catherine. Ils trouvent Rongin, qui est venu se plaindre à la nourrice de ce que ses enfants ont renversé les caisses d'arbustes qui entouraient le bassin, et Catherine, qui laisse le concierge pérorer et n'a pas même l'air de l'écouter.

Jean-Claude appelle Pierre, Nicolas, Fanfan et Suzanne pour qu'ils disent adieu à leur mère. La fermière embrasse ses enfants ; mais lorsque arrive le tour de sa petite Nannette, de cette petite fille de sept mois dont elle ne s'était pas encore séparée un instant, Catherine n'y tient plus ; elle pleure et dit à son mari : — Aies-en ben soin toujours... et s'il lui arrivait queuque chose, envoie-moi ben vite chercher ; entends-tu, not' homme ?

Jean-Claude le promet. Il s'éloigne enfin avec sa famille, laissant sa femme pousser de gros sanglots, et Tourterelle se dire en la regardant : — C'est singulier, comme ces paysannes font de vilaines grimaces quand elles pleurent ; il n'y a que les dames du monde qui aient encore de la grâce en versant des larmes.

Chapitre IV. — Discussion.

Catherine a été installée dans son pavillon avec le petit Adam. Tourterelle a pris congé de son ami après avoir vu la nourrice s'éloigner. En se retirant, M. Tourterelle trouve moyen de tâtonner doucement la taille de la cuisinière qui l'éclaire jusqu'à la grille. La cuisinière n'est pourtant pas jolie ; mais, comme nous l'avons déjà dit, le petit homme ne pouvait pas voir un jupon sans éprouver le désir de toucher ce qui était dessous. C'est une maladie comme une autre.

Avant d'aller se coucher, M. Adrien a donné au concierge les instructions concernant la nourrice : nul homme du dehors ne pourra causer avec elle sans que Rongin soit présent. Le concierge réclame, il prétend qu'il n'est pas né pour moucharder, qu'on lui donne là un emploi fort désagréable ; mais cette fois M. Adrien est inflexible, il a même été jusqu'à dire : — Vous obéirez, ou vous sortirez de chez moi. Et M. Rongin s'est tu, parce qu'on ne trouve pas facilement une maison où l'on puisse faire mal sa besogne, être bien nourri, bien logé, et se plaindre toute la journée.

Une nuit a succédé à cette journée, qui a vu naître deux hommes de plus dans le Vexin normand. Les deux mères ont bien reposé ; l'une, plus inquiète d'elle-même que du fils que Catherine allaitait ; l'autre, plus occupée de son enfant que de sa propre santé. Les belles-sœurs ne se ressemblaient pas. On nous dit que la nature n'est jamais muette dans le cœur d'une mère : c'est possible ; mais elle ne parle pas à toutes la même langage.

Le lendemain, les deux frères se rencontrent allant l'un chez l'autre. Tous deux se félicitent d'avoir un garçon.
— Cependant, dit M. Rémonville, cela détruit le mariage projeté entre nos enfants ; mais peut-être plus tard...
— J'aime autant m'en tenir là, répond Adrien. Mon fils m'occupera assez. Je concentre sur lui toutes mes affections... — Comment, mon frère, et votre femme ? — Sans doute, j'aime ma femme... mais ma femme est tout élevée, je ne peux pas m'en occuper comme de mon Adam... — Ah ! vous nommez votre fils Adam ? — Oui, mon frère ; est-ce que vous ne trouvez pas ce nom joli ?... — Je croyais que son parrain devait l'appeler Hector. — C'est possible ; mais moi je ne donnerai pas à mc... ils le nom du valet de carreau. Cela ne conviendrait pas à l'élève de la nature... Vous paraissez surpris, mon frère ; vous ne connaissez pas mes projets, mes plans pour l'éducation d'Adam. En voilà le résumé : mon fils n'apprendra que ce qu'il voudra, ne fera que ce qu'il voudra, parce que je veux constamment laisser agir la nature.

M. Rémonville regarde son frère avec surprise et hausse les épaules en disant : — Quoi ! vous ne voulez pas que votre fils reçoive une bonne éducation ?
— Pardonnez-moi ; et je prétends que l'éducation naturelle est la meilleure.
— Vous ne désirez pas que votre fils soit instruit ? — Il s'instruira s'il en a le goût. Je vous ai dit que je ne le gênerai en rien.
— Vous ne chercherez pas à lui donner des talents ? — S'il a de la vocation pour quelque talent, rien ne l'empêchera de s'y livrer. — Mais si votre fils est paresseux, comme c'est assez le défaut naturel à l'enfance, s'il ne veut rien apprendre ? — Il n'apprendra rien. Cela ne l'empêchera pas de grandir, de devenir beau garçon ; et les conversations qu'il aura avec moi lui en apprendront toujours assez. — Mais, mon frère !... laisser votre fils dans l'ignorance de tout ce qu'un homme doit savoir pour aller dans le monde ! — Un instant, mon frère. Je ne vous ai pas dit que je voulais en faire un homme du monde, mais un homme de la nature. — Vous voulez donc qu'il vive comme un sauvage, loin de toute société ? — Je ne veux pas le contrarier, vous dis-je ; il ira en société si cela l'amuse, mais alors ce sera pour se moquer du monde, dont il n'aura ni les vices ni les ridicules. — J'ai bien peur, mon frère, que le monde ne se moque aussi de lui. — Et moi, je ne vous conçois pas avec votre respect pour le monde, qui ne nous fait que des sottises ; ne sont-ils pas bien francs, bien loyaux, tous vos hommes de société ?...
— Mon frère, je ne dis pas qu'il faille estimer tout le monde ! mais vouloir le réformer serait encore plus absurde !... Les usages, les coutumes, le langage, les modes changent, mais le monde reste toujours le même ; car j'entends par monde non-seulement les cercles brillants d'une capitale, mais encore les habitants du plus petit hameau, les sauvages de la Floride ou le naturel de Java. Vous dites que dans la société on n'est ni franc ni loyal. Mais est-il bien franc, ce paysan qui, avec son langage simple, son air naïf, cherche à vous faire acheter un mauvais terrain, à vous duper dans tous les marchés qu'il passe avec vous, à vous égarer même quand vous lui demandez votre chemin ? Est-il bien loyal, ce Javanais qui, caché dans les environs de Batavia, attend dans l'ombre le passage du voyageur pour lancer sur lui une flèche qu'il a soin de tremper dans un poison qui rend sa blessure mortelle ? Ces gens-là sont cependant les enfants de la nature, la société ne les a point corrompus, mais vous voyez que la nature ne les a pas fait naître exempts de vices. Croyez-moi, mon frère, il y a de l'homme partout, et nous ne naissons pas meilleur

sur les bords du Gange que sur ceux de la Seine : ce qui nous rend meilleurs, c'est l'instruction, car elle nous éclaire. Grâce à elle, l'homme apprend à sentir ce qu'il vaut, à connaître ses droits, et il ne se laisse plus abrutir par le fanatisme, l'intolérance et la superstition.

— Je ne vous dis pas, mon frère, que mon Adam soit né avec toutes les vertus, mais je prétends que je ne ferais que gâter son naturel en lui fourrant dans la tête des choses qui l'ennuieraient. C'est en forçant les enfants à faire ce qui leur déplait qu'on les rend sournois et menteurs. Après tout, le grand mal quand mon fils ne connaîtrait ni l'histoire, ni la fable, ni la géographie, ni la géométrie ?... N'est-ce pas une chose bien morale à faire étudier à un enfant que l'histoire de vos rois de France, qui ne font que se détrôner,

Suivant l'usage, la nourrice s'extasie sur la beauté de l'enfant qui lui est confié.

s'assassiner, se mutiler les uns après les autres !... Quel bel exemple que celui de ce *Childéric*, qui se réfugie chez un *Basin*, roi de Thuringe, où il devient amoureux d'une *Basine*, épouse de ce *Basin*, et qui, après avoir fait cocu l'homme qui lui a donné un asile dans ses États, lui enlève sa femme, qu'il épouse quoiqu'elle soit déjà mariée ! Et ce *Clotaire I*er, qui, pour punir son fils de s'être révolté, le fait rôtir avec toute sa famille dans une cabane où ces malheureux s'étaient réfugiés ! Et ce *Chérebert*, qui répudie sa femme *Ingoberge* pour prendre *Méroflède*, puis répudie *Méroflède* pour prendre *Marcovèse*, quoiqu'il entretint en même temps *Théodegilde* ! Et ce *Chilpéric*, qui fait étrangler *Galzonte*, sa femme, afin d'épouser *Frédégonde*, sa maîtresse, laquelle le fait assassiner ensuite par son amant *Landry* ! Et ce *Childéric II*, qui, par ses cruautés, s'attira la haine de tous ses sujets, qui fit attacher à un poteau et fouetter à coups de verges un seigneur français, dont tout le crime était de lui déplaire ! Je vous fais grâce de tous ceux qui ont fait tondre leurs frères et crever les yeux à leurs neveux. Aimez-vous mieux les empereurs ?... Ne sont-ce pas des personnages bien aimables ?... Quelle histoire gracieuse pour la jeunesse que celle d'un *Tibère* plongé dans le meurtre et la débauche ; d'un *Caligula* qui forçait les pères et les mères d'assister au supplice de leurs enfants ; d'un *Claude* qui ne se complaisait que dans le spectacle des contorsions des malheureux qu'il faisait supplicier ; d'un *Néron* parricide !... Vos Romains... si vantés par les historiens qui ont eu le bonheur de ne point exister de leur temps, n'étaient que des hommes licencieux et cruels. Ne faudra-t-il pas que mon fils admire Tarquin violant Lucrèce ; Tullie faisant périr Tullius son père ; Coriolan trahissant sa patrie ; Sylla dictant ses proscriptions, ou Antiochus s'habillant en Bacchus pour charmer Cléopâtre ! Quant aux Grecs, vous conviendrez qu'ils ne brillaient pas par la pureté de leurs mœurs, et je crois qu'il vaut mieux pour mon fils n'ait point de maître que de lui voir un *Socrate* pour précepteur. Pour ce qui est de la fable, de la mythologie, vous ne disconviendrez pas, mon frère, que ce ne soit une longue suite de peintures obscènes qui doivent donner de singulières pensées à la jeunesse. Qu'est-ce que c'est qu'un *Jupiter* qui se change en cygne, en taureau, en pluie de feu, pour

jouir de toutes les femmes qui lui plaisent ? qu'un *Mercure* qui fait un métier que je n'ose pas nommer ; qu'un *Ixion* qui veut épouser jusqu'aux nuages ; qu'une *Vénus* qui se donne à tous les jolis garçons qu'elle rencontre, et qui a encore la maladresse de se laisser prendre en flagrant délit par son époux ; qu'une *Diane*, qui fait la chaste le jour, et la nuit quitte le ciel pour aller avec Endymion ? Qu'est-ce encore qu'un *Hermaphrodite*, qui se fond avec une nymphe Salmacis, si bien que les deux ne font plus qu'un ; un *Narcisse*, qui a la sottise d'être amoureux de lui-même ; un *Ganymède*, qui se... Ah ! véritablement, mon frère, j'entends dire parfois à Gisors que *Pigault-Lebrun* est un romancier un peu leste ; mais je vous jure que je verrais moins de danger pour mon fils à lire *Mon oncle Thomas* ou *les Barons de Felsheim*, que l'histoire scandaleuse de toutes vos déesses de la mythologie. Vous parlerez peut-être de la géographie ?... Mais, entre nous, on en apprend cent fois plus en voyageant qu'en regardant une carte ; et quant au pays où l'on ne veut pas aller, je ne vois pas trop la nécessité de savoir ce qui s'y passe. Reste donc la géométrie, l'algèbre... ce sont les seules qui tiennent au génie ; et comme mon fils n'en manquera pas, je suis persuadé qu'il en saura toujours assez pour mesurer de l'œil les distances, et calculer ce qui lui reviendra quand il changera une pièce de monnaie. Enfin vous me direz sans doute qu'il devrait apprendre à parler d'autres langues que la sienne. Mais à quoi bon ? les langues mortes ne se parlent plus, et quant aux langues vivantes, s'il ne sait pas celles des autres, cela obligera les autres à lui répondre dans la sienne.

— Mon frère, des sophismes ne me convaincront jamais. J'avoue qu'on fait apprendre par cœur aux enfants des choses qu'ils ne devraient lire que plus tard. Je suis assez de votre avis sur la mythologie... — C'est bien heureux ! — Vous auriez pu citer encore d'autres ouvrages que l'on met avant tout dans la main des enfants, et qui renferment des tableaux de mœurs fort peu édifiants ; mais c'est peut-être parce que ce sont des enfants qui les lisent que cela est moins dangereux, car à huit ans on ne comprend pas tout ce qu'on lit. — S'ils ne doivent pas comprendre ce qu'ils lisent, autant vaut qu'ils ne lisent pas. — Plus tard, mon frère, la raison fait la part de

Le concierge Rongin.

tout ce qu'il est nécessaire de retenir. Quant aux crimes, aux atrocités que renferme l'histoire ancienne, celle des empereurs et des rois, il faut pourtant bien connaître tout cela pour n'avoir pas l'air d'un âne quand on en parle devant nous.

On n'est pas un âne pour avoir du dégoût pour les horreurs, au contraire, cela fait honneur à la candeur de notre âme. — Mais quand on parlera devant votre fils des exploits d'Annibal ou du courage de Camille ? — Il tournera le dos et il ira se promener. — Quand une dame lui demandera l'explication d'un tableau représentant quelque fait de l'histoire ancienne ? — Il baisera la main de la dame en lui disant qu'elle est charmante, elle aimera mieux cela que l'histoire ancienne. — Si la dame est vieille et laide ? — Alors il lui tournera le dos et ira se promener. — Quand une jeune personne en se promenant avec lui le priera de lui traduire une inscription, une épitaphe?... — Il l'engagera à danser, à courir, à sauter; c'est plus amusant que d'examiner des tombeaux ou de vieilles ruines. — Si la jeune personne préfère l'instruction à la danse? — Il lui tournera le dos et il ira se promener sans elle. — Ah! mon frère, je crains que votre fils ne soit souvent obligé d'aller se promener seul. — Et moi je vous dis que, quand on est à son aise, on trouve toujours des gens disposés à nous tenir compagnie, et qui ont soin de ne point nous adresser de questions saugrenues auxquelles nous ne pourrions pas répondre.

Quand on est à son aise, dites-vous... voilà encore où je vous arrête, mon frère: d'abord nous n'avons pas ce qui s'appelle de la fortune. Admettons qu'avec de la richesse on puisse se passer de toute instruction; mais si votre fils perdait, dépensait, mangeait tout son bien; s'il se trouvait n'avoir plus rien? que ferait-il? quelles seraient ses ressources, n'ayant aucun talent, aucune instruction? — Il lui resterait toujours des bras... — Vous voudriez donc que votre fils fût réduit à recourir aux plus rudes travaux pour gagner son pain?... Alors ne serait-il pas en droit d'accuser son père, qui, au lieu de lui avoir donné des connaissances utiles, des talents agréables, ressources contre l'adversité, lui aurait laissé passer sa jeunesse à courir, à sauter et à ne faire que ses volontés? — Mon frère, les gens distingués du bon vieux temps, les châtelains, les preux, les chevaliers ne savaient rien... pas même signer leur nom... alors un noble aurait eu honte d'apprendre la moindre chose. Comment donc faisaient ces gens-là quand ils étaient ruinés?... et il me semble qu'on pouvait aussi éprouver des revers de fortune dans ce temps-là. — Mon frère, dans le bon vieux temps, vos preux, vos nobles, vos châtelains détroussaient les voyageurs sur les routes quand ils n'avaient plus de quoi manger... Avez-vous envie que votre fils en fasse autant?

M. Adrien s'éloigne de son frère avec humeur; il tire sa tabatière de sa poche, prend du tabac, et pendant quelque temps garde le silence; enfin il revient vers lui en disant:

— Mon frère, chacun a sa manière de voir... Vos discours ne changeront rien à mon plan, parce qu'il est le résultat de longues réflexions et de profondes observations sur le monde. — Dites plutôt qu'il est le résultat de votre humeur contre les hommes qui n'ont pas écouté vos utopies. Si vous étiez chef de bureau, secrétaire d'un ministre ou préfet de quelque département, vous mettriez volontiers votre fils au lycée, et vous seriez enchanté de lui voir obtenir des prix; mais vous n'avez aucune place, vous en voulez aux hommes, et votre humeur retombe sur votre fils, et vous la condamnez à être nul dans le monde, parce que le monde n'a rien fait pour vous!... — Mon frère, je crois que vous m'insultez!... — Non, je vous dis la vérité; mais les hommes n'aiment pas à l'entendre... Si vous n'étiez pas mon frère, je... mais non... Je ne me mettrai pas en colère... J'aime mieux que l'avenir vous prouve que j'avais raison... Elevez votre fils à votre manière, j'élèverai le mien à ma guise... Dans une vingtaine d'années nous verrons lequel de nous deux aura le plus de compliments à faire à l'autre... — Nous verrons!... Cela vous sera bien facile à dire, mon frère; mais il n'est pas du tout certain que nous soyons témoins des hauts faits de nos enfants. — Pourquoi pas? nous sommes assez jeunes encore pour l'espérer... — Oh! quant à cela, vous avez raison, mon cher Adrien, espérons, c'est le plus doux passe-temps de la vie... L'espérance est le jouet des hommes; et là vieillesse est triste, c'est qu'elle ne peut plus jouer avec ce hochet-là! Espérons donc que nous verrons nos enfants grandir, et que nous ferons même sauter nos petits-enfants sur nos genoux. — Mon frère, je vous ajourne en un huit cent trente et un; nos enfants auront vingt-cinq ans, nous connaîtrons alors les résultats de leur éducation. — Mon frère, je souhaite de tout mon cœur me trouver au rendez-vous.

Chapitre V. — Tribulations de Rongin.

Habituée à la liberté de la campagne, Catherine se trouve un peu à l'étroit dans le pavillon qu'on lui a donné pour elle et son nourrisson. La chambre qu'elle habite est mieux meublée, mieux décorée que toutes celles de sa ferme; mais à la ferme elle pouvait aller et venir quand bon lui semblait, rire, causer avec Bertrand ou Lucas sans avoir sans cesse M. Rongin sur les talons... N'est-ce donc rien que la liberté?... et n'a-t-on pas dit cent fois qu'il n'y a pas de belles prisons?...

Catherine n'est pas précisément prisonnière, elle peut aller et venir dans la maison, mais à chaque instant de la journée, M. Adrien s'écrie: — Où est Catherine? que fait Catherine?... Et quand la nourrice n'est pas là pour répondre, il faut que le concierge parcoure la maison ou les jardins pour savoir ce que fait la jolie paysanne. M. Rongin n'ose plus résister, mais cette nouvelle occupation lui donne une humeur continuelle. Pour un homme qui passait ses journées à ne rien faire, ce changement devait paraître cruel; aussi le concierge a-t-il pris en haine celle qui est cause qu'il ne peut plus flaner à son aise dans sa loge. De son côté, Catherine fait la grimace chaque fois qu'elle aperçoit Rongin, parce que les femmes n'aiment jamais les gens qui les surveillent.

Cinq jours se sont écoulés depuis que la fermière est nourrice chez son maître, lorsque Jean-Claude se présente à la grille avec son poupon dans les bras. Quand le concierge reconnaît le mari de Catherine, il lui dit brusquement:

— Qu'est-ce que vous voulez! — Pardi! j' voulons voir not' femme, sans vous commander. — Sans me commander... Vraiment! je l'espère bien... Personne ne me commande, ici. Si je suis concierge, ce sont les circonstances qui m'ont obligé de prendre cet emploi, pour lequel je n'étais pas né. Mais tout le monde, dans la maison, a pour moi les égards dus au malheur, et on serait très-mal vu de monsieur si l'on y manquait, parce que monsieur me considère beaucoup... Entendez-vous, monsieur Jean-Claude?

Jean-Claude a bien entendu; mais comme ce qu'a dit le concierge ne l'intéresse pas, il se borne à lui répondre: — Comme je vous disais, c'est ma petite que je voulons faire embrasser à ma femme. — Il me semblait qu'on ne vous avait défendu de voir votre femme tant qu'elle nourrirait le jeune Adam. — Ah! ben, par exemple! on n'm'a pas défendu de causer avec elle quand ça me ferait plaisir... Vous viendrez nous écouter... c'est trop juste! — Comme ça m'amusera de vous écouter! — Eh ben, vous ne nous écouterez pas... à vot' aise... Mais j' comptons ben user souvent de la permission... — Et pendant que vous venez ici, qui est-ce qui surveille votre ferme? — Est-ce que j'avons pas des garçons, une servante?... — Ah! oui, fiez-vous donc à une servante!... Vous feriez bien mieux de rester tranquillement chez vous.

Jean-Claude pousse la grille sans écouter Rongin, et comme il sait où habite sa femme, il va traverser le vestibule pour aller dans le jardin, sans s'inquiéter si le concierge le suit; mais M. Adrien était alors au rez-de-chaussée; il aperçoit Jean-Claude, et lui dit: — Vous venez voir votre femme, c'est bien; je suis fort content d'elle. Mon fils se développe déjà... Allez, mon ami... Rongin! Rongin!... suivez Jean-Claude... Vous connaissez vos instructions.

Rongin enfonce avec humeur sa casquette sur ses yeux, et suit le fermier en murmurant: — Elles sont jolies, mes instructions! Est-ce que jadis on faisait de pareilles choses?

Jean-Claude est arrivé au pavillon. Il entre; Rongin entre après lui, et va s'asseoir sur une chaise en faisant une moue horrible, tandis que le fermier court à sa femme, et lui fait embrasser sa fille. Catherine demande des nouvelles de ses enfants, de ses parents, de ses amis; elle est bien aise de pouvoir parler de son village. Depuis longtemps elle n'avait pas eu autant de plaisir à voir son mari. Pendant plus d'une heure la conversation ne tarit point. En vain Rongin tousse, crache, se mouche, et murmure de temps à autre: — Monsieur Jean Claude, est-ce que vous ne pensez pas à retourner chez vous? les villageois ne font pas attention à lui. Catherine s'informe de tout ce qui se passe à la ferme: elle demande des nouvelles de ses vaches, de ses poules, de ses lapins. Rongin frappe du pied avec impatience, mais Catherine prend plaisir à prolonger l'entretien.

Au bout de deux heures, Jean-Claude se lève, et Rongin en fait autant en s'écriant: — C'est bien heureux!

— Tu t'en vas déjà, not' homme? dit Catherine.

— Déjà! dit le concierge; il y a quatre heures que votre mari est là!

— Eh ben, quoi que ça vous fait?... Si ça nous plaît d'être ensemble!... — Croyez-vous que je puisse passer des journées entières à vous écouter, moi?... Et ma besogne ne se fait pas, pendant ce temps-là... — Allez la faire. — Je ne peux pas, puisqu'il faut que je vous surveille. — Eh ben, alors, laissez-moi jaser avec mon homme, et ne bougonnez pas toujours... vous avez l'air d'un vieux loup!... Ça donc, Jean-Claude, tu m'amèneras nos autres enfants?... Je m'ennuyons déjà de ne pas les voir, les pauvres innocents!... — Oui, oui, j' te les amènerons chacun leur tour. — Et ma sœur, est-ce qu'elle ne viendra pas? — Oh! que si fait! — Et not' oncle, dis-lui donc aussi de venir me voir... Je n' veux pas qu'on me laisse ici sans société.

— Elle fera venir toute sa famille, dit Rongin en se promenant dans la chambre. Elle le fait par méchanceté... Ces paysans ne valent pas le diable!

— Allons, adieu, not' femme. — Adieu, not' homme... Ne sois pas longtemps sans revenir, entends-tu? — Oh! que non. — Eh ben! Jean-Claude, tu t'en vas comme ça?... — Quoi donc? — Tu n' m'embrasses pas? — Ah! c'est vrai. C'est que... c'est parce que... de voir quequ'un là... — Tiens! faut pas que ça te gêne pour m'embrasser tout de même.

Jean-Claude va donner deux gros baisers à sa femme. Alors M. Rongin s'approche d'un air furieux en s'écriant:

— Quest-ce que vous faites-là? — Vous l' voyez ben, j'embrasse ma femme. — Vous ne devez pas embrasser votre femme, monsieur! — Ah! ben, par exemple! c'te bêtise! s'écrie Catherine. Et pourquoi donc que mon mari ne m'embrasserait pas? — Parce que vous nourrissez le jeune Adam, et que M. Rémonville a défendu tout ce qui est indécent. — Et depuis quand donc que c'est indécent d'embrasser son mari?... — Tiens! ce vieux renard qui veut nous priver de tout!... Not' maître ne nous a défendu qu'une chose..... c'est le pus agréable tout de même, mais, excepté ça, j' pouvons ben rire un peu. Fermez les yeux, si ça vous offusce. — Je ferai mon rapport à M. Rémonville. — Je m'en fiche pas mal, du rapport... Embrasse-moi encore, not' homme, et appuie ferme !

Jean-Claude embrasse de nouveau sa femme, qui n'a jamais eu tant de plaisir à recevoir des baisers de son mari.

— Nous allons voir ! dit Rongin entre ses dents tandis que Catherine lui rit au nez. Enfin, le fermier est sorti du pavillon ; mais sa femme le suit, parce qu'elle veut entendre ce que le concierge va dire, et savoir surtout ce que répondra le père de son nourrisson.

M. Adrien était dans la salle basse avec son ami Tourterelle, qui, arrivé depuis deux heures aussi, venait seulement de quitter le chevet du lit de madame, à laquelle il tenait très-souvent compagnie, ainsi que M. Adrien songeait à mettre Rongin sur ses talons, car M. Adrien était plus occupé de son fils que de sa femme ; et, d'ailleurs, il avait une confiance entière dans la vertu de son épouse. C'est si commode d'avoir de la confiance !... cela dispense de mille petits soins que les autres prennent pour vous.

Rongin, qui craint que la nourrice ne le prévienne, double le pas, et arrive le premier près de son maître.

— Monsieur, dit le concierge d'une voix altérée, je viens vous faire une déposition. — Sur quel sujet, Rongin ? — Au sujet du rôle que vous me faites jouer, et que certainement je n'étais pas né pour faire ! Si on m'avait dit autrefois que je moucharderais des paysans !... — Au fait, monsieur Rongin.

— Eh bien ! le v'là, le fait, dit Catherine, qui vient d'arriver avec son mari ; c'est que mon homme m'a embrassée.... et que vot' portier a prétendu l'en empêcher en disant que vous l'aviez défendu, et je n' l'avons pas écouté, parce que j' dis que vous n'avez pas pu nous défendre ça !

M. Adrien fait sonner sa tabatière, puis il dit à son concierge :

— Est-ce là tout, Rongin ? Celui-ci est quelques minutes sans répondre, parce qu'il est atterré de s'être entendu appeler portier ; enfin, il répond d'une voix éteinte : — Oui, monsieur... ils se sont embrassés.. cinq ou six fois.

— Eh bien, il n'y a pas de mal à cela, monsieur Rongin ; certainement je ne suis pas assez ridicule pour empêcher un mari d'embrasser sa femme... Je ne défends donc... ce que je ne permets pas... vous comprenez bien... hormis cela, ces bonnes gens peuvent se faire d'innocentes caresses... N'est-il pas vrai, Tourterelle ?

Tourterelle s'incline en continuant de lorgner la nourrice, qui s'écrie : — Je suis ben sûre que monsieur permettrait ça... Dame ! on n' peut pas s' priver de tout !... Tu me feras d'innocentes caresses, entends-tu, not' homme ?

Rongin regagne sa loge en se disant : — Je finirai par voir de belles choses !... Jean-Claude s'éloigne, et Catherine retourne près de son nourrisson.

Arrivée près du pavillon, Catherine entend marcher derrière elle, et presque au même moment on lui donne une petite tape sur le bras. C'est M. Tourterelle : il dîne ce jour-là chez son ami Adrien, et, ayant trouvé le moment de le quitter, il s'est hâté de courir sur les pas de la paysanne.

— Tiens !... quoi que vous m' voulez donc, monsieur ? demande Catherine en regardant le petit homme avec surprise.

— Belle nourrice, je veux... je viens... je désire voir votre petit élève... le fils de mon ami... — Ah ! monsieur veut voir mon nourrisson ?... Oh ! c'est ben facile, ça... Justement, je crois qu'il dort. Catherine entre dans le pavillon ; Tourterelle l'y suit, et repousse doucement la porte sur lui.

— Tenez, v'là le marmot, dit la nourrice en s'approchant du berceau ; mais n' faites pas de bruit, car il n'est bon que quand il dort. Tourterelle s'approche ; il jette un coup d'œil sur l'enfant, puis reporte sur la paysanne des regards enflammés.

— Superbe enfant !... Mais nourri par vous, belle fermière, comment ne serait-il pas magnifique ?... — Oh ! c'est pas une raison... J'en avons deux qui sont ben laids !... — C'est une erreur de la nature... Vous êtes d'une fraîcheur et d'une fermeté... Dites donc, monsieur, n' touchez donc pas comm' ça !... — Et on voulait empêcher son mari de l'embrasser... comme s'il avait du mal à s'embrasser !...

En disant cela, M. Tourterelle veut prendre un baiser à la nourrice ; mais celle-ci, qui trouve le petit homme plus comique que séduisant, le repousse si fortement, que Tourterelle va pirouetter contre la porte, et se trouve face à face avec son ami Adrien, qui vient d'entrer dans le pavillon.

— Votre fils est admirable ! s'écrie Tourterelle en tâchant de reprendre son équilibre.

— Ah ! vous êtes venu le voir ; je m'en doutais, dit M. Adrien en allant au berceau. N'est-ce pas qu'il vient bien ?... — C'est un chef-d'œuvre de la nature... — Oui, je crois qu'il aura tout.

— Pas si haut, donc ! dit Catherine, vous allez me l'éveiller, et dame ! alors... il n'est pas aimable, le chef-d'œuvre !

— Nous ne le réveillerons pas, dit M. Adrien en sortant sa tabatière de sa poche ; nous voulons le considérer, voilà tout.

Tout en voulant ne point éveiller l'enfant, M. Adrien fait jouer sa tabatière : les traits du marmot se contractent, il pleure ; le bruit de la boîte vient de mettre fin à son repos. Comme ses cris n'ont rien d'harmonieux, M. Adrien abrège sa visite et sort du pavillon avec Tourterelle, qui lance un regard en dessous à Catherine ; et celle-ci le regarde aller en se disant : — M'est avis qu'au lieu de faire surveiller mon homme, qui ne pense guère à la malice, on devrait plutôt mettre le portier aux talons de ce petit roquet-là.

Le lendemain de la visite du mari, un grand gaillard, bien bâti, vêtu d'une blouse bleue toute neuve, et ayant sur la tête un bonnet de coton mis avec une certaine prétention et sous lequel passe une grosse queue bien poudrée, entre dans la cour de la maison de M. Adrien. Après avoir admiré un moment les deux gladiateurs, il s'avance en se dandinant vers la loge du concierge, qui l'a bien vu venir, mais ne s'est point dérangé.

— C'est-i' ici qu'i' y a une nourrice ? dit le nouveau venu en portant la main à son bonnet, mais sans l'ôter. En entendant parler de la nourrice, la figure de Rongin s'est allongée. Il se mord les lèvres, et répond avec impatience : — Qu'est-ce que vous demandez ?

— Je demande ma cousine, quoi !... — Est-ce que je connais votre cousine, moi ?... — Ma cousine, c'est Catherine, la femme de Jean-Claude, de Basincourt... Moi, je suis Bertrand, farinier à Basincourt, et comme je sais que la cousine est nourrice cheux un bourgeois de par ici, je viens lui dire bonjour en passant... Voilà.

Rongin réfléchit quelques instants : M. Adrien est allé à Gisors ; madame ne sort pas encore de sa chambre, où l'ami Tourterelle lui tient compagnie ; Catherine doit être dans son pavillon ; la cuisinière et François, le jardinier, sont à leur ouvrage ; le concierge pense qu'il peut, en toute sûreté, mentir à M. Bertrand, et ce sera toujours un visiteur de moins pour la nourrice. Il répond au farinier : — Je pense, mon ami, que vous vous trompez.. Je ne sais pas ce que vous voulez dire. — Pardon, monsieur, excusez... C'est que Catherine m'apprend c'est pas ici... Je n' savais pas ben au juste... on m'avait pourtant dit de ce côté... — On vous aura mal indiqué... Ah ! c'est probablement dans c'te maison en face... — Non, pas davantage... Il n'y a aucune nourrice dans ces environs... On vous aura trompé, vous dis-je ; votre cousine est peut-être à cent lieues de nous. — C'est ben singulier, ça ! Au fait, son mari, qu'est jaloux, a peut-être voulu nous conter une frime !... — Il n'y a pas de doute, ça je vous conseille d'avertir toutes les connaissances de votre cousine, pour qu'elles ne se donnent pas la peine de la chercher par ici. — C'est juste... merci, monsieur. — Il n'y a pas de quoi.

M. Rongin referme la porte de sa loge en riant dans sa barbe, et le farinier sort de la maison après avoir encore admiré les deux gladiateurs et murmuré : — Dieu ! que c'est beau !... J' voudrais ben être point comme ça, j' ferais joliment des passions !

Mais Bertrand, qui aime beaucoup sa cousine, n'est pas homme à renoncer si vite à l'espoir de la trouver. En passant devant la demeure de M. Rémonville le cadet, il s'arrête et se dit : — C' brave portier peut se tromper en croyant que Catherine n'est pas non plus ici ; car faut ben qu'elle soit queuque part... Demandons encore là.

Le farinier entre dans la maison. Il y trouve un concierge honnête et qui répond dès qu'on l'appelle, parce que probablement il est né pour son état. Bertrand explique le but de sa visite, et le concierge lui dit : — Celle que vous demandez nourrit le fils du frère de mon maître... Je l'ai vue arriver sur un âne avec toute sa famille. C'est une fort belle femme, une brune piquante... — C'est ça même, mon brave homme. Oh ! Catherine a des yeux qui vous retournent joliment un cœur !... Et où qu'elle loge, ce frère de vot' maître ?... — Dans cette maison, en face... — Dans c'te maison... où qu'y a ces deux beaux sauvages à la porte ?... — Sans doute, là... vis-à-vis... — Comment ! est ce que je viens de là... et le particulier qui est de garde comme vous pour inspecter les passagers, m'a dit qu'il ne connaissait pas ma cousine... — Apparemment qu'il vous a mal compris... Mais je vous répète que le fils de M. Adrien est nourri par une fermière de Basincourt... — Suffit, mon vieux ; assez causé... Le suisse d'en face a voulu me faire aller ; mais je vais lui parler d'un peu près, et lui apprendre que Bertrand le farinier ne se laisse pas marcher sur les pouces.

Rongin était assis nonchalamment dans sa loge ; il tenait un volume des Mystères d'Udolphe, son roman favori, mais il ne lisait pas. Il songeait au tour qu'il venait de jouer, et se proposait d'en faire autant à tous ceux qui viendraient demander Catherine, lorsqu'on ouvre brusquement la porte de sa loge. Le concierge lève les yeux, et pâlit en reconnaissant le farinier, dont les regards sont fulminants.

— Dites donc, méchant suisse de lieux à l'anglaise, pourquoi donc que vous avez fait aller Bertrand le farinier ?... Est-ce que vous avez pris Bertrand pour un jobard ?... Savez vous que Bertrand tire la savate avec les plus malins à dix lieues à l'entour, et qu'il a fait ses cinq ans au service ? — Monsieur, j'ai servi aussi... je me suis même battu... Vous devez le voir à la noble cicatrice qui est sur mon œil droit... — Hum ! je ne sais pas où la as reçue, ça, moi ; mais, vois-tu, j'ai encore mon briquet pour te découper les côtelettes. — Monsieur Bertrand, je vous jure que j'ignorais... — Ma cousine est ici ! s'écrie le farinier d'une voix de stentor et en levant le poing sur Rongin, qui laisse tomber son volume... Votre cousine... Vous croyez... Monsieur, il est possible que j'aie mal entendu... — Je n'entends pas qu'on entende mal quand je m'explique lisiblement. — Monsieur, je vais m'informer... — Point d'information!... Vous m'avez dit jaune quand c'était blanc... vous êtes un jean-fesse... — Monsieur!... — Vous mériteriez une leçon soignée... — Aïe!... — Et si je ne me retenais. — Aïe!...

Tout en se retenant, le farinier a pris une oreille au concierge et la lui secoue fortement. Rongin pousse les hauts cris. Catherine, qui était alors dans le jardin près de la maison, accourt aux cris du concierge et vient se placer entre lui et le farinier.

— Tiens! c'est toi, Bertrand... Pourquoi donc que tu rosses monsieur? — Là v'là, ma cousine, la v'là, méchante sentinelle de garenne... Bonjour, cousine... C'est vot' portier qui m' disait qu'il n'y avait pas d' nourrice dans la maison, ni même dans les environs. — Monsieur Bertrand... je vous assure que j'avais entendu autre chose... J'ai tant d'occupations ici!... — Rends grâce à l'arrivée de Catherine, sans elle je t'égrugeais!...

Bertrand s'est calmé; il suit Catherine, qui l'entraine en riant dans le jardin; mais en détournant une allée, lorsqu'il aperçoit le concierge qui marche derrière eux d'un air morne et la casquette rabattue sur les yeux, le farinier lâche le bras de la fermière, s'avance vers Rongin d'un air menaçant, et lui dit : Je crois, portier, que tu t'avises de nous suivre à présent; fais-moi le plaisir de me tourner les talons, ou nous allons reprendre la conversation de tout à l'heure...

— Monsieur, je suis dans l'exercice de mes fonctions, répond Rongin en faisant quatre pas en arrière; mon maître ne veut pas qu'aucun homme parle à la nourrice sans témoin. — Est-ce vrai, ça, cousine? — Oui, cousin... — Comment! vous avez consenti à une vexation pareille? — Dame! pisque Jean-Claude l'a voulu. — Qu'on inspecte vot' mari, à la bonne heure... mais un cousin! c'est malhonnête!... — C'est l'ordre du bourgeois pour tous ceux qui viendront me voir. — Diable! alors il n'y aura plus d'agrément ici... C'est égal... On peut suivre les gens sans être sur leur dos... pourvu qu'on nous voie... on n'a pas besoin de nous entendre. — Certainement je n'ai pas envie de vous entendre, dit Rongin. — Eh ben! alors, tenez-vous à une distance respectable!

Catherine conduit son cousin sous un bosquet de lilas, où est un banc de gazon, sur lequel elle s'assied près du beau farinier; Rongin va se mettre à l'autre bout de l'allée, s'adosse à un arbre, et tire son livre de sa poche. Quoiqu'il soit à soixante pas du bosquet, il peut voir ce qui s'y passe; mais il n'ose pas lever le nez, de crainte que cela n'offense M. Bertrand, qui ne parait pas endurant, et il feuillette son livre avec colère en se disant : — Ma condition devient insupportable... elle devient même dangereuse... il faut que je cherche une autre place... On pourrait me faire faire ce métier-là fort longtemps... Que suit-on? Monsieur est capable de faire teter son fils jusqu'à quatre ans... Et cette scélérate de nourrice qui reçoit des cousins... elle me fait l'effet d'être furieusement coquette... Qu'est-ce qu'ils font donc sous le bosquet?... Il me semble que je n'en vois plus qu'un... Après tout, j'ai envie de les laisser libres... Mais s'il arrivait un malheur... Monsieur qui m'a dit que j'en répondais!... C'est affreux de donner de pareilles fonctions à un homme bien né!

M. Rongin risque un œil, il voit que le farinier est seulement assis tout près de sa cousine, dont il presse la taille, et qu'il lui parle fort bas et d'un air très-animé.

Cependant Bertrand, qui n'aime pas les tête-à-tête à trois, fais sa visite beaucoup moins longue que Jean-Claude; il s'éloigne après avoir tendrement embrassé sa cousine; ce que, cette fois, Rongin se garde bien de trouver mauvais.

Il n'y a pas une heure que le beau farinier a dit adieu à Catherine. Rongin, qui ne balaye plus sa cour, et ne veut plus aider à rien dans la maison, sous prétexte que la nourrice l'occupe assez, est allé se jeter dans son grand fauteuil, où il s'amuse à battre son chien pour passer sa colère sur quelque chose. La grille de la maison, qui n'est que poussée, roule encore sur ses gonds. Un homme fort, mais trapu, en veste et en pantalon d'un vieux velours olive, dont le visage et les mains sont de la couleur de ses souliers, entre dans la cour en faisant tourner dans sa main droite un gros bâton de coudrier.

— Hohé! la maison!... Madame Jean-Claude... la belle fermière... Hohé! les amis!... s'écrie le nouveau venu en arpentant la cour dans tous les sens.

En entendant appeler madame Jean-Claude, Rongin se frappe le front avec désespoir; mais comme le monsieur qui vient d'entrer parait jouer du bâton avec beaucoup de facilité, le concierge sort de sa loge, et va au-devant du nouveau venu, qu'il n'a pas envie d'éconduire.

— Ah! v'là du monde... Salut et considération... C'est à l'endroit de madame Jean-Claude, de Basincourt, où je suis maréchal, à vot' service... Vous avez peut-être entendu parler de Lucas, surnommé le Lëtonniste, parce que j'en joue assez joliment?...

— Je ne connais pas de bâtonniste, monsieur, répond sèchement Rongin, que demandez-vous? — Tiens! est-ce que je ne vous l'ai pas dit? — Apparemment. — J'ai cru que je vous l'avais dit... Eh ben! c'est madame Catherine Jean-Claude, de Basincourt, dont j'ai l'honneur d'être la compère, parce que j'ai tenu un de ses enfants... l'avant-dernier... Fanfan... celui qui a le nez un peu épaté, comme moi... un bel enfant quoique ça... — Monsieur, je n'ai pas le temps de faire la conversation... D'ailleurs je ne cause qu'avec les gens que je... Enfin, vous voulez voir la nourrice, n'est-ce pas?...—Justement, la nourrice du petit de vot' bourgeois, ma commère Catherine, à qui je viens faire mon compliment de condoléance à l'occasion de c'te place qu'elle a ici.

Rongin ne répond rien. Il va à sa loge, y prend son volume, donne un coup de pied à son chien pour qu'il reste sous une table, puis revient vers Lucas, auquel il dit d'un ton bref : Suivez-moi, monsieur. Et le maréchal le suit en se disant : Est-ce que ce domestique-là serait le bourgeois, par hasard?...

Catherine était dans son pavillon, et allaitait son petit Adam, lorsque Rongin ouvre la porte et introduit le maréchal, qui n'entre qu'après avoir fait de profondes salutations au concierge.

— Tiens!... c'est le compère, s'écrie Catherine.
— Moi-même, ma commère. Voulez-vous bien permettre?...

M. Lucas va embrasser la nourrice, qui se laisse faire de très-bonne grâce, et Rongin s'assied dans un coin de la chambre en se disant : Voilà une femme qui se fait terriblement embrasser!...

M. Lucas, surpris de voir Rongin s'asseoir et tirer un livre de sa poche, n'ose pas prendre un siège, et dit à l'oreille de sa commère :
— Est-ce que c'est le bourgeois de la maison? — Eh non! ce n'est que le portier! — Pourquoi donc qu'il s'assied là sans gêne et sans qu'on l'invite? — Ah! dame... parce qu'il est chargé de répondre de ma vertu... C'est pour ça qu'il n' me perd pas de vue quand il me vient une visite de votre sesque. — Ah! c'te bêtise!... C'est pour rire que vous dites ça, commère? — Non, vraiment!... ça n'est que trop vrai... Je dis ça... c'est pas pour l'histoire de la chose... mais c'est que je trouve que c'est offensant pour une femme de se voir suspecter ainsi! — Il est certain qu'alors... il n'y a plus de drôlerie dans la société. — C'est égal; comme ici not' sentinelle entendrait tout ce que nous dirions, nous allons lui faire une niche... — Ah! va pour une niche! Vous savez que c'est mon fort, commère. J'en ai fait d'fameuses à votre mari!... Oh! oh! oh!...

Catherine se lève, prend son nourrisson dans ses bras, et dit au maréchal : Venez promener dans le jardin, compère, ça vous amusera plus que de rester dans c'te chambre.

Lucas sort du pavillon avec Catherine, et Rongin les suit en se disant : Cette idée, d'aller dans le jardin!... je ne pourrai pas même lire tranquillement!

Rongin espère que madame Jean-Claude s'assiéra quelque part avec son compère, et qu'alors il pourra en faire autant. Mais la nourrice se promène avec M. Lucas dans toutes les parties du jardin; en sorte que, malgré son envie de s'asseoir et de lire, Rongin est obligé de marcher toujours.

Depuis trois quarts d'heure, la nourrice et son compère continuent le même manège. Rongin n'en peut plus, ses jambes rentrent sous lui; il est furieux, et, pour augmenter son dépit, il entend presque continuellement le compère et la commère rire aux éclats. Il y a des moments où Rongin a envie de leur crier de s'arrêter, mais M. Lucas a toujours son gros bâton à la main, et le concierge a présente à la mémoire sa scène avec le farinier.

Rongin vient de s'adosser à un arbre; il est prêt à laisser aller la nourrice avec son compère, au risque de ce qui pourra en arriver, lorsque le bruit d'une embrassade arrive à ses oreilles. C'est le maréchal qui vient de prendre congé de Catherine, et qui passe d'un air goguenard devant le concierge, tandis que la nourrice lui crie : Vous reviendrez me voir, n'est-ce pas, compère? — Oui, commère; à c't'heure que je sais le chemin, j'en userai, avec vot' permission.

Rongin se contente de se mordre les lèvres, il se promet de faire un rapport à son maître sur ce qui s'est passé dans la journée; il espère qu'on ne souffrira pas que la nourrice reçoive plusieurs visites par jour. Mais le concierge est encore trompé dans son attente. Après avoir entendu le récit de Rongin, M. Adrien lui dit : Est-ce que Catherine et ceux qui viennent la voir se sont soustraits à vos regards? — Non, monsieur, mais on a chuchoté... on s'est parlé bas... et on riait... on riait d'une manière très-inconvenante... — Je suis bien aise que la nourrice de mon fils soit gaie, monsieur Rongin; la gaieté entretient la santé... Catherine avait l'habitude de voir ses connaissances; si elle de les voyait plus, elle s'ennuierait... l'ennui amènerait la maladie... son lait pourrait péricliter; tandis que, si ses connaissances la font rire, cela ne peut que lui faire du bien. — Alors, monsieur, elle doit avoir une superbe santé!... — Vous-même, monsieur Rongin, vous devriez, le soir, tâcher de la faire rire aussi... — Moi, monsieur!... — Oui, sans doute... Quand les soirées deviendront plus longues, vous pourrez lui faire quelque lecture amusante... — Monsieur, je ne suis pas entré ici pour... — Il me semble que vous aimez beaucoup la lecture, monsieur Rongin; car je vous vois souvent un livre à la main. — Oui, monsieur, quand on a reçu de l'éducation, et qu'on est bien né, on aime à se repaître d'instruction. — Que lisez-vous, monsieur Rongin? — Monsieur, ce sont des romans traduits de l'anglais... les Visions du château des Pyrénées, les Mystères d'Udolphe... C'est superbe!... Cela fait frémir!... Cela fait dresser les cheveux sur la tête. — Fi donc, monsieur Rongin! mauvaise lecture que cela... D'ailleurs je ne veux pas que vous fassiez frémir la ourrice... Je vous procurerai les *Contes de la Mère l'Oie*, ça l'amusera, ce sera plus à sa portée... — Comment, monsieur! vous voulez que moi, nourri dans les bonnes études, et qui, sans la révolution, occuperais quelque emploi *conséquent*, que je lise *la Mère l'Oie*... à mon âge?... — Pourquoi pas, monsieur Rongin?... Vous ne vous souvenez donc pas que la Fontaine a dit :

Si Peau-d'Ane m'était conté,
J'y prendrais un plaisir extrême...

Je vous achèterai *la Mère l'Oie*.

M. Adrien a tourné le dos à son concierge. Quand son maître est éloigné, Rongin donne un grand coup de pied dans un myrte favori de madame en disant : Je suis dans une famille d'imbéciles!..... Qu'est-ce qu'il me chante, avec sa Peau-d'Ane et son la Fontaine?... Est-ce que je connais ces gens-là?... Je gage que ce sont des révolutionnaires... Me faire lire *la Mère l'Oie!...* pour amuser une nourrice... La faire rire pour que son lait soit bon... Ah! si je pouvais le faire tourner, son lait!... Que l'homme comme il faut est à plaindre d'avoir besoin de manger! Patience! J'ai idée que cette nourrice-là fera des siennes... Oui; mais si elle en fait, on me fera payer les pots cassés... On dira peut-être que c'est moi qui... Vraiment, cela devient par trop fort.

La journée du lendemain s'est écoulée plus tranquillement pour Rongin. Il n'est venu aucune visite pour la nourrice, et le concierge se flatte que la soirée se passera de même; mais, sur les cinq heures, au moment où M. Rongin se dispose à dîner, Jean-Claude entre dans la cour en donnant la main à Nicolas, l'aîné de ses enfants.

Le fermier salue le concierge, et se dirige vers le vestibule avec son fils en se contentant de dire : — Bonjour, monsieur; j'allons voir not' femme.

— Jolie heure! pour venir voir votre femme! s'écrie Rongin en quittant sa table et en prenant un morceau sous son pouce. Vous voyez bien, mon ami, que... et vous savez qu'il faut que je vous accompagne... Est-ce que vous ne pourriez pas venir le matin?... — Ah! dam'! monsieur, le matin j'avons tant de besogne! au lieu qu'à c't' heure on est pus libre... — C'est ça; et moi je ne serai plus libre de dîner.

Rongin a pourtant suivi Jean-Claude, qui trouve sa femme dans son pavillon. Nicolas embrasse sa mère, puis va jouer dans le jardin, où il s'amuse mieux que dans une chambre. Le concierge s'est assis contre la fenêtre, où il mange tout en bougonnant. Catherine propose à son mari d'aller se promener; mais Jean-Claude aime mieux se reposer. Il s'assied près de sa femme, et la conversation s'engage.

Quand, au lieu d'être ensemble toute la journée, on ne se voit plus que rarement, on trouve mille choses à se dire; c'est ce qui arrive aux deux époux, qui sont tout surpris de ne plus bâiller l'un devant l'autre, comme cela leur arrivait auparavant. Et quoique Rongin répète toutes les cinq minutes : — Monsieur Jean-Claude, je n'ai pas encore dîné! les paysans continuent de bavarder.

Pour tuer le temps, Rongin s'est levé; il regarde par la fenêtre, et aperçoit Nicolas, qui est monté sur un abricotier, dont il a déjà cassé deux branches. — Bon! se dit le concierge, qu'il casse les arbres, qu'il mange les fruits... Tant mieux!... Plus ces gens-là feront de sottises, plus j'aurai l'espoir d'en être débarrassé... Je voudrais voir ce petit drôle te casser tous les carreaux de la maison... Si j'osais, je les casserais moi-même, et je dirais que c'est lui.

Tout en regardant Nicolas, Rongin a fort bien entendu que les époux s'embrassaient; mais il ne s'est pas retourné, il s'est dit : — Puisque monsieur veut qu'on embrasse sa nourrice et qu'on la fasse rire... il est servi à souhait!

Cependant, las de regarder dans le jardin, le concierge va reprendre sa chaise. Il aperçoit alors que madame Jean-Claude est assise sur les genoux de son mari.

Rongin devient violet. — Qu'est-ce que cela signifie? s'écrie-t-il en s'approchant des villageois.

— Quoi? dit Catherine sans se déranger et en regardant Rongin en riant.

— Oui, quoi? dit à son tour Jean-Claude en continuant de faire sauter sa femme sur ses genoux.

— Comment! quoi?... Quelle est cette position que vous prenez pendant que je regarde à la fenêtre? Pourquoi n'êtes-vous pas restés chacun à votre place?

— Ah ben!... v'là une autre bêtise à présent, dit Catherine; n'allez-vous pas me faire un crime de ce que je m'asseyons sur les genoux de mon homme?... Comme s'il y avait du mal à c' qui m' fasse sauter... Ça m'amuse, moi... Fais-moi sauter, Jean-Claude. Tiens, not' maître a dit qu'il nous permettrait les caresses innocentes. Si on écoutait monsieur le portier, faudrait rester comme les estatues de la cour... I n'y a pon d'mal! l' pus souvent!

Rongin ne dit plus rien; il se contente de marcher de long en large dans la chambre sans ôter les yeux de dessus les époux. Mais lorsque enfin Jean-Claude est parti avec le petit Nicolas, Rongin se rend près de M. Adrien, et l'aborde d'un air pénétré.

— Monsieur, dit le concierge, quoique vous montriez peu de confiance dans mes rapports, je crois de mon devoir de vous en faire encore un. — Parlez, Rongin. — Jean-Claude est venu voir sa femme tout à l'heure... car, Dieu merci ! la nourrice reçoit plus de visites que monsieur. — Après, Rongin. — J'ai suivi Jean-Claude comme en ma présence... Achevez, Rongin. — Catherine a osé s'asseoir sur les genoux de son mari, qui l'a fait sauter fort longtemps.

M. Adrien a visité sa tabatière; après avoir prisé, il dit : — Vous n'avez rien autre chose?... — Autre chose!... Qu'est-ce que monsieur veut donc que je voie... O temps! ô mœurs!... — Apprenez, Rongin , que tous les jours un mari peut prendre sa femme sur ses genoux sans que cela tire à conséquence... Il n'y a même pas besoin d'être marié pour cela... Vous ne connaissez donc pas les jeux innocents? le *colin-maillard assis*?... Vraiment, mon pauvre Rongin, vous vous tourmentez à tort, vous êtes trop vétilleux!... Si Jean-Claude fait sauter sa femme sur ses genoux, c'est pour rire, pour plaisanter; et, comme je vous j'ai déjà dit, je suis bien aise que la nourrice soit gaie.

— C'est différent, monsieur, répond Rongin. Et il regagne sa loge en se disant : — Que la peste m'étouffe si je te fais encore un rapport!... Nous verrons quelles seront les suites de ces petites sauteries-là.

Chapitre VI. — Utilité des tabatières.

Le temps s'est écoulé, et tout en murmurant, tout en se plaignant de sa condition, Rongin a continué de surveiller la nourrice; car il s'aperçoit chaque jour que sa surveillance devient plus importune à Catherine, et c'est une raison pour qu'il soit plus vigilant que jamais. Jean-Claude vient au moins deux fois par semaine rendre visite à sa femme. Le fermier s'est habitué à la compagnie du concierge ; quelquefois même il lui apporte une galette ou un flan fait à la ferme. Ces manières ont adouci l'humeur de Rongin, qui, tout en mangeant le flan ou la galette, daigne faire la conversation avec Jean-Claude, auquel il parle politique ; et le paysan l'écoute d'un air respectueux et sans oser l'interrompre, quoiqu'il ne comprenne pas un mot à ce que le concierge lui dit.

Mais ces conversations n'amusent pas Catherine; il en résulte que les visites de son mari ne lui procurent plus que de faibles distractions. Celles de Bertrand et de Lucas, qui ne causent jamais avec Rongin , lui sont bien plus agréables. Mais le farinier et le maréchal s'habituent à avoir sans cesse un surveillant derrière eux; leurs visites deviennent plus éloignées, plus courtes : la pauvre Catherine ne rit plus aussi souvent qu'autrefois, et Rongin en est enchanté, parce qu'il se flatte que la paysanne abandonnera son emploi.

L'intérêt, si puissant sur les paysans, quoique ce soient des gens de la nature, l'intérêt retient Catherine près de son nourrisson. M. Tourterelle voudrait bien distraire la jolie fermière; mais depuis que madame Adrien n'est plus retenue dans sa chambre , il devient fort difficile à l'ami de la maison d'aller faire l'aimable près de la nourrice. La langoureuse Céleste aime qu'on lui fasse la cour ; M. Tourterelle n'est pas un petit-maître bien léger, bien svelte; mais il est aux petits soins, il est assidu et galant près de madame. Il lui parle modes, toilette... C'est un sujet de conversation si intéressant pour une femme coquette! et M. Adrien ne sait plus parler à sa femme que plan d'éducation, jeux gymnastiques ou instinct animal. Madame aime mieux se promener en s'appuyant sur le bras de M. Tourterelle, qui lui lit le *Journal des Modes*, qu'en écoutant son mari, qui lui explique comment il veut faire de son fils un Milon de Crotone, et se promène dans son jardin , ce n'est jamais du côté du pavillon de la nourrice qu'elle dirige ses pas , parce qu'elle pourrait entendre son fils crier, et que cela lui ferait mal aux nerfs.

L'hiver est venu, et Rongin a lu à Catherine les *Contes de la Mère l'Oie*, quoiqu'il se fût promis de n'en rien faire et de la quitter plutôt sa place. Mais que de choses on se promet et que l'on ne tient pas! Combien d'hommes reculent devant leurs résolutions! A quoi bon toutes ces fausses bravades, tous ces serments de conduite à venir?... Pouvons-nous répondre des événements? pouvons-nous même répondre de nous?

Les deux cousins viennent bien. Le petit Edmond est moins gros, moins fort que le nourrisson de Catherine; mais le lait de sa mère ne lui donne pas d'aussi vives couleurs que celui de la fermière, les soins qu'il reçoit le préservent de mille accidents funestes à l'enfance, et cela vaut bien quelques pelotes de graisse.

M. Adrien est fier quand il tient son gros poupard dans ses bras. Lorsqu'il regarde le fils de son frère, il sourit d'un air moqueur, et dit : — Le mien n'est pas mince et délicat comme cela !... M. Rémonville lui répond : — Mon fils se porte bien, c'est tout ce qu'il lui faut... Je ne conseille pas à votre petit Edmond de lutter avec Adam. — J'espère que mon fils ne se battra pas à coups de poing.

Huit ans se sont écoulés depuis la naissance des deux garçons. Les beaux jours sont revenus; mais le farinier et le compère ne font que de rares visites à la nourrice. Cependant Catherine, qui ne riait plus, Catherine, qui semblait chaque jour plus chagrine d'avoir quitté sa ferme, et qui parlait même quelquefois d'y retourner, ce qui était tout l'espoir de Rongin, Catherine a de nouveau repris sa bonne humeur; elle est redevenue gaie, joyeuse comme autrefois, et elle recommence à rire au nez du concierge.

Celui-ci ne sait à quoi attribuer ce changement, qui renverse ses espérances. Il redouble de vigilance : la nourrice ne reçoit aucune visite sans qu'il soit présent; il ne regarde même plus à la fenêtre, de crainte qu'il ne se passe quelque chose d'inconvenant derrière son dos. Mais Catherine ne cherche plus à prolonger les visites qu'on lui fait, et au lieu d'engager Jean-Claude à venir souvent, elle lui recommande maintenant de ne point s'absenter trop fréquemment de la ferme.

— Il y a quelque chose là-dessous, se dit Rongin. Catherine est une commère qui aime trop la société et les fleurettes pour avoir pris son mal en patience... Il y a quelque intrigue sous jeu... Pourtant je suis toujours là dès qu'on vient la voir, et j'écoute même ce qu'on lui dit.

Mais si Rongin était près de Catherine dès qu'il lui arrivait une visite, il ne surveillait pas la paysanne lorsqu'il n'y avait point d'étranger dans la maison; M. Adrien n'avait pas pensé à cela, parce que, comme dit le bon La Fontaine : « On ne s'avise jamais de tout. »

On doit se rappeler un certain François, jardinier et palefrenier de la maison, celui qui est parvenu à rattraper l'âne et à faire entrer la nourrice chez son maître. C'est un garçon qui n'a que dix-huit ans, mais qui est aussi bel homme que Bertrand le farinier. Jusqu'à l'arrivée de Catherine, François n'avait été occupé que du soin de ses fleurs, de ses arbres et de ses légumes. Mais la vue de la belle fermière a donné à ses idées une autre direction.

François est devenu rêveur, l'image de Catherine le poursuit sans cesse : il la voit dans ses laitues pommées, il la voit encore en regardant ses abricots. Mais François n'ose pas aller souvent rôder autour de la nourrice; d'abord parce qu'il est timide, ensuite parce qu'il a vu plusieurs fois Bertrand et Lucas rire avec elle, et que cela lui a donné beaucoup d'humeur.

Catherine a bien remarqué que le jardinier était beau garçon et bien bâti; mais comme François passait près d'elle en baissant les yeux et sans s'arrêter, elle s'était contentée de dire : — Il a l'air d'un grand serin.

Depuis que Bertrand et Lucas viennent moins souvent, François a repris courage, et lorsque les beaux jours renaissent, il se rapproche de Catherine, il la regarde, et ne baisse plus les yeux quand elle l'examine; il se hasarde même à lui sourire, et Catherine commence à ne plus lui trouver l'air aussi serin.

C'est toujours lorsque la nourrice est seule dans le jardin que François se rapproche d'elle. Cependant il n'a pas encore osé lui dire tout ce qu'il pense; mais un jour qu'il est venu rôder près de la paysanne, et que, tout en se fourrant dans la bouche un énorme morceau de pain et de fromage, il a poussé un gros soupir, Catherine entame elle-même la conversation en lui disant :

— Est-ce que vous étouffez?... — Ah! oui... Mais c'est pas c' que je mange qui fait ça... — Vous avez donc quelque chose?... — Ah, oui!... j'ons queuque chose... et c'est même ce qui m'ôte l'appétit!...

En disant cela le jardinier se fourre dans la bouche le restant d'une livre de pain.

— Tiens!... Eh ben! mais si vous êtes malade, il faut vous faire purger. — Ah, non!... je ne suis pas malade si vous voulez... mais j'ons queuque chose. — Vous ne savez donc pas ce que c'est que vot' queuque chose?— Ah! non!... c'est-à-dire si fait!... C'est pourtant depuis votre arrivée dans la maison que ça m'a pris... et que je deviens bête, mais bête!... Oh! oh! j' crois que ça m'augmente tous les jours!...

Catherine se met à rire, car elle commence à comprendre François. Les femmes entendent à demi-mot, et quelquefois même lorsqu'on ne parle pas. François s'enhardit en entendant rire Catherine, il s'approche d'elle, rit à son tour, puis se permet de lui pousser le genou. A cela, Catherine répond par une bonne tape sur l'épaule; alors le jardinier est enchanté, et il s'écrie : — Eh ben!... foi d'homme! v'là déjà mon queuque chose qui va mieux! — Pardi! répond la nourrice, c'est si agriable de rire, et de jousser!... Moi, j' commence à maigrir dans c'te maison, parce que j' sommes presque toujours seule, et que je m'ennuie. — Ah ben! si vous l' permettez, tous les soirs quand j'aurons fini mon ouvrage, j' viendrons vous trouver, et nous jousserons ensemble. — Ben volontiers... Pardi! nous aurions dû commencer plus tôt.

François est exact à tenir sa parole. Chaque soir il vient trouver Catherine; c'est ordinairement l'heure où le petit Adam repose; la nourrice en profite pour aller dans le jardin avec François, et c'est depuis que madame Jean-Claude jousse avec le jardinier que sa gaieté est revenue.

Mais Rongin, qui a pris l'habitude de surveiller Catherine quand elle reçoit des visites, pense qu'il ne ferait peut-être pas mal de l'épier aussi quand on la croit seule; le concierge donnerait un de ses romans d'Anne Radcliffe pour trouver la nourrice en faute; il présume qu'alors on en prendrait une autre, et comme toutes les nourrices ne sont pas jolies, il se flatte qu'une laide ne recevrait personne, et qu'il pourrait reprendre sa douce existence d'autrefois.

Voilà donc le concierge qui, après avoir été espion par force, le devient volontairement. On se forme à tout.

Et M. Rongin va rôder dans le jardin, autour du pavillon de la nourrice, se cachant derrière un arbre ou un buisson dès qu'il entend parler ou marcher, tout en murmurant : — Faut-il qu'avec mon éducation je sois obligé de moucharder!... C'est cette maudite nourrice qui en est cause!... Je ne serai heureux que si je parviens à la faire chasser.

Rongin ne tarde pas à s'apercevoir que François vient fort souvent près du pavillon; quand Catherine est à sa fenêtre, le jardinier lui sourit, et la nourrice lui rend ce sourire d'une façon très-familière. Un soir enfin, le concierge aperçoit Catherine et François se promenant dans une allée bien sombre, il entend rire madame Jean-Claude, il croit voir que François lui presse la taille, et le concierge se frotte les mains en se disant : — Bon... bon... voilà ce dont je me doutais... une intrigue... Pauvre Jean-Claude!... qui a mis sa femme ici pour être plus tranquille!... C'est bien la peine de me la faire épier le jour que le soir... Ah! monsieur François, vous en contez à la nourrice... Je me suis toujours méfié de ce garçon-là... il n'avait aucun respect pour moi.

François et Catherine ont continué de marcher, ils entrent dans un quinconce très-épais et s'y asseyent. Le concierge les a suivis de loin, il écarte le feuillage, en faisant le moins de bruit possible, pour tâcher de voir ce que font les deux causeurs; il ne voit pas bien distinctement, parce que l'endroit est couvert; mais il saisit de temps à autre quelques mots d'une conversation qui paraît être très-animée, et qui dure assez longtemps. Rongin a la patience d'attendre qu'elle finisse; il voit alors Catherine s'éloigner d'un côté, et François de l'autre en murmurant tout bas : — A demain.

Rongin quitte alors sa cachette, et se dirige vers la maison en se disant : — Allons faire mon rapport; je me flatte que cette fois on y aura égard.

Cependant, au moment d'entrer chez son maître, le concierge s'arrête et dit : — Monsieur serait capable de prétendre encore que je me suis trompé... Pour le convaincre il vaut mieux qu'il voie par ses yeux... On s'est donné rendez-vous pour demain... attendons à demain.

La journée du lendemain s'écoule lentement au gré du concierge, quoiqu'il savoure d'avance le plaisir qu'il éprouvera le soir en se vengeant de Catherine; si la vengeance est le plaisir des dieux, il paraît qu'elle est aussi celui des portiers; je crois même le proverbe faux : il y a plus de fiel dans la basse classe que parmi les gens bien élevés, et c'est nous donner une triste idée des habitants de l'Olympe que de nous les montrer comme très-rancuniers.

Enfin l'heure est arrivée. M. Rongin quitte doucement sa cour; il rabat sur ses yeux la visière de sa casquette, croyant peut-être que cela le rend invisible, et se glisse dans le jardin; il passe près du pavillon de la nourrice, la fenêtre est entr'ouverte; il regarde... personne dans la chambre que l'enfant, qui dort dans son berceau.

— Elle est déjà au rendez-vous, se dit Rongin. Et aussitôt il arpente le jardin, et se rend au quinconce. En approchant des arbres touffus, il marche à pas de loup et retient sa respiration; bientôt il voit remuer le feuillage et entend chuchoter.

— Ils y sont! se dit Rongin. Et là-dessus le voilà, retrouvant la légèreté de son adolescence, qui court vers la maison, et pénètre dans le petit salon du rez-de-chaussée, où il trouve M. Adrien commentant l'*Emile* de Rousseau.

— Qu'est-ce que c'est? dit M. Adrien en quittant avec humeur son livre. Ah! c'est vous, Rongin... Que voulez-vous?... Vous êtes en sueur... C'est donc quelque chose de bien pressé?...

Après avoir repris sa respiration, Rongin répond enfin : — Oui, monsieur... Ouf!... Il est vrai que je n'avais jamais couru ainsi, depuis la révolution. Monsieur, j'ai à vous apprendre des choses... — Encore un rapport, Rongin, et contre Catherine, je gage!... Vraiment, je ne sais quelle animosité vous excite contre cette villageoise... Mais mon Adam est très-bien portant, et je vous déclare... — Monsieur, cette fois-ci je vous ferai voir... vous n'en croirez que vos yeux... Ecoutez donc, monsieur : Vous m'avez donné une terrible responsabilité, veiller sur une femme!... Et après cela, s'il arrive un malheur, vous me le mettrez sur le dos... Ça ne serait cependant pas ma faute, monsieur... car, enfin, je ne suis avec Catherine que lorsqu'il lui vient des visites du dehors. Mais quand elle jase avec François, quand elle se promène avec lui à la brune, quand ils s'asseyent dans le plus épais du quinconce... quand ils se pincent... quand ils... — Que dites-vous, Rongin? François, mon jardinier... dans ma propre maison... Un de mes serviteurs oserait.— Il ose; oui, monsieur. C'est de ce dont je suis certain, et si vous voulez vous en assurer par vous-même, ayez celui de me suivre... Ils sont au même endroit, et dans le quinconce... C'est le lieu de leur rendez-vous ordinaire... nous pourrons les surprendre. — Pardieu ! je suis curieux de voir cela!

M. Adrien prend sa tabatière et suit le concierge, qui s'avance avec cet air de confiance que donne la certitude du succès; cependant, en approchant du quinconce, Rongin ralentit le pas, et marche sur la pointe du pied pour ne faire aucun bruit. M. Adrien imite son domestique, et ces messieurs arrivent ainsi tout contre les arbres épais qui entourent le banc de verdure ; ils s'arrêtent alors, et Rongin dit bien bas à son maître :

— Ils sont là... Je viens encore d'entendre soupirer... Ah!... ils ont soupiré, Rongin? — Oui, monsieur... Maintenant, si vous m'en croyez, il faut nous présenter brusquement. — Un moment, Rongin. Diable!... réfléchissons d'abord. Il y a deux partis à prendre ; à la rigueur, il y en aurait même trois : Nous pourrions les attendre... nous pourrions tâcher de les voir... ou nous pouvons fondre sur eux comme la foudre... Il s'agit de savoir lequel de ces trois moyens il est plus convenable d'employer.

M. Adrien tire alors sa tabatière, probablement pour tâcher d'y puiser une heureuse inspiration ; en s'ouvrant, la maudite boîte fait son bruit accoutumé, au grand désespoir du concierge, qui murmure :

— C'est bien la peine de prendre des précautions ! Mais M. Adrien ne fait pas attention à cela. Après avoir bien joué de la trompette avec sa tabatière, il s'écrie : — Décidément, il faut les surprendre brusquement !

Aussitôt M. Adrien fait le tour des arbres, trouve l'entrée du berceau, y pénètre, suivi de Rongin, et voit devant lui... la langoureuse Céleste et son ami Tourterelle, qui, quoiqu'un peu troublés, sont assis à une distance fort respectueuse l'un de l'autre.

M. Adrien part d'un éclat de rire en s'écriant : — Ma femme!... Et Rongin frappe du pied en se disant : — Allons !... c'est encore moi qui aurai tort !

— Qu'est-ce donc, monsieur?... Qu'avez-vous à rire ? demande madame d'une voix émue, tandis que Tourterelle murmure en regardant le gazon : — Ah! c'est vous, mon cher ami... Nous prenions le frais, comme vous voyez...

— Ah ! ah ! ah !... c'est trop drôle !... reprend M. Adrien. — Mais quoi donc, monsieur ? — Figurez-vous, madame, que je venais ici en tapinois, et guidé par Rongin, qui m'assurait que je verrais... Ah ! ah! ah!... Comment! vous disait-on que c'est mon domestique? — Il disait... parbleu ! il m'avait même assuré que nous surprendrions *in flagrante delicto*... — Qui donc, s'il vous plaît ? — Catherine... la nourrice de notre fils, madame, avec François le jardinier.

Madame paraît respirer plus à son aise, et l'ami Tourterelle commence à regarder autre chose que le gazon.

— Et sur quoi le concierge fondait-il ses accusations ? dit madame Adrien.

— Madame, dit Rongin d'un air confus, madame doit savoir que je ne suis pas homme à dire une chose... pour une autre... et que je n'étais pas élevé pour... — Je ne vous demande pas où vous avez été élevé. Pourquoi accusez-vous la nourrice? — C'est que je l'ai guettée, je l'ai suivie depuis quelques mois, et j'ai vu que... — Taisez-vous, monsieur. Je suis certaine que vous rêvez !... Suspecter une femme mariée !... Fi ! monsieur, fi !... C'est indigne, cela !...

— Il est certain, dit Tourterelle en se levant, que, quand il s'agit d'une femme mariée... on ne doit jamais rien dire !...

— D'ailleurs, reprend M. Adrien, voilà au moins le sixième rapport qu'il me fait contre cette brave femme... et sur des choses fort insignifiantes, dont il faisait des monstres. Je gage que c'est de même aujourd'hui !...

— Et pendant que vous épiez et que vous guettez cette bonne nourrice, dit madame, qui est-ce qui garde notre maison, monsieur?...

— Ma femme a raison, reprend monsieur Rongin. Hormis les visites des amis de Catherine que je vous ai dit d'accompagner, vous ne devriez jamais quitter votre porte.

— Quand je suis venu, dit Tourterelle, la grille était ouverte, et il n'y avait personne dans la cour... C'est très-imprudent... quelque voleur pourrait s'introduire.

— Monsieur Rongin, que vous ne arrive plus, je vous en prie, sinon je serai obligé de prendre un autre concierge.

En disant cela, M. Adrien suit sa femme, qui sort du quinconce avec Tourterelle.

Rongin reste quelques moments atterré ; enfin il regagne sa loge en murmurant : Ah!... sans la tabatière!..

CHAPITRE VII. — Adam change de nourrice.

Depuis la scène du quinconce, Rongin ne se permet plus de quitter son poste que lorsqu'il arrive quelque visite à Catherine. Mais Lucas a cessé de venir, parce qu'il s'est marié, et que sa femme trouverait mauvais de se rendre à la maison de M. Adrien ; le fermier ne pouvait s'habituer à l'espionnage du concierge. Jean-Claude et quelques parents sont les seules personnes qui forcent encore Rongin à quitter sa cour, et pourtant la fermière elle-même leur recommande de ne pas se déranger trop souvent.

Il semblerait donc que Catherine ne s'ennuie plus chez M. Adrien. Cependant, quatre mois après la soirée du quinconce, la fermière, qui est redevenue, depuis quelques semaines, inquiète et rêveuse,

annonce un beau matin au père de son nourrisson qu'elle ne peut plus rester chez lui ni continuer d'allaiter son fils.

M. Adrien fait un mouvement de surprise, prend du tabac, et dit à Catherine : — Nous sommes convenus que vous nourririez mon fils tant que je le jugerais convenable. Quoique Adam soit très-robuste pour son âge, il a encore besoin de téter. Vous resterez donc chez moi, et vous continuerez vos fonctions.

Catherine rougit, et balbutie : — Monsieur... j' continuerai, si vous l' voulez absolument... Mais, dame!... ça ne sera pas not' faute si... D'abord, j' sentons ben que j' couvons une maladie...

— Si vous couvez quelque chose, c'est différent, ma chère. En effet, je vous trouve les traits tirés... les yeux cernés... Diable!... vous avez fort bien fait de me prévenir... Mon fils pourrait gagner cela... Je vous défends à présent de lui donner encore de votre lait... Faites votre paquet!... Moi, je vais sur-le-champ chercher une autre nourrice...

M. Adrien ordonne à François de seller sa jument, ce que le jardinier fait en soupirant, parce qu'il a entendu son maître dire qu'il allait chercher une autre nourrice. Rongin se frotte les mains en se disant : Catherine s'en va !... Je crois que j'ai aussi bien fait de ne point la surveiller.

M. Adrien est toute la journée absent, et Catherine commence à craindre d'être obligée de continuer ses fonctions, lorsque, sur les sept heures du soir, le maître de la maison revient au grand trot de sa jument, sur laquelle il tient en croupe une paysanne au teint cuivré, au nez épaté, et dont l'aspect est aussi revêche que celui de Catherine était agréable.

En voyant la nouvelle nourrice descendre de cheval, Rongin laisse échapper un sourire de satisfaction. Il espère qu'on ne lui fera pas surveiller celle-là.

L'ami Tourterelle, qui est presque toujours là, quitte un moment la causeuse de madame pour venir examiner la nouvelle venue ; il ne peut s'empêcher de dire : — Elle est bien laide !...

— C'est vrai, dit M. Adrien ; elle n'est pas jolie... mais elle est forte... solide... Mon fils a un an ; il se porte bien ; mais il ne faut encore quelqu'un en état de le continuer dans ses belles dispositions. Et puis j'avais besoin sur-le-champ d'une nourrice et je n'ai trouvé que celle-ci, qui est de Saint-Éloi. — Pourquoi renvoyez-vous cette belle Catherine? — Parce qu'elle couve une maladie... Elle-même m'en a prévenu... Je ne veux pas d'une nourrice malade.

Catherine a pris son paquet ; elle a reçu son argent, elle fait ses adieux à ses maîtres, et retourne trouver Jean-Claude, qui ne comprend rien à la conduite de sa femme, surtout lorsqu'elle lui dit, en se jetant dans ses bras, qu'elle n'a pu se priver plus longtemps de ses caresses. La fermière n'avait pas habitué son mari à tant d'amour.

— C'est dommage! a dit Tourterelle en voyant s'éloigner Catherine. — C'est bien heureux ! a pensé Rongin. François n'a contenté de soupirer, et de retourner à ses laitues. Quant à madame Adrien, peu lui importe ce qui se passe hors de son boudoir. Pourvu qu'elle y soit tranquille, et n'entende pas les cris de M. Adam, c'est tout ce qu'elle demande.

Marguerite, c'est le nom de la nouvelle venue, est installée dans le pavillon.

— Faudra-t-il que j'accompagne ceux qui viendront la voir ? demande, d'un air goguenard, le concierge à son maître.

— Eh! pourquoi pas? répond M. Adrien. Vous devez faire pour celle-ci comme pour l'autre. Marguerite est prévenue de cela. Je lui ai également intimé mes conditions; elle a juré de s'y soumettre.

— Pour celle-ci, se dit Rongin, je ne crois pas qu'on me dérange souvent. Il faudrait avoir le diable au corps !

Le concierge ne s'est pas trompé ; il ne vient pour toute visite à Marguerite que celle de son oncle, un homme déjà âgé, et il ne va que fort rarement dire un bonjour à sa femme. Lorsque cela arrive, Marguerite ne fait pas entrer son mari dans le jardin, elle le reçoit dans la cour et affecte de ne point s'éloigner de plus de quatre pas du concierge. Marguerite paraît fort sévère sur l'article de la sagesse; elle ne plaisante jamais, pas même avec son maître. — A la bonne heure, dit Rongin; voilà une femme qui a des principes! qui ne me rit pas au nez... qui me salue respectueusement toutes les fois qu'elle passe devant moi. Quel dommage que nous ne l'ayons pas eue en premier ou le fils de monsieur.

Le petit Adam ne semble pas trouver sa nouvelle nourrice à son goût; aussi il pleure et crie beaucoup plus souvent. L'enfant regrette Catherine, à laquelle il était habitué. Peut-être regrette-t-il aussi ces beaux yeux noirs, cette jolie bouche qui lui souriait sans cesse. A tout âge on est sensible aux charmes de la beauté; elle inspire plus d'amitié, plus de confiance que la laideur; c'est quelquefois une injustice; mais quand nous sommes grands, nous sommes souvent injustes: on est donc bien excusable de l'être étant petit.

Quatre mois s'écoulent, Marguerite paraît remplir tous ses devoirs avec la plus scrupuleuse exactitude, François n'a aucune envie de rôder près de son pavillon, et Tourterelle se garde bien d'aller voir le petit nourrisson. M. Rongin lit donc à son aise ses vieux bouquins, il n'y a que l'enfant qui continue à crier et à pleurer; mais quand un enfant est éloigné de sa mère, ses cris sont rarement écoutés.

* Après une certaine nuit, pendant laquelle il n'a pu fermer l'œil, parce qu'il a lu Lavater, et qu'il se croit certain de pouvoir prédire les qualités de son fils, M. Adrien se lève au point du jour, empressé d'aller considérer son héritier pour s'assurer si les traits de son visage répondent bien à l'horoscope qu'il en a tiré. Il sort de sa chambre en pantoufles et en robe de chambre. Tout le monde dort encore dans la maison, et la nourrice elle-même est sans doute livrée au sommeil; mais M. Adrien ne pense pas devoir se gêner pour l'éveiller et se faire donner son fils, qui commence à marcher, et avec lequel il se propose de faire le tour de son jardin.

* M. Adrien se dirige donc vers le pavillon qui est maintenant habité par Marguerite. Le jour éclaire à peine autour de soi, tout est encore fermé. M. Adrien s'approche de la porte et se dispose à frapper; mais il s'arrête en entendant une voix rauque et forte prononcer ces mots : Adieu, Marguerite; v'là le jour... faut que j'aille à mon

Le cousin Bertrand, marinier à Basincourt.

ouvrage... J'avons à gâcher aujourd'hui. Je reviendrai après-demain en sautant par-dessus le mur, comme à l'ordinaire... — Prends garde de tomber encore sur les salades, dit Marguerite. L' jardinier pourrait guetter par là. — Bah! il croira que c'est les taupes qui ont remué la terre.

Ces mots sont suivis de deux rudes baisers. M. Adrien est resté immobile, partagé entre la surprise et la colère. Mais on ne le laisse pas longtemps dans cette situation : on a ouvert la porte du pavillon, et un ouvrier maçon, en voulant sortir vivement, se jette le nez contre celui de la personne qu'il rencontre. M. Adrien veut arrêter le maçon; celui-ci, effrayé, se sauve à travers le jardin, marchant sur les plates-bandes, sautant par-dessus les rosiers, foulant aux pieds les belles tulipes cultivées par François; il parvient à trouver le mur de clôture, et disparaît par-dessus. M. Adrien revient au pavillon, où la revêche Marguerite, effrayée aussi du bruit qu'elle a entendu, est aux écoutes, en chemise, sur le seuil de la porte.

A l'aspect de son maître, la nourrice est pétrifiée. A la vue de Marguerite en chemise, M. Adrien s'écrie : A qui se fier désormais, puisque celle-ci même fait de ces choses-là?...

Marguerite veut forger une histoire, mais le fait était patent. Le papa est furieux d'avoir donné une telle nourrice à son fils; il laisse à peine à Marguerite le temps de s'habiller, de faire son paquet, et il la met à la porte de chez lui.

Les menaces de M. Adrien, les gémissements de la nourrice ont éveillé toute la maison.

— Qu'y a-t-il donc? demande madame en ouvrant à demi les yeux; est-ce que monsieur ne veut plus respecter mon repos?

Monsieur arrive bientôt chez madame, tenant son fils dans ses bras, et il s'écrie : Ma chère Céleste, il n'y a plus de vertu, il n'y a plus de mœurs!... Il y a longtemps que j'ai dit que le monde était perverti... Je ne serais pas étonné qu'il y eût incessamment un nouveau déluge... ou quelque pluie de feu!

— Comment, monsieur? Est-ce qu'il fait de l'orage? demande madame en ouvrant tout à fait les yeux. — Non, madame. C'est la

nouvelle nourrice de mon fils... c'est Marguerite qui a fait des siennes. — Encore une histoire de nourrice!... Mon Dieu, monsieur, vous avez bien du temps à perdre!... — A perdre!... C'est fort heureux, madame, que je me sois levé ce matin avant le jour... J'ai surpris un misérable ouvrier... il venait voir Marguerite en sautant par-dessus le mur... une femme mariée! quelle horreur!... — Eh! monsieur... que savez-vous s'il avait de mauvaises intentions... si ces visites n'étaient pas innocentes? Il ne faut jamais croire le mal, monsieur. — Oh! ma foi! madame, vous avez trop de bonté... Je sais ce que j'ai entendu... Au reste, j'ai mis la nourrice à la porte, et voilà encore le pauvre Adam sur mes bras. — Eh bien! monsieur, cherchez-en une autre; mais, pour Dieu, emportez cet enfant et laissez-moi dormir! — Oui, ma chère amie... Vous ne voulez pas écouter comme il dit bien : Donne-moi du nanan?

Pour toute réponse madame se retourne du côté de la ruelle, et monsieur s'en va en disant : Ce sera pour une autre fois.

M. Adrien est rentré dans son cabinet, il pose son fils sur le tapis, achève de s'habiller, et appelle Rongin.

Le concierge est de fort mauvaise humeur de ce qu'on ait renvoyé Marguerite; il arrive en bougonnant. Son maître lui ordonne de veiller sur son fils et de ne point le quitter jusqu'à son retour.

— Je ne saurai pas tenir M. Adam, dit Rongin; je n'ai pas eu l'habitude de fréquenter les bonnes d'enfant. — Asseyez-vous sur le tapis à côté de lui, et tâchez de l'amuser. Je ne serai pas longtemps... Il m'est venu une idée excellente... Catherine n'est sans doute plus malade... elle pourra revenir nourrir mon fils... Si elle a encore du lait, nous sommes sauvés!

— Ah! il veut reprendre Catherine, se dit le concierge, il ne manquerait que cela! Et me faire garder cet enfant à présent!... c'est n'avoir aucun égard!... Oui, crie! crie! toi!... Attends, je vais t'amuser!...

Rongin prend le petit Adam, et lui administre le fouet en murmurant : Si j'étais ta nourrice, tu l'aurais tous les jours.

Lucas le bâtonniste, la coqueluche de toutes les filles de Basincourt.

M. Adrien est arrivé chez son fermier, il trouve Jean-Claude dans la cour de la maison. Le villageois quitte une oie à laquelle il tordait le cou pour venir au-devant de son maître.

— Bonjour, Jean-Claude, dit M. Adrien, tout le monde se porte-t-il bien chez vous? — Oui, monsieur, Dieu merci! ma femme et moi j' nous portons ben, et mes enfants viennent comme des champignons. — Fort bien. D'après cela je vois que Catherine est tout à fait rétablie de cette maladie qui l'a forcée de s'éloigner de chez moi. — Une maladie... Ah! jarni, monsieur, ça n'est pas pour une maladie qu'elle vous a quitté, c'est par amour pour moi... Voyez-vous not' femme m'aime tant qu'elle n'a pu être plus d'un an sans me le prouver... — Comment! c'est pour vous qu'elle a abandonné mon fils! C'est fort ridicule. Et cette maladie qu'elle couvait? — Je n' savons pas si elle couvait chez vous; mais je savons ben qu'ici elle se dispose à nous donner un sixième enfant, et je m' flattons qu'il n'était

— Typ. Walder, rue Bonaparte, 44.

pas commencé quand elle est revenue... — Que dites-vous? Votre femme serait enceinte? — De quatre grands mois, sans vous commander, et elle est déjà joliment ronde. — Et moi qui venais la rechercher pour nourrir Adam. — Ça ne se peut pas pour le quart d'heure, mais d'ici à huit ou neuf mois, si vous en aviez queuque petit besoin... sans vous commander...

M. Adrien s'éloigne fort mécontent, en disant : Ces paysans ne savent faire que des enfants !... Moi, je n'en veux qu'un ; mais j'espère en faire un homme d'un genre particulier... un homme d'un naturel rare... C'est bien cruel qu'il faille d'abord le faire teter ! les hommes devraient naître avec des dents, et être en état de manger une côtelette le jour de leur baptême.

Tout en se disant cela, M. Adrien reprend le chemin de sa demeure. Il trouve Rongin assis sur le tapis, et le petit Adam se tenant fort tranquille à côté de lui, parce que, pour faire cesser ses cris, le concierge lui a plusieurs fois donné le fouet ; moyen nouveau pour l'enfant, mais qui avait produit beaucoup d'effet.

— Comme ce petit garçon est déjà sage ! dit M. Adrien. Bravo, Rongin ! je vois que vous avez su l'amuser. — Oui, monsieur, je l'ai tant amusé, qu'il s'en souviendra, j'espère.

— C'est fort bien ; plus tard il vous en saura gré ; les enfants n'oublient jamais ce qu'on fait pour eux ; ils ont plus de mémoire que les hommes.

Le concierge se contente de s'incliner en disant : Monsieur ne ramène pas Catherine ? — Non, elle s'avise d'être encore grosse...
— Ham ! je m'en avais douté, murmure Rongin entre ses dents.

— Rongin, mon ami Tourterelle est-il venu ce matin ? — Oui, monsieur ; je crois qu'il prend le chocolat avec madame. — Ils sont bien heureux d'avoir le temps de déjeuner !... Allez dire à Tourterelle qu'il vienne dans mon cabinet le plus tôt possible ; j'ai à lui parler.

Le complaisant ami arrive au bout de cinq minutes, encore tout barbouillé de chocolat ; M. Adrien lui montre son fils en s'écriant : Vous savez ce qui m'arrive.

— Non... je ne sais rien, répond le petit homme en s'essuyant la bouche. — Quoi ! ma femme ne vous a pas dit... — Elle m'a dit que, n'en ayant plus à la vanille, nous en prendrions de santé ce matin... — Véritablement, Céleste s'occupe plus de son chocolat que de son fils !... C'est bien heureux que je sois là ! Mon ami, Adam est de nouveau sans nourrice. — Bah ! — Cette Marguerite recevait en secret la nuit un maçon ! Vous conviendrez qu'il fallait que ce drôle-là aimât les peaux jaunes et les mal épatés. — Mon ami, ne jugeons pas sur l'apparence ; elle avait peut-être quelque chose de bien. — Mais, mon cher Tourterelle, voilà un innocent qui pâtit pour les coupables... J'ai fait chercher, demander dans les environs une remplaçante à Marguerite ; on ne me trouve rien. — Est-ce que votre fils n'est pas assez grand pour s'en passer ? Il a déjà l'air d'un homme. — C'est un homme de seize mois, et il en vaut bien deux comme son cousin Edmond, qui a le même âge... Pauvre Edmond !... C'est mince , c'est grêle, c'est pâle... Mon fils a l'air d'un bœuf à côté de lui. Malgré cela, je veux qu'il tette jusqu'à deux ans ; ça entre dans mon plan d'éducation. Voyons, Tourterelle, où trouverons-nous de quoi sustenter Adam ?

Tourterelle se gratte l'oreille, et regarde au plafond pour avoir l'air de réfléchir, mais il se contente de voir les mouches voler.

Au bout de quelque temps M. Adrien se frappe le front et s'écrie : J'ai trouvé... Comment diable n'y ai-je pas pensé plus tôt ?... Rien ne m'empêche de donner à mon fils une bête pour nourrice !... — Une bête ! dit Tourterelle en fixant son ami d'un air surpris. — Eh !

oui... une bête. Est-ce que Romulus et Rémus n'ont pas été nourris par une louve ?

Tourterelle recule brusquement sa chaise en s'écriant : Vous allez faire venir une louve dans votre maison ! — Non !... je n'en connais point d'apprivoisée. Mais Jupiter, par qui fut-il allaité ? par une chèvre, par *Amalthée*; eh bien ! mon fils finira comme Jupiter a commencé, il tettera une chèvre, mon ami.

Tourterelle rapproche sa chaise en disant : A la bonne heure une chèvre !... oui, c'est un animal espiègle, mais qui n'est pas dangereux.

Comme il était plus facile de se procurer une chèvre qu'une villageoise, dès le même soir la nouvelle nourrice du petit Adam était installée dans la maison. On ne lui donne pas pour demeure le pavillon du jardin, mais un joli petit réduit qu'on lui arrange exprès dans la cour en face du concierge ; et Rongin, qui se flattait de ne plus avoir personne à surveiller, a ordre de ne point perdre de vue la nouvelle Amalthée, et de suivre les pas du petit Jupiter toutes les fois qu'il jouera avec sa nourrice.

CHAPITRE VIII. — Les Enfants grandissent.

Les aventures arrivées aux nourrices du petit Adam nous ont fait négliger son cousin ; mais dans la demeure de M. Rémonville, peu d'événements venaient troubler la vie que l'on menait. La jeune mère allaitait son fils, et le voyait croître sous ses yeux. Le plaisir qu'elle goûtait à entendre ses premiers mots, à recevoir ses caresses, la dédommageait amplement des fatigues qu'il lui fallait éprouver. M. Rémonville unissait ses soins à ceux de sa femme ; il guidait les premiers pas du petit Edmond ; il ne pensait pas qu'un père pût être jamais ridicule en portant son enfant dans ses bras.

La première enfance d'Edmond s'écoulait donc sans trouble, sans orage, comme l'existence de ses parents. Heureux les gens dont on n'a rien à dire !... Pour eux la vie est calme et douce : c'est un clair ruisseau qui ne sort jamais de son lit.

Dans la maison voisine on menait une vie plus agitée : madame Adrien aimait la société ; celle de l'ami Tourterelle lui semblait quelquefois monotone. Madame voulait qu'on lui fit la cour ; mais une co-

Ayant mis la nourrice à la porte, M. Adrien rapporte Adam à sa mère.

quette ne se contente pas d'entendre une seule personne lui dire qu'elle est ravissante, il lui faut des distractions ; et pour complaire à sa femme, M. Adrien invitait les notabilités de Gisors à venir dîner chez lui.

Si madame aimait le monde, monsieur, tout en affectant d'en faire peu de cas, était bien aise de montrer son fils aux habitants des environs. Le petit Adam était frais, robuste et gai ; sa dernière nourrice avait parfaitement achevé ce que les autres avaient commencé. L'enfant aimait beaucoup sa chèvre, et quoique depuis longtemps il pût s'en passer, il ne voulait pas se promener un instant sans elle. Rongin, qui avait l'inspection de la chèvre et de l'enfant, regrettait Marguerite et même Catherine, car il ne trouvait plus l'instant de lire ni de se reposer. Il avait essayé de faire des rapports contre la chèvre ; il prétendait qu'elle donnait des coups de tête à l'enfant, ou qu'elle essayait de le mordre ; mais ces calomnies n'avaient pu faire renvoyer Amalthée, parce qu'Adam pleurait quand on voulait l'en séparer.

Le temps marchait pour Adam comme pour Edmond. Déjà des jeux bruyants avaient remplacé les contes avec lesquels on nous berce ; déjà de petites espiègleries, des réponses mutines faisaient pressentir les caractères. C'était chaque jour une nouvelle jouissance pour la tendre Amélie ; une bonne mère compte avec fierté les années de ses enfants, sans s'inquiéter des rides que ces années amèneront sur son visage. Il n'en est pas de même d'une mère coquette : elle soupç-

en voyant sa fille devenir femme, elle accuse la vitesse du temps. L'une est toute aux regrets du passé, l'autre aux jouissances de l'avenir.

Les deux cousins ne se ressemblaient pas, mais tous deux promettaient d'être bien. Edmond avait les traits plus délicats, les yeux plus doux, les cheveux moins noirs, et la peau plus blanche que son cousin ; mais Adam avait une figure ronde, des yeux très-vifs, une bouche riante et de belles couleurs.

Tous deux étaient gais, francs, et montraient un bon cœur. Edmond était moins tapageur qu'Adam, et celui-ci moins obéissant que son cousin. Peut-être était-ce déjà l'effet de la différence avec laquelle on les élevait. Adam, libre de faire ce qu'il voulait depuis le matin jusqu'au soir, ne pouvait contracter l'habitude de la soumission ; tandis qu'Edmond était forcé d'obéir à ses parents.

En grandissant, les deux enfants trouvaient plus de plaisir à être ensemble. Nous ne sommes pas nés pour la solitude : à peine est-on en état de faire le plus petit projet, d'arranger une partie de jeu, qu'un camarade est une bien douce chose; c'est à lui qu'on est empressé de montrer les cadeaux qu'on a reçus ; c'est avec lui seulement que l'on s'amuse. A cinq ans il nous faut un ami ; il est vrai qu'on se bat souvent avec cet ami-là ; mais si les querelles sont promptes, les raccommodements sont faciles. En grandissant, nous devenons plus rancuniers.

Pour plaire à leurs enfants, les parents se voyaient souvent. Jusqu'à l'âge de cinq ans la différence ne pouvait pas être bien sens ble dans leur éducation. Tous deux étaient vifs, joueurs et gourmands. Mais M. Rémonville réprimait déjà ce dernier défaut dans Edmond, tandis que M. Adrien laissait manger Adam à sa fantaisie, en disant :
— La nature le guidera, c'est le meilleur précepteur; elle l'avertira de ne plus manger quand il n'aura plus faim. Probablement la nature guidait mal le petit Adam, car il avait souvent des indigestions.

Quand les enfants luttaient ensemble, Adam était toujours vainqueur ; à la course, à la corde, pour grimper sur les arbres, c'était encore Adam qui l'emportait sur son cousin. M. Adrien souriait en regardant son frère, et murmurait : — Je ne le lui ai pas enseigné ; c'est la nature qui a tout fait.

Mais Edmond, habitué à recevoir les caresses de sa mère, à écouter déjà les leçons de son père, avait des manières plus douces, un ton plus aimable que son cousin ; il saluait les personnes qui venaient chez ses parents, au lieu de leur rire au nez comme le faisait Adam ; il quittait le jeu quand sa mère le lui ordonnait ; il ne battait pas les domestiques qui tardaient à le servir, et il daignait répondre aux personnes qui lui parlaient.

M. Adrien disait : — Ils en feront un petit hypocrite, un cafard... Adam est bien plus franc ! Il ne vient pas toujours quand on l'appelle, mais il vient quand ça lui fait plaisir. Il ne quitte pas le jeu pour venir causer avec des étrangers, parce qu'à son âge le jeu doit avoir plus de charmes que la conversation. Enfin, il pince parfois sa bonne... C'est qu'il a deviné que les domestiques sont faits pour servir. C'est un naturel charmant !

Quand un mendiant s'arrêtait devant la maison de M. Rémonville en faisant entendre une voix plaintive, Edmond quittait le jeu, courait à l'office, et allait porter à déjeuner au malheureux qu'il engageait d'un air attendri.

Voyait-il d'une fenêtre un pauvre lui tendre la main, Adam courait demander à son père quelques pièces de monnaie ; puis il s'emparait d'un vase plein d'eau, il jetait les sous au pauvre ; mais pendant que celui-ci se baissait pour les ramasser, Adam versait le contenu du vase sur la tête de celui qu'il venait de secourir, et riait aux larmes de la figure que faisait alors le mendiant.

Témoin plusieurs fois de ces espiègleries, M. Rémonville disait à son frère : — Votre fils gâte sa bonne action ; vous devriez lui apprendre à respecter le malheur. La manière d'obliger double le prix du bienfait, et il me semble que le tien ne lui gagnera pas les cœurs.

— Chacun son genre, répondait M. Adrien ; mon fils aime à rire même en faisant du bien, je ne vois pas grand mal à cela. Il trouvera encore beaucoup de gens disposés à endurer ses malices pour recevoir son argent. — Mais on n'aura pour ses dons aucune reconnaissance. — Et où avez-vous vu, mon frère, que des obligés fussent reconnaissants ?... J'ai donné bien des dîners, bien des fêtes, bien des présents, et, au lieu de m'être utiles, tous ceux que j'ai obligés se sont moqués de moi. Mon fils se moque de ceux qu'il oblige ; c'est bien plus drôle ; il me semble même que c'est plus légal.

Quand Edmond a atteint sa cinquième année, son père juge convenable de commencer à l'instruire. L'enfant apprend à lire, à retenir des fables, et il a déjà moins de temps pour jouer avec son cousin. Lorsqu'au milieu d'une partie de cache-cache on vient chercher Edmond parce que c'est l'heure de travailler, Adam s'écrie : — Comment ! tu apprends quelque chose, toi ?... pourquoi faire ? — Papa le veut. — Il faut dire que tu ne le veux pas. Moi, on m'a dit que je n'apprendrais que ce que je voudrais, et j'aime mieux faire la roue que d'apprendre des fables.

Mais Edmond n'écoute pas les conseils de son cousin, parce qu'il sait qu'à la première désobéissance on cesserait de lui permettre de jouer avec lui. D'ailleurs, les caresses de sa mère, les encouragements de son père lui font déjà prendre goût à l'étude, et il s'aperçoit que quelques heures de travail font trouver le jeu plus agréable.

Adam, qui peut faire ce que bon lui semble, trouve les journées fort longues ; on se lasse de courir, de grimper aux arbres, de casser les branches, de se rouler sur le gazon. Pour s'amuser, l'enfant de la nature arrache les légumes, dévaste les plus beaux plants du jardin, brise les treillages, donne la clef des champs aux lapins, poursuit les poules avec des pierres, et les chiens avec des bâtons.

Rongin voit tout cela du coin de l'œil ; il se garde bien de faire un rapport contre M. Adam, ou de l'arrêter quand il chasse les lapins dans la cour. S'étant permis une fois de s'opposer à ce que l'enfant montât dans le pigeonnier, Adam s'est emparé de la casquette du concierge, et a été la jeter dans le puits. Depuis ce jour, et quoiqu'il soit parvenu à repêcher sa casquette, Rongin laisse l'enfant faire le diable, et se contente de dire : — Ça fera un joli sujet ! J'ai reçu de l'éducation, moi, mais c'était un autre genre !

Grâce à Adam, chaque jour on voit du changement dans la maison. les deux gladiateurs n'ont plus de bras ; le berger et la bergère n'existent plus ; le bassin est devenu une garenne, la cour un poulailler, le vestibule un champ de bataille, et tout le jardin un véritable chenil.

Quoique madame s'occupe fort peu des actions de son fils, quelquefois cependant, en se promenant dans une allée du parterre avec le complaisant Tourterelle, elle se plaint du désordre qu'elle remarque autour d'elle. Le rosier qu'elle admirait la veille n'a plus une fleur le lendemain ; le banc sur lequel elle s'asseyait est cassé ; il n'y a plus de gazon sur la pelouse ni de mousse dans la grotte. Madame appelle alors le jardinier, et François répond : — C'est M. Adam qui a fait cela. — Il faut lui dire que c'est très-mal, que cela me déplaît ! — Ah ! madame, on peut bien dire ce qu'on veut à monsieur vot' fils, il n'écoute pas, ou bien il nous rit au nez !

Madame se tourne alors vers Tourterelle, et lui dit : — Il me semble que mon mari élève son fils bien singulièrement ! — Ça me fait aussi cet effet-là. — Depuis que cet enfant grandit, on ne se reconnaît plus dans cette maison... Jusqu'au fond de mon boudoir j'entends le bruit des meubles que l'on casse, des porcelaines que l'on brise... — Vous pourriez faire à votre époux quelques représentations... — Voulez-vous que je lui en parle, que j'use des discussions, des contestations ?... Rien que d'y penser, cela me fatigue la tête !... Mais vous, mon cher Tourterelle, dites-lui quelques mots là-dessus.

Tourterelle s'incline et le promet, mais le petit homme n'en fait rien, parce que, lorsqu'on va souvent dans une maison, qu'on fait la cour à la maîtresse du logis, et qu'on dîne avec le mari, on ne s'avise pas d'être d'un autre avis que le sien, et on se garde bien de lui faire voir qu'il n'a pas le sens commun.

M. Rémonville voit avec joie son Edmond profiter de ses leçons, il voudrait que son neveu ne perdît pas son temps précieux, et que le jeu ou l'oisiveté ne gâtassent point un heureux naturel. Il a remarqué que le jeune Adam ne manquait pas de moyens, et il gémit de l'entêtement de son frère à le laisser se livrer à la paresse. Quelquefois, entraîné par l'exemple de son cousin, Adam a voulu apprendre, a essayé de travailler ; mais ces beaux projets ne durent guère, et n'y étant pas encouragé par son père, l'enfant quitte bientôt la grammaire pour retourner dévaster le jardin, et tout bouleverser dans la maison.

— Mon frère, dit M. Rémonville au père d'Adrien, prenez bien garde à ce que vous faites... vous êtes responsable de l'avenir de votre fils. — Mon frère, je laisse agir la nature, par conséquent je ne suis responsable de rien. — Eh ! morbleu ! mon frère, si nous cédions toujours à ce que la nature nous demande, nous ferions cent sottises par jour, et nous ne serions pas supportables dans la société. — Je ne suis pas de cet avis-là. D'ailleurs, il me semble que je n'ai pas à me repentir de mon système ; mon fils n'a que sept ans, et il en paraît dix pour la force, la taille, la tournure... c'est déjà un gaillard ! — Oui, un gaillard qui ne sait que tout briser dans chaque endroit où il va. — C'est le premier feu de la jeunesse ; ça se calmera. — Mon fils, qui est né le même jour que son cousin, sait déjà lire presque couramment ; il commence à écrire, il connaît ses notes de musique, retient des fables, des vers... — Oh ! votre Edmond est un prodige, on sait cela !... mais il n'en est pas plus gras. Moi, je n'aime pas les prodiges, ça ne rent pas dans la nature. — Eh ! mon frère, qui vous parle de prodiges ?... Il ne tient qu'à vous que votre fils en sache bientôt autant que le mien. Adam a de la mémoire, de la facilité, et si vous vouliez qu'il apprît... — Je ne lui défends pas d'apprendre. — Non, mais vous ne l'y engagez pas. — Il faut que cela vienne tout seul. — Mon frère, il y a bien peu de choses qui nous viennent seules, et, en général, ce ne sont pas les meilleures.

M. Rémonville renonce à faire changer d'idées à son frère. Il voit que ses représentations ne servent à rien, et il ne s'occupe plus que de son fils.

Chapitre IX. — Origine de Rongin.

Cependant, tout en criant contre les hommes et en jurant qu'il ne ferait plus rien pour eux, M. Adrien n'a pu résister au désir de s'occuper encore en secret d'une attention nouvelle.

Cette fois, c'est un autre genre d'éclairage qu'il veut faire adopter, M. Adrien a combiné du salpêtre avec de la graisse, il met à cela des mèches en filasse, et il part pour Paris, où il veut montrer son nouveau procédé à l'Académie des sciences.

Pendant l'absence de son frère, M. Rémonville tâche de donner à son neveu quelques éléments d'écriture et de lecture. Il lui fait sentir qu'on se moquera de lui plus tard s'il ne sait pas signer son nom. Les enfants ont presque autant d'amour-propre que les hommes, le petit Adam commence à apprendre à écrire pour qu'on ne se moque pas de lui.

Malheureusement pour l'enfant, il n'en est encore qu'aux premiers éléments lorsque son père revient de Paris.

M. Adrien a la mine plus longue qu'à l'ordinaire; en faisant l'essai de son nouvel éclairage, il a brûlé le nez à deux académiciens, fait roussir tous les cheveux d'un troisième, et manqué de faire écrouler le plafond de la salle où il a fait son expérience. Loin d'adopter son procédé, on lui a formellement défendu de rien entreprendre à l'avenir, sous peine de payer ses inventions par quelques jours de prison.

M. Adrien revient chez lui de fort mauvaise humeur; en entrant dans sa demeure il s'écrie : — Me voici de retour enfin... Dieu merci !... J'avais hâte de revoir ma maison... mes champs !... et de quitter un monde pervers où tout est fausseté et corruption !...

Je veux embrasser mon fils, mon Adam, ma consolation !... Ah ! je n'en ferai pas un homme comme les autres !... Où est-il ? Dans le jardin, sans doute? — Non, monsieur, dit Rongin, il est chez son oncle, où il étudie. — Il étudie... mon fils étudie ?... — Oui, monsieur. oh! vous serez étonné, il vous fera un de ces ci co cu ! Moi, qui m'y connais, je trouve qu'il lit déjà fort proprement. — Et pourquoi fatiguer cet enfant ?... On va me gâter son joli naturel. Allez me chercher mon fils.

Rongin va chercher l'enfant chez son oncle, et le petit Adam, croyant flatter son père, lui présente un échantillon de son écriture. M. Adrien fait voler l'exemple en l'air en disant : — Ne te casse pas la tête pour des contemporains ingrats !... Tu vaudras toujours mieux qu'eux, et pour cela, le meilleur moyen c'est de ne pas leur ressembler. — Mais, mon oncle m'a dit qu'on se moquerait de moi si je ne savais rien. — N'écoute pas ton oncle, et laisse agir la nature; si elle te pousse vers l'étude, à la bonne heure; dans le cas contraire, tu perdrais ton temps à étudier. Ton oncle lui-même doit se rappeler ces deux vers :

> Ne forçons point notre talent,
> Nous ne ferions rien avec grâce.

Et comme je veux que tu fasses tout avec grâce, je ne te forcerai en rien.

Adam pense qu'il doit écouter son père plutôt que son oncle. L'étude est de nouveau abandonnée pour le jeu, et la maison, qui avait repris un aspect d'ordre, devient de nouveau une arène où M. Adam trouve chaque jour l'occasion de faire des prouesses.

M. Rémonville a cessé de faire des représentations inutiles; depuis son dernier voyage à Paris, son frère semble être encore plus entêté. Mais le père d'Edmond ne permet plus à son fils d'aller tous les jours jouer avec Adam, car les enfants commencent à être d'un âge où les mauvais exemples sont dangereux : — Que mon frère garde son fils, dit M. Adrien; tant mieux, je n'aime pas les pédants; il me gâterait le naturel d'Adam.

Les premières années de l'adolescence succèdent à celles si insouciantes de l'enfance. Les deux cousins atteignent quatorze ans. Ce ne sont pas encore des hommes, mais ce ne sont plus des enfants. Edmond, qui est instruit, qui a des talents agréables, est une société pour ses parents. Il aime à causer avec son père, à écouter les tendres avis de sa mère. Edmond n'est point parfait ; il est étourdi et un peu moqueur; mais son esprit est juste, et le récit d'une belle action fait vivement battre son cœur. Lorsque sa mère le presse dans ses bras, il lui dit : — Je ne te quitterai jamais. Mais la bonne Amélie soupire : elle sait bien qu'il vient un temps où les caresses d'une mère ne sont plus suffisantes pour retenir un fils.

Adam est grand et fort, son visage frais et vermeil annonce la santé et l'insouciance. Adam ne s'est pas fatigué la tête à étudier ; il sait à peine épeler, et il n'écrit que son nom ; mais il monte bien à cheval, il grimpe aux arbres comme un singe, et il atteindrait une biche à la course. Depuis quelque temps la maison de son père est devenue trop étroite pour lui ; le jardin ne suffit plus à ses jeux. C'est dans les bois, c'est en pleine campagne qu'Adam veut faire ses caravanes; on le trouve encore trop enfant pour le laisser sortir seul, mais M. Adrien ressent parfois des attaques de goutte qui l'ont rendu peu ingambe, et en vieillissant, l'ami Tourterelle est devenu comme une petite pelote ; le ventre lui cache la plus grande de ses pieds ; c'est tout ce qu'il peut faire que de promener Céleste, qui assure qu'elle ne se promène bien qu'avec lui ; il est vrai que Céleste voit depuis quelques années s'éloigner tous ses admirateurs; Tourterelle est le seul qui ait tenu bon, et une femme doit de la reconnaissance à un homme qui remplit le même emploi depuis quinze années, et ne parle pas de donner sa démission.

Ces messieurs ne peuvent donc accompagner le jeune Adam dans ses excursions lointaines; mais comme en vieillissant Rongin est toujours resté aussi maigre, c'est lui que M. Adrien charge d'accompagner son fils. Rongin objecte qu'il ne peut pas garder sa porte et suivre M. Adam. Mais M. Adrien insiste et dit : — Le petit neveu de la cuisinière peut garder la porte, mais il ne peut pas veiller sur mon fils. Songez, Rongin, que c'est une preuve de confiance et d'estime que je vous donne. Rendez-vous-en digne.

— Elle est jolie, la preuve d'estime ! se dit Rongin ; on me met à toute sauce ici !... Suivre un petit garçon qui est comme un cheval indompté !... Ah ! si les circonstances ne m'y avaient pas forcé !

Fâché qu'on lui ait donné quelqu'un pour l'accompagner, Adam se plaît à faire des malices au vieux concierge. Ses éternels murmures provoquent la gaieté de l'élève de la nature. Sans avoir pitié des jambes de son compagnon, Adam lui fait faire trois ou quatre lieues dans la journée, jusqu'à ce qu'enfin Rongin tombe sur l'herbe en s'écriant : — Je n'en puis plus! perdez-vous si vous voulez, monsieur ; je ne peux plus vous suivre !

Alors Adam va en riant s'asseoir près de Rongin ; il tire de sa poche une petite bouteille d'osier qu'il a toujours soin d'emporter ; il la présente à son compagnon en lui disant : — Bois, vieux raisonneur, ça te rendra tes jambes.

La vue de la petite bouteille, qui renferme d'excellent madère, calme ordinairement la mauvaise humeur de Rongin ; il boit en disant : — Vraiment, monsieur, depuis votre naissance on me fait faire tous les métiers... Il a fallu veiller sur vos nourrices, sur votre chèvre ; à présent, il faut que je veille sur vous !... C'est à n'y pas tenir... Et cependant je n'étais pas fait pour cela ; je suis né dans l'opulence et les grandeurs. — Alors pourquoi t'es-tu fait concierge? — Parce que les circonstances... Tu rabaches toujours la même chose, Rongin. J'ai entendu dire à mon oncle qu'il n'y avait point de sot état, et que dans toutes les classes de la société on pouvait être estimable quand on faisait bien son devoir. Or, comme ton devoir est de me suivre, de m'accompagner partout, en avant, marche ! et ne bougonnons pas.

C'est vers le village de Basincourt qu'Adam porte souvent ses pas ; il a déjà été plusieurs fois à la ferme de Jean-Claude ; Catherine a beaucoup de plaisir à voir l'enfant qu'elle a nourri. Adam lui fait honneur : il est plus grand et plus fort qu'on ne l'est ordinairement à son âge; aussi la fermière se plaît-elle à le considérer. Peut être que la vue d'Adam, en lui rappelant son séjour chez M. Adrien, lui donne-t-elle d'agréables souvenirs. Catherine approche de la quarantaine ; mais elle est encore fraîche, et son humeur est aussi gaie qu'autrefois.

Reçu respectueusement par Jean-Claude, qui voit en lui le fils de son maître, caressé, choyé par Catherine, fêté par ses sœurs et frères de lait, Adam devait se plaire à la ferme ; aussi dirigeait-il souvent ses promenades vers Basincourt, pour aller boire du lait avec Suzanne et Nannette, manger des grillades de lard avec Pierre, Nicolas et Fanfan, boire du petit vin avec Jean-Claude, et goûter du flan fait par Catherine, au grand scandale de Rongin, qui prétendait que le jeune homme ne savait pas garder son rang.

C'est encore vers la ferme que, par une belle journée, Adam porte ses pas.

— Monsieur, dit Rongin en s'arrêtant à l'entrée du village, je vais vous laisser aller seul, au risque d'être congédié par monsieur votre père. — Et pourquoi cela, Rongin ? — Je ne veux pas aller chez vos paysans. Ils semblent prendre plaisir à me molester ; ils se permettent de ricaner en me regardant. — C'est toi qui leur fais toujours la grimace. — Votre nourrice s'est constamment moquée de moi ; je me le rappelle bien. — Alors tu dois y être habitué. — Non, monsieur; quand on est bien né, on ne s'habitue point à cela. Vous devriez avoir quelques égards pour le compagnon que votre père vous a donné.

Rongin a pris un air piteux et tiré son mouchoir rouge ; Adam, dont le cœur est aussi bon que la tête mauvaise, court prendre la main du concierge et la lui serre en lui disant : — Calme-toi ! est-ce que je veux te faire du chagrin?... Chez Jean-Claude on rit, et voilà tout... Mais puisque cela te fâche, on te traitera avec considération.

Ces derniers mots ont décidé le vieux domestique à suivre les pas de son jeune maître. Ils arrivent à la ferme, et selon l'usage, Catherine vient embrasser Adam, tandis que Jean-Claude ôte respectueusement son bonnet de laine. Rongin passe d'un air fier entre les paysans, et va s'asseoir sur un vieux fauteuil de bois qui est dans la salle basse, sans daigner saluer les villageois, et sans même faire attention à un vieil invalide qui était assis dans le fond de la salle et s'est levé à son arrivée.

— Ma fine, not' jeune maître vient ben à propos, dit Jean-Claude; ma femme a justement fait sauter un lapin qui n'a été nourri que de serpolet, pour régaler un ancien ami qui vient d'arriver... J'allions nous mettre à table, sans vous commander, et si M. Adam veut tâter de notre lapin... — Certainement que j'en mangerai, répond Adam tout en se tournant avec Nicolas sur les bottes de paille ; quand je viens ici j'ai toujours faim.

La table était dressée ; on met deux couverts de plus. Mais Rongin déclare d'un air sec qu'il ne mangera pas. Le vieil invalide n'ose point se rasseoir, tant la présence du concierge lui impose ; ce n'est qu'après avoir appris de Catherine quelle est la condition de ce monsieur qui lui tourne le dos que l'ami du fermier se décide à prendre place à table.

Au moment où Adam va en faire autant, Rongin l'arrête et lui dit à l'oreille : — Comment, jeune homme ! vous allez vous mettre à table avec votre fermier et votre nourrice ! — Pourquoi pas, Rongin ? Ce n'est pas la première fois que je mange ici. — Des galettes, du lait, passe encore... Mais dîner avec ces gens-là, c'est vous compromettre, monsieur. — Rongin, tu ne sais ce que tu dis ; quand on a faim, la nature veut que l'on mange. — C'est selon avec qui, monsieur. — Garde ta dignité, puisque cela t'amuse ; moi, j'aime mieux goûter du lapin.

Adam va se placer entre Suzanne et Nannette ; il mange comme quatre, tout en riant avec ses sœurs de lait. L'invalide, qui ne se sent pas gêné par la présence d'un enfant et ne fait plus attention à Rongin, a retrouvé la parole et fait à Jean-Claude le récit des batailles où il s'est trouvé depuis qu'il a embrassé l'état militaire ; les villageois prennent beaucoup de plaisir à écouter le vieux soldat ; Adam lui-même fait moins le diable qu'à l'ordinaire : il n'y a que Rongin qui tousse et crache dans les moments les plus intéressants ; et lorsque l'invalide s'anime en parlant de la gloire dont se sont couverts les Français à *Austerlitz*, à *Wagram*, à *Friedland*, Rongin murmure entre les dents : — Hum !... c'est encore un soldat de la révolution !...

Présumant que son compagnon se repent de n'avoir pas pris place à la table, Adam saisit un moment où l'invalide reprend haleine, et dit au concierge : — Allons, Rongin, ne boude plus, et viens te mettre à côté de nous...

Au nom de Rongin, le vieux soldat s'arrête, pose son verre et dit : — Rongin !... Eh ! mais... que me rappelle un particulier que j'ai connu il y a ben longtemps ; c'était un garçon perruquier... le fils d'un pâtissier de Rouen... un mauvais sujet qui était venu manger à Paris tout le bien de son père.

— Monsieur Adam, il se fait tard, murmure Rongin d'une voix enrouée et en se dirigeant vers la porte de la salle, il faut partir, monsieur votre père sera inquiet de vous. — Tu rêves, Rongin ; est-ce que mon père s'inquiète jamais ?... Écoute donc l'histoire de monsieur ; ça m'amuse, moi !

Rongin ne répond rien ; mais il se tient contre la porte en continuant de tourner le dos à la société.

— Pour en revenir à ce Rongin, reprend l'invalide, comme je vous le disais tout à l'heure, c'était un drôle, un polisson, qui voulait faire l'important, le petit seigneur, parce qu'il avait des dettes et qu'il trichait au jeu. On l'avait déjà renvoyé de chez plusieurs maîtres, où il s'était fort mal conduit. Mais il faisait le dévot, il allait à confesse, cela trompait de bonnes gens, qui le croyaient un petit saint. Moi, je n'étais pas encore dans le militaire, j'avais un emploi de garçon de caisse dans une maison de commerce, et une jolie maîtresse avec laquelle j'allais à la guinguette tous les dimanches. Je ne sais pourquoi mon emploi et ma maîtresse donnèrent dans l'œil à Rongin. Il ne put séduire l'une ; mais par d'odieux propos, de secrètes dénonciations, il parvint à me faire perdre l'autre. J'appris d'où partait le coup. Vous jugez bien que je ne pris pas cela tranquillement. J'allai trouver mon Rongin ; ce qui ne me fut pas facile, car il cherchait à m'éviter. Je ne portais pas encore de sabre alors, mais j'avais un bâton, et dans la main d'un homme qui a du cœur, tout devient une arme. Je ne pris pas par deux chemins ; je dis à Rongin : Tu es un hypocrite et un Jean-fesse... Tu m'as fait perdre ma place, et tu t'y es fait mettre par des moyens qu'un honnête homme n'emploie jamais... Nous allons nous casser un bras ou une jambe à l'un ou à l'autre. C'est encore ben de l'honneur que je te fais. Là-dessus, voilà mon Rongin qui pâlit et qui me dit qu'il ne se battra pas. Je lui réponds qu'il se battra, et en même temps je fais faire le moulinet à mon gourdin. Il refuse toujours en reculant ; moi, j'insiste en avançant ; si bien que pendant cette manœuvre-là, mon bâton va frotter le front de Rongin, et lui enlève une partie du sourcil droit. Il tomba en jetant les hauts cris, et je le laissai là : je comptais bien le retrouver et lui demander raison du coup de bâton que je lui ai donné ; mais la révolution arriva, je partis pour défendre ma patrie ; et depuis ce temps, je ne revis plus Rongin ; car vous pensez bien qu'il n'était ni parmi les soldats de la nation ni avec les vainqueurs d'Austerlitz et de Wagram.

L'invalide a cessé de parler. Les paysans ont écouté son récit avec beaucoup d'intérêt, la bouche béante, les yeux fixés sur lui, ils semblent l'écouter encore. Adam, qui réfléchit à ce qu'il vient d'entendre, cherche des yeux Rongin, et s'aperçoit que le concierge a doucement quitté la salle pendant la fin du récit du soldat. Cette fuite confirme Adam dans ses soupçons, il se lève de table, dit adieu aux villageois, et prie l'invalide de l'accompagner quelques pas. Comme dans la ferme on a l'habitude de déférer à tous les désirs d'Adam, Catherine engage le vieux soldat à se rendre à l'invitation du jeune homme, et l'invalide suit l'écolier en se disant : — Est-ce que ce petit homme a intention de me payer la goutte ?

Après avoir fait une centaine de pas hors de la ferme, Adam aperçoit le concierge qui est allé s'asseoir sous un chêne au bord de la route ; Rongin n'a pas alors les yeux tournés vers eux ; l'élève de la nature prend un détour, et conduit l'invalide derrière un buisson, justement en face de Rongin ; là il dit au vieux soldat : — Regardez bien cet homme : ne serait-ce pas votre garçon perruquier d'autrefois ?

— Oui, pardieu ! c'est lui ! s'écrie l'invalide, qui peut alors voir Rongin tout à son aise. Oh ! je reconnais sa vilaine figure... Il n'est pas trop changé... Et tenez ! voilà sur son œil droit la cicatrice du coup que je lui ai donné... Comme je ne l'avais pas revu depuis ce temps-là, je n'ai pas encore pu lui en rendre raison... Mais il y a temps pour tout ; en avant !

En disant ces mots, le vieux soldat, qui marche d'un pas ferme, quoiqu'il porte une jambe de bois, se dirige vers Rongin, qui se lève et s'adosse contre l'arbre en voyant venir à lui l'invalide et Adam.

— Bonjour, monsieur Rongin, dit le vieux soldat en s'arrêtant devant le concierge, il y a bien du temps que nous ne nous sommes vus... environ vingt-sept années... Mais je vous reconnais parfaitement... Et vous... est-ce que vous ne me remettez pas ?

— Je n'ai pas cet honneur-là, monsieur, répond Rongin en ôtant humblement sa casquette et en saluant l'invalide jusqu'à terre. — Comment ! vous ne reconnaissez pas Dumont, dit Labombe ? Je sais bien qu'autrefois je n'avais pas une jambe de moins, mais ce n'est pas ça qui défigure un homme ! — Monsieur Dumont, je vous assure que vous êtes dans l'erreur ; nous ne nous sommes point connus. — Et moi je vous dis que je vous reconnais parfaitement, et que nous nous sommes vus de près... Témoin c'te fois où, en faisant tourner mon bâton, je vous ai enlevé la moitié du sourcil droit... et la preuve, c'est qu'il n'est pas repoussé... Écoutez, monsieur Rongin, depuis ce temps-là je n'ai pas eu l'occasion de vous rendre raison de ce coup de bâton-là... Mais puisque nous nous retrouvons... je suis votre homme... Dumont n'est pas capable de battre quelqu'un sans lui en faire raison après... Une jambe de bois n'empêche pas de tirer le pistolet, et quand vous le voudrez...

— Monsieur, dit Rongin en tremblant de tous ses membres, vous vous trompez, je ne m'en avoir offensé, puisque je ne vous ai jamais vu... Je vous répète que vous êtes dans l'erreur, et que je ne suis pas le Rongin que vous croyez.

L'invalide regarde quelque temps le concierge en gardant le silence ; au bout d'un moment, il lui dit : — Après tout, puisque vous ne voulez plus être ce Rongin-là, c'est qu'apparemment vous êtes fâché de l'avoir été !... Alors c'est différent ! à tous péchés miséricorde... Adieu, monsieur, je vous promets que je ne vous importunerai plus.

L'invalide a salué de la main et a regagné la ferme. Rongin est resté immobile, les yeux fixés vers la terre. Adam, qui a écouté cette conversation sans l'interrompre, s'approche du concierge quand le vieux soldat est éloigné et lui dit : — Je me garderai bien tout seul ; désormais, je vous défends de m'accompagner. — Monsieur, je vous assure que ce vieil invalide me prend pour un autre, et que ce n'est pas moi... — Je vous dis que je ne veux plus me promener avec vous.

Alors le jeune homme regagne lestement la maison de son père, et Rongin le suit de loin sans oser murmurer comme autrefois.

CHAPITRE X. — Edmond s'instruit. — Adam chasse.

C'est avec son père que le jeune Edmond parcourt les environs de Gisors. M. Rémonville n'a voulu confier à personne le soin d'accompagner son fils ; il trouve trop de plaisir à écouter ses remarques, à répondre à ses questions, à étudier les premières sensations de ce cœur de quinze ans, pour vouloir qu'un autre le remplace près d'Edmond.

M. Rémonville vient d'atteindre la cinquantaine ; mais l'âge n'a point encore altéré ses traits ni rien ôté à la noblesse de sa démarche. Dans ses excursions qu'il fait avec son fils, ce dernier craint de fatiguer son père ; mais M. Rémonville raille son fils sur ses craintes et l'entraîne souvent à plusieurs lieues de leur logis.

Le voisinage d'une forêt concourt à embellir les environs de Gisors, déjà fort pittoresques ; mais ce n'est pas seulement dans la campagne que M. Rémonville conduit son fils, il cherche à ce que leur promenade ne soit pas sans fruit pour Edmond ; un monument, une ruine, l'objet le plus simple en apparence peut devenir un sujet d'instruction lorsque nous avons pour compagnon de promenade un homme érudit et aimable, car l'amabilité donne du charme à la science, et un fait se grave plus facilement dans notre mémoire lorsque celui qui nous le conte nous fait trouver du plaisir à l'écouter.

M. Rémonville fait visiter à son fils les ruines du château de Gisors, dont les Anglais et les Français se disputèrent souvent la possession. Puis, parcourant la ville avec Edmond, il le fait entrer dans l'église, et lui apprend que ces superbes sculptures qui frappent ses regards sont du fameux *Jean Goujon*, un des restaurateurs des beaux-arts en France au commencement du seizième siècle.

Au-dessous d'une belle figure en pierre, couchée sur un tombeau, que l'on va admirer dans la chapelle de Saint-Clair, M. Rémonville fait lire et expliquer à son fils ces deux vers :

Quisquis ades, tu morte cades, sta, respice, plora.
Sum quod eris, modicum cineris ; pro me, precor, ora.

En se dirigeant du côté de Chaumont, M. Rémonville visite avec Edmond le vieux château de Bertichère, dont la construction bizarre pique la curiosité des voyageurs. Auprès du petit Andely, il lui montre, sur le sommet d'un roc escarpé, les ruines de Château-Gaillard, qui joua un rôle si important pendant les rivalités de la France et de l'Angleterre, et lui apprend que ce fut dans ce château que la reine Marguerite de Bourgogne, épouse de Louis le Hutin, fut enfermée et étranglée pour avoir trahi la foi conjugale, ce qui prouve que dans le bon vieux temps on ne plaisantait pas sur cet article-là. Auprès des Andelys est le hameau de Villers. — Voilà où naquit le Poussin, dit M. Rémonville à Edmond, ce peintre célèbre qui, comme l'a dit Voltaire, *ne fut élevé que de son génie*. Outre son grand talent, il était remarquable par sa franchise et son désintéressement : aussi mourut-il pauvre...

Enfin, en parcourant le bourg d'Écouy, M. Rémonville fait voir à son fils le tombeau d'Enguerrand de Marigny, et lui raconte l'histoire de ce ministre, dont la vie fut si orageuse, et qui fut pendu au gibet de Montfaucon, que lui-même avait fait élever.

Edmond écoute avec intérêt les récits de son père, ces longues promenades lui paraissent toujours trop courtes. De retour près de sa mère, le jeune homme lui dit ce qu'il a vu, ce qu'il a appris dans la journée, et il est soir, c'est en faisant de la musique ou en cultivant le dessin qu'il attend l'heure du repos. C'est ainsi qu'Edmond passe sa jeunesse près de ses parents, et l'ennui ne pénètre jamais dans la maison du frère de M. Adrien.

Il n'en est pas de même chez celui-ci : Céleste, qui commence à se faner, a vu diminuer le nombre de ses adulateurs ; Tourterelle, dont l'âge et l'embonpoint semblent avoir engourdi la galanterie, se permet quelquefois de s'endormir en écoutant le détail d'une parure que madame a fait venir de Paris. Enfin M. Adrien, qui a souvent la goutte, s'ennuie de ne pas avoir son fils près de lui ; mais Adam n'est jamais disposé à rester près de son père. Pour se consoler, M. Adrien se dit : — Il faut laisser agir la nature.

Adam a déclaré qu'il n'entendait plus être accompagné par Rongin dans ses promenades, qu'il voulait aller seul, qu'il était assez grand pour ne point se perdre.

Rongin a repris son poste à la porte ; il n'ose plus parler de sa naissance depuis sa rencontre avec le vieux soldat. Cependant Adam n'a pas dit un mot de cette aventure chez son père, et cette discrétion, que ne connaissent pas toujours les hommes policés, prouve que le sentiment de ce qui est bien est en effet un don de la nature.

Chaque jour Adam cherche quelque nouvel amusement pour tuer le temps, qui passe bien moins vite pour lui que pour son cousin. Pour le satisfaire, son père lui a acheté un cheval ; le jeune homme parcourt au grand galop les campagnes environnantes : les fossés, les haies, les barrières sont lestement franchis par le jeune cavalier. Souvent, pour abréger une route qui lui semble trop longue, il coupe à travers champs et galope sur les haricots, les fèves ou les pommes de terre du laboureur. Les paysans crient après le cavalier, Adam leur rit au nez et continue sa course ; mais, comme il est connu dans le pays, les villageois savent à qui ils doivent s'adresser pour obtenir réparation du dégât que le jeune homme fait dans leurs propriétés. C'est chez M. Adrien que les laboureurs vont se plaindre ; il se passe rarement un jour sans qu'il s'en présente quelques-uns, tenant à la main des légumes foulés ou des plantes mutilées par le cheval d'Adam.

M. Adrien paye sans murmurer l'estimation du dommage causé par monsieur son fils. — Est-ce qu'il ne pourrait pas se contenter de trotter sur les routes? disent les paysans. — Ça viendra, répond le papa en souriant ; il paraît qu'il trouve plus naturel de galoper partout. Mais il faut convenir que ce gaillard-là monte joliment à cheval.

Adam a voulu pêcher, mais cette occupation demande trop de tranquillité, de patience; et après s'être fait acheter des filets, des lignes, des hameçons et tout l'attirail d'un pêcheur, Adam a donné cela à l'un des fils de Catherine à la suite d'une séance d'une heure devant la rivière, pendant laquelle il n'avait pas attrapé un goujon.

Un jour Adam rencontre des chasseurs ; aussitôt son cœur bondit de joie, l'espérance d'un nouveau plaisir brille dans ses yeux, et il retourne au grand galop chez son père, devant lequel il se présente en s'écriant :

— Je veux absolument un fusil, je veux chasser... Oh! ce doit être bien amusant!

— La chasse est dans la nature, répond M. Adrien, car les sauvages sont bien plus fins chasseurs que les hommes civilisés ; la chasse est d'ailleurs un amusement noble et fortifiant. C'est le plaisir des rois, ce fut de tout temps le délassement des guerriers.

— Alors, mon père, donnez-moi donc un fusil, répond l'impatient jeune homme. — Tu en auras un demain... mais il faut apprendre à t'en servir... — Oh! je saurai bien m'en servir... un petit mouvement du doigt!... n'est-ce pas une belle malice? — Il te faudra un chien pour dépister le gibier, pour courir après. — Je ne veux pas de chien, je saurai bien voir le gibier moi-même, et le ramasser quand je l'aurai tué. — Je t'aurai aussi une permission de chasse. — Je n'ai pas besoin de permission, que j'aie un fusil, et cela me suffira.

— Il est étonnant! se dit M. Adrien en regardant son fils s'éloigner. Il sait tout sans rien apprendre!... N'ai-je pas eu raison de laisser agir la nature?

Le lendemain, Adam a un fusil, de la poudre, du petit plomb, et il se met en course, plus joyeux qu'il ne l'a encore été.

Il court la campagne en cherchant du gibier, mais le gibier ne se montre pas. Une nuée d'oiseaux passe au-dessus de sa tête, il tire son coup de fusil, et les oiseaux se sauvent.

— Qu'est-ce que cela signifie? se dit Adam ; j'ai tiré sur une douzaine d'oiseaux, et il n'en est pas tombé un seul! C'est que probablement je ne mets pas assez de plomb dans mon fusil.

Le jeune homme bourre de nouveau le canon de son arme ; il met dedans six charges de plomb, et regarde en l'air ; une nuée d'oiseaux passe encore, Adam tire ; son fusil crève, et un éclat lui emporte un morceau de la joue droite.

Adam jure, d'abord de colère, ensuite de souffrance ; il porte sa main à sa joue et la retire couverte de sang. — Il me paraît que cette fois j'ai attrapé quelque chose, se dit-il, et, ramassant les débris de son fusil, il rentre à la demeure paternelle en tenant son mouchoir sur sa figure.

En voyant le jeune chasseur revenir tout ensanglanté, M. Adrien fait un saut sur son fauteuil, madame pousse un cri et demande du vinaigre, Tourterelle tire son mouchoir, qu'il porte à ses yeux, et Rongin s'écrie :

— Il est blessé mortellement.

— Eh non! ce n'est rien, dit Adam ; une petite entaille à la joue : mais ça se fermera, et je ne mettrai pas à l'avenir tant de plomb dans mon fusil, afin qu'il ne crève plus.

— Une petite entaille! dit Tourterelle en regardant la blessure d'Adam. Ah! mon cher ami, je crains bien que vous n'en ayez la marque toute votre vie... Et à la joue, cela se verra! — C'est égal, dès que ça sera guéri, je retournerai chasser.

— C'est un Achille pour le courage, dit M. Adrien. — Oui, mais ce n'est pas un Méléagre pour la chasse, répond Tourterelle.

Au bout de huit jours, la blessure est cicatrisée ; on a fait venir de Paris un autre fusil, et Adam se remet en course. Il bat la forêt, les bois, depuis le matin jusqu'au soir, sans pouvoir parvenir à tuer un lièvre ; le gibier semble se moquer du jeune chasseur, et celui-ci est furieux de ne rien prendre, et de rentrer toujours au logis avec une carnassière vide.

Il s'arrête un matin devant la maison d'un paysan ; la cour est ouverte : des canards, des oies, des poules s'y promènent paisiblement.

— Parbleu! je tuerai quelque chose, s'écrie Adam ; et aussitôt il braque son fusil sur la basse-cour. Le coup part : une oie, un canard et deux poules sont tombés. Adam est enchanté, il court ramasser ses victimes et les mettre dans sa carnassière.

Mais au bruit du coup de fusil, les habitants de la maisonnette sont accourus. Ils trouvent le jeune chasseur faisant tous ses efforts pour faire entrer l'oie auprès des poules et du canard.

Les paysans sont stupéfaits ; le sang qui est répandu dans la cour prouve le délit que l'on vient de commettre. Adam, qui ne ment jamais, ne cherche pas à le nier ; il regarde paisiblement les villageois en continuant de pousser l'oie dans sa carnassière.

— C'est vous qui avez tué nos bêtes? s'écrie un vieux paysan en s'avançant le poing levé sur Adam.

— Oui, c'est moi... Quatre d'un coup... ce n'est pas trop maladroit pour un débutant : hein? — Quatre!... Il en a tué quatre, Marianne!... — Oh! les voilà! je n'ai pas envie d'en compter moins qu'il n'y en a. — Morguienne!... il nous dit ça tranquillement encore. Et de queu droit tirez-vous sur nou' propriété? — La chasse depuis ce matin sans rien tuer... Ma foi! en passant devant votre maison, je n'ai pu résister au désir d'abattre quelques pièces! — Est-ce qu'on chasse dans les maisons à présent?... Et si j' vous donnions une bonne raclée, moi! — Alors je vous rosserais avec la crosse de mon fusil.

Le paysan s'arrête ; l'air décidé du jeune homme lui impose. Pour le calmer tout à fait, Adam se hâte d'ajouter :

— Est-ce que vous croyez que je veux vous faire tort de vos bêtes?... Oh! soyez tranquille, on vous les payera, et tout ce que vous en demanderez... mon père est chez nous pour ça!... moi je n'emporte jamais d'argent. Mais venez vite, et dépêchons-nous d'arriver ; il me tarde de montrer le résultat de ma chasse.

La promesse d'être payé à clos la bouche au paysan, qui suit Adam chez son père. Le jeune homme court dans le salon, où tout le monde est rassemblé, il montre fièrement ce qui est dans sa carnassière, en disant :

— Voyez! on ne dira plus que je ne sais pas chasser!

Le papa est émerveillé ; Tourterelle ouvre le plus possible ses petits yeux, et quelques personnes de Gisors qui sont alors chez M. Adrien se mettent à rire.

— C'est singulier, dit Tourterelle, voilà du gibier qui ressemble bien à des poules. — Est-ce que ces animaux-là vont dans les forêts à présent?

— Eh non! j'ai tué tout cela dans une cour... les quatre d'un coup!

Le canard est mort de peur, dit Rongin.

Le paysan qui se présente pour recevoir le montant du gibier achève d'expliquer l'affaire. M. Adrien paye très-grassement cet exploit de son fils, et on fait porter le gibier à la cuisine.

Le lendemain, Adam se remet en chasse; mais comme il n'a pas voulu de chien, c'est toujours en vain qu'il bat les bois et les bruyères, il s'en venge sur les animaux domestiques qui se trouvent sur son chemin. Pendant un mois, le jeune chasseur revient au logis avec des lapins, des oies, des canards tués dans des fermes; les paysans, qui savent qu'ils seront bien payés, laissent faire le jeune homme et vont présenter leur mémoire à son père.

La cuisine est encombrée de cette nouvelle espèce de gibier, et les habitants de la maison ne peuvent suffire à manger le produit de la chasse, qui coûte un peu cher à M. Adrien.

Cependant Adam se lasse de ne tuer que de pauvres bêtes qui se laissent abattre si facilement; il cherche quelque chose de mieux pour figurer sur la table de ses parents. En passant devant une petite ferme, il aperçoit un pourceau qui est sorti de son étable et se promène en grognant dans une cour où il n'y a personne; le jeune chasseur vise l'animal en disant :

— Cette fois nous allons manger du lard... Cela pourra même passer pour du sanglier, car on dit que cela y ressemble beaucoup.

Il a tiré; l'animal n'est blessé que légèrement; il fait des grognements horribles, et rentre en courant dans son étable.

— Tu as beau faire, dit Adam en rechargeant son fusil, tu ne m'échapperas pas... je ne t'aurai pas blessé pour rien.

Le jeune homme pénètre dans la cour, et s'approche de l'entrée de l'étable, où il fait très-noir. Quelque chose remue dans le fond.

— C'est mon sanglier! se dit Adam, et aussitôt il tire à l'aveuglette.

Bientôt des cris affreux frappent son oreille; mais c'est autre chose que les grognements du pourceau. Adam distingue des plaintes, des gémissements, et il frémit en entendant ces mots : — Ah! j' suis une fille perdue... on m'a tuée!... Ah! on m'a tuée, c'est sûr!

Personne n'était encore venu de la maison, parce que, habitués à la manière de chasser du fils de M. Adrien, les paysans ne s'en effrayent plus; et sachant que le jeune homme était incapable de leur faire du tort, ils attendaient souvent qu'il vînt lui-même leur montrer ce qu'il avait tué.

Cette fois, c'est Adam qui appelle à grands cris les habitants de la ferme, et qui demande du secours. Les garçons de ferme, le maître de la maison et cinq enfants arrivent aux cris d'Adam; il leur montre l'entrée de l'étable, et dit en pleurant :

— Allez voir là-dedans... je n'ose pas y entrer... ça me fait trop de peine... J'ai voulu chasser un cochon... et je crois que j'ai tué quelqu'un d'autre!...

On entre dans l'étable, et on en ramène une jeune fille de basse-cour dont la figure est ensanglantée, et qui crie à tue-tête qu'elle est morte.

— C'est Jacqueleine! disent les paysans. Ah! morgué! elle est blessée... Vous l'aurez prise pour un porc!... C'te pauvre fille! elle allait se marier dans huit jours!

On a fait asseoir Jacqueleine, on lui lave le visage, on examine sa blessure... Un grain de plomb lui a frappé l'œil gauche et la pauvre fille est devenue borgne. Adam est désolé; il s'arrache les cheveux, Jacqueleine baise l'œil qui lui reste, et les paysans disent :

— Elle n'a plus qu'un œil... Bastien ne voudra plus l'épouser.

— Est-ce que ça ne peut pas se guérir? demande Adam. — Oh! non! Un œil crevé, ça ne repousse plus.

Un des garçons de ferme a été chercher le prétendu de Jacqueleine, qui est à labourer dans le voisinage. Bastien arrive; en voyant sa prétendue, il fait la grimace, recule, et s'écrie : — Oh! ma fine! je n' t'épouserai plus!... T'es trop laide comme ça. Et Jacqueleine recommence à pousser les hauts cris en disant : — Je veux qu'on me rende mon œil!

Adam, qui a déjà remarqué que toutes les douleurs s'apaisaient avec de l'argent, dit à la pauvre fille : — Venez avec moi chez mon père; il est riche, il ne vous rendra pas votre œil, mais il vous le payera tout ce que vous voudrez.

On n'avait rien de mieux à faire que d'accepter cette proposition. Jacqueleine tient son mouchoir sur sa blessure; Bastien lui donne le bras en disant : — Si on te paye ton œil, c'est différent, j' veux ben encore t'épouser... Mais il faut le faire payer ben cher, parce qu'un œil... c'est sans prix.

Les habitants de la ferme se joignent au couple pour savoir quel sera le résultat de cet événement, et Adam arrive chez son père suivi de cette troupe de paysans, qui s'est grossie en route de tous ceux que l'on a rencontrés.

A l'aspect de cette foule de villageois qui accompagnent le jeune chasseur, Rongin promène des regards curieux sur tous les visages en se disant : — Que diable a-t-il donc tué aujourd'hui?... Est-ce qu'il a pris tous ces gens-là pour des lièvres?

Adam se rend au salon où est rassemblée la famille, mais ce n'est plus en conquérant qu'il se présente; c'est...

L'œil morne maintenant, et la tête baissée.

Et la vue des paysans qui accompagnent le jeune homme achève de répandre l'alarme parmi la société.

— Qu'y a-t-il donc? demande M. Adrien, qu'un accès de goutte retient alors sur son fauteuil. Est-ce que tu as tué une louve? Est-ce que ces paysans l'ont apportée ici?...

— Non, mon père, ce n'est pas sur une louve que j'ai tiré, répond Adam tristement; et il pousse Jacqueleine devant lui en ajoutant : Voilà ce que j'ai attrapé aujourd'hui, mais ce n'était pas ce que je visais!...

Jacqueleine s'avance; elle ôte son mouchoir de dessus sa blessure en disant : — Vot' jeune homme m'a perdu un œil.

Un mouvement général s'opère dans la société, et madame Adrien tourne vivement la tête : — Cachez cela! cachez cela, jeune fille!... Cela me fait mal à voir.

— Ça m'a fait ben pus de mal à sentir, répond Jacqueleine, et c't œil de moins sera peut-être cause que je ne marierons plus.

— Ah! dame! dit Bastien, il est sûr qu'un œil de moins, c'est queuque chose dans un ménage!.

— Jacqueleine n'était déjà pas trop belle, dit un des paysans, qui veut se mêler d'arranger l'affaire, à présent, dame! c'est qu'alle est presque à faire sauver.

Ces paroles ajoutent à la douleur de la fille de basse-cour; elle recommence à pleurer. Alors Adam s'approche avec impatience de son père, et lui dit :

— Donnez-lui donc de l'argent pour la consoler.

— Oui, je crois bien qu'il faut donner de l'argent, dit à demi-voix M. Adrien, mais ceci me coûtera plus cher que les canards et les poules !... Voyons, jeune fille !... entendons-nous !... Mon fils vous a rendue borgne!... ce n'était certainement pas son intention... N'est-ce pas, Adam?

— Parbleu! je croyais tirer sur un cochon... mais il faisait si noir dans l'étable!...

— Il est certain, dit Tourterelle, que si l'on avait soin d'avoir de la lumière dans les étables, ces quiproquos n'arriveraient pas.

— De la lumière dans l'étable!... dit le fermier. Ah ben! en v'là d'une bonne!... Ça serait pour mettre le feu à la maison apparemment... Il n'est pas malin, le gros petit bourgeois!

— Terminons, reprend gravement M. Adrien. A combien estimez-vous votre œil, jeune fille?

Jacqueleine s'approche de Bastien, et lui dit à l'oreille : — Comben que mon œil valait approchant?

— Attends, attends! répond tout bas Bastien; faut voir c' que l' bourgeois en offrira d'abord, et puis nous le pousserons.

— Un œil de moins! c'est que ça se voit! dit le paysan qui a déjà parlé. Et Jacqueleine est si laide à c't' heure...

— Taisez-vous! dit M. Adrien; ce n'est pas vous qui êtes blessé. Voyons, jeune fille!... Vous ne dites rien... Tenez, je veux généreusement réparer le malheur qui vous est arrivé; je vous offre cent écus!...

Jacqueleine regarde Bastien, qui hausse les épaules en murmurant :

— Allez donc chercher un œil pour cent écus! vous aurez queuque chose de beau!

— C'est pas assez! dit la blessée.

— Eh bien!... cinq cents francs?

Jacqueleine regarde encore Bastien, et répond : — C'est pas assez

— Comment! ce n'est pas assez de cinq cents francs!... Il me semble que c'est pourtant raisonnable!...

— Ah! monsieur, dit Bastien, c'est que l'œil qu'on lui a perdu était si beau!... Je vois bien par l'autre, ce qu'était celui-là. — Oh! non, monsieur! Ce n'est pus la même chose... Son œil défunt était ben pus grand!... ben pus noir!... — Alors elle louchait donc?

— Ah! que non!... ça n'en faisait que mieux ou contraire... et c'était toujours avec c't œil qu'alle faisait des conquêtes, et qu'alle souriait au monde; tandis que le petit qui lui reste, alle ne l'ouvrait presque jamais!

— J'aurais bien voulu la voir avec ses deux yeux, dit tout bas Tourterelle.

— Eh bien! je donnerai six cents francs, reprend M. Adrien.

— Veux-tu m'épouser pour six cents francs? dit Jacqueleine à Bastien. — Non, c'est pas assez. — Sept cents. — C'est pas assez.

— Huit. — C'est encore trop peu. — Eh! morbleu! que voulez-vous donc? — Ma fine!... pour que j'épouse Jacqueleine à présent qu'elle est borgne, il faut qu'elle ait au moins quinze cents francs !

— Oui, oui, dit le paysan qui veut toujours parler; et encore il y a ben des garçons qui n'en voudraient pas à ce prix-là... Alle est si défigurée!

— Quinze cents francs! murmure M. Adrien en poussant un profond soupir.

— Cette grosse fille n'a jamais valu le quart de cette somme, dit Céleste en regardant Tourterelle.

— Oui, j' m' faut quinze cents francs, reprend Jacqueleine, ou ben j'allons tout de suite porter plainte chez monsieur le maire.

— Donnez-lui donc son argent, et qu'elle ne pleure plus, dit Adam, est-ce qu'on doit marchander quand on a fait du mal à quelqu'un?...

— Excellent naturel! dit M. Adrien en regardant son fils. Tu ne tiens pas à l'argent!... mais un jour tu sauras que... — Allons, mon père, ce n'est pas un jour, c'est tout de suite qu'il faut payer cette pauvre fille.

M. Adrien se fait apporter son portefeuille. Il en tire la somme demandée en murmurant : — Voilà une chasse qui me coûte un peu cher. Jacqueline reçoit les quinze cents francs, elle salue la compagnie, tous les paysans en font autant, puis ils s'éloignent. Bastien tient le bras de sa future, à laquelle il dit en chemin : — J'allons nous marier ben vite !... J' t'assure que j' t'aime tout autant avec un œil... J' t'aurions épousée tout d' même sans c't argent ; mais puisque tu l'as, ça n' peut pas nuire.

Et les autres paysans se disent entre eux : — Est-elle heureuse, c'te Jacqueline !... la v'là riche à c't' heure... Gn'y a ben de nos filles qui voudraient qu'i' leur en arrivât autant.

Adam a suivi les villageois jusqu'à la grille ; lorsqu'ils sont éloignés, il jette avec force son fusil au milieu de la cour en disant : — C'est fini ; je ne chasserai plus.

Et Rongin se frotte alors les mains en murmurant : — Tant mieux !... nous ne serons pas alors obligés de ne manger que des poules et des oies !...

CHAPITRE XI. — Premières Amours d'Adam.

Le temps arrivait où le travail, l'étude des arts et les simples jeux de l'adolescence ne suffisaient pas pour charmer Edmond ; où les courses dans les bois, les promenades à cheval et les folies chez sa nourrice ne contentaient plus Adam. Les deux cousins avaient dix-sept ans ; un autre sentiment plus impérieux, plus vif que tous les autres, devait bientôt s'emparer de leur cœur ; il commençaient à ne plus regarder les femmes avec indifférence.

Libre de porter ses pas partout où bon lui semblait, n'ayant ni surveillant ni compagnon, c'était vers les demeures où il avait aperçu quelque jolie paysanne qu'Adam se dirigeait le plus volontiers, sans trop se rendre encore raison du motif qui le poussait de ce côté de préférence à un autre. L'élève de la nature retournait au bord du ruisseau devant lequel, la veille, il avait aperçu une jeune fille laver son linge ; il s'arrêtait devant la ferme où un petit minois agaçant battait du beurre ou triait des graines, et il passait par le chemin où il avait vu une jolie villageoise travailler aux champs.

Près d'une jeune fille, Adam trouvait que le temps passait plus vite qu'à galoper et à chasser les poules. Il ne se lassait pas de considérer un minois de vingt ans, et cependant il gardait le silence avec les jeunes paysannes, devant lesquelles il semblait en contemplation.

Les beautés qui captivaient l'attention d'Adam étaient souvent hâlées et brûlées par le soleil, leurs traits n'étaient pas fins, leurs pieds étaient gros, leurs mains rouges et calleuses ; mais c'étaient des femmes, et elles produisaient sur le jeune homme le même effet que sur le petit page du comte *Almaviva*.

Adam ne semblait pas déplaire aux rustiques beautés qui faisaient battre son cœur. Il était grand, fort, bien bâti ; ses yeux étaient vifs et francs ; son sourire respirait la gaîté ; ses dents étaient blanches et belles ; une forêt de cheveux blonds ombrageait son front ; l'art n'avait point participé à sa coiffure, mais ces boucles qui voltigeaient au gré du vent, cette touffe épaisse que sa main rejetait incessamment en arrière ajoutaient encore à l'expression piquante de sa physionomie, qui n'était ni noble ni commune, mais qui était fort originale, et à laquelle la cicatrice empreinte sur la joue droite donnait encore plus de singularité.

Les jeunes paysannes n'étaient donc pas fâchées lorsque le fils de M. Adrien se promenait de leur côté ; elles ne se formalisaient pas de le voir s'arrêter devant elles ; car le jeune homme était mis comme les gens de la ville et cependant il n'y avait dans son regard, dans ses manières, rien qui annonçât la fierté. Il paraissait aux villageois comme à ses égaux, et ces manières lui gagnaient l'amitié des paysans ; car l'homme de la nature est celui qui supporte le moins le mépris.

Catherine, qui avait de l'expérience, s'était aperçue la première de l'effet que la présence d'une jeune fille produisait sur celui qu'elle avait nourri. Catherine avait deux filles : Suzanne, qui avait trois ans de plus qu'Adam, et Nannette, qui était la sœur de lait. Suzanne n'était pas jolie, mais elle était grasse, fraîche et réjouie comme l'avait été sa mère ; Nannette était plus timide, mais elle avait de fort jolis yeux.

Ce n'était plus avec Nicolas, Fanfan et Pierre que M. Adam aimait à jouer ; c'était avec Suzanne et Nannette. Il courait avec la première, la poussait, la faisait tomber sur le gazon, se roulait auprès d'elle, l'empêchait de se relever. Et alors les éclats de rire prouvaient tout le plaisir que l'on goûtait dans de pareils jeux. Avec Nannette, Adam était plus tranquille ; mais il aimait à la suivre dans l'étable, dans l'écurie, dans la grange, dans tous les endroits où il faisait noir. Adam accompagnait Nannette, afin, disait-il, qu'elle n'eût pas peur.

Jean-Claude trouvait tout naturel que le fils de son maître, qui lui faisait l'honneur de venir manger ses galettes et boire son vin, aimât à jouer avec ses deux filles. Mais Catherine, qui se souvenait de sa jeunesse, commençait à craindre que cet honneur-là ne devînt dangereux ; cependant elle n'osait pas dire à Adam de ne plus venir à la ferme, ni lui défendre de jouer avec ses filles. Mais ayant un jour trouvé le jeune homme et Nannette presque cachés sous une meule de foin, et s'apercevant que Suzanne revenait rouge comme une cerise lorsqu'elle quittait son frère de lait, Catherine se promit de ne plus quitter ses filles lorsque Adam viendrait à la ferme.

Le jeune homme, qui était plus entreprenant avec les filles de Jean-Claude qu'avec les villageoises qu'il rencontrait sur son chemin, ne tarda pas à retourner chez ses amis de Basincourt. Il fit la grimace en voyant Catherine assise auprès de ses filles. Mais au bout d'un moment, il dit à Suzanne :

— Viens donc avec moi cueillir des fleurs dans le grand pré. — Suzanne n'a pas le temps, dit Catherine ; il faut qu'elle couse. Si vous voulez aller au grand pré, vous y trouverez not' homme.

Adam ne se souciait pas de la société de Jean-Claude, il fait la moue et reste. Un moment après, il propose à Nannette d'aller ranger de la paille dans la grange.

— Il faut que Nannette file, répond Catherine ; mais si ça vous amuse de ranger la paille, allez, mon garçon, ne vous gênez pas.

— Ça ne m'amuse pas tout seul, dit Adam en frappant du pied avec impatience. Et le jeune homme s'éloigne avec humeur de la ferme, en flattant qu'une autre fois il sera plus heureux. Mais il n'en est rien : chaque fois qu'il retourne chez Jean-Claude, Catherine est là près de ses deux filles.

La nourrice le comble toujours d'amitié ; le petit vin, le flan, les galettes, le laitage, lui sont offerts en abondance, mais on ne laisse plus Suzanne et Nannette jouer seules avec lui.

Cette conduite produit l'effet que Catherine espérait. Adam se lasse de venir voir coudre et filer les jeunes filles. Il dirige ses pas d'un autre côté. — Toutes les jeunes paysannes n'ont pas leur mère auprès d'elles, se dit-il ; j'en trouverai d'autres avec qui je pourrai jouer et me rouler sur les meules de foin.

L'élève de la nature n'est pas d'humeur à regarder longtemps les villageoises sans oser leur parler. Les petits jeux avec Suzanne et Nannette l'ont mis en goût, et lui ont appris qu'auprès d'une jolie femme on peut faire mieux que de rester en contemplation.

Adam n'a aucun projet de séduction, il ne sait pas encore ce que c'est que de faire la cour, tromper, trahir ; mais il cherche le bonheur, et son cœur lui dit que maintenant ce n'est qu'auprès d'une femme qu'il pourra le rencontrer.

Pour plaire à une fille de campagne, les dons de la nature sont suffisants. Quoique n'ayant presque rien appris, Adam, élevé dans la société des gens du monde, devait avoir d'autres manières que les villageois. Les filles des champs ont les yeux et de la vanité tout comme celles de la ville ; les beautés champêtres étaient flattées de causer avec le *jeune monsieur*, c'est ainsi qu'elles appelaient Adam ; et la comparaison qu'elles faisaient de lui à leurs lourdauds amoureux n'éteignait pas à l'avantage de ces derniers. Avec une paysanne on fait vite connaissance, surtout lorsque c'est au milieu des champs que l'on entame l'entretien. Le jeune homme ne tarde pas à plaire à Suzanne et Nannette ; d'autres beautés rient avec lui, et celles-là n'ont pas toujours quelqu'un pour les garder. Adam se présente avec tant de franchise, de gaîté, qu'il n'inspire d'abord aucune défiance. C'est encore un enfant qui ne veut que jouer et lutiner les jeunes filles ; lui-même n'a pas d'autres projets ; mais entre garçon et fille de dix-sept ans, il n'est pas prudent de rire sans témoin ; et les arbres qui les entourent, le feuillage qui les couvre semblent, en les protégeant contre les regards indiscrets, vouloir leur inspirer de plus tendres pensées.

La conduite d'Adam ne tarde pas à répandre l'alarme dans les environs. Comme c'est avec les plus jolies paysannes que le jeune homme cherche à jouer de préférence, les villageois qui leur faisaient la cour sont furieux contre le fils de M. Adrien. Les paysans ne se soucient point que l'on fasse l'aimable avec celles qu'ils comptent épouser ; les amants se querellent, se brouillent, plusieurs mariages sont rompus, et c'est Adam qui en est cause. Les amoureux se plaignent aux parents, ceux-ci grondent leurs filles, et leur défendent de parler au jeune enjôleur ; c'est ainsi que l'on commence à désigner Adam. Mais les paysans ne restent pas près de leurs filles pour faire respecter leur défense, et le jeune homme est souvent là pour la faire oublier.

Le désordre devient si grand que les villageois prennent le parti d'aller se plaindre à M. Adrien de la conduite de son fils.

— M. Adam dérange toutes nos filles, dit un vieux laboureur en se présentant devant M. Adrien. A c't' heure, gn'y a pus moyen de les tenir à la maison... Dès qu'il est jour, elles courent aux champs ; mais le soir elles reviennent sans avoir rien fait, parce qu'elles passent leur temps à batifoler avec vot' garçon.

— Cela ne me regarde pas ! répond gravement M. Adrien en ouvrant sa tabatière. C'est à vous de veiller sur vos filles. Ne voudriez-vous pas que j'empêchasse mon fils d'aller se promener ?

— On a vu M. Adam embrasser Manon dans le petit bois, dit un jeune laboureur en se présentant la larme à l'œil chez M. Adrien. — Eh bien ! après ? Que veux-tu que j'y fasse ? répond le papa. Mon fils est assez joli garçon pour qu'une jeune fille trouve du plaisir à se laisser embrasser par lui. Et si mademoiselle Manon a été embrassée, c'est que cela lui a convenu apparemment. — Mais moi, qui voulais l'épouser... croyez-vous que ça me conviendrait de voir vot' fils poursuivre comme ça c'te fille ? — Tous les jours, une fille se fait embrasser, et ça ne l'empêche pas de se marier après. Au reste, n'épousez pas Manon ou épousez-la... cela m'est fort indifférent.

— Monsieur, dit une vieille paysanne en allant à son tour trouver M. Adrien, vot' garçon a passé par-dessus la haie de notre clos pour aller chiffonner ma petite Marguerite, à qui j'avions défendu de sortir. — Si mon fils a brisé votre haie, je dois payer le dégât ; c'est trop juste, répond le papa en fouillant dans sa poche.

— Eh morgué! monsieur, ce n'est pas pour ce qu'il a fait à la haie que je venons me plaindre, reprend la vieille ; mais c'est pour ce qu'il fait à ma fille. — Alors c'est différent ; ça ne me regarde plus. — Vot' fieu est pis qu'un démon, il saute après nos filles comme un loup après les moutons... Drès qu'il en voit une bien un brin gentille, crac !... il v'là lâché... il court après, et gn'y a pus moyen de l'arrêter. — Enfermez vos filles, mon Adam ne courra pas après. —

— Cette fois, dit Adam, nous allons manger du lard...

Est-ce que je pouvons tenir nos filles sous clef, quand il y a à travailler au champ ? J'avons pas de domestiques, nous autres ; c'est nous et nos enfants qui faisons la besogne... Encore si vot' fieu ne faisait que rire avec Marguerite ; mais c'est qu'il la pince, c'est qu'il l'embrasse !... c'est qu'il... qu' ça fait trembler ! — Que voulez-vous ? Adam aime le sexe... Ce n'est pas moi qui lui ai enseigné comment on plaisait aux femmes, c'est la nature. — Ah! jarni ! queu nature il vous a !... Qu'il ne saute plus par-dessus not' haie, parce que not' garçon de labour le recevra avec une gaule, pour lui calmer un peu son naturel.

Loin de gronder Adam, M. Adrien semble fier de son fils. — Ce gaillard-là trouve moyen de plaire à toutes les femmes, dit-il à Tourterelle. Et le petit homme, qui ne peut plus plaire à aucune, répond en soupirant : — C'est un garçon bien heureux !

— Il paraît que l'enfant de la nature devient un bien mauvais sujet, dit Rongin. Il fait maintenant la chasse aux fillettes, comme il la faisait aux poules et aux canards !... Ça deviendra du joli !...

Mais le concierge fait ses réflexions tout bas, car un regard d'Adam lui fait baisser les yeux ; et il n'ose plus mettre le pied hors de la maison, tant il a peur de rencontrer encore l'invalide Dumont.

M. Rémonville, qui entend aussi parler des prouesses de son neveu, essaie de faire quelques représentations à son frère, et lui dit que la conduite du jeune homme finira par être cause de quelque événement fâcheux. Mais les avis de M. Rémonville sont encore mal reçus.

— Mêlez-vous de votre fils, dit M. Adrien, et laissez-moi m'occuper du mien. — Il me semble, mon frère, que vous ne vous en occupez pas du tout. — C'est mon affaire... Vous êtes fâché de ce que mon Adam fait partout des conquêtes... de ce qu'il ne peut pas se montrer à une jeune fille sans lui tourner la tête !... — Non, mon

frère !... mais je tremble pour ce jeune homme, pour vous, des suites que peuvent avoir ses folies... — Prenez plutôt garde à votre Edmond... C'est un sage, un Caton, à ce qu'on dit !... Mais ce sont ceux-là qui font les plus grandes sottises quand ils se mettent en train. Mon Edmond n'est pas un pédant !... Il est raisonnable, voilà tout. Entre un Caton et un fou, est-ce qu'il n'y a pas de milieu ? — Le milieu, c'est la nature qui nous l'indique ; et mon Adam est sur la voie. — Mais s'il devient amoureux d'une paysanne ? — Il l'est de toutes celles qui sont jolies ; ce n'est pas dangereux. — S'il leur fait des enfants ? — C'est à elles à s'en défendre. — Si, pour se venger, les parents, les amoureux de ces jeunes filles donnaient quelques mauvais coups à votre fils ? — Adam est fort comme un Turc, il les rosserait tous.

Ce que M. Rémonville a prévu ne tarde pas à se réaliser. En jouant sur l'herbe, en se roulant sur les meules de foin avec les fillettes des environs, Adam cède probablement aux invitations de la nature. Bientôt quelques corsets deviennent trop étroits, quelques ceintures trop courtes. De là, grand scandale dans les villages ; et nouvelles plaintes à M. Adrien, qui, pour apaiser les clameurs, est obligé d'ouvrir sa cassette. Comme les réclamations deviennent fréquentes, il commence à trouver que son fils laisse un peu trop agir la nature. Mais, comment contenir un jeune homme de dix-huit ans, que l'on a toujours laissé maître de faire toutes ses volontés ? M. Adrien n'ose pas se plaindre tout haut ; il tremblerait que cela n'arrivât aux oreilles de son frère. Tous les matins il dit à Rongin de lui envoyer son fils ; et tous les matins il attend en vain Adam, qui a dans les environs des rendez-vous trop intéressants pour se rendre à ceux de son père.

Un jour, M. Adrien, oubliant les douleurs que lui cause sa goutte, se lève avant l'aurore et parvient à la chambre de son fils avant que celui-ci soit sorti.

Adam a fait un mouvement de surprise en voyant son père ; puis il court l'embrasser, et, en le serrant dans ses bras, il marche sur son pied goutteux. Le papa pousse un cri, jure comme un damné, et se jette dans un fauteuil. Adam veut aller chercher du secours, mais son père le retient :

— Ce n'est rien, dit M. Adrien en dissimulant sa souffrance. Reste, mon cher Adam... j'ai à causer avec toi. — Ah! papa, que ça ne soit pas trop long, s'il vous plaît, car on m'attend quelque part... — On t'attend !... Mais on t'attend donc tous les matins, car tu n'as jamais le temps de venir me parler... — Oui, papa... Oh! j'ai toujours cinq ou six rendez-vous dans la journée... je m'amuse joliment à présent ! — Tu t'amuses... c'est très-bien ; je suis fort aise que tu t'amuses, mais pourquoi ne te voit-on pas ici ?... Quand nous avons du monde, tu n'es jamais là ! tu es un beau garçon que je ne serais pas fâché de montrer à nos connaissances de Gisors. — Ah ! papa, je ne m'amuserais pas avec vos connaissances !... — Tu crois... essaye un peu de venir au salon rire et causer avec nous. — Non, papa, je ne veux pas essayer.

M. Adrien visite sa tabatière, et dit au bout d'un moment : — Ah çà, mais... cependant... si je t'ordonnais de venir au salon, de rester avec nous ?... — Je ne vous écouterais pas, papa ; vous m'avez dit de ne jamais faire que mes volontés, et ma volonté est de sortir.

— C'est juste, se dit M. Adrien en prenant sa prise, je lui ai dit cela... il ne s'écarte pas des principes que je lui ai inculqués, il n'est pas dans son tort. Mais enfin, mon fils, si tu t'amuses tant à courir les champs, ne pourrais-tu pas faire en sorte que tous ces manants des environs ne vinssent pas se plaindre de toi ?... hein ?... que réponds-tu à cela ?

M. Adrien attendait en vain une réponse. Il lève la tête, regarde dans la chambre, et s'aperçoit que son fils est parti. Alors le papa, quittant avec peine le fauteuil où il était assis, reprend sa canne, et regagne son appartement en se disant : — Il paraît que sa volonté n'était pas de m'écouter davantage !... Quelle vivacité ! quelle pétulance !... C'est l'homme dans sa nature primitive.

CHAPITRE XII. — Premières Amours d'Edmond.

Pendant qu'Adam fait l'amour avec les paysannes des alentours, Edmond accompagne ses parents à Gisors, ou dans les habitations voisines, dont les propriétaires font société avec M. Rémonville. Le jeune homme commence à chercher dans le monde autre chose que l'instruction, de l'usage et de bonnes manières. Il ne sait pas bien encore ce qu'il désire ; mais il sent que les conversations graves des hommes, les parties de cartes des douairières, et même les petits jeux innocents des jeunes filles, ne suffisent plus pour le rendre heureux.

A Paris Edmond eût déjà trouvé ce qu'il cherchait ; mais en province une intrigue ne se noue pas si facilement, surtout lorsque c'est un novice qui cherche à la former. Dans les sociétés où Edmond se rendait avec ses parents, il y avait de jolies demoiselles, mais on veillait attentivement sur elles ; impossible de leur parler sans témoins, et alors comment dire de ces choses qu'en tête-à-tête on oserait à peine exprimer ? comment entamer une tendre conversation, lorsque des frères, des tantes ont les yeux sur vous ?... Un roué seul saura braver les regards, et trouvera au milieu du monde le temps de faire une déclaration; mais Edmond n'est pas un roué! Il y a bien aussi dans la société qu'il voit de jolies dames qui ne sont pas surveillées comme les demoiselles; malheureusement Edmond est timide! il ne sait que regarder, que soupirer, et les dames, en province comme à Paris, s'ennuient bientôt près d'un jeune homme qui soupire toujours.

Edmond sortait quelquefois seul, soit pour se promener dans la campagne, soit pour aller à la ville. M. Rémonville sentait que son fils devenait d'un âge à pouvoir marcher sans mentor; mais il avait eu soin de blâmer souvent devant Edmond la conduite déréglée de son cousin; aussi Edmond fuyait il Adam comme une dangereuse connaissance, et n'osait-il point adresser la parole aux jeunes paysannes qu'il rencontrait, quoique souvent il en eût envie.

— Je vous assure que vous vous trompez, dit Rongin en tremblant.

En se rendant un jour à Gisors pour une commission dont son père l'avait chargé, Edmond repassait dans sa mémoire les attraits des demoiselles qu'il connaissait, et cherchait celle à laquelle il donnerait la préférence, lorsqu'une jolie figure qu'il aperçoit à la fenêtre d'un rez-de-chaussée lui fait sur-le-champ oublier toutes les autres.

Cette figure appartenait à une jeune personne qui paraissait avoir de dix-huit à vingt ans, et qui travaillait contre une fenêtre, dans une maison de modeste apparence. Edmond a déjà plusieurs fois passé par cette rue, et il n'avait pas encore vu cette jeune personne; elle ne se mettait donc pas à la fenêtre, car il y aurait fait attention. Comment ne point remarquer des cheveux bruns relevés avec grâce, des yeux qui paraissent très-beaux, quoiqu'on les tienne baissés sur son ouvrage, de jolies couleurs,… un petit menton rond, un bras potelé, un sein bien dessiné? en voilà plus qu'il n'en faut pour enflammer un jeune homme de dix-huit ans.

Edmond a passé la fenêtre, il s'est arrêté; il est revenu sur ses pas, il s'est arrêté encore. Il continue ce manége pendant dix minutes. Ce n'était pas mal pour un commençant; il eût été difficile qu'on ne le remarquât pas; il ne passait que lui dans la rue; la jeune personne a levé les yeux, elle a vu Edmond; celui-ci l'a saluée, ce qui n'a rien d'extraordinaire en province, où tout le monde se salue. On lui a rendu sa politesse d'un air amical. Edmond a pu admirer des yeux noirs fort expressifs; il ne sait plus où il en est; il n'a jamais vu de femme si jolie.

Cependant il se rappelle qu'il n'est pas venu à Gisors pour se promener dans une rue. Il va s'acquitter de la commission de son père; mais il ne songe qu'à la charmante brune du rez-de-chaussée; il l'adore déjà... A dix-huit ans on adore tout de suite!... A vingt-cinq on aime, à trente-six on désire, à quarante on réfléchit.

Avec une très-bonne éducation on ne peut pas connaître le monde; c'est une nouvelle étude à faire quand on sort du collège. Edmond n'a pas été au collège, mais il n'a point quitté ses parents : il a vécu jusqu'alors dans un tout petit cercle, ses idées sur l'amour doivent être celles de toute âme brûlante qui n'a pas encore été trompée dix fois; c'est-à-dire que pour lui l'amour est le premier bien de la vie, qu'on doit tout sacrifier pour l'objet que l'on aime, que les promesses, les serments qu'on lui fait sont sacrés. Cette manière d'envisager l'amour est pardonnable chez un novice; avec beaucoup d'expérience, il y a des gens qui pensent encore ainsi, et qui n'en sont pas plus bêtes pour cela.

— Cette jeune personne est charmante, se dit Edmond; elle doit avoir toutes les vertus, toutes les qualités!... Je suis sûr qu'elle a reçu une bonne éducation, qu'elle est bien née; cela se voit... rien qu'à la manière dont elle m'a rendu mon salut. Au reste, je saurai bientôt qui elle est.

Et comme dans une petite ville, où tout le monde se connaît, on obtient promptement les renseignements qu'on désire, Edmond ne tarde pas à savoir que la jeune personne du rez-de-chaussée se nomme Agathe, qu'elle a vingt ans, qu'elle est fille d'un épicier de Pontoise, qu'elle apprenait l'état de couturière, mais que, ses parents étant morts, elle est venue habiter avec madame Benoît, sa tante, ancienne mercière, qui s'est retirée avec quinze cents livres de rente qu'elle laissera un jour à sa nièce.

En écoutant ces détails, Edmond a plusieurs fois fait la grimace. La fille d'un épicier! la nièce d'une mercière qui se destinait à la couture, tout cela s'accorde peu avec ce qu'on avait pensé. Mais, après tout, Agathe en est-elle moins jolie? et un amoureux de dix-huit ans peut-il regarder au rang, aux distances, lorsqu'en vieillissant tant de gens les oublient?

Edmond se sent moins timide en s'en retournant dans la rue où demeure Agathe; il pense qu'il ne lui sera pas difficile de faire connaissance; il se propose même d'entamer sur-le-champ l'entretien, si la demoiselle est encore à la fenêtre.

Agathe y est encore. Edmond s'avance : mais quand il est près du rez-de-chaussée, ses genoux tremblent, son cœur bat plus vite, sa hardiesse s'évanouit; c'est tout au plus s'il ose lever les yeux et regarder à la dérobée la jolie brune.

Il faut cependant retourner près de ses parents. Edmond quitte Gisors à regret, en se promettant d'y revenir bientôt.

Bastien, fiancé de Jacqueleine.

Le lendemain il dit qu'il va se promener dans la campagne; mais la ville n'est qu'à un quart de lieue, et il a bientôt franchi cette distance. Il brûle de revoir celle dont il a rêvé toute la nuit, ou plutôt à qui il a pensé toute la nuit, car on ne dort guère quand on est nouvellement amoureux.

La demoiselle est contre sa fenêtre, comme la veille. Était-ce seulement pour prendre l'air, pour jouir de la vue, ou voulait-on savoir si le jeune homme de la veille passerait encore dans la rue? Edmond pouvait bien aussi avoir fait rêver mademoiselle Agathe. Il était joli garçon, avait l'air doux, distingué, et saluait d'une manière très-aimable.

Ce jour-là Edmond ne salue que deux fois, le jour suivant il salue quatre. Ensuite il se permet de dire bonjour, de parler de la pluie, du beau temps; mais ses yeux disent tout autre chose, et mademoiselle Agathe semble répondre à leur langage. Au bout de huit jours, on a tout à fait lié connaissance; tout favorise les jeunes gens : la rue est déserte, il n'y passe que fort peu de monde; en face sont des jardins, ce qui vaut beaucoup mieux que des voisins, et à l'heure où Edmond vient la tante est toujours dans son appartement.

Encouragé par les doux regards d'Agathe, Edmond ose un jour prendre sa main et la presser tendrement; on lui abandonne cette main qu'il trouve si jolie; enfin le jeune homme a murmuré entre ses dents et bien bas : — Je vous aime ; et on a répondu : — Est-ce bien vrai?

Est-ce bien vrai? N'est-ce pas comme si l'on vous répondait : — Et moi aussi je vous aime, et je tremblais que vous ne m'aimassiez point. Est-ce bien vrai veut dire tant de choses!... Edmond est transporté de joie et d'amour. Il retourne chez ses parents en riant, en sautant, qu'il pleuve, qu'il vente, qu'il tonne, il faut qu'il aille à Gisors : — Je vais me promener, dit-il tous les matins en quittant la demeure de ses parents. Ceux-ci commencent à trouver que leur fils se promène bien souvent. — Il ne peut plus rester un jour entier avec nous, dit sa mère; et on a larme humecte ses yeux.

M. Rémonville hoche la tête en répondant : — C'est un garçon... et à dix-huit ans!... Mais du moins les villageois des environs ne viennent pas se plaindre de lui comme de son cousin.

Chaque jour Edmond reste plus longtemps près d'Agathe, qui répète sans cesse : — Est-ce bien vrai que vous n'aimez que moi ?... que vous n'aimerez jamais d'autre femme que moi? Et le jeune homme répond : — Je vous le jure ! avec tout l'enthousiasme de l'amour. — Vous m'épouserez, n'est-ce pas? reprend Agathe ; et comme à dix-huit ans on dit : Je vous épouserai, aussi facilement que : Comment vous portez-vous ? Edmond promet à la jolie brune d'être son mari.

Les entretiens ont toujours lieu à la fenêtre; mais Edmond commence à penser qu'il ne faudrait pas s'en tenir à faire l'amour dans la rue; il faut pénétrer dans la maison. Agathe dit à son jeune ami de chercher un prétexte, et Edmond n'en trouve pas, parce qu'il est fort neuf en intrigue. Mais un jour qu'il est resté plus longtemps que de coutume à causer contre la fenêtre, la tante d'Agathe vient troubler leur entretien.

Madame Benoît est une femme de cinquante ans, bavarde, commune, fière de ses quinze cents livres de rente, et qui se croit de belles manières parce qu'elle a vendu des gants à des femmes de qualité.

— Quel est ce monsieur? que désire monsieur? dit madame Benoît en apercevant Edmond, et, sans attendre qu'on lui réponde, elle continue : — On n'a jamais reçu une personne à la croisée.... C'est fort mauvais ton, ma nièce; si monsieur veut nous parler, qu'il entre... Entrez donc, monsieur.

Edmond ne sait pas ce qu'il va dire, mais il entre, il salue timidement madame Benoît; celle-ci lui offre un siège, et lui adresse dix questions avant qu'il ait répondu à une seule.

Agathe, qui a eu le temps de se remettre de son trouble, s'approche de sa tante et lui dit : — Monsieur est le fils de M. Rémonville le jeune; il a souvent affaire à Gisors; et... en passant, il m'a quelquefois demandé des... renseignements... des adresses...

— Le fils de M. Rémonville jeune, dit madame Benoît en se levant et en saluant. Ah! monsieur, je connais très bien monsieur votre père... C'est un homme de beaucoup d'esprit... Je lui ai jadis vendu des gants, ainsi qu'à votre mère. Je connais aussi votre oncle, M. Adrien Rémonville, original s'il en fut!... qui avait des Hercules dans sa cour. Sa femme était d'une coquetterie!... Ils ont un fils qui est, dit-on, un bien mauvais sujet!... Quant à moi, qui ai une nièce, vous sentez que je tiens à connaitre les personnes que je reçois; du reste, je suis enchantée de faire votre connaissance.

Edmond se passerait bien de la connaissance de la tante ; mais comme cela lui donne accès près de la nièce, il écoute patiemment le bavardage de madame Benoît, place trois mots dans un entretien d'une heure, et sort avec la permission de venir offrir ses hommages à ces dames.

Le jeune homme use largement de la permission · chaque jour il est plus épris d'Agathe, qui lui témoigne le plus tendre amour. Comme la présence de madame Benoît n'est pas ce que cherche Edmond, c'est de préférence lorsqu'elle est sortie qu'il va voir sa nièce. Se dire que l'on s'adore, c'est bien doux sans doute; mais un amant désire bientôt davantage. Edmond sent que son bonheur ne lui suffit plus. Mais Agathe est sage, ou du moins elle sait se défendre, ce qui n'est pas toujours une preuve d'innocence.

Un matin que l'entretien a été plus chaud que de coutume, madame Benoît entre au moment où Edmond ravit un baiser à sa nièce. Les jeunes gens restent confus. Madame Benoît garde un moment e silence, ce qui chez elle indiquait quelque chose d'extraordinaire ; enfin elle présente une chaise à Edmond en lui disant :

— Asseyez-vous, monsieur... Je connais les usages... Vous embrassiez ma nièce, monsieur? — Oui... madame.. j'avais osé... — Vous l'avez embrassée... je l'ai vu, monsieur; mais est-ce pour le bon motif? — Le bon... quoi... madame ? — Le bon motif. Il me semble, monsieur, que je m'explique purement. Vous aimez ma nièce, je le conçois ; elle est jolie, elle est fort adroite dans la couture; elle coud comme une fée, et elle aura un jour quinze cents livres de rente; enfin, monsieur, puisque vous lui faites la cour, je pense que c'est pour l'épouser, car ce n'est que de cette manière qu'un galant homme fait la cour à une demoiselle de famille.

Edmond répond en balbutiant : — Oui, madame, certainement, j'aime... ou plutôt j'adore Agathe... Je l'épouserai tout de suite si vous voulez.

— C'est très-bien, monsieur Edmond , je donne mon consentement à ce mariage; mais il faut aussi celui de votre père, puisque vous n'êtes pas majeur.

Edmond baisse les yeux ; il n'avait pas encore songé à tout cela. A dix-huit ans, on a assez affaire de songer à celle qu'on aime, tout le reste n'est qu'accessoire; alors seulement le jeune homme se dit : — Mes parents approuveront-ils mon amour pour mademoiselle Agathe, fille d'un épicier de Pontoise et nièce de madame Benoît? Edmond conçoit quelques doutes, mais il regarde Agathe... elle est si jolie!... Une autre femme pourra-t-elle jamais la lui faire oublier? Non, c'est impossible!... et Edmond répond :

— Je parlerai à mon père.

— En ce cas, mon cher monsieur, je vous permets de faire la cour à ma nièce; et vous, Agathe, je vous autorise à vous laisser aimer par monsieur, sans toutefois vous laisser embrasser en mon absence, ce qui est contre les usages d'une demoiselle de famille.

Edmond s'est éloigné après avoir reçu un tendre regard d'Agathe et une belle révérence de la tante. Le jeune homme retourne chez lui un peu inquiet de la manière dont il s'y prendra pour demander à son père son consentement ; il hésite , il tremble; mais pour se donner du courage il se dit : — Il faudra pourtant bien que mon père approuve mon amour; car je ne puis pas aimer une autre femme qu'Agathe, et il est tout naturel d'épouser la seule personne qui puisse faire notre bonheur.

Le jeune homme est arrivé chez lui, il tourne et retourne autour de son père; il embrasse sa mère, ce qui ne lui était pas arrivé depuis plusieurs jours, car un nouvel amour nuit toujours à un ancien; enfin il est plus aimable que de coutume, et les parents s'en réjouissent.

Edmond, qui pense qu'il fera aussi bien de parler devant sa mère, dit enfin en soupirant : — J'ai quelque chose de bien intéressant à vous apprendre aujourd'hui!...

Le père et la mère se rapprochent de leur fils ; ils attendent avec curiosité ce qu'il va leur conter. Après avoir soupiré encore, Edmond dit à demi-voix et en baissant les yeux : — C'est que... je suis amoureux...

La maman sourit, et M. Rémonville en fait autant en disant : — Ah! tu es amoureux?... — Oui, mon père, oh! très-amoureux. — Eh bien, mon ami... à ton âge c'est excusable... Il n'y a pas grand mal à être amoureux... cela occupe, cela distrait, tu te seras encore plus d'une fois avant de te marier; mais que veux-tu que nous fassions à cela? Tu nous fais là une singulière confidence ; les fils n'ont pas coutume de conter leurs folies à leurs parents, et je crois qu'ils font tout aussi bien.

— Allons, monsieur, ne le grondez pas de sa franchise, dit madame Rémonville ; elle prouve la candeur de son âme... Mais, toi, mon cher Edmond, songe que le plaisir ne doit pas faire complétement oublier ses parents, et que ceux-ci aussi doivent avoir une part dans tes affections.

Edmond a écouté son père et sa mère avec impatience ; il est vrai que M. et madame Rémonville lui ont parlé de l'amour comme on le traite à cinquante ans ; aussi leur répond-il avec vivacité : — Vous ne m'avez donc pas compris ? Je suis amoureux, ce n'est pas une folie, c'est une passion, un amour qui durera toute ma vie; et je viens vous demander votre consentement pour épouser celle que j'adore.

La maman fait un mouvement de surprise, le front du papa se rembrunit.

— Comment! mon fils, vous pensez à vous marier, et vous n'avez dix-huit ans que depuis quelques mois? — Mais, mon père, est-ce que vous croyez que je ne suis pas assez âgé pour être heureux? — Heureux! croyez-vous que nous n'aurions pas songé à vous trouver une épouse? — J'ai cru que je pouvais la choisir moi-même... peut-on commander à son cœur? J'ai rencontré celle qui doit faire mon bonheur! nous nous sommes aimés sur-le-champ ; c'est que nous étions nés l'un pour l'autre. — Edmond, tu parles bien comme un enfant qui ne connaît le monde que par les romans!... mais enfin quelle est la personne que tu aimes? quels sont ses parents? — Mon père... celle que j'aime est charmante... c'est une... une brune, qui a des yeux noirs, grands... comme ceux de ma mère,.. une tournure très-distinguée... des manières séduisantes et de l'esprit, beaucoup d'esprit... on ne s'ennuie jamais avec elle... — Ce n'est pas son portrait que je te demande; je me doute bien que tu la trouves incomparable maintenant ; c'est son nom... celui de sa famille. — Elle se ———. Agathe Benoît.

— Benoît! je ne connais aucun propriétaire de ce nom dans les environs.
— Elle est de Pontoise... son père était épicier.
— Épicier! s'écrie M. Rémonville en fronçant le sourcil. — Il est mort; Agathe n'a plus que sa tante, madame Benoît, avec qui elle demeure à Gisors, et qui lui laissera quinze cents francs de rente.
— Madame Benoît! dit madame Rémonville. Je me fournissais autrefois chez une mercière de ce nom... Je me rappelle qu'il y a un an elle nous a envoyé des adresses pour nous dire qu'elle venait de prendre chez elle sa nièce, qui est couturière, et nous demander notre pratique. — Oui, maman... c'est elle... c'est Agathe... elle coud comme une fée!...
— Pour le coup, c'est trop fort! dit M. Rémonville en frappant du pied avec colère. Il faut avouer, mon fils, que vous placez bien mal vos affections!... une couturière! la fille d'un épicier!... — Est-ce que cela empêche que l'on soit d'honnêtes gens?... — Non, mon fils, et certainement je ne méprise personne, mais il n'en est pas moins vrai que votre amour n'a pas le sens commun... D'ailleurs il n'en saurait être autrement!... Votre soi-disant passion est une de ces idées de dix-huit ans qui sont bientôt remplacées par d'autres... — Non, mon père, j'aimerai Agathe toute la vie... je le lui ai juré. — A votre âge, mon fils, les serments n'engagent à rien!... — Ah! maman, est-ce que c'est vrai, cela?... Maman... parlez donc pour moi... — Mais, mon ami... en vérité... une couturière... — Elle ne le sera plus quand elle sera ma femme... — Tu es trop jeune pour te marier, tu t'en repentirais bien vite. — Je dois épouser Agathe, je le lui ai promis... je l'ai promis à sa tante...
— Comment! monsieur, s'écrie M. Rémonville, la tante a osé espérer... Écoutez, Edmond, je vous défends de retourner chez madame... Benoît et de me reparler de sa nièce. — Mon père... — Pas un mot de plus, mon fils, et je compte sur votre obéissance.
M. Rémonville s'éloigne; la maman en fait autant en donnant une petite tape sur la joue de son fils et en lui disant: —Tu te consoleras.
— Non, je ne me consolerai pas, dit Edmond en se cognant la tête contre le mur, ressource des amants désespérés. Non... je ne veux pas me consoler!... Je veux Agathe!... Je n'aimerai qu'Agathe!... Je mourrai si je n'ai pas Agathe!... Je me...

Edmond s'arrête; il vient de se faire une bosse au front; il cesse alors de se cogner la tête, s'apercevant que la muraille ne peut rien changer à ses affaires; il sort de la maison, arpente en quelques minutes le chemin qui le sépare de Gisors, et arrive en sueur chez Agathe, qui est alors avec sa tante...

— Qu'avez-vous?... demande la jeune fille. — Que vous est-il arrivé? dit madame Benoît, vous avez une bosse au front. Seriez-vous tombé? — Non, non, ce n'est rien... Mais je viens de parler à mon père... de ma tendresse pour mademoiselle... de mon désir de l'épouser... — Eh bien?... — Eh bien... il m'a dit que je n'avais pas le sens commun... et m'a défendu de revenir chez vous.

Agathe porte son mouchoir à ses yeux. Madame Benoît se pince les lèvres et se lève en disant : — Monsieur votre père fait bien son renchéri!... Je ne suis pas embarrassée de ma nièce!... Mais je connais trop les usages pour aller contre les volontés des parents. Adieu, monsieur, il serait inutile de revenir ici, puisque ce ne serait plus pour le bon motif. Ma nièce, saluez monsieur. Prenez garde, monsieur, il y a deux marches là-bas.

Madame Benoît pousse poliment Edmond vers la porte, tandis qu'Agathe lui dit à l'oreille : — Il ne fallait donc pas dire tout cela à ma tante!... — C'est vrai, répond Edmond, j'ai fait une sottise!... Et quand il se retrouve dans la rue, il est de nouveau tenté de se cogner la tête au mur; mais il juge plus sage de s'en tenir à la seule bosse, et il revient chez lui en s'écriant : — Comment se fait-il que Virgile, Homère, Racine et Voltaire ne parlent pas de ce qu'on doit faire dans ma position?

Edmond a suivi la route sans avoir trouvé de remède à ses chagrins. Arrivé devant la maison de son oncle, il s'arrête et se dit : — On prétend qu'Adam est heureux avec toutes les jeunes filles des environs, il est donc plus adroit que moi, qui ne puis pas l'être avec la seule que j'aime!... Comment se fait-il qu'un garçon qui n'a rien appris ne sache plus que moi près des femmes?... J'ai envie d'aller le consulter; d'ailleurs ça me fera du bien de lui parler d'Agathe, ça me soulagera un peu.

Edmond entre dans la maison de son oncle. Il voit chacun aller et venir avec agitation. Les domestiques ont des figures attristées; Rongin, seul, est comme à son ordinaire. Edmond s'approche du concierge et lui demande ce qui est arrivé de nouveau.

— Ce que j'avais prédit depuis longtemps, répond Rongin en se redressant avec gravité. Monsieur votre cousin vient d'être assommé!
— Assommé!... — Oui, assommé à coups de bâton; on l'a trouvé dans un pitoyable état, dans le petit bois voisin, et on l'a rapporté ici ce matin... — Ah! mon Dieu! Et quels sont les misérables!... A-t-on arrêté les coupables?... — Oh! les coupables!... parbleu!... c'est bientôt dit, ça!... Est-ce que vous ne savez pas que votre cousin Adam fait les cent coups avec les petites filles des environs? — On m'a bien dit qu'il n'était pas très-sage... — Très-sage!... peste!... c'est-à-dire que sa conduite doit révolter tout homme qui a des mœurs et des principes; et certainement, s'il n'y avait que lui dans la maison, je n'y resterais pas, parce que, quand on est délicat... et bien né... Avant la révolution, jamais on... — Enfin, Rongin, pourquoi l'a-t-on battu? — C'est, à ce qu'on croit, le frère et l'amant d'une petite laitière dont il a renversé le pot au lait... Les deux paysans l'avaient prévenu que, s'il ne cessait pas de poursuivre la fillette, ils le rosseraient; mais, bah! il n'en a tenu compte. Un garçon qui a été élevé en sauvage!... est-ce qu'il écoute quelqu'un?... Le voilà propre aujourd'hui!... S'il en revient, il sera boiteux des deux jambes.

Edmond quitte Rongin et entre au rez-de-chaussée. Il trouve M. Adrien, qui semble fort soucieux et fronce le sourcil en apercevant son neveu. Le père d'Adam pense que l'aventure qui vient d'arriver à son fils, va donner de nouveau matière à blâmer la manière dont il l'a élevé: peut-être sent-il en lui-même qu'on aura raison, et c'est probablement ce qui le rend de mauvaise humeur.

— Que voulez-vous? demande-t-il brusquement à Edmond, qu'il suppose envoyé vers lui par son père. Le jeune amant d'Agathe, qui ne sait à quel saint se vouer pour obtenir celle qu'il aime, a pensé à prier son oncle de parler pour lui à son père; mais il va commencer par s'informer de la santé de son cousin, lorsque Tourterelle entre dans le salon tout essoufflé, tout joyeux, en criant :

— Bonne nouvelle !... Ce ne sera rien !... Le médecin vient de le voir... point de fractures... trois dents de cassées par-devant... C'est dommage; mais à la rigueur on s'en fait mettre de postiches; du reste, dans quinze jours il sera sur pied.

A cette nouvelle, la figure de M. Adrien s'éclaircit, et il prend sa tabatière : — Je me doutais bien, dit-il, que mon Adam s'en tirerait!... On fait toujours les événements plus graves qu'ils ne sont!... Après tout, un petit combat, ça ne fait pas de mal à un jeune homme, ça lui met du plomb dans la tête. — Trois dents de moins, comme je vous disais. — Mon neveu, vous l'entendez, ce n'est qu'une bagatelle; vous pouvez le dire à votre père, qui vous a sans doute envoyé pour savoir si Adam en reviendrait... — Non, mon oncle, mon père ne m'avait pas envoyé... J'étais venu pour vous faire une prière... une demande... — Qu'est-ce donc, mon neveu?

Le jeune homme, qui ne se lasse point de parler de ses amours, fait à son oncle le portrait d'Agathe, lui apprend que il elle est, ce qui s'est passé entre lui et ses parents, et finit en suppliant son oncle de parler en sa faveur.

En écoutant parler son neveu, la figure de M. Adrien est devenue rayonnante. Quand Edmond a fini, le père d'Adam lui serre les mains et s'approche de Tourterelle en lui disant à l'oreille : — Le jeune homme parfaitement élevé veut épouser une couturière. — J'en ai connu de fort jolies ! répond Tourterelle.

— Je vais parler pour toi, mon cher neveu, reprend M. Adrien. Ma goutte me fait un peu souffrir... N'importe... Je ne veux pas différer quand il s'agit de te rendre service... J'ai hâte de voir mon frère. — Ah ! mon oncle, que vous êtes bon !

M. Rémonville se promenait dans son jardin et songeait aux amours de son fils, lorsque son frère parut devant lui.

— Comment va votre fils ? dit M. Rémonville à son frère, j'ai déjà envoyé deux fois savoir de ses nouvelles; et je serais allé moi-même, si... — Je vous remercie : mon fils n'a presque rien !... Dans quelques jours il pourra recommencer... je veux dire se promener de nouveau. Ce n'est pas de lui que je venais vous parler, c'est d'Edmond... — D'Edmond ? — Oui. Mon neveu m'a conté ses amours, et je venais intercéder près de vous en sa faveur.

M. Rémonville a peine à dissimuler son dépit, qu'augmente encore l'air goguenard de son frère. Cependant il répond : — Les amours d'un enfant de dix-huit ans ne sont que des folies. Il n'était vraiment pas nécessaire de vous déranger pour si peu de chose !

— Eh! mais... pas si folie que vous croyez, mon frère ! Votre fils est passionné, il est amoureux comme un fou !... Je conviens qu'il aurait pu faire un choix... un peu plus distingué !... Un jeune homme qui a reçu une si bonne éducation, qui va dans le grand monde avec ses parents, pourrait trouver mieux qu'une couturière... Mais que voulez-vous?... on a vu des mariages plus disproportionnés... — Mon frère, je vous remercie beaucoup de votre obligeance pour mon fils; il me semble que vous feriez mieux d'aller soigner le vôtre : — Le mien est, je conviens, un peu diable, mais il est possible, mais il ne s'amourache pas aussi sottement que votre Edmond. — Vous appelez étourderie séduire, suborner d'innocentes filles ? — Du moins il ne les épouse pas. — Vous aimez mieux qu'il les déshonore ! — Mon frère !

M. Adrien est rouge de colère; M. Rémonville suffoque de dépit. Les deux frères se séparent en se disant : — Votre jeune homme policé est un imbécile. — Votre élève de la nature est un vaurien.

CHAPITRE XIII. — La Fille du meunier.

Quinze jours ont suffi pour guérir entièrement l'élève de la nature; ils ne sont même pas écoulés que déjà Adam pense au plaisir qu'il aura en courant de nouveau dans les environs. Quinze jours d'un repos forcé lui font désirer plus ardemment encore de recommencer ses caravanes. La leçon qu'il vient de recevoir ne lui a pas profité; mais une aventure malheureuse doit-elle nous faire renoncer aux amours ? Si cela était, combien de jeunes gens n'auraient eu qu'une seule passion ! Près des dames, un débutant est souvent malheureux, ce sont ordinairement les plus novices qui sont le plus trompés. Mais ce besoin d'aimer, ce feu si doux, ne s'éteint pas si vite : quand il s'affaiblit chez nous, l'âge y est toujours pour quelque chose. Pour flatter notre amour-propre, nous aimons à croire que c'est par raison que nous devenons sages; nous voulons nous donner une vertu que nous n'avons pas. Mais, en général, quand nous devenons sages, c'est que nous ne pouvons plus faire autrement.

Adam, qui n'a que dix-huit ans et quelques mois, qui est bien portant et fortement constitué, ne se promet pas d'être sage, ce qui ne serait pas dans la nature; mais il se promet d'éviter les gourdins des paysans et de tâcher d'être plus adroit à l'avenir, parce que, si à chaque nouvelle amourette il lui fallait perdre trois dents, il sent qu'il serait bientôt réduit à ne manger que de la bouillie, régime qui ne lui plairait nullement.

Adam va de nouveau quitter la maison de son père pour courir les champs. En mettant sa cravate, il fait une légère grimace; les trois dents de moins ont beaucoup changé l'expression de son sourire, mais Adam se console en se disant : — Je ne suis pas forcé de rire toujours; quand j'ai la bouche fermée, on ne voit pas que j'ai des dents de moins... Après tout, celles qui ne me trouveront pas bien comme cela ne m'écouteront pas... tant pis !

Puis Adam a passé sa main dans ses cheveux, et il s'est mis en route. En le voyant sortir aussi leste, aussi dégagé qu'avant sa mésaventure, Rongin fronce les sourcils et se renferme dans sa loge en murmurant : — Si c'était un bon sujet, il n'en serait pas revenu !...

Le jeune homme va visiter les champs, où il a vu souvent travailler de jolies paysannes; mais à leur place il ne trouve maintenant que des hommes ou des femmes âgées. Si par hasard ses yeux aperçoivent au loin une jeune fille, en approchant d'elle il ne tarde pas à voir à quelques pas un lourdaud paysan dont les regards sont sans cesse tournés vers lui, et qui semble servir de sentinelle à la fillette, ou être placé là comme un épouvantail pour effrayer les oiseaux qui voudraient becqueter ce joli fruit.

— Diable ! se dit Adam, est-ce qu'on se tiendrait sur ses gardes maintenant ?... Est-ce qu'on a mis des gardiens auprès de tous les cotillons ?... Mais je me moque du gardien : un contre un, ça ne me fait pas peur; on peut se défendre au moins !

Si la sentinelle n'effraye pas Adam, il paraît qu'elle fait peur à la jeune fille; car, lorsque le jeune homme veut entamer la conversation, la villageoise lui tourne le dos, ne lui répond pas, et Adam en est pour ses compliments.

Il va chercher fortune ailleurs; mais partout les jeunes filles sont gardées, les fenêtres et les portes sont fermées; il n'y a pas moyen de causer, de rire; partout on a pris des précautions contre les entreprises d'Adam, qui est redouté dans le pays comme le loup par le petit Chaperon rouge.

Adam est rentré de fort mauvaise humeur. Quinze jours se passent, et les promenades sont toujours sans résultat. Adam se lasse déjà de la vie qu'il mène; sans amourettes, la campagne lui paraît triste.

Il va trouver son père, et lui dit : — Papa, je ne m'amuse plus dans ce pays. Est-ce que je ne pourrais pas aller ailleurs chercher ce que je ne rencontre plus ici ?...

M. Adrien se penche dans son fauteuil, fait jouer sa tabatière et regarde son ami Tourterelle. — Voilà mon fils guéri de toutes ses amourettes de village. Vous voyez que j'ai bien fait de ne point m'en inquiéter, et j'étais certain que cela ne durerait pas !

— Non !... rien ne dure, répond le petit homme en faisant une mine piteuse. C'est même dommage que cela passe si vite !... — Mais il faudrait maintenant occuper autrement cette jeune tête... — Oui... il faudrait l'occuper; mais il me semble qu'il n'a jamais voulu s'occuper. — J'entends par là qu'il faudrait qu'il eût quelques distractions. — Ah ! oui... il faut le distraire. — Si je l'envoyais pendant quelque temps à Paris ?... Je gage qu'avec son esprit et sa tournure il ferait la nique à tous ces jeunes freluquets qui ont été élevés dans les premiers collèges !... — Oui, avec son esprit, sa tournure et de l'argent... — Parbleu ! je ne l'en laisserai pas manquer : cela achèvera de le former... Oh ! comme je rirai quand, après trois mois de séjour dans la capitale, je le reverrai cent fois plus dégagé que son pédant de cousin !...

— Pour dégagé, il me semble qu'il l'est déjà gentiment.

Pendant cette conversation des deux amis, Adam s'était assis sur un canapé, et reposait nonchalamment ses bottes sur les coussins; il allait finir par s'endormir, lorsque son père lui crie :

— Mon fils, serais tu bien aise d'aller voir Paris ? — Paris, papa !... dame !... ça m'est assez égal. S'amuse-t-on à Paris ?

— Si l'on s'amuse ! s'écrie Tourterelle. Ah ! mon cher ami, je me rappelle qu'à votre âge je m'y suis tant amusé pendant six mois que j'ai fait une maladie qui a duré deux ans !... — Tu tâcheras de t'y amuser plus raisonnablement, dit M. Adrien. Cela te tente-t-il ? — Oui, je ne serais pas fâché de connaître Paris. — Mais tu ne peux pas y aller seul, mon ami... — Pourquoi cela, papa ? — Parce que... tu es si jeune. — Est-ce que je n'ai pas une langue pour demander ce que je voudrai ? — Cela ne suffit pas, mon fils. — Ah ! une seule langue ne suffit pas à Paris ? — Je te dis qu'il te faut un compagnon... un guide... Tu ne connais pas cette grande ville... tu te perdrais... — Bah !... je saurai bien me retrouver... — Si je n'avais pas la goutte, je serais enchanté d'aller à Paris avec toi, pour voir le triomphe d'un élève de la nature sur les manières apprêtées, sur la fausse politesse des citadins. — Papa, soyez tranquille, je triompherai bien tout seul, je ne veux avoir personne qui me gêne. — Il n'est pas question de te gêner... mais de t'être utile. Rongin t'accompagnera. — Je ne veux pas de Rongin. — Mais, mon fils... — Je vous dis que je ne veux pas que Rongin vienne avec moi. S'il se permet de me suivre, je le renvoie à coups de pied au derrière.

— Eh bien, dit Tourterelle, je ferai un dernier effort : je ne me souciais plus de voyager; mais pour être agréable à mon ami Adrien, il n'est rien que je n'entreprenne. D'ailleurs, ce n'est pas loin... J'accompagnerai Adam à Paris.

— Mon fils, j'espère que tu dois être satisfait; c'est l'ami Tourterelle qui t'accompagnera.

— Ainsi, mon fils, c'est entendu. On va s'occuper de ton bagage, et dans quelques jours vous partirez tous deux.

Le lendemain de cette conversation, Adam marche au hasard dans la campagne; il n'a plus de but de promenade déterminé. Cependant il veut, avant de partir, dire adieu à sa nourrice. Le jeune homme songe à son prochain voyage; et quoique Paris ne soit qu'à quinze lieues de distance, c'est une grande affaire pour lui d'aller visiter la capitale.

Tout en réfléchissant, ce qui lui arrivait fort rarement, Adam a dépassé le village de sa nourrice. Il s'arrête parce qu'il est las. Il regarde autour de lui, et ne reconnaît pas ses promenades habituelles. A peu de distance, il aperçoit un moulin et une petite maisonnette assez gentille, qui doit être habitée par le meunier. Adam se dirige vers la maisonnette, où il désire se reposer et se rafraîchir.

On se rappelle sans doute un certain Bertrand farinier et cousin de Catherine, qui, lorsque celle-ci nourrissait, lui avait allé faire quelques visites à la maison de M. Adrien. Alors Bertrand était un grand gaillard bien bâti, bien poudré, d'une tournure dégagée, et qui n'avait qu'à jeter le mouchoir pour faire ses conquêtes dans le pays. Dix-huit années se sont écoulées : Bertrand n'a plus la tournure aussi leste, mais c'est encore un des hommes les plus robustes de la commune; il s'est marié, il a une fille, est devenu veuf, et enfin il est propriétaire du moulin dont le tic-tac retentit maintenant aux oreilles d'Adam.

Le jeune homme s'est approché de la maisonnette; la porte en est ouverte. Adam n'a pas l'habitude d'agir avec cérémonie : il pénètre dans une petite pièce d'où il aperçoit, dans une chambre voisine, une jeune fille, qui, tout en triant des graines, chante à tue-tête :

Un jour j'allais
Au bois pour m'amuser.
J'ai entendu
Mon amant soupirer
Il m'aborda
De pas à pas,
Il m'aveugla,
Je tombe entre ses bras;
Ciel ! quel tourment !
Se peut-il qu'un amant
Nous rende victimes
De son amusement !

Une jeune fille seule, c'était une bonne fortune à laquelle Adam n'était plus accoutumé. Il examine la chanteuse : ce n'est pas une beauté parfaite, ce n'est point un profil grec ni une tournure romantique ; c'est une grande et grosse fille de dix-sept ans, qui en paraît vingt-quatre pour la force. Ses cheveux sont d'un blond un peu roux, son nez est un peu gros, sa bouche un peu grande ; mais elle est fraîche, blanche et rose, et il règne sur sa figure, dans ses regards, un air de gaieté, un je ne sais quoi qui réjouit. Aussi Adam, que la vue de tant d'appas réjouit beaucoup, reste-t-il en extase au milieu de la chambre, en s'écriant : — En voilà donc une !

La jeune fille lève les yeux, elle aperçoit le jeune homme ; mais elle ne semble nullement effrayée, et se contente de dire : — Tiens ! je n'avais pas entendu entrer... Quoi que vous voulez donc, monsieur ?

— Ce que je veux ! répond Adam en prenant une chaise ; ma foi ! je veux me reposer d'abord, parce que je suis las. — Est-ce que vous avez affaire à mon père ? — Votre père !..... Qu'est-ce que c'est que votre père ? — C'est le meunier Bertrand. — Ah ! vous êtes la fille du meunier ? — Oui, monsieur, je suis Tronquette, pour vous servir. — Tronquette !... Je ne comprends pas comment il se fait que je ne vous connaisse pas, moi qui connais tout le monde dans les environs. — Est-ce que vous êtes du pays ? — Mais oui... à peu près... Où suis-je ici ? — Au moulin Joli, à une demi-lieue de Basincourt,

— De Basincourt !... C'est où demeure ma nourrice Catherine Jean-Claude. — Tiens ! vous êtes le nourrisson de Catherine !... M. Adam Rémonville, dont on parle tant dans nos endroits !... Cet enjôleur, ce séducteur !.... Ah ! ah ! ah !... c'est vous qui avez reçu une si bonne raclée du frère de Jeanne la laitière ?

— Justement, c'est moi, dit Adam en faisant une légère grimace.

— Ah ben ! pardi, je sommes pas fâchée de vous voir : ils nous font une si belle peur de vous, aux veillées !... Ma fine ! je pensions que vous aviez des cornes au front et des griffes aux mains, ni pus ni moins qu'un diable...

Adam approche sa chaise contre celle de Tronquette : il tient à prouver qu'il n'a ni cornes ni griffes. La fille du meunier paraît aimer à causer et à rire presque autant que la première nourrice d'Adam. Quand on n'a pas encore vingt ans, on a vite fait connaissance. Adam a des manières toutes rondes, toutes franches, qui plaisent beaucoup à la grosse Tronquette, et celle-ci a de robustes et frais appas qui enflamment sur-le-champ le jeune homme, qui depuis trois semaines cherche l'occasion de s'enflammer.

On cause depuis près d'une heure sans que le temps ait paru long. Adam a même oublié qu'il désirait se rafraîchir, et cependant il est beaucoup plus échauffé qu'en arrivant. Tout à coup le meunier revient du moulin.

Bertrand toise le jeune homme qui est près de sa fille ; Adam continue de parler sans faire attention au meunier : mais Tronquette, qui a vu entrer son père, va au-devant de lui en disant : — Mon père, ce monsieur est le frère de lait de Suzanne, de Nannette... Catherine est sa nourrice. C'est M. Adam Rémonville.

Bertrand porte la main à son bonnet de coton en disant : — Alors, je pouvons dire que je vous avons vu tout petit..... quand vous étiez encore pendu au sein de not' cousine... Ma fine ! je ne vous aurions pas reconnu... Vous êtes joliment poussé depuis ce temps-là !

Adam se lève, va prendre la main du meunier, et lui dit : — Je savais bien que nous nous connaissions... Il me semble même que je me souviens de votre figure à présent... et c'est pour avoir le plaisir de renouer connaissance avec vous que je suis venu par ici.

Pour un élève de la nature, M. Adam mentait en ce moment tout comme un homme policé. Ce qui doit nous faire présumer que ce mensonge n'est pas plus étranger aux uns qu'aux autres ; seulement, les gens qui ont de l'usage, de l'habitude, savent mentir plus adroitement.

Bertrand, qui n'est point un sot comme Jean-Claude, ne pense pas que ce soit pour lui que le jeune homme vienne. Cependant, il dit à Tronquette d'apporter une bouteille de vin et deux verres, puis il trinque avec Adam, qui est enchanté des manières aimables du meunier.

Mais après le second verre, Bertrand dit au jeune homme : — Je sommes bien aise d'avoir revu le petit nourrisson de not' cousine... — Et moi aussi, je suis bien content de vous revoir, monsieur Bertrand... et j'espère que souvent... — Oh ! oui, maintenant, j' vas vous dire une chose : quand vous voudrez me revoir, faudra pas revenir ici, où ma fille est toute seule ; faudra aller au moulin, où je suis, moi, parce que vous entendez ben que je n'avons qu'une fille... c'est sage... il faut y veiller. Vous avez la réputation d'un enjôleur... c'est comme moi, il y a vingt ans... Vous aimez le sexe... je comprends, c'est votre métier. Moi, le mien, c'est de garder ma fille : vous comprenez ?... Alors, si au lieu d'aller au moulin vous veniez revoir Tronquette, il faudrait que le gourdin jouât son jeu... vous entendez ?... A vot' santé !... Buvez donc !

Adam n'est plus si satisfait des manières du meunier ; il boit le troisième verre avec moins de plaisir que les deux premiers, et en regardant Tronquette en dessous. Bertrand veut encore emplir son verre, il refuse ; il ne se sent plus à son aise. Enfin il se lève, prend congé, en marmottant qu'il ira au moulin. Bertrand lui tend la main, la lui serre amicalement, mais un peu fort cependant ; tandis que la grosse Tronquette lui sourit, en ouvrant une bouche énorme où brillent de fort belles dents.

— Que ces pères sont ridicules ! se dit Adam en retournant chez lui ; ils ont une fille jolie, ils veulent qu'elle ne voie personne !... Comme c'est père égoïste ! Mais je suis sûr que Tronquette ne pense pas comme son père, et qu'elle me reverra avec plaisir. Elle est gentille, cette grosse Tronquette... Je retournerai la voir demain, et je ferai en sorte de n'être pas aperçu du moulin.

Le lendemain, Adam sort de grand matin ; il a songé toute la nuit à la fille du meunier, et brûle de la revoir. Il dépasse le village de Basincourt, et ne tarde pas à apercevoir le moulin ; il prend un chemin bordé par une haie pour n'être pas vu ; il arrive à la maisonnette, où Tronquette est encore seule et où elle rit en le voyant, ce qui semble d'un bon augure à Adam.

— Mon père m'avait dit que vous ne reviendriez pas ici, parce qu'il vous l'avait défendu, dit la grosse fille.

— Comme ce n'est pas pour votre père que je viens, je m'embarrasse fort peu de sa défense, répond Adam ; si ma présence ne vous ennuie pas, c'est tout ce que je demande.

— M'ennuyer !... Oh ! que nenni !... Vous m'amusez ben, au contraire... vous êtes farce comme tout !

Adam est enchanté de l'accueil de Tronquette ; celle-ci trouve que la compagnie du jeune monsieur est beaucoup plus agréable que celle de son chat et de son chardonneret, seuls êtres vivants avec lesquels elle pouvait causer dans la journée. Elle écoute les doux propos qu'Adam lui débite, et promet de ne point dire à son père qu'elle a reçu sa visite.

Quelques jours s'écoulent ainsi. Les jeunes gens se sont dit qu'ils s'aimaient ; Adam voudrait ne pas s'en tenir là ; il n'est pas habitué à filer le sentiment ; mais tout en lui avouant qu'il lui plaît, Tronquette ne permet pas à son amoureux de prendre des libertés. La fille du meunier sait se défendre ; elle distribue des coups de pied ou des coups de poing avec infiniment de gentillesse, et Adam reçoit cela en riant, parce que d'une femme qu'on aime tout paraît bon, hors son indifférence ; mais quand une femme nous donne un soufflet, c'est que nous ne lui sommes pas indifférent.

En arrivant, comme à son ordinaire, en tapinois devant la maison du meunier, Adam trouve un matin la porte fermée ; il appelle à demi-voix Tronquette : celle-ci paraît à une lucarne du grenier. Elle a les yeux rouges et bouffis ; elle pleure au lieu de sourire, ce qui la rend infiniment moins jolie ; car, ainsi que l'a fort bien observé Tourterelle, les paysannes ne savent pas pleurer avec grâce comme les femmes de la ville.

— Qu'y a-t-il donc ? s'écrie Adam ; pourquoi ne descendez-vous pas m'ouvrir ? pourquoi avez-vous les yeux rouges ?

— Pardi ! parce que j'ai été battue !..., répond Tronquette en sanglotant ; mon père vous a aperçu hier sortant de cheux nous.... il m'a dit que j'étais une oie, que ça !... qu'il saurait ben m'empêcher de vous revoir, et puis il m'a rossée... Hi ! hi ! hi ! Et aujourd'hui je suis enfermée dans le grenier... Et je dois être battue ce soir si vous revenez. Ah ! mon Dieu, comme c'est amusant !

— Quoi ! votre père s'est permis de vous frapper ?... — J' crois ben ! il ne s'est pas gêné ! — Mais c'est affreux !... c'est indigne !... Est-ce que c'est pour les battre qu'on fait des enfants ?... Ma pauvre Tronquette ! je suis donc fâché d'être cause... ! C'est égal, il faut nous aimer toujours..... il faut nous voir malgré votre père... malgré tout le monde... malgré... Aïe !... holà là !...

Quelque chose a subitement arrêté Adam au milieu de son discours ; c'est un manche à balai avec lequel Bertrand caresse un peu rudement ses épaules. Le meunier venait de sortir de derrière une haie, et il était là depuis le commencement de la conversation.

— Ah ! il faut vous voir et vous aimer malgré tout le monde ! dit Bertrand en faisant tourner le manche à balai. Eh ben ! nous verrons. Je vous donnerons du revenez-y, moi... — Ah ! monsieur Bertrand ! Aï !... C'est affreux !... Holà ! — Ça passera comme ça pour aujourd'hui ; mais si je vous revois près de ma fille, je doublerons la dose... Dam' ! je vous avais prévenu... faut pas vous fâcher... c'est dans une bonne intention.

Tronquette se retire de la lucarne pour ne pas voir battre son amant, et Adam se sauve en pestant, en jurant, en se tâtant les côtes, et en donnant au diable le meunier.

Mais, ainsi que l'a voulu la nature, les obstacles qui s'opposent à sa liaison avec Trompette augmentent l'amour d'Adam ; ce qui n'était qu'un simple caprice devient une passion violente. Nous sommes ainsi faits : il suffit de nous défendre quelque chose pour que nous en ayons envie. Si l'on n'eût point défendu à Eve de manger de la pomme, elle n'y aurait pas touché.

M. Adrien, qui a terminé tous les apprêts pour le départ de son fils, lui dit un soir : — Quand tu voudras aller à Paris, mon cher Adam, ta valise est faite ; rien ne te manquera, et notre ami Tourterelle est prêt à t'accompagner.

Adam, qui ne songe plus qu'à la fille du meunier, répond d'un air distrait : — C'est bien..... Nous verrons plus tard..... Je ne suis pas pressé.

— Ce jeune homme est fantasque, dit Tourterelle à son ami : il y a quelques jours, il était content d'aller à Paris ; aujourd'hui, cela ne semble plus lui faire plaisir... Que signifie ce caprice ?

— Cela signifie, répond M. Adrien, cela signifie... qu'il est dans la nature d'être capricieux.

CHAPITRE XIV. — Edmond et Adam.

La visite que M. Adrien avait faite à son frère n'avait nullement arrangé les affaires d'Edmond. Au contraire, piqué de ce que l'on connaissait l'amour de son fils pour la nièce de madame Benoît, M. Rémonville avait renouvelé à Edmond sa défense de revoir mademoiselle Agathe, en traitant d'enfantillage et de folie sa passion pour la jeune couturière.

Cependant Edmond n'est point enfermé dans sa chambre comme un écolier, et on le laisse libre de sortir quand bon lui semble. M. Rémonville a trop d'esprit pour employer ces moyens de répression qui ne font qu'exaspérer une jeune tête et aggraver le mal, au lieu d'y remédier.

Edmond fait comme tous les amoureux, il n'a point égard à la défense de son père, et court à Gisors pour revoir Agathe. Mais madame Benoît, qui ne veut plus que l'on courtise sa nièce du moment que ce n'est pas pour le bon motif, madame Benoît, qui est très-piquée du dédain que M. Rémonville a fait de son alliance, ne laisse plus Agathe travailler dans la chambre du rez-de-chaussée, et ne lui permet pas même de se mettre à la fenêtre du premier.

C'est en vain que le tendre Edmond passe et repasse devant la demeure de celle qu'il aime. Les fenêtres sont fermées, et plus d'Agathe près des carreaux ; le jeune amant est au désespoir. Il ne songe à rien moins qu'à mourir s'il ne voit pas la jolie brune. A dix-huit ans on est si vite désespéré, on tient si peu à la vie ! on est toujours disposé à la donner pour une maîtresse !... et c'est dans l'âge où l'existence offre le plus de charmes que deux amans en feront volontiers le sacrifice ; c'est à dix-huit ans enfin que l'on se tue par amour, mais ce n'est jamais à quarante.

Pendant plusieurs jours, Edmond a fait inutilement le chemin de Gisors. Ses parents ne lui parlent plus de ce qu'ils regardent comme une amourette d'écolier ; mais comme on voudrait le distraire et dissiper sa tristesse, M. Rémonville songe à faire faire à son fils le voyage de Paris; il pense que les plaisirs de la capitale auront bientôt lui faire oublier à Edmond la nièce de madame Benoît, il se propose de conduire lui-même son fils à Paris; et tout en gémissant de se séparer pour quelque temps de son Edmond, madame Rémonville approuve le projet de son époux.

Aux premiers mots de départ, Edmond remercie son père en protestant qu'il n'a encore aucune envie de voir Paris, qu'il ne veut pas quitter sa mère, et qu'il ne s'amuserait pas loin d'elle. On veut bien admettre cette excuse, et le voyage est différé.

Edmond ne peut supporter l'idée de s'éloigner des lieux où respire son Agathe ; Adam ne veut plus perdre de vue le moulin de Bertrand. Edmond est amoureux de bonne foi; Adam ne l'est peut-être que par entêtement. Pour l'un, c'est un premier amour, et il s'agit de posséder la première femme qui ait fait palpiter son cœur. Pour l'autre, ce sont des désirs à satisfaire; c'est un enfant mal élevé qui veut faire sa volonté, par la seule raison qu'il l'a toujours faite. On voit que les deux cousins sont également disposés à faire des sottises ; car l'élève de la nature et le jeune homme policé sont dominés par une passion violente; et ce sont les passions qui mettent les hommes de niveau, rapprochent les rangs, comblent les distances, font faire des folies aux gens d'esprit, et donnent par moments de l'esprit aux sots.

Cependant si les jeunes gens sont enflammés, les jeunes filles ne le sont guère moins. Une fille ressent l'amour tout aussi vivement qu'un garçon, souvent même elle est plus passionnée: car elle a bien moins de sujets de distraction; son amour est son unique pensée; on rêve à son amant en cousant, en brodant, en s'occupant des soins du ménage, de tels travaux ne sauraient éloigner l'image de l'objet chéri; tandis qu'en courant le monde un jeune homme fait des rencontres qui ont toujours le pouvoir de le distraire, ne fût-ce que pour un moment.

Agathe et Tronquette pensent sans cesse à leurs amoureux, chacune de ces demoiselles est fière de sa conquête, et l'amour-propre est toujours pour beaucoup dans l'amour, surtout chez les femmes, qui mettent de l'orgueil à plaire à un homme de talent, à un homme d'esprit, à un homme qui a quelque réputation ; et, au fait, il est plus flatteur de plaire à quelqu'un qui a du mérite qu'à un sot, ou à un bon bourgeois qui fait l'amour comme un portier.

La vanité guide moins les hommes dans leurs choix, souvent même ils en font trop abstraction ; un joli minois les séduit, peu leur importe quel est et ce que fait ce joli minois. C'est la personne qu'ils veulent, tandis que les femmes aiment d'abord le mérite. L'amour de ces messieurs finit avec la possession : l'amour de ces dames s'éteint avec la réputation.

Edmond et Adam ne sont pas des hommes de talent, de génie, mais pour ces deux demoiselles ce sont des conquêtes très flatteuses. La jolie couturière est charmée d'avoir plu à un jeune homme de bonne famille, qui a une figure fort distinguée. Tronquette est fière d'avoir captivé celui qui a déjà fait tant de conquêtes dans le pays. Ni l'une ni l'autre ne voudrait être oubliée de son amant ; et comme, sans avoir beaucoup d'expérience, il est facile de deviner que les gens peuvent finir par nous oublier quand ils ne nous voient plus, ces demoiselles se mettent quelquefois à la fenêtre afin d'être encore aperçues par leur amoureux.

Mais on ne peut se dire que quelques mots, car on tremble d'être surpris. Agathe a peur de sa tante, Tronquette craint son père, et Adam lui-même ne se soucie pas de se trouver avec le meunier. Cependant on brûle de s'en dire davantage, et cet amour fait par escarmouche augmente encore l'envie qu'on a d'en venir aux prises.

Il y a six semaines qu'écoulées depuis que les amoureux ne se voient que de loin, lorsqu'en allant à Gisors, Edmond rencontre Adam, qui venait de rôder autour du moulin.

Les deux cousins ne se sont pas vus depuis plusieurs mois. Tous deux se sourient, s'arrêtent; en ce moment chacun d'eux est bien aise de rencontrer l'autre.

— C'est toi, Edmond! dit Adam en prenant la main du compagnon des jeux de son enfance.

— Oui, c'est moi!... Il y a bien longtemps que nous ne nous sommes vus. — C'est vrai !... — Tu es grandi... tu es maigri... — Tiens ! tu as des dents de moins, toi. — Ah! oui... C'est cette histoire... il y a deux mois. Tu en as sans doute entendu parler... — Oui, certainement ; tu as été battu par des paysans... Ce pauvre Adam!... — Oh! il y a longtemps que je n'y pense plus, va!... Et toi, es-tu toujours dans les livres, dans les études... dans les sciences?... car tu es un savant, toi !... — Depuis quelque temps j'ai bien autre chose dans la tête !... Tu ne sais pas, Adam ? eh bien ! je suis amoureux...
— Et moi aussi. — Oui, mais moi, c'est la première fois que j'aime...
— Et moi, c'est au moins la douzième. — Je sens là que ce sera aussi la dernière !... — Ah ! je ne sais pas si ce sera la dernière, mais je sais que je n'ai jamais été amoureux aussi fort qu'à présent. Dieu!... suis-je amoureux !... le suis-je !... — Et moi donc !... je ne pense, je ne rêve qu'à mon Agathe. — Et moi, à ma Tronquette. — Agathe est si jolie!... Ah! Adam, si tu savais... si tu voyais les beaux yeux noirs!... — Ceux de Tronquette sont roux ; mais ils brillent comme des vers luisants ! — Des cheveux bruns bien bouclés... — Des cheveux blonds... blonds foncés. — Une taille svelte... — Oh! Tronquette est très-bien bien faite aussi, et elle a de plus une gorge magnifique! — Moi, je ne sais là Agathe... D'abord elle a toujours un fichu, et puis je ne me serais pas permis de regarder cela... — Ah ! que tu es bête!... Ah ben ! je regarde tout, moi !... — La voix d'Agathe est d'une douceur !... quand elle me parle... mon cœur bat d'une force... — Tronquette a une voix qu'on entend d'un bout du village à l'autre... Mais elle est si drôle... si gentille quand elle rit... et elle rit toujours ! — Agathe ne rit pas... mais elle sourit... elle soupire... et alors je ne sais plus où j'en suis. Ah ! Adam, que c'est joli d'aimer ! — Oui, c'est bien amusant. Ce qui ne l'est pas autant, c'est quand il y a un père qui vient se mettre à la traverse, qui enferme sa fille, et qui vous guette avec une gaule. Je ne conçois pas des pères comme ça !... empêcher les enfants de faire leurs volontés... Est-ce qu'on m'a élevé ainsi, moi ?

— Tu n'es pas le seul à plaindre ; j'ai avoué à mes parents que j'aimais Agathe ; je leur ai demandé la permission de l'épouser : eh bien ! croirais-tu qu'ils ont la cruauté de me la refuser, de dire que mon amour se passera... que c'est une passion de jeune homme ? — Oui, ils disent des bêtises enfin. — Moi, je sais bien que j'aimerai Agathe toute ma vie... et si on ne me la donne pas... si on me sépare d'elle... eh bien ! je me tuerai !... Et toi, Adam, te tueras-tu si on ne te donne pas ta bonne amie? Veux-tu nous tuer ensemble ? — Ah ! ma foi, non ! je n'ai pas envie de mourir... mais je veux Tronquette, je la veux, et je l'aurai malgré tous les pères du monde. — Et moi aussi, je veux ma chère Agathe!... Ah! Dieu! je serais si content si je la tenais dans mes bras... si je pouvais la serrer à mon aise dans mes bras... Qu'on doit être heureux !... et dire que je n'ai jamais pu !... Ah !...

Edmond prend son chapeau, le jette avec colère sur le gazon, puis finit par se jeter à côté du chapeau, et s'arrache quelques poignées de cheveux, en appelant Agathe.

Adam ne s'arrache rien ; mais il s'assied à côté de son cousin, et se ronge les ongles avec colère, en murmurant : Hum !... si son père n'était pas son père, il y a longtemps que je me serais battu avec lui !...

— Et ta maîtresse, où est-elle? dit, au bout de quelques instants, Adam à son cousin.

— Elle est à Gisors, chez sa tante. — Ah! elle a une tante ! — Oui, une tante qui ne veut plus me recevoir parce qu'elle dit que je ne viens plus pour le bon motif. — Et toi, Adam, est-ce pour cela que le père de ta maîtresse veut que tu voies sa fille ? — Pourquoi ? — Pour le bon motif, le mariage enfin. — Qu'est-ce que tu me chantes avec tes motifs?... est-ce que je songe à tout cela, moi?... — Est-ce que ta maîtresse ne te demande pas si tu l'épouseras ? — Ma foi, non ; — Tronquette ne m'a jamais parlé de ça ! — Agathe m'en parle toujours, à moi. — Qu'est-ce qu'elle fait, ton Agathe ? — Elle, elle ne fait rien, elle est chez sa tante, qui a des rentes. Agathe a reçu une très-bonne éducation, et certainement elle ne serait pas déplacée dans un salon... Et ta bonne amie, que fait-elle ? — Tronquette, elle file, elle vanne du grain. C'est la fille du meunier Bertrand. — La fille d'un meunier ! Ah ! ah ! ah !

Edmond laisse échapper un rire moqueur. Adam fronce le sourcil et regarde son cousin fixement en s'écriant : Eh bien, oui! c'est la fille d'un meunier. Après, qu'est-ce qu'il y a de risible là-dedans?...

— Ah ! c'est que... la fille d'un meunier... Je me m'étonne pas si elle t'a demandé si tu l'épouserais. — Et pourquoi cela ? — Parce que... une paysanne... ça ne fait pas tant de façons... — Ah ! tu crois ça !... Apprends que les paysannes valent bien des demoiselles de la ville. Je ne connais pas la petite pincée d'Agathe, mais je gage bien qu'elle ne vaut pas ma Tronquette. — Je vous prie de vous taire... Vous êtes un malhonnête... Agathe est une petite pincée !... — Pourquoi riez-vous de Tronquette ? — Si vous vous permettez encore de dire un mot sur Agathe, je vous arrangerai, moi.

— Je me fiche pas mal de vous et de votre Agathe !... Mais si vous riez de Tronquette, vous aurez affaire à moi. — Je rirai quand ça me fera plaisir. — Oui!... attends que je le fasse rire, moi.

Les deux cousins se sont vivement relevés ; ils se précipitent l'un sur l'autre, se poussent, se tapent, et roulent par terre, où ils sont depuis longtemps sans vouloir se lâcher, lorsque deux gros chiens, qui accompagnaient un berger, quittent leur maître et leurs moutons pour venir en aboyant se mêler de la partie. Alors les jeunes gens se séparent, et ne songent qu'à se défendre contre les attaques des nouveaux venus; mais le berger vient lui-même à leur secours; sa voix et son fouet font reprendre aux deux chiens la route que suit le troupeau, et les jeunes gens restent seuls assis en face l'un de l'autre.

Adam et Edmond se regardent... Adam se met à rire, Edmond en fait autant.

— Dis donc, Edmond, nous sommes bien bêtes de nous battre au lieu de nous servir mutuellement. — C'est vrai... ça n'a pas le sens commun; nous nous conduisons comme des enfants... — Es-tu encore fâché? — Non; et toi? — Pas du tout.

Les deux cousins se tendent la main, se la serrent amicalement, se rapprochent l'un de l'autre, et la bataille est tout à fait oubliée.

— Ecoute, Edmond, il faut trouver quelque moyen pour avoir nos maîtresses. Toi, qui es si savant, qui sais tout, tu dois savoir ce qu'il faut que nous fassions... hein? — Est-ce que tu crois que les livres que j'ai lus parlent de cela?... Je sais le latin, le grec, l'anglais, les mathématiques, la musique, le dessin; mais je ne sais pas comment on peut obtenir celle qu'on aime malgré ses parents. — Alors, je vois que c'est toi qui te donneras des leçons. — Oui... car ça m'ennuie bien de ne parler à Agathe que de loin... je voudrais tant la serrer dans mes bras!... O Agathe!... que je serais heureux de te presser bien fort contre mon cœur!... je donnerais dix ans de ma vie pour la tenir comme ça... — Oui; mais pour la tenir il faut... Ah! tiens, une idée... — Quoi donc? — Mon père veut que j'aille faire un voyage à Paris, il dit que je m'y amuserai. — Mes parents veulent aussi que j'aille à Paris. — Si nous emmenions ces demoiselles avec nous?... — Mais c'est que mon père doit venir avec moi. — Tourterelle doit aussi m'y accompagner... Mais pourquoi sommes-nous si bêtes? pourquoi les attendre?... il faut partir sans eux et enlever nos maîtresses... — Enlever... je ne sais pas si Agathe voudra... — Oh! je suis bien sûr, moi, que Tronquette ne demandera pas mieux!... C'est fini, c'est décidé!... j'enlève Tronquette la nuit, en croupe sur mon cheval!... et nous allons à Paris, et nous nous amusons joliment!... et le papa Bertrand ne sera pas là pour nous gêner!...

Adam se lève, et se met à danser en chantant à tue-tête : *J'enlève ma Tronquette, mironton ton ton mirontaine!...* L'exemple de son cousin entraîne Edmond; il se lève à son tour, et saute sur le gazon en disant : Ma foi, moi aussi, j'enlève Agathe. . Tant pis! je la mène à Paris; et là je pourrai la presser dans mes bras... Dieu! quel plaisir!... Ah! je n'ai pas de cheval; mais j'en acheterai un... j'ai de l'argent... Maman m'a encore fait cadeau, il y a huit jours, de cinquante louis, en me disant que cela servirait à m'amuser à Paris... j'en avais déjà une trentaine à moi!... Oh! j'ai de quoi nous amuser. — Moi, j'aurai de l'argent aussi; mon père m'a dit qu'il m'en donnerait tant que je voudrais; j'aurai soin de lui en demander avant de partir. Nous partirons ensemble, n'est-ce pas? — Je veux bien... Ah çà! mais, à propos, comment ferons-nous pour enlever ces demoiselles, qui sont enfermées? — Ah! c'est vrai... Mais elles ne sont peut-être pas enfermées la nuit... il faut aller tout de suite leur demander. Moi, je suis pressé, d'abord... je voudrais pouvoir enlever Tronquette ce soir.

— Ecoute, je vais retourner à Gisors pendant que tu vas aller voir ta maîtresse; nous saurons si cela peut s'arranger pour cette nuit, alors j'achèterai tout de suite un cheval... et je le mettrai quelque part en attendant. — C'est ça, va... nous nous retrouverons ici dans deux heures... — Oui; d'ailleurs le premier attendra l'autre. — C'est dit.

Et les deux cousins se mettent à courir, l'un du côté de Gisors, l'autre vers le moulin Joli.

CHAPITRE XV. — Double enlèvement.

Edmond arrive tout essoufflé devant la maison de madame Benoît. Il était convenu avec sa jeune amie d'un petit signal pour lui faire savoir lorsqu'il serait sous ses fenêtres.

Agathe a entendu siffler, elle entrouvre la fenêtre du premier en disant : Prenez garde, ma tante est en bas... elle peut vous voir. — Ma chère Agathe, je viens vous dire que, si vous voulez, je vous enlève ce soir pour me conduire à Paris... — Oh! mon Dieu!... qu'est-ce que vous dites là?... m'enlever!... — Aimez-vous mieux que nous soyons toujours séparés, que je parte sans vous? — Non... mais... m'épouserez-vous quand nous serons à Paris? — Oui, certainement; vous savez bien que je ferai tout ce que vous voudrez... Agathe... si vous me refusez, je me tuerai... — Ah! ne dites pas cela... Mon Dieu!... que je suis malheureuse!... — Eh bien! ce soir, à dix heures... votre tante sera couchée; pourrez-vous quitter votre chambre alors? — Oh! oui... ce n'est pas pour sortir que je suis embarrassée... Mais m'épouserez-vous, bien sûr?... — Puisque je vous le jure... — Ah! mon Dieu, je crois que ma tante monte l'escalier. — A ce soir... à dix heures, soyez prête.

Edmond est enchanté, il court acheter un cheval chez un maquignon, qui lui vend une rosse fort cher, parce qu'il s'aperçoit qu'il a affaire à un enfant. Edmond donne des arrhes, et on doit lui tenir son cheval tout sellé et tout bridé pour le soir. Il revient toujours courant au lieu du rendez-vous. Dans l'adolescence, quand on est joyeux, il semble qu'il soit nécessaire d'aller vite ; alors notre sang bout dans nos veines, nous ne pourrions pas être heureux et tranquilles en même temps. Plus tard, nous gardons quelque chose de cette habitude. Le plaisir nous rend remuants : le malheur nous abat.

Adam arrive aussi au rendez-vous. — Eh bien? lui crie Edmond, dès qu'il l'aperçoit.

— Victoire!... victoire!... Tronquette ne demande pas mieux que de partir; elle est enchantée d'aller voir Paris; elle m'a même demandé pourquoi je ne lui avais pas offert plus tôt de l'enlever... Cette nuit, elle sortira par la fenêtre à l'aide de la poulie et de la corde qui sert à monter le foin au grenier; car le papa Bertrand l'enferme même la nuit. Et toi? — Agathe a fait quelques façons, mais enfin elle a consenti; elle sortira à dix heures. — Bien, alors nous nous retrouverons ici avec ces demoiselles... — Oui... — Tu as un cheval? — Oh! un cheval qui est délicieux, à ce qu'on m'a dit ; il doit être bon, il m'a coûté quinze louis, et c'est une occasion... Ah! dis donc, sais-tu le chemin pour aller à Paris, toi? — A peu près; d'ailleurs, nous demanderons?... — Retournons chez nous, et faisons nos petits préparatifs.

Les deux cousins retournent chez eux, tout préoccupés de leur enlèvement. Adam est enchanté; il rit, il saute dans sa chambre, en fourrant deux gilets dans une de ses poches et un pantalon dans l'autre. Edmond n'est pas aussi gai; il désire être bientôt avec sa Agathe : cependant il soupire, il regarde souvent sa mère, son père; il a parfois envie de les embrasser, de se jeter dans leurs bras, de leur demander pardon de le quitter et de ne plus leur en être disant : — Que je suis enfant!... Je reviendrai!... je reverrai mes parents; ils me pardonneront... Oh! oui, je suis bien sûr qu'ils me pardonneront... Allons, allons... ne tremblons pas et pensons à Agathe.

Adam va trouver son père, et lui dit : — Je suis décidé à aller à Paris dans deux ou trois jours; vous m'avez dit que vous me donneriez beaucoup d'argent, voulez-vous me le donner tout de suite? — Pourquoi cela, mon ami? — Parce que je suis bien aise de m'habituer à avoir de l'argent entre les mains.

M. Adrien ne voit rien que de très-naturel dans ce désir de son fils; il est fort content qu'il se soit décidé à se rendre à Paris. Il ouvre sa cassette et en tire deux billets de banque, qu'il donne à Adam en lui disant : — Voilà deux mille francs, serre cela avec soin dans ce portefeuille. — Deux mille francs!... Ah! c'est beaucoup d'argent, cela!... — Ce n'est pas tant que tu crois!... l'argent va vite à Paris; tiens, voilà de plus trois cents francs en or, pour que tu n'aies pas besoin de changer tout de suite un billet... — Bravo! je vais en donner! — Il ne faudra pas aller trop vite... L'ami Tourterelle sera là pour te diriger. — Oh! oui, il sera là! répond Adam, et il se retourne en poussant sa langue contre sa joue, comme les écoliers.

Les deux cousins attendent la nuit avec cette impatience, ce battement de cœur que l'on éprouve à l'approche d'un événement qui doit faire époque dans notre vie. Adam a eu soin de tenir son cheval tout bridé. Quand l'heure est venue, et que chacun est couché, il descend doucement dans la cour; il pense alors que la grille doit être fermée, et il cherche comment il pourra en avoir la clef sans réveiller Rongin, qui place toujours les clefs sous le chevet de son lit. Après avoir inutilement ébranlé la grille, il se décide à éveiller le concierge.

Il frappe à la loge de Rongin, d'abord légèrement, puis plus fort : le chien n'aboie pas, parce qu'il a reconnu Adam; mais Rongin se met à crier : — Qui est là? au voleur! au secours!...

— Veux-tu te taire, vieux poltron! dit Adam à demi-voix : est-ce que tu ne vois pas que c'est moi? — Vous, monsieur... Vous, à cette heure!... Ah! mon Dieu!... J'ai cru que c'était une révolution... — Donne-moi vite la clef de la grille... ou plutôt viens me l'ouvrir, je vais tout de suite monter à cheval... — Comment! monsieur, vous sortez à présent?... — Ça ne te regarde pas... Je sors quand je veux. Mais si tu as le malheur de dire que tu m'as vu sortir!... Rongin, souviens-toi de l'invalide... Je ne te dis que ça!...

Rongin ne répond plus; il ouvre sa loge, sort en chemise et vient ouvrir la grille à Adam, qui s'éloigne au grand trot. Alors le concierge referme la grille et va se recoucher en disant: Va au diable, mauvais garnement!... Ce n'est pas moi qui sonnerai le tocsin pour qu'on coure après toi.

Adam a bientôt fait le trajet qui le sépare du moulin; car Adam est bon écuyer, et d'ailleurs il connaît son cheval. La nuit est obscure, le jeune homme ralentit le pas de son coursier en approchant de chez Bertrand, et il descend de cheval à quelque distance du moulin.

Adam attache son cheval à un arbre, et s'approche de la maisonnette. Tout est calme, aucune lumière ne brille aux fenêtres. Il est dix heures et demie sonnées; les habitants du moulin sont depuis longtemps livrés au sommeil, excepté la fillette qui attend son amant : à coup sûr celle-là ne sera pas endormie.

Adam se dirige sous la fenêtre du grenier, il tousse légèrement, et appelle à demi-voix Tronquette. Pour toute réponse, il reçoit sur le nez le bout de la corde qui descend le foin. En même temps, Tronquette lui crie : — Pardine! certainement que j' sommes là, et je m'embêtais joliment de ce que vous n'arriviez pas: est-ce que l'on fait attendre comme ça les filles qu'on enlève? — J'ai voulu laisser à votre père le temps de s'endormir. — Ah! il y a pus d'une heure qu'il ronfle comme un sabot!... T'nez ben la corde, j' vas prendre l'autre bout... — Prenez bien garde, Tronquette. — Oh! gn'y a pas de risques, la corde est solide... Ah! tenez... Et mon paquet donc... où qui gn'y a mon beau déshabillé des dimanches...

Tronquette a jeté un paquet de hardes en bas; Adam tient la corde; la fille du meunier se saisit de l'autre bout, elle crie à son amant de lâcher doucement. Adam est obligé des se balancer à la corde pour que Tronquette ne descende pas trop vite, car la grosse fille pèse presque autant que son amoureux; enfin elle approche de terre, et Adam, qui a le nez en l'air, est tout à coup aveuglé par les jupons de son amante, dont le postérieur se trouve alors au-dessus de sa tête : mais il fait noir, et d'ailleurs le moment n'est pas opportun

laissant dans sa chambre, il craint qu'on ne connaisse trop tôt sa fuite, et qu'on ne fasse courir après lui.

Après s'être muni de l'argent qu'il possède, il sort doucement de sa chambre, et se dirige vers le jardin ; car si le concierge le voyait sortir si tard, il irait sur-le-champ en instruire son père. Mais les murs du jardin ne sont pas hauts, et le jeune homme pourra facilement les escalader à l'aide du treillage qui les couvre.

Edmond a grimpé sur le mur, puis il a sauté sans se donner le temps de la réflexion. Une fois dans la campagne, il court sans s'arrêter jusqu'à Gisors, va chez son maquignon, paye son cheval, monte dessus, et se dirige vers la demeure de madame Benoît. Mais le cheval n'a pas fait dix pas qu'il veut revenir à son écurie. Trois fois Edmond l'en éloigne, et trois fois le sensible coursier y retourne.

— Diable ! se dit notre amoureux, voilà un animal qui n'est pas bon pour enlever les filles... S'il fait comme ça toute la nuit, nous ne serons certainement pas à Paris demain.

Edmond va se plaindre au maquignon; celui-ci le rassure en lui protestant que, dès que son cheval ne sentira plus l'écurie, il ira comme le vent. Puis, à force de coups de fouet, il le fait détaler, et notre jeune homme arrive près de la demeure de sa bien-aimée.

Edmond, qui craint d'être entendu par la tante, s'arrête à une quarantaine de pas de la maison, dans un endroit où l'ombre ne permet pas de l'apercevoir. De là, il regarde les fenêtres d'Agathe; mais tout est noir, tout est fermé, et Edmond n'ose ni s'approcher ni donner un signal, parce que, dans le silence de la nuit, cela pourrait être entendu de madame Benoît.

Trois quarts d'heure se passent. Edmond, qui a toujours les yeux attachés sur les fenêtres d'Agathe, ne voit rien paraître ; mais en regardant par hasard vers la petite porte du jardin, il croit apercevoir une ombre se mouvoir contre le mur. Il pense qu'Agathe pourrait être descendue pour l'attendre, il faut s'en assurer ; et comme à cheval cela ferait trop de bruit, il met pied à terre. Mais où attacher sa monture ? Il n'y a près de lui ni arbre ni anneau. Edmond espère

La petite couturière de Gisors, nièce de madame Benoît.

pour s'occuper de telles bagatelles. Adam saisit sa maîtresse dans ses bras, et involontairement il saisit beaucoup de choses; il porte Tronquette jusqu'à son cheval, l'y fait monter, lui donne paquet, se place ensuite devant elle, lui recommande de le serrer fortement dans ses bras, et pique des deux, enchanté de s'éloigner du moulin.

Arrivés à l'endroit où devaient être Edmond et sa maîtresse, nos fugitifs ne trouvent personne.

— C'est singulier dit Adam ; il avait pourtant bien moins de chemin à faire que nous. — Qui ça? dit Tronquette. — Mon cousin, que je devais trouver ici. — Tiens ! est-ce que vous enlevez aussi vot' cousin ? — Eh non ! c'est lui qui enlève aussi sa maîtresse ; nous devions aller ensemble à Paris. Attendons-le un peu. — Attendons.

Une demi-heure s'écoule, Adam s'impatiente; au moindre bruit Tronquette a peur que son père ne se soit éveillé et qu'il n'ait couru après elle. Si, en attendant Edmond, on pouvait au moins s'embrasser, faire l'amour à son aise, le temps semblerait moins long ; mais faites donc l'amour, sur un cheval ombrageux, avec une femme qui est en croupe derrière vous !

Tout à coup Tronquette croit voir quelqu'un arriver à pied par le chemin du moulin. — V'là mon père ! s'écrie-t-elle. Aussitôt Adam pique son cheval et le fait partir au galop en disant : — Ma foi! Edmond... nous rejoindra s'il le peut ; je n'attends pas davantage.

Voyons ce qui pouvait empêcher Edmond de se trouver au rendez-vous. Dans la demeure de M. Rémonville, on avait coutume de se séparer à dix heures au plus tard ; et ce soir-là, Edmond n'avait pas manqué d'aller embrasser ses parents. Il était pâle et tremblant en disant bonsoir à sa mère, et il avait besoin de répéter plusieurs fois tout bas le nom d'Agathe pour ne point renoncer à son amour.

Enfin il est seul dans sa chambre ; il prend une plume, du papier; il veut laisser une lettre à ses parents pour leur ôter toute inquiétude sur son absence. Il écrit donc, et quelques larmes tombent de ses yeux et viennent mouiller sa lettre ; Edmond est dans l'âge où l'amour filial ne cède qu'avec peine à un autre amour.

La lettre terminée, Edmond pense qu'il vaut mieux qu'il l'emporte et la mette à la poste dans le premier bourg où il passera ; en la

Mademoiselle Tronquette, la fille du meunier.

que son coursier restera paisible, il le laisse pour se diriger vers l'endroit où il a cru voir quelqu'un. A peine a-t-il fait quatre pas que le cheval se met à trotter vers la demeure du maquignon. Edmond est obligé de courir après sa monture, qu'il ne rejoint qu'à la porte de la maison du marchand, qui heureusement est fermée, sans quoi l'animal mènerait son nouveau maître jusqu'à l'écurie.

— Maudit cheval ! dit Edmond en ramenant le cheval en laisse. Si je pouvais te changer !... Mais à l'heure qu'il est où en trouver un autre ?... Il faudra bien que tu marches, pourtant!

Et Edmond est revenu près de la maison de madame Benoît ; il va se remettre à l'ombre, lorsqu'il voit Agathe accourir vers lui, avec un carton et un paquet à la main.

— Ah! vous voilà ! s'écrie-t-elle ; j'allais rentrer, car il y a une heure que je vous attends... — Mais il y a aussi une heure que je suis arrivé, et que je suis là-bas... dans ce coin... — Et pourquoi restez-vous là-bas, et ne vous approchez-vous pas de la porte?... — Nous aurions pu passer comme cela toute la nuit à nous attendre... Et si ma tante se réveillait... si elle m'appelait!... — Venez, ma chère Agathe, hâtons-nous de réparer le temps perdu... Placez-vous sur la croupe de mon cheval... — Monter à cheval! Ah! mon Dieu! moi qui n'ose pas aller sur un âne... — Ne craignez rien... je serai près de vous.. — Je ne pourrai jamais me tenir là-dessus... — Vous vous tiendrez à moi... — Pourquoi ne pas avoir eu une voiture?... — Je n'y ai pas pensé... A présent il est trop tard... Ma chère Agathe, un peu de courage.

Comme la jeune fille qui a consenti à se laisser enlever ne serait pas contente d'être obligée de retourner coucher chez sa tante, elle se décide à se laisser laisser sur le cheval.

Enfin Edmond est en selle devant sa maîtresse. Le paquet et le carton sont attachés après le cheval, qui fait cinq tours sur lui-même avant de se décider à quitter Gisors; et lorsqu'il prend le trot, Agathe, qui a peur de tomber, serre tellement Edmond dans ses bras que le pauvre jeune homme en étouffe; mais il faut bien souffrir un peu pour posséder la femme qu'on aime. C'est ce que se dit Edmond en tâchant de reprendre sa respiration.

Le jour a fait place à cette nuit féconde en événements. Déjà on est levé chez les deux frères. Chez M. Adrien on ne fait pas attention à l'absence d'Adam, parce qu'on le voit rarement au déjeuner. Il n'en est pas de même chez M. Rémonville; Edmond n'a pas l'habitude de sortir avant d'avoir été embrasser ses parents, et jamais encore il n'a manqué au repas du matin.

Surpris de ne pas le voir, M. Rémonville monte à la chambre de son fils, et il remarque que celui-ci ne s'est pas couché, car Edmond n'a pas songé à se jeter au moins sur son lit.

Le papa descend, s'informe au concierge. Celui-ci n'a pas vu sortir Edmond. On le cherche dans la maison, dans le jardin. Déjà la tendre mère s'inquiète, déjà elle prévoit les plus grands accidents, et elle dit à son époux :

— Ah! mon ami! nous avons peut-être eu tort de nous opposer à son hymen avec cette jeune fille... Qui sait ce que son amour lui fera faire?... — Ma chère Amélie, cette jeune fille ne convenait nullement pour femme à notre fils. Ce n'est pas principalement parce qu'elle est couturière; mais j'ai été prendre des informations à Pontoise, et, d'après ce que l'on m'a dit, tout me fait présumer que mademoiselle Agathe n'en est pas, comme Edmond, à son premier amour. Je me défie, d'ailleurs, de ces demoiselles qui font continuellement jurer à leur amant qu'ils l'épouseront. L'innocence ne demande pas tout cela pour aimer; elle cède au présent, et ne calcule pas sur l'avenir. Calme-toi, ma chère amie; j'aime à penser que notre fils n'est pas loin... Peut-être est-il chez mon frère. Quoique nous soyons un peu en froid avec Adrien, je vais aller moi-même m'en informer.

M. Rémonville traverse le petit espace qui le sépare de la demeure de son frère; il commence par demander à Rongin s'il a vu son fils. Rongin regarde M. Rémonville avec humeur, et murmure : — Est-ce que je suis aussi chargé de veiller sur M. Edmond?... — Je vous demande s'il est chez son oncle! — Chez son oncle!... chez son oncle! Est-ce que le matin la grille n'est pas ouverte... ? est-ce que je peux être cloué à la porte pour voir qui est-ce qui entre?... Je ne suis pas né pour espionner... et sans la révo...

M. Rémonville laisse Rongin parler tout seul, et entre dans la maison... On lui apprend que son frère est au jardin avec son ami Tourterelle. Quant à Céleste, elle n'a pas encore terminé sa toilette

Enlèvement de la fille du meunier.

du matin; chaque jour elle reste plus longtemps devant son miroir, par la raison que chaque jour elle a plus de peine pour se rendre jolie; il serait même temps qu'elle y renonçât entièrement.

M. Adrien vient d'apprendre à Tourterelle que son fils est décidé à aller à Paris, et qu'il lui a donné la veille deux mille trois cents francs pour l'habituer au maniement de l'argent, lorsque M. Rémonville l'aborde en disant : — Mon frère, auriez-vous vu mon fils ce matin?... Il s'est absenté sans me rien dire; cela m'étonne... Est-ce qu'il serait avec son cousin?

M. Adrien regarde Tourterelle d'un air goguenard en répondant :
— Je n'ai pas vu votre fils... je ne pense pas qu'il soit avec son cousin... Vous savez qu'ils n'ont pas les mêmes goûts, et qu'ils ne sympathisent guère entre eux !...

— C'est vrai... mais cette absence de mon fils m'étonne... — Oh! vous ne devez pas être inquiet... un garçon si bien élevé ne peut pas se perdre !... — Mon frère, sans se perdre on peut faire des sottises, et malheureusement la meilleure éducation ne garantit pas des passions! si cela était, les gens bien élevés auraient trop d'avantage sur les autres.

M. Adrien prend sa prise en disant : — Moi, qui n'ai pas élevé mon garçon comme une fille, je le laisse sortir quand bon lui semble.... Par exemple, je n'ai pas vu Adam depuis hier au soir; eh bien! je vous assure que je n'en suis nullement inquiet.

— Je vous félicite, mon frère, d'être si tranquille sur le compte de votre fils.

M. Rémonville va s'éloigner, lorsque arrive un paysan, poudré depuis la tête jusqu'aux pieds, qui tient un gourdin à la main et semble en menacer tout le monde. Rongin le suit de loin; car le concierge prévoit qu'il va y avoir du scandale, et il se frotte les mains de joie.

— C'est le meunier Bertrand qui vient à nous, dit M. Adrien, que peut-il nous vouloir?

— Il a l'air furieux, dit Tourterelle; et le petit homme juge prudent de se mettre derrière les deux frères.

— Je voulons not' fille; quoi que vot' garnement a fait de Tronquette? Ah! morgué! ça ne se passera pas comme ça! dit Bertrand en s'approchant d'un air furibond.

— A qui diable en avez-vous, monsieur Bertrand? répond M. Adrien avec hauteur; et pourquoi vous permettez-vous de vous présenter ainsi chez moi?

— Pourquoi je me permets!... vot' fils s'est ben permis autre chose, lui!... mais il ne le portera pas loin... Mille z'yeux!... il y a longtemps que je le guette; il a déjà senti de ma gaule... Et Tronquette! la coquine! une fille si ben élevée!

— Mais expliquez-vous donc... qu'est-il arrivé à votre fille? — Vot' fils l'a enlevée cette nuit de la maison!... Elle a fui par la poulie du grenier, ni plus ni moins qu'une botte de foin!

M. Adrien pâlit; cette nouvelle le suffoque, et la présence de son frère ajoute à son chagrin; cependant il tâche de se remettre, et dit au meunier : — Tout cela n'est pas possible... si on vous a enlevé votre fille, pourquoi voulez-vous que mon fils soit l'auteur de cet enlèvement?

— Parce que depuis longtemps votre fils rôde autour de Tronquette, qui est un fameux brin de fille, morgueune! parce que je l'ai surpris avec elle, et que j'ai été obligé d'enfermer ma fille dans le grenier. — Si vous l'aviez bien enfermée, on ne l'aurait pas enlevée.

— Elle s'est sauvée par la fenêtre, que je vous dis. — Mais, encore une fois, qui vous assure qu'elle soit partie avec mon fils? — Et tenez..... lisez ce chiffon qu'elle a laissé dans sa chambre.

Bertrand montre à M. Adrien un morceau de papier sur lequel esécrit en lettres de deux pouces : *Mon paire ne soilié pas inquiète , je va ta Paris aveq mosieur à dent. Ces seulement pour nous divairtire.*

M. Adrien est consterné, et Tourterelle lui dit à l'oreille : — C'est sans doute pour cela qu'il vous a demandé hier de l'argent.

— Eh bien! mon frère, dit M. Rémonville, vous étiez si tranquille sur le compte de votre fils... il me semble qu'il use grandement de la liberté que vous lui laissez...

M. Adrien se mord les lèvres et ne sait que répondre, lorsque madame Benoît arrive à son tour au pas redoublé, tout en sueur, et le bonnet de dentelle presque renversé par la rapidité de sa marche.

La ci-devant mercière, qui tient aux usages, fait un salut sévère à la société, et s'approche de M. Rémonville, auquel elle dit avec volubilité :

— Monsieur, je viens de votre demeure, on m'a appris que vous étiez ici, et j'ai pris la liberté de vous y relancer, monsieur, parce que le sujet qui m'amène est trop grave pour que je puisse attendre une minute, un seul instant, sans avoir obtenu justice...

— Puis-je savoir, madame, à qui j'ai l'honneur de parler?...

— Monsieur, je suis madame Benoît, de Gisors, mercière retirée et un honnête avoir. Je suis la tante d'Agathe, monsieur, et vous devez avoir entendu parler de moi....

Au nom d'Agathe, M. Rémonville frémit et prévoit quelque malheur. M. Adrien relève le nez et écoute; Bertrand cesse pour un moment de jurer; Rongin se frotte les mains avec un redoublement de satisfaction; Tourterelle seul conserve son air de bête d'habitude.

— Monsieur, reprend madame Benoît, vous n'ignorez pas que monsieur votre fils aimait ma nièce Agathe, qu'il en raffolait : moi, je ne recevais M. Edmond que dans l'intention du bon motif. Du moment que j'ai su que vous ne donniez pas les mains au mariage, je lui ai défendu ma porte. Eh bien ! monsieur, savez-vous quelles sont les suites de votre cruauté? votre fils a enlevé ma nièce cette nuit !...

— Que dites-vous, madame ?... — La vérité, monsieur... je n'ai plus de nièce... et votre Edmond est un suborneur.

M. Rémonville pâlit à son tour, tandis que son frère laisse errer sur ses lèvres un sourire de satisfaction.

— Cela ne se peut pas, madame, reprend enfin M. Rémonville, mon fils n'est pas incapable de...—Votre fils a enlevé ma nièce, monsieur, il l'a enlevée à cheval, qui pis est... Le maquignon qui a vendu le cheval sait fort bien que c'est à M. Edmond... Toute la ville sait que ma nièce est enlevée, c'est un scandale épouvantable... Je veux réparation, monsieur!...

M. Rémonville se frappe le front ; il est accablé de cette nouvelle, qui semble avoir entièrement consterné M. Adrien. Madame Benoît fait un tapage épouvantable en demandant sa nièce, et elle recommence à jurer et à tempêter en criant qu'on lui rende Tronquette.

Les deux frères, impatientés de ce bruit, se fâchent à leur tour.

— Il fallait mieux garder votre fille, dit Adrien.
— Il fallait mieux garder votre nièce, dit M. Rémonville.
— J'allons faire le voyage de Paris, dit Bertrand ; si je rencontre votre fils, je l'assomme...
— Je vais me plaindre partout, dit madame Benoît ; si le jeune homme n'a pas enlevé ma nièce pour le bon motif, je vous attaque en réparation.

Enfin le meunier et madame Benoît sont partis ; les deux frères restent seuls quelques moments sans parler; M. Adrien dit le premier d'un air moqueur : Il me semble que le jeune homme si bien élevé fait des siennes.

— C'est sa première sottise, répond M. Rémonville, et il y a long-temps que l'élève de la nature nous a habitués aux siennes... — Soyez tranquille, mon frère, votre Edmond ne s'en tiendra pas là. — Votre Adam a déjà fait ses preuves... le séjour de Paris va l'achever.
— Nous verrons lequel des deux s'y conduira le mieux.
— Cette fois il y a eu sympathie entre les deux cousins, dit Tourterelle pendant que les deux frères se séparent.

Et Rongin est tellement satisfait, qu'il regagne sa loge en caressant son chien.

Chapitre XVI. — Voyage d'Adam et de Tronquette.

Pendant que les deux pères se lancent mutuellement des épigrammes en endêvant au fond de l'âme de l'incartade de leur fils, Adam allait au grand galop, tenant Tronquette en croupe.

Adam est bon cavalier ; Tronquette, habituée à monter sur le cheval du moulin, n'a pas peur et n'étouffe pas son amant dans ses bras; les jeunes gens font beaucoup de chemin en peu de temps. Au point du jour leur cheval, fatigué du double fardeau, commence cependant à ralentir ses pas.

— Nous nous reposerons au premier village, dit Adam , car mon cheval a besoin de prendre quelque nourriture. — Et moi aussi, j'avons besoin de nourriture , dit Tronquette , le dada donne fièrement de l'appétit. — Soyez tranquille, ma petite Tronquette, nous déjeunerons bien... Ah ! comme nous allons nous amuser à Paris tous les deux !... j'ai de l'argent, de l'or... nous ne nous priverons de rien !... — Ah ben ! il faudra que vous me régaliez de pâte ferme ; on m'a dit qu'on la faisait si bonne à Paris... vous m'en achèterez pour six sous en arrivant. — Oui , Tronquette... pour six sous , pour six francs. Je ne vous refuserai rien...

Et Adam se retourne pour tâcher d'embrasser la grosse fille , qui lui donne une croquignole sur le nez en disant : — Voulez-vous bien vous tenir tranquille !

Au point du jour, les voyageurs aperçoivent devant eux une ville qui leur semble considérable.

— C'est peut-être Paris, dit Tronquette.
— Est-ce que nous aurions fait quinze lieues en si peu de temps ? dit Adam.

Il demande au premier laboureur qu'il aperçoit le nom de la ville qui est devant eux, et on lui apprend que c'est Pontoise.

— Bon, dit Adam , nous avons pris la bonne route ; je sais qu'on passe par Pontoise pour aller à Paris. Nous allons chercher une auberge et nous y faire servir à déjeuner.

A Pontoise , la vue d'Adam voyageant avec Tronquette sur le même cheval , ne cause aucune surprise aux habitants, accoutumés à voir des gens des environs venir dans cet équipage à leur marché. On indique une auberge aux jeunes gens, qui font leur entrée au trot dans la cour en criant : — Peut-on déjeuner ici avec un cheval ?

— Comment! si l'on peut déjeuner ? répond l'aubergiste en aidant Tronquette à descendre, ce qui demande du temps, parce qu'elle a pris racine sur la croupe du bidet ; on trouve ici tout ce qu'on veut, toutes les primeurs... comme à Paris.

— Eh bien , alors, donnez-nous des côtelettes, et de l'avoine à mon cheval , dit Adam.

— Et des gâteaux, dit Tronquette ; oh! moi, j'aime la pâtisserie.
— Enfin un bon déjeuner ; ne ménagez rien, ça m'est égal de payer cher !

Avec une telle recommandation on est sûr de s'attirer la considération d'un aubergiste. Celui-ci dit à une servante de conduire les voyageurs au numéro quatre. La servante fait monter les jeunes gens au premier, et leur ouvre une chambre bien cirée, bien frottée, et dans laquelle il y a un lit.

Adam sourit, mais Tronquette reste sur le seuil de la porte en disant : — Tiens ! pourquoi t'est-ce que vous nous menez dans une chambre à lit ? est-ce que vous croyez que je venons le matin pour nous coucher ?

— Madame , nous avons des lits dans toutes nos chambres pour les voyageurs qui séjournent. —Je n'veux pas déjeuner sur un lit , moi.
— Mais, madame, le lit n'est que pour ceux qui veulent s'en servir; vous n'êtes pas obligée de vous mettre dessus.

Adam pousse Tronquette, qui entre en faisant la moue, et la servante ferme la porte sur eux en souriant.

— Eh ben ! pourquoi qu'alle ferme la porte, à c't heure? dit Tronquette; est-ce qu'elle croit!.. que... Ah ben ! par exemple !

Adam , auquel l'absence de la servante donne d'autres idées que celle du déjeuner, s'approche de Tronquette, et cherche à la prendre dans ses bras. La fille du meunier se débat.

— Voulez-vous ben finir vos bêtises? vous savez que je ne veux pas d' ça. — Tronquette , vous m'avez dit que vous m'aimiez cependant. — Oui , je vous aime ben , mais je veux que vous soyez sage et que vous me laissiez tranquille. — Mais quand on aime son amoureux, son amant, est-ce qu'on doit refuser de le rendre heureux ? — Est-ce que vous n'êtes pas heureux d'être avec moi ? — Si, mais... je le serais bien plus si vous vouliez... Tronquette, est-ce que nous ne sommes pas nos maîtres maintenant ? — Eh ben , après ? — Est-ce que nous n'allons pas à Paris pour être toujours ensemble ? — Oui, pour nous divertir et manger de la pâte ferme. — Et puis faire l'amour.
— Ah! j'ai pas dit ça.— Ma petite Tronquette, laisse-moi t'embrasser.
— Non ! — Une seule fois. — Non , parce que quand vous commencez, ça ne finit plus.

Adam n'écoute pas Tronquette, il l'embrasse et veut la presser, l'emporter dans ses bras ; mais la grosse fille le repousse si vivement son amant , qu'elle l'envoie contre une vieille commode, dont il défonce deux tiroirs. Adam, auquel ces manières sont familières, puisqu'il n'a encore fait la cour que aux paysannes, se relève en riant et veut courir sur Tronquette ; elle s'est emparée d'une chaise , et la jette sur les jambes de son amoureux ; celui-ci se relève les jambes et veut revenir à la charge. Tronquette lance une nouvelle chaise, que son amant évite , et qui va briser deux carreaux de la fenêtre. La fille du meunier, qui se voit au moment d'être prise, va derrière une table ronde qui est au milieu de la chambre, et sur laquelle est un vieux cabaret de porcelaine dédoré. Les jeunes gens tournent autour de la table qui les sépare ; pendant quelques minutes, ce rempart garantit Tronquette ; mais en voulant la saisir par son jupon, Adam renverse la table , les tasses roulent et se brisent. L'aubergiste, attiré par le bruit, monte vivement au numéro quatre, où il trouve tous les meubles sens dessus dessous, les carreaux cassés, et Tronquette se débattant et donnant des coups de poing et des coups d'ongle à son amant sur les débris des chaises et du cabaret.

— Qu'est-ce que c'est ? Que signifie ce désordre ? dit l'aubergiste d'un air inquiet.

— Ça signifie que nous jouons, répond Adam sans se déranger, pendant que Tronquette rajuste son bonnet et son fichu.

— Vous jouez !... Ah ! vous avez une drôle de manière de jouer... Vous brisez les meubles, vous cassez les carreaux. — Qu'est-ce que cela vous fait, si cela nous amuse ? — Savez-vous que ces jeux-là vous coûteront fort cher ?... — C'est bon, on payera ce qu'on a cassé... Et ce déjeuner ? — On va vous le monter.

L'aubergiste n'est plus aussi satisfait de l'arrivée des jeunes voyageurs ; il craint que leur bourse ne soit pas suffisante pour payer le dégât ; après avoir vivement fait la revue de ce qui est cassé, il descend quatre à quatre à la cuisine, et dit à la servante :

— Laisse là le fricandeau, ne dépouille pas le lapin, ne mets pas les filets sur le gril : je crains d'en être pour mes frais avec ces nouveaux venus, qui m'ont brisé là-haut pour près de deux cents francs ! leur cheval ne les veut pas. Monte-leur du fromage, des cornichons, du saucisson, et ne donne rien de plus.

La servante exécute les ordres de son maître. Adam et Tronquette se mettent à table. En voyant ce qu'on leur a servi, Adam regarde la servante et s'écrie : — Eh ben !... montez-nous donc le reste. — Il n'y a pas autre chose, monsieur. — Comment ! voilà tout ce que vous avez à nous donner ?... et les côtelettes ? — On n'en a pas trouvé. — Et les gâteaux ? dit Tronquette. — Ils ne sont pas cuits. — Et du veau ? — Il n'y en a point. — Pas de veau à Pontoise ! — Nous avons du malheur.

— Ah ben ! c'est égal, dit Tronquette en se bourrant de fromage et de saucisson, v'là ben assez de quoi manger.

— Beau régal ! dit Adam ; je déjeune mieux que ça chez papa.... Elle est joliment fournie votre auberge!... Et c'est ça que votre maître appelle des primeurs ?... du vieux fromage tout moisi !... Tronquette, allons-nous-en bien vite à Paris ; nous trouverons mieux que tout cela sur notre chemin.

Tronquette, qui n'est pas comme Adam habituée à la bonne chère, quitte avec regret le fromage et le saucisson ; mais son compagnon lui prend le bras et lui fait descendre rapidement l'escalier.

Arrivés en bas, les voyageurs trouvent l'aubergiste qui les attend avec son mémoire ; il a fait fermer soigneusement la porte d'entrée, et son garçon se devant avec le tourne-broche à la main.

— On déjeune mal chez vous, monsieur l'aubergiste, dit Adam ; il paraît que vous promettez plus que vous ne pouvez tenir.

— C'est possible, monsieur, répond le traiteur d'un air sec ; il y a des jours où les provisions manquent... Voilà le mémoire de monsieur.

— Rien de chaud... rien de frais... pas seulement une côtelette ?...
— Voilà le mémoire de monsieur...

— Et mon cheval, a-t-il mieux déjeuné que nous au moins ? — Votre cheval a eu ce qu'il lui fallait. — Voici le relevé des frais... — Est-il sellé ? bridé ? Nous partons de suite ; j'en ai assez de votre auberge...

— Monsieur, on ne s'en va pas comme ça ! dit l'aubergiste en élevant la voix et en se redressant comme s'il voulait tirer l'épée ; il faut payer les dégâts que vous avez faits chez moi.

— Est-ce que vous croyez que j'ai envie de m'en aller sans payer ? dit Adam, dont les yeux viennent de s'animer, et qui arrache la carte au traiteur. Est-ce que vous me prenez pour un voleur ?...

— Monsieur, je ne dis pas cela, certainement... — Voyons ce mémoire... Ah ! mon Dieu ! quel gribouillage !... C'est comme quand j'écris, moi... Table... dessus de marbre... chaises... carreaux... tiroirs... cabaret de la Chine... fromage... cornichons... avoine... Voyons, voyons, combien tout cela fait-il ? et dépêchons.

— Monsieur, voyez le total. — Oui, je vois... mais c'est égal, je vous demande combien ça coûte. — Cent soixante-trois francs vingt-cinq centimes... — Cent soixante-trois francs !... — Vingt-cinq centimes. — Ah ! diable ! comment vais-je faire ?... Papa ne m'a pas donné de centimes... et moi qui ne savais pas qu'il fallait des centimes pour voyager...

L'aubergiste comprend qu'Adam n'a pas le sou, et il fait un saut en arrière en s'écriant : — J'en étais sûr !... Il n'a pas d'argent !... Il ne peut pas payer...

— Je ne peux pas payer ! dit Adam, et il tire sa bourse pleine de pièces d'or, et la jette sur une table en disant : Tenez, prenez ce qu'il vous faut, et rendez-moi mon reste.

A la vue de l'or, la taille du traiteur diminue subitement de trois pouces ; on lui paye un mémoire énorme sans marchander, et d'une manière si confiante, si nouvelle, qu'il ose à peine toucher les pièces d'or du bout du doigt ; tout en prenant ce qui lui revient, il fait des signes à sa servante, à son garçon, et ceux-ci, qui le comprennent, courent à la cuisine.

— Mon cheval, à présent, dit Adam. — Monsieur, dans un instant... Je ne crois pas qu'il soit encore bridé... mais je suis désolé que vous ayez si mal déjeuné... Il y a vraiment des jours où on est malheureux... où tout manque... Asseyez-vous donc un moment. — Non, non ; nous voulons partir.

La servante accourt en disant : — Not' maître, on a trouvé des filets de bœuf chez le boucher.

Le marmiton vient sur les pas de la servante en criant : — Not' maître, il y avait encore du fricandeau dans le garde-manger...

— Ah ! mon Dieu ! il y avait du fricandeau !... Voilà les filets qui

arrivent... Tout va venir à la fois maintenant ; c'est comme un sort !... Si monsieur et madame voulaient remonter là-haut, on leur préparerait un excellent repas... Ce serait si tôt fait !... d'ailleurs, vous pourriez jouer à votre aise en l'attendant ; ma maison est à votre disposition.

Mais Tronquette, qui s'est bourrée de fromage, veut partir ; et quoiqu'il sache à peine compter, Adam sent bien que leur petit jeu a coûté trop cher pour le recommencer. Il faut donc laisser aller les jeunes voyageurs. On leur amène leur cheval ; et ils sortent de l'auberge poursuivis par les révérences de la servante et les saluts du maître.

— Cent soixante francs ! dit Adam tout en trottant avec Tronquette. C'est bien de l'argent pour n'avoir mangé que du saucisson et bu de mauvais vin. — Dame ! c'est les meubles cassés qui coûtent le plus cher. — Tronquette, nous tâcherons de ne plus renverser les tables. — Ah ! oui ; mais faudra plus me coiffonner comme à ce matin !

Plus les jeunes voyageurs approchent de Paris, plus leur tournure et leur équipage attirent l'attention. A Montmorency, où ils sont rencontrés par une cavalcade de fashionables et de marchandes de modes, on rit aux éclats en les regardant.

— Ils sont très-plaisants, disent les jeunes gens en lorgnant Tronquette.

— Le jeune homme n'a pas l'air ni la mine d'un paysan, disent les dames. — C'est peut-être une nourrice qu'il vient d'aller chercher. — Elle est d'un blond un peu hasardé, la villageoise.

Ennuyé d'être lorgné et d'entendre ricaner, Adam veut descendre pour aller rosser les jeunes gens ; Tronquette le prie de n'en rien faire, et pour qu'il n'en ait pas le temps, elle pique le cheval avec une épingle, et l'animal s'éloigne de Montmorency au grand galop.

Les voyageurs arrivent à Saint-Denis. Là on se permet encore de rire en les regardant. — Vot' cheval est blessé, disent les paysans. — Où donc ? s'écrie Adam en examinant sa monture de tous côtés. Eh, pardi ! vous ne voyez pas qu'il a deux emplâtres sur le dos !...

Et les éclats de rire recommencent. Adam veut encore descendre pour battre les manants ; mais Tronquette, qui a fait sa provision de talmouses, pique de nouveau leur monture, qui les entraîne vers Paris.

CHAPITRE XVII. — L'Homme de la Nature à Paris.

L'approche de la grande ville fait sourire de plaisir les jeunes gens ; ils se montrent les édifices qui se dessinent déjà devant eux.

— On dit que c'est superbe Paris, dit Tronquette. Je suis ben curieuse de voir les espectacles et les Turleries. — Nous verrons tout... nous irons partout... Nous avons de l'argent... Mais nous ne casserons plus les tables.

A la barrière, un monsieur arrête le cheval d'Adam par la bride, et dit à Tronquette : — Qu'avez-vous dans ce gros paquet ?

— Par exemple ! vous êtes bien curieux ! s'écrie Adam. Qu'est-ce que cela vous fait ce que nous avons ?... — Il faut que je sache s'il n'y a rien qui soit de droit... Qui paye... Est-ce qu'on paye pour entrer dans Paris ?...

Le commis tâte le paquet, puis lâche la bride du cheval ; il était temps, Adam allait encore se fâcher ; et quoique Tronquette fit son possible pour faire galoper leur monture, l'animal commençait à ne plus être sensible à l'épingle.

Mais on est dans Paris, et les voyageurs ouvrent de grands yeux en regardant à droite et à gauche, persuadés qu'ils vont voir des merveilles ; ils ne voient encore que des maisons fort ordinaires, ils avancent, ils trouvent beaucoup de monde, beaucoup de crotte, et à chaque instant des embarras de voitures.

— Tiens ! ça n'est déjà pas si beau ! dit Tronquette.
— Ça sent terriblement mauvais ! dit Adam.

Pendant qu'ils regardent les maisons et les boutiques, les passants les examinent, les polissons les suivent, les flâneurs les montrent au doigt. — Est-ce que ces gens-là ne vont pas bientôt finir ? dit Adam. Est-ce qu'on est poli comme ça à Paris ? Ils arrivent ainsi à la porte Saint-Denis. Tronquette est honteuse d'être lorgnée ; elle baisse les yeux et enfonce des épingles dans la croupe du cheval. Celui-ci fait un bond, puis s'arrête. Adam le bat, le presse du talon ; l'animal, qui probablement n'a pas mieux déjeuné que ses maîtres, baisse les oreilles et n'avance plus.

Les éclats de rire redoublent autour des voyageurs ; on crie : — Il avancera ! il n'avancera pas !

Un grand dadais s'arrête devant le cheval en disant : — Ça veut mener une femme en croupe et ça ne sait pas seulement tenir son cheval... Beau fichu cavalier de deux sous !

— Ah ! je suis un f... cavalier ! s'écrie Adam. Attends ! je vais te dire un mot à toi !

Cette fois Adam est à terre avant que Tronquette ait eu le temps de s'y opposer. Courir sur le grand dadais, le prendre par le milieu du corps, le jeter sur le pavé et lui appliquer une douzaine de claques, tout cela est pour Adam l'affaire d'un instant.

On a entouré les combattants ; mais les éclats de rire ont cessé : on ne se moque pas d'un homme qui se bat si bien. C'est maintenant son adversaire que l'on montre au doigt en disant : — C'est bien fait, il n'a que ce qu'il mérite; qu'avait-il besoin d'insulter ces jeunes gens?

Tronquette a vu le combat : elle saute à son tour à terre dans l'intention, non pas de se trouver mal comme les belles dames qui voient deux hommes se battre, mais pour aller prêter main forte à son amant, et faire le coup de poing pour lui si cela est nécessaire.

Quelque chose embarrasse Tronquette, c'est de savoir ce qu'elle fera de son cheval; mais Paris est rempli de gens obligeants, et elle est à peine descendue, qu'un monsieur s'approche d'elle et lui dit : — Voulez-vous que je garde votre cheval? — Ah! oui, monsieur, ça m'obligera ben! répond la grosse fille. — Allez, madame... Je le garderai.

Tronquette se jette dans la foule qui entoure son compagnon, elle trouve Adam, qui a encore le poing levé sur son adversaire terrassé, et qui lui dit : — En avez-vous assez?

— Oui, oui, il en a bien assez, s'écrie Tronquette en prenant le bras d'Adam; et elle l'entraîne loin de la foule, qui s'écarte avec respect et se garde de ricaner, parce que le jeune voyageur promène autour de lui des regards qui ne sont pas doux.

Tronquette tire toujours Adam en murmurant : — Si c'est comme ça qu'on s'amuse à Paris, j'en ai déjà assez, moi. — Ne pense plus à cela, Tronquette; j'ai rossé ce malhonnête, c'est fini... Mais où donc me mènes-tu?— Dame... j' vas du côté où j'ai laissé not' cheval, avec un monsieur ben honnête, qui m'a dit qu'il le garderait... C'est singulier... c'était pourtant par ici... Où donc qu'il est allé nous attendre?...

Les jeunes gens regardent de tous côtés, ils n'aperçoivent plus leur cheval. Ils demandent à quelques personnes : — Avez-vous vu notre cheval?... Il était là avec un monsieur qui le gardait...

On ne leur donne aucun renseignement; enfin, une vieille femme, qui a devant elle, en guise d'éventaire, une poêle avec un réchaud et des saucisses, leur dit : — Mes enfants, vous êtes volés!... v'là le coup!...

— Volés! s'écrie Tronquette; ah! mon Dieu!... et mon paquet... mon beau déshabillé qui était dessus...

Tronquette pleure, Adam est furieux, la foule se presse de nouveau autour d'eux pour voir pleurer Tronquette et entendre jurer son compagnon. Mais Adam entraîne à son tour la grosse fille en lui disant : — Ne pleure pas... Que veux-tu? ce n'est pas un grand malheur : le cheval était devenu poussif... — Ah!... mon beau déshabillé... Hi! hi! hi!... — Je t'en achèterai un autre, trois autres, tant que tu voudras... — Ah! la vilaine ville, où on se moque de vous... où on vous vole!... Je veux m'en retourner cheux noux... Hi! hi! hi!... — Tronquette, veux-tu te taire? tu vas encore faire amasser du monde autour de nous, car il paraît qu'à Paris on n'a pas autre chose à faire que de regarder les gens; tu seras cause que je me battrai encore!...

Tronquette tâche de renfoncer ses larmes, et les jeunes gens remontent les boulevards du côté de la porte Saint-Martin, la vue des boutiques, des voitures, les marchands ambulants, les toilettes différentes des promeneurs, tout les occupe, les distrait, et leur fait oublier la perte qu'ils viennent de faire. Cependant Tronquette pousse encore de gros soupirs, et Adam lui dit : — Si tu reconnais l'homme à qui tu as laissé notre cheval, montre-le-moi, et son affaire ne sera pas longue.

Adam, qui n'a pas bien déjeuné, voudrait trouver une auberge; il presse les pas de sa compagne, qui le force à s'arrêter devant chaque pâtissier : à l'une elle mange de la pâte ferme, et à une autre de la frangipane, plus loin du flan.

— Tu ne pourras plus dîner, lui dit Adam. Mais Tronquette mange toujours en disant : — Oh! que si!... D'ailleurs, j'aime mieux ça que le dîner.

Les curiosités, les figures de cire, les spectacles mécaniques du boulevard du Temple font oublier à Adam qu'il n'a pas dîné.

— Entrez, entrez, messieurs, mesdames, crient les banquistes en agitant leur baguette et en frappant des toiles peintes sur lesquelles sont représentées des lions, des tigres, des enfants à deux têtes et des femmes sauvages dont les appas sont effrayants.

— On vous engage à entrer, dit Adam en tirant Tronquette par le bras, et ils entrent en saluant l'homme de la porte; quand ils sont dans le spectacle, où Adam est surpris de n'apercevoir que deux ou trois individus qui n'ont point de bas, on vient leur demander leur billet.

— Qu'est-ce c'est qu'un billet? dit Adam.

— C'est le prix de votre entrée et de celle de madame. — On paye donc pour entrer ici? — Toujours, monsieur. — Alors, il ne fallait pas à la porte me crier : *Entrez, entrez*, mais : *Payez, payez*... J'ai cru que c'était une politesse que vous nous faisiez. — Monsieur, à Paris toutes les politesses se payent.

Adam tire une pièce d'or pour donner huit sous. Les propriétaires du monstre, qui n'ont jamais la monnaie de cent sous, même avec la recette d'une semaine, prennent la pièce en disant : — Monsieur, on va vous rendre; et on est un quart d'heure avant de trouver la monnaie... Enfin, on apporte à Adam treize francs en gros sous pour que cela fasse plus d'embarras; et quand on voit qu'il empoche sans compter, on lui en escamote encore la moitié, en ayant l'air de l'aider à prendre son argent.

Les voyageurs ont passé leur journée sur le boulevard du Temple; ils ont vu quinze spectacles différents, et Tronquette a avalé pour seize sous de galette : ce qui est plus fort que la plupart des tours qu'on a faits devant eux. Adam cherche toujours l'enseigne d'une auberge. Arrivé au coin de la rue d'Angoulême, il voit à la porte d'une maison du gibier, du poisson, de beaux fruits; il regarde en l'air et parvient à lire : *Au Méridien, restaurateur.* Comme il ne s'est pas bourré de pâte de ferme, il dit à Tronquette : — On dîne là... entrons-y; nous demanderons après une auberge pour coucher.

Une petite femme fort gentille reçoit les voyageurs; elle sourit en regardant Tronquette, elle sourit encore quand Adam lui dit : — Est-ce que vous donnez à dîner ici, madame? Mais elle lui répond fort poliment :

— Oui, monsieur, tout ce que vous voudrez; donnez-vous la peine de me suivre.

La petite femme monte un escalier un peu étroit, dans lequel Tronquette n'avance qu'en tâtonnant; mais arrivée au premier, elle ouvre un cabinet et y fait entrer les jeunes gens en leur disant : — On va vous apporter la carte, et vous serez servis sur-le-champ.

Puis la petite dame les quitte, et Adam lui fait un grand salut et Tronquette une belle révérence, parce qu'ils se sentent tout joyeux d'avoir rencontré enfin quelqu'un de poli.

Il n'y a pas de lit dans le petit cabinet où sont les jeunes gens; il y a deux banquettes fort bien rembourrées. Tronquette va se jeter sur l'une, et Adam s'assied à côté d'elle; mais il ne cherche pas à l'embrasser, il se rappelle la scène du matin; en ce moment, d'ailleurs, il ne songe qu'à dîner.

Un garçon arrive, et présente à Adam une grande feuille de papier imprimé en lui disant :

— Monsieur, si vous voulez commander votre dîner, voilà la carte, et voici une plume et de l'encre pour faire la vôtre.

Le garçon sort. Adam développe le papier imprimé, et le parcourt en s'écriant : — Ah! Dieu! que de bonnes choses!... mais on s'embrouille dans tout cela... Tiens, Tronquette, regarde ce que tu veux.

Tronquette, qui lit à peu près comme elle écrit, est dix minutes rien que pour épeler les potages, et le garçon remonte avant qu'elle soit arrivée aux hors-d'œuvre.

— Monsieur a-t-il fait sa carte? demande le garçon. — Je ne suis pas venu ici pour écrire, répond Adam, mais pour dîner. — Alors, que veut monsieur? — Ce que vous avez de meilleur. — Monsieur, on ne dîne pas ici à tant par tête. — Il n'est pas question de têtes... Donnez-nous un bon dîner : le prix m'est égal.

Ce dernier argument est toujours compris. Le garçon s'éloigne, et bientôt on sert aux jeunes voyageurs un excellent dîner. Volaille, poissons, légumes, vins fins, coup du milieu, rien ne manque. Adam est enchanté, il s'écrie à chaque instant : — A la bonne heure!... parlez-moi de ça!... c'est autre chose qu'à Pontoise. Je dînais bien chez papa, mais c'était encore loin de tout ça!... Hein! Tronquette, qu'en dis-tu?

— C'est fièrement bon! dit Tronquette en poussant un gros soupir parce qu'elle n'a plus faim, et que cependant elle veut goûter de tout ce qu'on leur sert.

Tout en buvant le champagne qu'on vient de leur apporter, Adam se souvient qu'ils n'ont pas encore d'endroit pour se loger; il est temps d'y penser, car il est nuit depuis longtemps. Il appelle le garçon : — Où y a-t-il une auberge, par ici? — Une auberge? — Oui, une auberge où l'on couche, où on loge, enfin... — Ah! monsieur veut dire un hôtel garni?... — Ça ne s'appelle donc pas auberge, à Paris? — Non, monsieur. — Eh bien! où y a-t-il un hôtel garni? — Il y en manque pas à Paris, monsieur... — Le plus près?... car nous sommes las, et nous n'avons pas envie de nous promener encore après dîner. — Oh! oui, que je suis lasse ! dit Tronquette; plus de quinze lieues à cheval... presque d'un trait!... Aïe, les reins!... j'en peux plus.

Le garçon, qui a examiné Tronquette, pense que les jeunes voyageurs ne tiennent pas à loger dans un hôtel de la première élégance; il leur en enseigne un dans la rue où ils sont, et leur propose quelqu'un pour les conduire. Adam accepte. On lui présente la carte, qui monte à quarante francs; il trouve que ce n'est pas cher, parce qu'il a parfaitement dîné et bu d'excellent vin, tandis qu'à Pontoise il a donné cent soixante-trois francs pour du saucisson, du fromage et du vin du cru; il est vrai qu'il avait joué avec Tronquette.

Quand Adam et sa compagne sont sortis de chez le traiteur, ils se sentent étourdis : les différents vins qu'ils ont bus commencent à produire leur effet, et le grand air vient d'augmenter l'action du vin. Tronquette est rouge comme une cerise, elle a la respiration courte et gênée; sa langue pâteuse lui permet à peine de prononcer de temps à autre : Oui et non. Adam, au contraire, parle avec volubilité; il tient la tête haute, et se sent en train de chanter et de danser : heureusement il est nuit et on ne le voit pas, sans quoi il est probable que l'on ferait encore foule autour d'eux. Ils suivent le commissionnaire, Tronquette en se pendant au bras de son amoureux et en poussant de gros soupirs, Adam en sautillant et en agaçant sa compagne, qui lui répond en bredouillant : — Laissez-moi tranquille, ou j' vas pleurer.

CHAPITRE XVIII. — Madame Phanor.

Les voyageurs sont arrivés à l'hôtel garni ; une dame entre deux âges les reçoit, et leur demande s'ils veulent un appartement complet.
— Nous voulons tout complet, dit Adam en faisant des cabrioles sur l'escalier, tandis que Tronquette s'appuie sur la rampe, sur laquelle elle semble déjà vouloir s'endormir. La maîtresse de l'hôtel, qui est habituée à recevoir toute sorte de monde, offre obligeamment son bras à la grosse fille pour l'aider à monter ; elle ouvre une porte au premier étage en disant : — Voici un appartement délicieux ; rien ne vous manquera... La vue est fort agréable... on a trois chantiers en face de soi... tout bois de choix. Ce logement est de cent francs par mois... On paye toujours la quinzaine d'avance... C'est l'usage.

Adam tire de l'or de sa poche en disant : — Ce qui m'ennuie à Paris, c'est qu'il faut toujours avoir la main à la bourse ; j'aimerais mieux donner tout de suite tout mon argent, et qu'on me laissât tranquille après.

Après avoir reçu son argent, l'hôtesse demande à Adam son nom.
— Pourquoi me demandez-vous mon nom ? — C'est l'usage, monsieur ; il faut bien savoir qui on loge... — Qu'on est drôle à Paris avec les usages !... Quand je me promenais dans les environs de Gisors et que j'entrais me reposer dans une ferme, on ne me demandait pas mon nom pour me donner un verre de vin ou une tasse de lait... Ici, on me fait payer d'avance, et il faut encore un tas de formalités !... — Monsieur doit savoir que dans une grande ville ce n'est plus la même chose... — Non, madame ; je ne sais rien que faire mes volontés depuis le matin jusqu'au soir ; je les faisais chez mon papa, je veux les faire ici. — Vous les ferez, monsieur... Eh ! mon Dieu, il n'y a point de ville où l'on soit plus libre qu'à Paris, pourvu qu'on ait de l'argent dans sa poche, une tenue décente, qu'on se conforme aux usages, aux lois, aux..... — Madame, voulez-vous nous faire le plaisir de nous laisser nous coucher ?... Vous voyez que nous en avons besoin, car Tronquette ronfle déjà sur cette chaise. — Oui, monsieur, très-volontiers... Mais votre nom ? — Adam Rémonville. — Rémonville, fort bien... Et vous êtes avec madame votre épouse ? — Qui ça ? — Cette dame que je vois endormie là-bas... — Ce n'est pas mon épouse du tout !... c'est Tronquette, la fille du meunier Bertrand, qui est venue avec moi à Paris, parce que là-bas son père nous empêchait de nous voir, et que ça nous ennuyait. — Ah ! diable ! mais c'est donc une jeune personne que vous avez enlevée ? — Comme vous dites. — Vous êtes bien heureux que je ne sois pas trop scrupuleuse ! Mais je suis indulgente pour la jeunesse. Je dirai que c'est votre épouse, cela vaut mieux, c'est plus convenable. Ce sera vingt francs de plus par mois pour le linge et la lumière..... On les donne d'avance, c'est l'usage... — Il fallait donc me les demander tout de suite !... Tenez !... Faut-il encore payer autre chose ?... — Si l'on cire vos bottes, les souliers de madame, si on bat vos habits, si on fait vos commissions, ce sera dix francs de plus pour les servantes. Mais tout le monde sera à vos ordres ; dès que vous aurez besoin de quelque chose, il vous suffira de frapper un petit coup... un tout petit coup. — C'est bon... Tenez, prenez vos dix francs... C'est fini, j'espère ? — Monsieur, j'ai bien l'honneur de vous souhaiter le bonsoir.

L'hôtesse a refermé la porte sur elle. Adam examine la chambre où il est, en murmurant : — Elle appelle cela un appartement délicieux ! C'était plus beau chez papa !... Mais pourvu que nous ne manquions de rien... n'est-ce pas, Tronquette ?.. Dis donc, Tronquette, réveille-toi donc un peu !... Eh ! Tronquette !...

Adam prend et secoue vivement le bras de sa compagne, qui ronflait déjà profondément. Tronquette ouvre un œil, et se frotte l'autre en s'écriant : — Du son ! du son !... Où c' qu'est le son ?
— Il n'est pas question de son, Tronquette, tu n'es plus au moulin, nous sommes à Paris... — Ah ! mon Dieu, j' me croyais encore cheux nous... — Viens donc, Tronquette... Examinons notre appartement.

Tronquette se lève en bâillant, et s'accroche au bras d'Adam, qui l'entraîne dans une seconde pièce où est une alcôve et un lit. Tout cela est meublé pauvrement, avec des objets de hasard ; mais des jeunes gens sont rarement difficiles, surtout quand ils sont amoureux. Donnez-leur une chambre à coucher, ils s'y trouveront toujours bien.

Adam sourit en regardant la couchette ; Tronquette ne dit rien, parce qu'elle dort tout debout, et que, même les yeux ouverts, elle semble dormir encore. Adam l'embrasse tendrement, et cette fois elle se laisse faire.

— Couchons-nous, dit le jeune homme. — Ah ! oui, couchons-nous, répond la grosse fille en balbutiant.

Et comme Adam aime à mettre promptement ses projets à exécution, et que d'ailleurs Tronquette lui semble en dispositions fort sentimentales, puisqu'elle ne fait que soupirer quand elle ne ronfle pas, le jeune homme se met sur-le-champ en devoir de se déshabiller.

Mais Adam a des bottes qu'il n'a pas quittées depuis la veille ; le voyage a fait gonfler ses pieds ; il cherche de tous côtés un tire-botte, et n'en trouve point. Il se décide à sonner un petit coup, comme on le lui a recommandé. Personne ne vient, il recommence ; enfin, au quatrième coup de sonnette, une servante arrive, et au bout de dix minutes il parvient à obtenir un tire-botte.

Adam est retourné près de Tronquette, qui s'est rendormie sur une chaise. Son amoureux, qui n'a plus que le vêtement nécessaire, lui secoue de nouveau le bras en lui criant aux oreilles : — Tronquette... déshabille-toi donc !... Est-ce que tu n'es venue à Paris que pour dormir ?... Tronquette, tu ne veux donc pas te coucher ?

La paysanne ronfle comme un vieil ivrogne ; Adam a beau la tirer, la secouer, c'est une masse qui ne semble plus devoir se bouger.
— Ça devient considérablement embêtant ! dit Adam en tournant autour de la grosse fille. Encore, si elle était déshabillée, je la porterais dans le lit... Tronquette, tu ne veux pas te réveiller ?... Eh bien, je vais te déshabiller, moi.

Aussitôt Adam se met à arracher le fichu, à ôter les épingles, à tirer les manches de la robe. Ce mouvement fait enfin ouvrir les yeux à Tronquette, qui s'écrie : — Holà ! là !... j'étouffe. — Tu étouffes ?... raison de plus pour te déshabiller... C'est que je ne sais pas défaire tout cela, moi... — Ah ! j'étouffe... — Eh bien, aide-moi donc à te déshabiller. — Je ne peux pas... j'ai mal au cœur... j'en peux plus...
— Allons, voilà le reste... Maudit cordon !... — Coupe ! coupe !... — Oui, coupe, coupe !... je ne peux pas trouver de ciseaux... Si c'est comme ça qu'on ne manque de rien ici !...

Adam court à la sonnette, puis va à Tronquette. La servante revient en bonnet de nuit, et dit qu'il ne faut pas sonner si fort. Elle va chercher des ciseaux en grognant, et referme la porte en disant qu'elle espère qu'on la laissera enfin dormir.

Adam a coupé, cassé, arraché tout ce qui gênait la respiration de la jeune fille, et au moment où il lui enlève son corset, celle-ci pousse un ouf! capable de faire chavirer un bateau.

— A présent, couchons-nous, dit le jeune homme en tâchant de faire lever Tronquette. — Ah !... un moment... j'ai ben soif... oh ! j'ai une soif ! — Pourvu que je trouve de l'eau ici, car s'il faut attendre après la servante....

Adam va ouvrir les armoires, visiter les cheminées ; enfin, il trouve une carafe dans la première chambre. Il revient tout joyeux vers Tronquette, qu'il trouve pleurant comme une biche.

— Eh bien ! qu'as-tu donc ?... pourquoi pleures-tu ainsi ?... Est-ce que tu étouffes encore ? — Ah ! oui... je suis bien malade... Hi ! hi ! hi !... j'ai du chagrin... j' veux m'en retourner cheux nous !...
— Voilà une autre bêtise à présent ! Tu veux retourner chez ton père... qui te battait... qui me battait... Y songes-tu ? — Ah ! c'est égal... je n'étais pas mal à mon aise comme-ça cheux nous... C'est le bon Dieu qui me punit d'avoir suivi un garçon... Hi ! hi ! hi !... J'en peux pus... — C'est-à-dire que tu as une indigestion. C'est cette maudite pâte ferme qui t'étouffe. — Ah ! oui... il y a ben de ça aussi... Ah ! que je suis malade !... J' veux m'en aller...

Adam commence à trembler pour sa compagne, dont les couleurs ont fait place à une pâleur effrayante ; il court dans la chambre, prend de l'eau, en offre à Tronquette, qui ne lui répond plus, lui jette au visage, crie, appelle, cogne au mur, ouvre les fenêtres, et tape du pied en disant : — Ah ! mon Dieu !... pauvre Tronquette !..... Maudite galette !... On va dire que je l'ai enlevée pour l'étouffer... Et personne ne vient !... Holà !... la maison !... les voisins !..

Adam sort de son appartement ; il va sur le carré, et cogne à la première porte qui se présente devant lui.

Une voix de tête répond au bout d'un moment :
— Est-ce que c'est toi, Sigismond ?... Comment ! cher amour, deux nuits de suite ! Dieu ! que c'est joli ! Je n'y comptais pas... Attends, j'y vais.

Adam n'a pas répondu ; bientôt la porte s'ouvre, et une dame en chemise, et tenant un bougeoir à la main, paraît devant lui et fait un mouvement comme pour se jeter dans ses bras ; mais en s'apercevant qu'elle se trompe, elle s'arrête, et s'écrie :
— Ah ! mon Dieu, ce n'est pas Sigismond !... Ah ! ciel... et on m'a vue dans ce néglige !

La dame qui se croit en néglige quand il n'a qu'une chemise est une femme d'environ vingt-neuf ans, grande, maigre, privée de hanches et de tout ce qui s'aperçoit en néglige. Ses yeux sont grands et assez beaux, mais ils ont une expression de vivacité qui frise beaucoup l'effronterie ; enfin ses traits, qui ont été bien, sont déjà dépourvus de toute fraîcheur, et c'est par le jeu de sa physionomie que cette dame cherche maintenant à suppléer aux charmes qu'elle n'a plus.

Adam n'a fait attention ni au costume ni aux traits de la personne qui est devant lui ; il ne songe qu'à Tronquette, qu'il a laissée étouffant ; il prend vivement le bras de la dame, et l'entraîne vers sa chambre en disant : — Venez, venez bien vite, je vous en prie... J'ai absolument besoin de quelqu'un... être seul... la nuit... quand cela vous prend comme ça !... Ah ! venez, dépêchons-nous.

La grande dame, qui semble avoir pris l'habitude de se laisser entraîner, suit Adam en le reluquant d'un œil et en minaudant de l'autre ; de la main que le jeune homme ne tient pas elle rapproche le haut de sa chemise contre son sein, et fait semblant d'avoir quelque chose à cacher ; puis elle dit à demi voix, en tâchant d'avoir l'air ému :
— Mon Dieu ! comme vous êtes vif !... comme vous m'entraînez !... Mais, monsieur, je ne suis pas habituée à... ordinairement on me fait

la cour avant de... Vous m'aviez donc entrevue?... C'est donc de la sympathie?...

— Non, madame ; c'est une indigestion...

— Une indigestion ! s'écrie la grande femme en faisant un mouvement pour retirer son bras ; mais Adam ne la lâche pas, et elle reprend aussitôt : Ah ! Dieu ! comme il me serre !... Il est fort comme un Turc !

On est arrivé devant Tronquette ; la dame fait un mouvement de surprise, et Adam s'écrie : — Vous voyez l'état où elle est... C'est pour avoir mangé de la pâte ferme toute la journée... J'ai beau sonner, personne ne vient. Si vous ne nous secourez pas, madame, Tronquette va étouffer.

La grande dame part d'un éclat de rire, en disant :—Etais-je bête !... moi, qui croyais que j'avais fait une nouvelle conquête !... Je peux dire que je la gobe, par exemple !...

Adam trouve fort singulier que l'on rie pendant que Tronquette est si mal, et il va demander à cette dame le motif de sa gaieté. Mais avant qu'il ait eu le temps de se mettre en colère, sa voisine s'est approchée de la grosse fille ; elle achève de la déshabiller, puis court chez elle, rapporte une petite fiole, met quelques gouttes de son contenu dans un verre d'eau, et en fait avaler quelques gorgées à la malade.

L'effet de ce breuvage est prompt ; une crise s'opère, Tronquette est débarrassée d'une partie de ce qui l'étouffait, et sa pâleur devient moins effrayante. Adam commence à respirer, et une fameuse !... J'en ai eu plusieurs dans le cours de ma vie... J'en ai même eu beaucoup, mais jamais de cette force-là. Aussi, mes enfants, pourquoi vous mettez-vous au régime de la galette?... Une fois en passant, à la bonne heure ; mais toute la journée !... c'est trop !...—Que voulez-vous, madame ?... Nous sommes à Paris de ce matin seulement... — Et il paraît que vous n'êtes pas sortis de chez les pâtissiers...

— Tronquette, que vous êtes de la campagne, aime les gâteaux... — Oh ! je vois bien qu'elle est de la campagne ; il n'y a pas besoin d'ouvrir ses deux yeux pour ça !... Mais vous n'êtes pas du village, vous ? — Je demeurais chez mes parents, près de Gisors. — Et vous faisiez-vous chez vos parents ? — Rien que m'amuser, courir depuis le matin jusqu'au soir.—C'est à peu près l'état que je fais à Paris. Vos parents sont donc riches ? — Oui, madame. — Ce cher ami !... est-il heureux d'avoir des parents riches !... Moi, j'ai un oncle brasseur ; mais il me donne du pied au derrière toutes les fois qu'il me rencontre... Pour plaisanter, s'entend... Il est très-farceur, mon oncle. Et qu'êtes-vous venu faire à Paris avec cette grosse dondon ? — Son père nous empêchait de nous voir... J'ai enlevé Tronquette, — Il l'a enlevée !... Ah ! que c'est gentil !... Ah ! que j'aime les enlèvements, moi !... Ça me rappelle Edouard, Alfred et Dupont !... Ce cher amour !... Embrassez-moi, j'aime les hommes qui enlèvent les femmes.

Adam se laisse embrasser. Les manières de la voisine, qui paraîtraient singulières à un autre, sont fort de son goût, et lui semblent toutes naturelles.

Après avoir embrassé Adam, la voisine reprend : — Il est tout jeune !... Quel âge avez-vous ?— Dix-neuf ans, madame.— Dix-neuf ans!... et trois dents de moins ; c'est dommage ! Mais ça n'empêche pas les sentiments. Mon ami, il s'agit maintenant de faire du thé pour votre Ariane, qui est abandonnée dans son lit. Heureusement j'en ai chez moi, car ici c'est une véritable baraque! On n'a rien, et on paye fort cher. Je vais en chercher, et venir allumer le feu.— Pendant que le thé se fera, vous me conterez vos amours et votre enlèvement.

— Ah ! madame, que vous êtes bonne ! que je vous remercie !...

— De rien, mon jeune ami. Est-ce qu'il ne faut pas s'obliger dans ce monde ?... Je n'ai jamais été inhumaine. Madame Phanor est connue pour n'avoir rien à refuser... Attendez-moi, mon petit ! je vais chercher du thé.

La voisine ne tarde pas à revenir. Elle a jeté sur ses épaules un vieux châle en bourre de soie, qui a l'air d'avoir été trois fois reteint. Elle tient un réchaud, elle allume du feu, et pendant que le thé se fait, Adam conte ses aventures, ses amours et tout ce qu'il a fait depuis qu'il est au monde.

Madame Phanor semble prendre beaucoup de plaisir à l'entendre, et tout en l'écoutant, elle s'écrie : — Qu'il est drôle !.. quel caractère prononcé !... J'aime ça, moi !... Il ne veut faire que ses volontés ; je me reconnais là !... Mon petit, vous avez une balafre à la joue. — C'est quand je chassais, mon fusil a crevé dans ma main. — Pauvre amour !... C'est égal ! malgré cela et les dents cassées, nous ferons encore des passions ; je vous le prédis. Mes enfants, je serai votre guide à Paris ; je vous consacrerai tous mes instants de liberté.

Pendant cette conversation, Tronquette a sommeillé ; et quand elle se réveille, c'est pour dire : — Ah ! que je voudrais être cheux nous !

Ce n'est pas sans peine que madame Phanor parvient à faire prendre du thé à la grosse fille, qui trouve cela mauvais. Lorsqu'elle en a bu deux tasses, elle se rendort profondément. La voisine qui ne paraît pas pressée de rentrer se coucher, dit à Adam :

— Il nous reste beaucoup de thé... Dondon n'en veut plus ; si nous faisions un brin de punch... Je sens que ça me remettrait... D'avoir été réveillée comme ça, en sursaut, ça m'a glacé l'estomac... Aimez-vous le punch, mon voisin ? — J'en ai, je crois, bu une fois ou deux chez papa... mais il y a si longtemps !... — Oh ! chez papa !... Est-il drôle quand il dit chez papa ?... Mon ami, je vais vous confectionner un petit punch anodin : ça nous remettra... c'est réparateur... J'ai justement de l'eau-de-vie chez moi ; j'en ai toujours par précaution. Je vais aller réveiller l'hôtesse pour avoir du sucre, car nous n'en avons plus assez ; elle criera si elle veut !... je m'en lave les talons !... Attendez-moi une minute, et entretenez le feu.

Adam aurait autant aimé se coucher que de boire du punch ; mais il n'a pas osé refuser celle qui vient de lui rendre service.

Madame Phanor revient avec une bouteille et un gros morceau de sucre.

— Je croyais que vous attendiez quelqu'un chez vous ? lui dit Adam en bâillant.

— Moi !... mais non... Ah ! c'est à cause de Sigismond..: C'est un enfant de cinq ans, qui vient quelquefois me dire bonsoir avant de se coucher.

Tout en faisant le punch, la voisine conte à son tour ses aventures à Adam. Elle lui dit qu'elle est veuve, que son mari était officier supérieur, que son mariage l'a brouillée avec ses parents, qui ont été ruinés en banqueroutes ; que son mari a eu onze duels, parce qu'il lui faisait trop de conquêtes ; qu'au dernier il a succombé ; qu'enfin elle a encore mille écus de rente et l'espoir de gagner un procès pour un bien d'un demi-million.

Adam écoute tout cela avec la meilleure foi du monde. Le punch est fait ; madame Phanor s'en verse d'abord deux verres pour le goûter. Elle le trouve trop doux, et y remet de l'eau-de-vie ; elle le trouve trop fort, et y remet du sucre.

À force de goûter, madame Phanor a vidé la théière presqu'à elle seule. Alors seulement, s'apercevant qu'Adam est à moitié endormi, elle se lève, et lui dit : — Mon voisin, je vais vous laisser ; il est fort tard. Mais, si vous m'en croyez, vous serez sage ce soir... Dondon a été fort malade, elle a besoin de repos ; vous-même, vous n'en pouvez plus... et on ne doit jamais s'exposer à faire chou blanc !... Bonne nuit ! mes enfants. A demain !... N'oubliez pas que je suis toute à vous.

Madame Phanor s'est retirée, et Adam ne s'en est même pas aperçu. Il s'est endormi dans un fauteuil, et y reste jusqu'au lendemain matin.

Une bonne nuit a entièrement rétabli Tronquette, et. en se réveillant le lendemain, elle ne sait plus où elle est. Elle appelle tour à tour son père, son âne et son amant ; enfin elle aperçoit Adam dormant encore dans son fauteuil, et elle se souvient des événements de la veille.

Tronquette se lève, s'habille ; puis elle va réveiller Adam, qui, en ouvrant les yeux, est tout étonné de ne s'être point couché. Mais à dix-neuf ans, après avoir fait seize lieues à cheval, on dormirait sur une branche d'arbre.

Adam sonne, et demande à déjeuner. Cette fois, Tronquette ne veut plus toucher à rien ; elle craint de se rendre malade, et prétend que c'est l'air de Paris qui ne lui vaut rien. La grosse fille est encore triste ; son indigestion a rembruni ses idées. Adam a beaucoup de peine à la calmer. Il lui parle de madame Phanor, et des services qu'elle leur a rendus pendant la nuit.

— Est-ce qu'il ne serait pas poli d'aller la remercier ? dit Tronquette.

— Mais il me semble que si, répond Adam. Elle demeure en face... Viens, allons lui dire bonjour.

Tronquette prend le bras de son amant, comme s'il s'agissait d'aller se promener, et tous deux sortent de leur logement. La clef est à la porte de la chambre de la voisine ; Adam, qui ne s'amuse jamais aux cérémonies, ne frappe pas, mais tourne vivement la clef, puis entre brusquement avec Tronquette.

Le lit de la voisine se trouve être justement en face de la porte, et, comme les rideaux ne sont pas fermés, les deux jeunes gens se trouvent vis-à-vis d'un monsieur d'une soixantaine d'années qui a déjà passé une jambe hors de la couverture.

Le monsieur reste tout saisi, ne sachant s'il doit ôter sa jambe gauche du lit ou y mettre la droite.

— Qu'est-ce que c'est !... qu'y a-t-il donc? crie madame Phanor, dont on n'aperçoit à peine le bout du nez sortir de dessous la couverture.

— Madame, dit Adam, c'est nous qui venions vous remercier. — Oui, dit Tronquette en faisant une révérence au monsieur, je venons vous remercier de ce qu'à c'te nuit... Vous savez... — Mes chers enfants, je suis en affaire ; mille pardons !... Vous reviendrez plus tard... ou j'irai chez vous... Je consulte mon avocat... Nous nous reverrons... Faites-moi le plaisir de retirer la clef de la porte.

Adam emmène Tronquette en riant ; celle-ci continue de faire des révérences devant le bois de lit, le monsieur reste sur une jambe, et madame Phanor remet son nez sous la couverture.

— Quoi que ce vieux faisait donc là ? dit Tronquette lorsqu'ils sont chez eux. Qu'est-ce que c'est que ça, un *avoicat*? est-ce que c'est un donneux de remèdes ?

Adam rit encore, puis il dit à la paysanne : — Tronquette, que les autres fassent ce qu'ils voudront, cela ne nous regarde pas. Nous sommes à Paris, ne songeons qu'à nous amuser. Viens, allons nous promener... Mais aujourd'hui, tu ne t'arrêteras pas chez tous les pâtissiers... — Oh! que nenni!... j'en ai assez de gâteaux, j'en veux pus jamais manger... — En nous promenant, nous tâcherons de rencontrer mon cousin Edmond; il doit être arrivé. Et si nous étions ensemble, nous ririons davantage.

Adam prend Tronquette sous le bras, et ils s'aventurent de nouveau dans Paris. Ils parcourent les boulevards, entrent dans les cafés, où Tronquette n'ose plus même manger une flûte. Mais la paysanne reste en admiration devant les magasins de nouveautés. Adam, qui croit que son trésor est inépuisable, achète à la grosse fille des robes, des fichus, un chapeau, des gants, et pour lui un habit, des gilets et de jolies bottines. Il a fallu changer un billet de mille francs, et dans cette première sortie on dépense près de quatre cents francs; mais Tronquette n'est plus triste, et Adam est enchanté de sa journée.

Les jeunes gens ont pris un fiacre, ils se font rouler avec leurs achats; ils trouvent charmant de se promener en voiture. Adam ne veut pas la quitter ; il la fait rester à la porte du traiteur où ils vont dîner ; il la fait attendre devant les cafés ; enfin, quand ils reviennent le soir à leur hôtel, Adam a dix heures de voiture à payer.

Ils sont rentrés dans leur logement surchargés d'emplettes. Ils les étalent sur des chaises ; Tronquette essaye le chapeau à follettes, avec lequel elle a l'air d'un cheval de parade ; mais elle se trouve superbe, et Adam lui dit :

— Tu n'es pas reconnaissable !

L'heure du repos est venue ; cette fois Tronquette n'est pas malade, et Adam ne se soucie nullement de dormir dans un fauteuil. Il presse sa compagne de se coucher, elle y consent, parce qu'elle croit que le jeune homme agira comme la veille. Elle va se déshabiller derrière les rideaux, et bientôt elle est au lit. Mais au bout d'un moment, Adam arrive dans le *négligé* de madame Phanor, et veut partager la couche de Tronquette ; celle-ci crie, et donne des coups de poing à son amoureux. Adam se laisse frapper, et se glisse dans le lit ; alors Tronquette en sort, et va s'asseoir dans le fauteuil en jurant qu'elle passera la nuit là. Adam se relève à son tour, et vient chercher Tronquette. La grosse fille va se réfugier derrière une table, Adam court après elle ; enfin, les jeunes gens recommencent la scène de Pontoise, si ce n'est qu'ils la jouent cette fois en *négligé*.

Le bruit des meubles que l'on renverse, les cris de Tronquette, les éclats de rire d'Adam, troublent le calme de la nuit. Comme ils ont laissé leur clef à la porte, madame Phanor paraît bientôt au milieu d'eux, dans son costume de la veille, et son bougeoir à la main.

— Eh bien ! qu'y a-t-il donc encore cette nuit, mes enfants ? dit la voisine en entrant dans la chambre à coucher. Est-ce que nous avons une seconde indigestion ?... est-ce que Dondon a encore daubé sur la galette ?... Ah ! mon Dieu ! quel désordre !... Sont-ils drôles, comme ça ! A quoi donc jouez-vous là, mes amis ? Est-ce que vous répétez *les Fureurs de l'Amour* ?

— C'est Tronquette qui fait la bête, et qui ne veut pas se coucher, ou prétend que je reste sur un fauteuil. — Oui... pardi !... parce que, s'il couche avec moi... j' sais ben ce qu'il veut... et c'est pas pour ça que j' sommes venue à Paris avec lui !...

— Comment ! mes enfants ! est-ce que par hasard vous n'auriez pas encore... Ah ! Dieu ! que c'est drôle !... Ah ! que c'est innocent !... Ah ! que j'aime l'innocence !... Ah ! comme ça me rappelle... Non, ça ne me rappelle rien, mais ça me fait plaisir... Allons, mes petits chérubins ! calmez-vous; est-ce qu'on doit faire tant de bruit pour ça ?... Est-ce qu'il est nécessaire de casser des chaises ?... C'est bon au village, ma grosse ; mais à la ville, ces choses-là doivent se faire décemment, et sans réveiller les voisins !... Eloignez-vous, bel Adonis. Il a une jambe superbe, ce polisson-là ! Je vais parler à Dondon, je vais lui faire de la morale. Dondon, venez avec moi derrière le rideau, chère amie.

Tronquette se laisse prendre la main et conduire au fond de l'alcôve. Tandis qu'Adam s'amuse à faire des pirouettes dans la chambre, madame Phanor dit à la paysanne d'un ton doctoral : — Ma chère enfant, vous êtes dans votre tort...

— Comment, madame ! parce que je ne voulons pas que M. Adam...

— Je vous dis, *Pallas*, que vous êtes dans votre tort ; vous avez suivi ce jeune homme ; vous saviez qu'il vous aimait ; il ne vous l'avait pas caché ; or, quand un garçon enlève une fille, ce n'est pas seulement pour la bourrer de pâte ferme... — Mais moi, je n'avons pas cru que... — Silence, Dondon ! je vous dis que vous n'avez pas raison... Voyez votre amant en tunique blanche ; il est admirable, il a l'air d'un Romain... Allons, ma petite ! j'aime à croire que vous ne réveillerez plus les voisins ; ce qui nuirait beaucoup à votre réputation.

En disant cela, madame Phanor quitte l'alcôve et revient au milieu de la chambre, où elle dit à Adam :

— J'ai parlé à Dondon; elle ne cassera plus les meubles. Mes enfants, j'ai été bien contrariée ce matin de ne pas être libre pour vous accompagner dans votre promenade ; mais quand vous êtes venus, j'avais tant d'affaires... j'étais avec un homme de loi, M. Sigismond...

— M. Sigismond ? Vous m'aviez dit que c'était un enfant de cinq ans, dit Adam.

— Tu te trompes, mon cœur ! Je n'ai pas pu te dire cela... tu l'as rêvé. Mes amis, demain je suis libre, et je vous consacre ma journée ! Nous dînerons ensemble ; je connais les bons traiteurs. Ensuite nous irons au spectacle, nous louerons une loge... nous ferons des folies! nous prendrons des glaces... Oh ! j'aime les glaces !... Je me ferais fesser pour une glace ! Et Dondon, en a-t-elle pris déjà ?...

Comme madame Phanor finissait sa question, un individu de cinq pieds sept pouces, ayant un caleçon en sus de sa chemise et un foulard jaune sur la tête, entre dans l'appartement en fronçant ses sourcils noirs et touffus ; ce qui, joint à ses favoris dont les pointes vont se perdre dans les coins de sa bouche, lui donne quelque ressemblance avec un ours.

Le monsieur arrive en se dandinant ; il regarde tous les personnages qui sont dans la chambre, puis il dit à la voisine en traînant sur ses syllabes :

— Qu'est-ce-que ce-la si-gue-ni-fie, de ne point re-ve-nir au bercail? Est-ce que nous moi-sisse-sons chez les voisins ?

Madame Phanor court prendre le bras du monsieur en disant : — Me voilà, Sigismond ! me voilà, cher ami ! Ces enfants avaient une contestation, une querelle conjugale ; il faut bien être sensible aux chagrins domestiques de l'humanité.

— Tu ne l'es que de tropse sen-si-be-le !... Al-lons... ren-trons, léger-te cré-a-ture, et plus d'é-cha-pe-ments, ou j'aban-donne Cu-pidon pour un ci-garre.

La voisine ne réplique pas ; elle prend son bougeoir, et s'éloigne avec le grand monsieur, qui ne se donne pas la peine de saluer la société.

— C'est singulier, dit Adam ; cette dame appelle toutes ses connaissances Sigismond... Cependant ce monsieur-là ne ressemble pas du tout à celui que nous avons vu ce matin.

Mais Adam a bientôt oublié madame Phanor et son monsieur. Tronquette s'est recouchée sans rien dire ; son amant va la trouver, et cette fois, la paysanne ne le bat plus, et n'ameute plus les voisins. Est-ce la morale de madame Phanor qui a fait son effet? est-ce la fatigue, est-ce l'amour, qui rendent Tronquette moins cruelle ?

C'est qu'à tout il y a une fin, et que, dans un cas semblable, telle personne, après avoir fait grand bruit, sera ensuite douce comme un agneau. Quand on veut bien finir par céder, pourquoi ne pas le faire tout de suite ?... La vie est si courte ! les moments heureux sont si rares ! et le bonheur qu'on se promet nous manque si souvent de parole !

Chapitre XIX. — Edmond et Agathe.

Nous avons laissé Edmond à cheval avec mademoiselle Agathe, qui, ayant très-peur de tomber, étouffait son amant à force de l'étreindre dans ses bras. Le cheval avait enfin consenti à quitter Gisors. C'était une grande victoire que le cavalier venait de remporter ; aussi Edmond, tout joyeux d'être en route et de tenir sa maîtresse en croupe, s'écriait dans les moments où son amie le serrait un peu moins fort : — Ma chère Agathe !... Quel bonheur !... Nous voilà nos maîtres !... Vous êtes à moi... que je suis content !... Tenez-moi un peu plus bas, s'il vous plaît. — Ah ! c'est que j'ai si peur de tomber... Je n'avais jamais été sur un cheval... Prenez bien garde !... Il me semble qu'il s'emporte... — Oh ! il n'y a pas de danger. — Vous connaissez le chemin pour aller à Paris ? — Oui ; c'est-à-dire... mon cousin le connaît. Mais nous allons le rejoindre... Je lui ai donné rendez-vous près d'ici. — Comment ! nous irons à Paris avec votre cousin ?... Mais il me semble que nous aurions bien pu y aller seuls... — Je vais vous dire : c'est que mon cousin emmène aussi sa maîtresse ce soir. — Vous allez donc me faire voyager avec une autre femme ? Et comment est-elle sa maîtresse ? par exemple, est-elle jolie ?...

— C'est tout bonnement une paysanne... la fille d'un meunier. Mon cousin a de singulières goûts ! — Une paysanne !... à la bonne heure ! j'aime mieux cela ; je ne peux pas souffrir me trouver en compagnie avec une petite-maîtresse... Oh!... comme ça secoue un cheval !... Et puis je suis jalouse, monsieur Edmond, je vous en préviens... — Ah ! ma chère Agathe ! est-ce que je pourrais jamais aimer d'autres que vous ?... — Est-ce que... Tenez-moi par mon habit..., vous n'aurez pas besoin de tant me serrer. — Ah ! qu'on est mal là-dessus !

Les voyageurs sont arrivés au lieu du rendez-vous, et ils n'y trouvent plus Adam et Tronquette, parce que ceux-ci s'étaient enfuis au grand galop en croyant entendre venir Bertrand.

— Ils n'y sont pas ! dit Edmond. — Nous nous passerons bien de votre cousin et de sa paysanne ! reprend Agathe. — C'est que je ne sais pas trop par où il faut prendre. — Allez toujours, nous demanderons.

Edmond remet son cheval au trot. On suit un chemin, puis un autre ; et comme au milieu de la nuit on ne rencontre pas souvent des gens à qui on puisse demander sa route, on voyage au hasard, sans savoir où l'on est. Mais au point du jour le coursier semble enflammé d'une ardeur nouvelle, il prend de lui-même le galop; ce qui enchante Edmond et fait frémir Agathe.

— Il va comme le vent, dit le jeune homme; le maquignon m'avait bien assuré que j'en serais content. — Il va trop fort, dit Agathe; je crois toujours que nous allons grimper dans la lune! — Tant mieux!... nous approchons! nous approchons!

En effet, les jeunes gens approchaient, mais c'était de Gisors : le cheval revenait à son écurie... Et les premiers rayons du jour firent voir aux deux amants les toits de la petite ville qu'ils venaient de quitter.

— Ah! mon Dieu!... nous sommes revenus devant Gisors! s'écrie Agathe. — Se pourrait-il?... En effet... J'aperçois la maison du maquignon! Ah! maudit cheval! — Arrêtez-le donc.... — Mais il ne veut plus s'arrêter... il va malgré moi. — Mon Dieu! est-il possible!... Vous voulez donc me ramener chez ma tante?... — Mais non, je ne le veux pas...

La maîtresse de l'hôtel garni où sont descendus M. Adam et mademoiselle Tronquette.

Cependant le cheval va toujours, il ne s'arrête que devant la porte de son écurie, qui est encore fermée. Nos voyageurs profitent de ce moment de repos pour sauter à terre.

— Laissons là ce méchant cheval, dit Edmond; gagnons à pied la première ville, nous y trouverons quelque voiture qui nous mènera à Paris... Ah! je le veux bien. Allons à Trie-la-Ville; je connais le chemin : il y a de petites voitures qui vont à Paris. — C'est cela... Partons vite.

Edmond a pris le carton, le paquet et le bras d'Agathe, qui ne marche pas facilement, parce que le cheval l'a blessée quelque part; mais l'amour donne du courage, et près de ce qu'on aime on ne sent pas ses souffrances; c'est-à-dire on les sent toujours, mais on s'en occupe moins.

Il n'y a pas un quart d'heure que les jeunes gens marchent dans la campagne, et déjà Agathe ralentit le pas, et elle pousse souvent des gémissements.

— Qu'avez-vous? lui demande tendrement Edmond. — J'ai... j'ai que je suis blessée... Votre maudit cheval me secouait tant!... Ah! vous auriez bien dû ne pas m'enlever à cheval!... — Où donc êtes-vous blessée? — C'est... dans... c'est dans un endroit... Vous devriez bien deviner où.

Agathe baisse les yeux : Edmond devient rouge jusqu'aux oreilles, et il se garde bien de demander à voir la blessure, ce qu'aurait probablement fait Adam.

On marche encore; cependant Agathe est si lasse qu'on se décide à chercher un endroit pour se reposer. On est près de la lisière d'un petit bois, et on juge prudent d'y entrer, afin de ne pas être aperçu, si par hasard on courait après eux de ce côté.

Le bois est touffu, le gazon épais. Agathe s'est laissée aller sur l'herbe en faisant encore la grimace. Edmond s'est assis près de celle qu'il aime, et il est toujours rouge jusqu'aux oreilles, parce que la solitude du bois, le silence, l'ombrage, les beaux yeux noirs d'Agathe, tout cela lui donne de terribles palpitations. Il a grande envie de jouir enfin de ce bonheur auquel il aspire depuis si longtemps, celui de serrer sa maîtresse dans ses bras. Pour cela, il commence par en passer un derrière Agathe, puis il avance l'autre, il la tient contre son cœur... Il ne voulait que cela d'abord; mais quand on tient une jolie femme dans ses bras, il est assez naturel de désirer encore autre chose. Agathe se défendait mal, ou plutôt ne se défendait pas. Elle se contentait de balbutier : — Vous m'épouserez... n'est-ce pas?...
— Toute la journée, répondait Edmond.

Il y a plus d'une heure qu'on est entré dans le bois, et elle n'a semblé être que cinq minutes aux jeunes gens. Cette heure-là était peut-être la plus belle de leur vie; mais, après l'amour, le sentiment qui nous transporte au troisième ciel, était arrivée la faim, qui nous rappelle que nous habitons sur la terre. Après avoir été l'égal des dieux, il est cruel d'être soumis aux mêmes besoins qu'un goujat... mais c'est comme cela, et il faut prendre son parti.

Les deux jeunes gens s'avouent mutuellement qu'ils meurent de faim. Il faut se remettre en route. Edmond se lève, tout joyeux, tout fier, tout transporté de son bonheur. Agathe le regarde langoureusement, de cette manière charmante dont les femmes savent nous regarder quand elles le veulent; elle tend ses mains à son amant pour qu'il l'aide à se relever. Edmond l'enlève... Agathe fait une grimace et pousse un cri perçant.

C'était la maudite écorchure que l'on avait oubliée dans le feu de la conversation précédente : ce qui se conçoit fort bien; car tant qu'une blessure est échauffée, elle ne fait pas de mal. Cette fois Edmond se permet de la regarder sans demander de permission. Une heure dans le bois avait déjà chassé la timidité du jeune homme.
— Pauvre Agathe! dit Edmond, que tu dois souffrir!... Mais ce ne sera rien... On met là-dessus de la farine, et cela se guérit très-vite.

Les amants se remettent en route; ils n'ont pas la patience d'attendre qu'ils aient atteint Trie-la-Ville pour déjeuner. Ils entrent chez un paysan, se font servir des œufs, du lait, du beurre, des fruits, et dévorent tout cela. Puis ils gagnent enfin la ville, et montent dans une voiture qui part pour Paris.

La voiture s'arrête plusieurs fois sur la route. A chaque station, Edmond descend avec Agathe; il demande de la farine, et passe avec sa douce amie dans un petit cabinet. Les jeunes gens y restent toujours fort longtemps, et le cocher est obligé de les appeler pour les prévenir qu'on va partir, et ils reviennent rouges et chiffonnés; et, en arrivant à Paris, la blessure n'est point du tout cicatrisée, malgré toute la farine qu'on a employée en chemin, et vous devinez bien pourquoi.

Les deux amants sont à Paris. Edmond donne à un commissionnaire le paquet et le carton, et se fait conduire dans un bel hôtel, où il demande un beau logement et tout ce qu'il y a de meilleur. Edmond a environ seize cents francs; et quoiqu'il sache mieux compter que son cousin, ce trésor lui semble aussi devoir être inépuisable, parce que, comme son cousin, il n'a que dix-neuf ans.

On traite les deux jeunes gens comme des princes; car Edmond a une figure et des manières trop distinguées pour qu'on le prenne pour un vagabond. Quant à Agathe, elle a presque la tournure d'une dame de Paris.

Les jeunes gens ont bien soupé, puis ils se sont couchés dans un lit bien moelleux, entouré de beaux rideaux de soie. Ils ne cassent point de meubles, et n'attirent pas les voisins par leurs cris, car Agathe sait se conduire plus décemment que Tronquette, ce qui ne veut pas dire qu'elle ait plus de vertu; mais dans le monde, respectez les convenances; du reste faites tout ce que vous voudrez!

Le lendemain, Edmond et Agathe vont se promener dans Paris. On ne les regarde pas en riant, on ne les suit point, parce qu'il n'y a rien d'extraordinaire dans leur mise ni dans leur tournure. Agathe ne se donne point une indigestion de pâte ferme; mais elle prend six glaces et trois sorbets avec son amant, ce qui est infiniment meilleur ton.

Agathe s'arrête aussi devant les boutiques, et Edmond est trop galant pour la laisser admirer à la porte. Comment ne pas satisfaire tous les désirs d'une femme qu'on adore, et qui elle-même ne nous refuse rien? Edmond achète à sa maîtresse chapeaux, châles, robes, fichus, boucles d'oreilles, et il la mène en cabriolet, la fait dîner chez les meilleurs traiteurs. Le soir, il la conduit au spectacle; il la bourre encore d'oranges, de glaces et de bonbons; aussi Agathe est charmante avec son amant; ses yeux expriment toujours le plus ardent amour, et la blessure causée par le cheval n'est pas encore guérie.

Il y a trois semaines que l'on mène cette joyeuse vie. Tous les matins et tous les soirs, Agathe répète à son ami : — Tu m'épouseras, n'est-ce pas? et celui-ci le lui promet encore. Mais en fouillant un matin à sa caisse, Edmond s'aperçoit qu'il ne lui reste plus que cinquante écus. Il demeure stupéfait; il avait jusqu'alors pris sans compter, il croyait pouvoir y puiser toujours. Pour la première fois Edmond pense à l'avenir... il sent qu'il n'y a pas moyen de continuer le même genre de vie.

Agathe vient dans ce moment chercher son amant pour aller promener au bois de Boulogne en cabriolet. Mais Edmond lui montre l'état de sa caisse en lui disant : — Nous n'avons presque plus d'argent... il faut nous promener à pied...

Agathe pâlit; la gaieté qui animait sa figure fait place à une expression soucieuse. On sort, mais on ne rit plus comme la veille; par suite, on n'est plus aussi tendre que la veille, et toujours par suite, au bout de deux jours, la blessure d'Agathe est entièrement guérie.

» La jeune fille, qui ne renoncerait qu'avec peine à la vie agréable qu'elle menait, dit un matin à son amant : — Si tu n'as plus d'argent, il me semble qu'il faut écrire à ton père pour lui en demander. Puisqu'il est riche, il ne laissera pas son fils dans l'embarras.

Sigismond, le monsieur de madame Phanor.

Edmond se frappe le front en s'écriant : — Ah! mon Dieu! tu me fais penser à cette lettre que je devais mettre à la première poste sur la route. ... La voilà!... elle est restée dans ma poche... je l'avais oubliée... car tu me fais tout oublier.

— Mon ami, je ne t'ai jamais conseillé d'oublier tes parents; mets vite ta lettre à la poste... Y demandes-tu de l'argent?

— Non... je demande seulement mon pardon... pour la faute que j'ai commise... pour ma désobéissance à leur volonté...

— Mon ami, c'est de l'argent qu'il faut demander; c'est bien plus pressé. Rouvre ta lettre, et peins à tes parents l'embarras où tu te trouves. Quand on a de la fortune, il faudrait être bien barbare pour laisser son fils sans un sou.

Edmond se décide à rouvrir sa lettre, et y ajoute un petit postscriptum dans lequel il avoue qu'il n'a presque plus d'argent. Puis il va mettre sa missive à la poste. Mais son cœur est oppressé : il ne compte pas sur une réponse favorable; il commence à concevoir que ses parents pourront fort bien ne point lui pardonner d'avoir enlevé la nièce de madame Benoît, et cette idée l'empêche de se livrer à l'espérance.

» En attendant la réponse tant désirée, Edmond et Agathe sont allés se promener sur les boulevards. Le jeune homme est rêveur; la jeune fille, qui ne tient plus ses yeux baissés comme chez sa tante, dit tout à coup à Edmond :

— Mon ami, regarde donc cette femme qui arrive en face de nous... qui donne le bras à un jeune homme... Ah! quelle tournure!... il y a de quoi mourir de rire!

Edmond lève les yeux, et s'arrête en reconnaissant son cousin, qui est devant lui.

Adam s'avançait fièrement avec deux dames sous les bras. A sa droite, il tenait madame Phanor, qui avait une robe sale, un chapeau neuf et des bas troués, et se penchait avec abandon sur son cavalier en regardant jusque dans le blanc des yeux chaque homme qui passait. A sa gauche, Adam avait Tronquette. C'était elle qu'Agathe avait désignée à Edmond, parce que la fille du meunier, ayant voulu prendre les modes de la ville, les portait d'une façon si comique qu'il n'y avait pas moyen de passer près d'elle sans la remarquer. Ce qui attirait particulièrement les regards était une toque de crêpe bleu, posée presque sur ses yeux, et dont les plumes placées sur une oreille caressaient l'épaule gauche de la grosse fille, qui, à chaque minute, regardait si ses plumes ne s'étaient pas envolées, ce qui commençait à beaucoup impatienter Adam.

— C'est mon cousin, dit Edmond en s'arrêtant. — Ton cousin... ce grand jeune homme-là!... Il n'est pas trop élégant... Et ces deux femmes qui sont avec lui... où a-t-il pris ça?...

Adam a reconnu Edmond, il quitte aussitôt ses deux femmes, et vient embrasser son cousin en s'écriant :

— Te voilà !... Ah! que je suis content de te rencontrer!... J'avais beau te chercher dans cette ville... C'est si grand!... Est-ce ta bonne amie, ça?... elle n'est pas trop mal.

Agathe devient rouge de colère; Edmond ne répond pas, mais Adam continue : — Voilà Tronquette... Tu sais, ma passion, la fille de Bertrand!... J'espère que je l'ai joliment habillée... Mais je ne lui donnerai plus de plumes; elle m'ennuie avec ses plumes, elle a toujours peur qu'elles ne s'envolent. L'autre dame, c'est une voisine, madame Phanor. Ah! une dame bien aimable... bien gaie!... elle ne nous quitte plus. Elle a la complaisance de venir avec nous dans les spectacles, chez les traiteurs... Ah! mon Dieu, nous dînerions quatre fois par jour, qu'elle dînerait quatre fois pour nous faire plaisir; c'est une femme bien complaisante. Ah! à propos... as-tu de l'argent à me prêter?... Figure-toi que je n'ai plus le sou... Moi qui croyais avoir de l'argent pour un siècle! C'est étonnant comme tout a filé. Mais j'ai écrit à papa ce matin... C'est-à-dire, je lui ai fait écrire par madame Phanor... parce que, moi, je n'aime pas écrire; j'ai signé seulement; je demande de l'argent au papa, et je suis bien sûr qu'il va m'en envoyer.

Edmond va répondre, quoique Agathe le tire par le bras pour l'emmener, lorsque madame Phanor s'avance en disant : Eh bien! monsieur Adam, vous nous lâchez là comme deux paquets, moi et madame votre épouse... Ça ne se fait pas, cher ami. Songez que les dames sont toujours exposées dans Paris, surtout quand elles n'ont pas l'air de voleuses.

Adam s'avançait fièrement, donnant le bras à Tronquette et à madame Phanor.

— Je cause avec mon cousin, ma voisine. Le voilà... vous savez bien, Edmond, dont je vous ai parlé?... — Ah! c'est monsieur votre cousin... Enchantée de faire sa connaissance, ainsi que celle de madame son épouse. Ecoutez, mes enfants : puisque vous avez à parler d'affaires, entrons quelque part; car, à Paris, quand cinq personnes s'arrêtent pour causer, on croit qu'elles vont faire des tours de force... Entrons dans un café... nous prendrons quelque chose... Ce n'est pas que j'aie besoin de rien; mais Dondon... je veux dire madame Adam, m'a dit qu'elle se sentait une défaillance d'estomac; c'est son dîner qui passe mal. Je crois qu'un petit verre de kirsch la soulagera.

Edmond n'est pas fâché de causer avec Adam, et quoique Agathe le tire toujours pour l'entraîner et fasse une moue horrible, il suit son cousin dans un café qui fait le coin du boulevard.

Madame Phanor et Tronquette sont déjà attablées. Edmond dit tout bas à Agathe : — Va t'asseoir un moment près de ces dâmes... pendant que je vais causer avec Adam... — Ces dames !... elles sont jolies, ces dames... L'une a l'air d'une caricature, et l'autre... je n'ose pas dire de quoi !... — Je ne serai pas longtemps... Va, je t'en prie... — Ah, Dieu ! je voudrais être je ne sais où !...

Cependant mademoiselle Agathe est obligée de céder et de se placer à la table, où madame Phanor se dispute déjà avec le garçon, tandis que Tronquette cherche ses plumes avec sa main gauche. Edmond arrête Adam, qui allait s'asseoir, et l'entraîne sur le boulevard.

— Tu as raison, dit Adam. Promenons-nous un peu. Je ne suis pas fâché d'être un moment débarrassé de mes deux femelles. C'est fatigant d'avoir toujours deux femmes sous les bras... Depuis que je suis à Paris je n'ai pas encore été seul un instant... C'est étourdissant. Dis donc, Edmond, sais-tu qu'il y a de bien jolies femmes à Paris ?... C'est qu'il y en a de toutes les façons !... J'avoue que si je n'avais pas toujours Tronquette pendue à mon bras, j'aurais voulu faire connaissance avec ces jolies Parisiennes... Et toi ?

— Ce n'est pas à cela que je pense ! — Oh ! toi, tu es passionné !... Tu songes qu'à ton Agathe. Moi, je ne sais pas pourquoi il me semble que Tronquette n'est plus aussi jolie ici qu'au village. Cette toque... ces plumes... ça la gêne... Elle était bien mieux en bonnet plissé... mais elle a voulu de tout cela... Je ne sais rien refuser... Et ton Agathe, l'as-tu épousée ?... car tu m'as dit qu'elle voulait absolument se marier, celle-là. — Je n'ai pas encore pu songer à cela... autre chose m'occupe maintenant... Tu n'as plus d'argent, m'as-tu dit ? — Encore deux ou trois pièces d'or ; mais ce n'est pas pour ma dent creuse... Ça roule si vite !... Peux-tu m'en prêter ? Je suis comme toi, je n'ai presque plus d'argent, et je t'avoue que c'est cela qui m'inquiète. — Moi, ça ne m'inquiète pas du tout... Je suis bien sûr que le papa va m'en envoyer... je suis même étonné que l'ami Tourterelle ne soit pas déjà venu savoir si je ne manquais de rien. — Je ne suis pas aussi tranquille. Mes parents n'approuvaient pas mon amour pour Agathe... Ma conduite les aura irrités... Il n'est pas certain qu'ils m'envoient de l'argent. — Alors je t'en donnerai, moi. — Oh ! tu es bien bon... mais... — Mais quoi ? n'est-il pas naturel de s'obliger ? Si tu avais plus d'argent que moi, m'en donnerais-tu pas ? Si... mais... — Oh ! que tu m'ennuies avec tes mais !... — Je voudrais pas toujours vivre à tes dépens. — Qu'est-ce que ça veut dire, mes dépens ? Je ne connais pas ces phrases-là. Je pense que, entre amis, ce qui est à l'un est à l'autre. — Sans doute. Cependant, si mon père ne me pardonnait pas... Je ferais en sorte de me procurer par moi-même des moyens d'existence... J'ai quelques talents... je les utiliserais... je travaillerais. — Tu travaillerais... Bien sensible !... Moi, je ne travaillerai pas. D'ailleurs ça me serait difficile : je ne sais rien faire. Je veux m'amuser, je suis venu à Paris pour cela. — Mais si par hasard on ne t'envoyait pas d'argent ?... — Je te dis qu'on m'en enverra. — Supposons qu'on ne t'en veuille plus envoyer... que ferais-tu ? — Ce que je ferais... ma foi... je... je ne ferais rien... Que diable veux-tu que je fasse ?... — On ne gagne pas sa vie à ne rien faire... Ah ! mon pauvre Adam !... puisses-tu ne jamais regretter d'avoir si mal employé ta jeunesse ! — Ah çà ! dis donc : est-ce que tu vas me faire de la morale, toi ? Ça serait drôle !... Monsieur, qui a mangé son argent aussi vite que moi, et qui voudrait me donner des leçons... Puisque mon père ne m'a rien fait apprendre, c'est probablement qu'il veut que je ne fasse rien : je remplirai ses intentions. Au reste, comme il doit savoir qu'un garçon de dix-neuf ans ne se nourrit pas comme une linotte, il m'enverra de l'argent tant qu'il en aura et que je n'en aurai pas... C'est dans la nature. Et toi, mon cher cousin, tu me feras grâce de tes leçons, parce que je ne les ai jamais aimées. — Ce ne sont point des leçons, ce sont des réflexions... — Je n'ai pas veux pas de réflexions... Je veux m'amuser, je suis venu à Paris pour ça. Allons rejoindre ces dames.

Edmond suit Adam et, tous deux retournent au café. En attendant ces messieurs, madame Phanor s'était placée entre Tronquette et Agathe ; elle avait fait apporter du punch, elle s'en versait à chaque instant, tout en lançant des œillades dans le café, pour voir si on la remarquait ; puis elle arrangeait la toque de Tronquette et lui caressait le menton en parlant très-haut : — Je veux, chère amie, que vous ayez avant peu la meilleure tournure de Paris... Je vous dresserai sur la mode, chère amour... C'est ça... Mes enfants, je vous demande pardon si je n'ai pas mis mes diamants aujourd'hui pour vous accompagner, mais je ne m'attendais pas à sortir ce soir : quand Dondon est venue me chercher, j'ai jeté à la hâte un ternaux sur mes épaules... le premier venu... J'ai dit : Il ne faut pas faire attendre mes enfants, Dondon, ta plume tombe trop par derrière... Ta marchande de modes t'a fichu ça comme on plante un soleil. Tu as l'air de Mimi Pichette, la reine des chiens !... Je te donnerai ma modiste... Vous ne buvez pas, mes petites chattes... On s'ennuie de ce que les époux ne reviennent point. Ah !... je conçois ça. C'est si naturel... Et vos époux sont tous deux bien intéressants !... C'est comme mon Phanor, que je regrette tous les jours... Ah ! Dieu !... garçon, votre punch est trop léger ; mon ami, remettez-nous donc un peu d'eau-de-vie là-dedans... Que ça flambe !... J'aime quand ça flambe, moi... — Mais, madame, il y en a la moitié de bu ? — C'est bien, garçon, pas d'impertinence ; on vous en payera trois bols, si c'est nécessaire... Faites ce que je vous dis. Mes enfants, à Paris, il faut savoir se faire servir, sans quoi on est la dupe de toutes ces canailles-là !... Tu ne dis rien, Dondon ; est-ce que tu étouffes encore, mon cœur ?... Pauvre mère ! depuis qu'elle est à Paris, elle ne fait que ça !... C'est grâce à une indigestion que je l'ai connue... Dieu ! quelle nuit nous avons passée !... Nous a-t-elle donné du mal, cette grosse fille-là ! Son époux perdrait la tête... C'est tout simple !... Ils arrivaient à Paris... ils ne connaissaient personne. Mais madame ne dit rien ?... Rassurez-vous, madame : le bien-aimé reviendra. Et quand même !... Vous êtes avec une femme qui saura vous faire respecter, et à qui les hommes ne font pas peur.

C'était à Agathe que madame Phanor s'adressait alors. Mais Agathe ne répond pas, elle se contente de regarder encore vers la porte d'entrée. Enfin Edmond et Adam reviennent ; madame Phanor s'écrie : — Arrivez donc, messieurs ! vos épouses n'ont pas cessé de soupirer après vous... Ah ! monstres que vous êtes !... vous savez bien que vous êtes aimés !

Edmond s'est placé près d'Agathe, qui lui dit tout bas : — Allons-nous-en, je t'en prie... Cette grande femme nous fait regarder par tout le monde.

— Un moment, répond Edmond, ce serait malhonnête si je partais si vite... D'ailleurs tu as pris quelque chose, et je veux payer.

En voyant Adam, Tronquette s'écrie : — C'est ben heureux !... J'ons cru que vous m'aviez plantée là pour toute la saison...

— Tronquette, dit Adam en se plaçant à la table, est-ce que tu crois que je te préfère un pays une fois à Paris ? — Oui, que je le crois : vous m'avez enlevée de cheux nous ; c'est pour que je sois avec vous peut-être ? — Est-ce que tu n'y es pas assez ?... — J'veux pas qu'on ne laisse la comme ça... J'veux qu'on me quitte du tout... — Tu ne veux pas ? tu ne veux pas ?... Apprends que je n'ai jamais su faire que mes volontés... — Ah, oui ! mais à c't'heure, c'est les miennes qu'il faut faire !...

— Mes enfants, mes bons amis, dit madame Phanor en criant plus fort que tout le monde, point de querelles dans le ménage... Je déteste les querelles !... Dondon n'a pas raison... son cher époux n'a pas tout à fait tort... Nous allons expliquer cela en prenant quelque chose...

— Je ne prends plus rien, dit Edmond. — Ni moi, dit Agathe. Mais Adam est de l'avis de madame Phanor ; Edmond, qui veut payer, n'ose pas s'en aller, quoique Agathe le tire toujours en dessous. Un nouveau bol de punch est apporté : Tronquette, qui n'a pas de rancune, va recommencer à trinquer avec son amant, lorsqu'en levant les yeux, elle aperçoit un homme en redingote, en guêtres, et poudré à blanc, qui vient d'entrer dans le café avec un autre individu qu'il pousse devant lui ; aussitôt son verre lui échappe des mains ; elle se jette plus morte que vive derrière madame Phanor en s'écriant : — Ah !... v'là papa !...

CHAPITRE XX. — Quelques pas en arrière.

En apprenant que son fils avait enlevé la nièce de madame Benoît, M. Rémonville avait d'abord éprouvé beaucoup de chagrin ; il avait fait part à la femme de cet événement, et la bonne mère lui avait répondu : — Mon ami, vous voyez bien que ces jeunes gens s'adorent... ne nous opposons plus à leur amour, partons vite pour Paris, allons les rejoindre et marions-les.

Mais, devenu plus calme, le père d'Edmond dit à sa femme : — Ma chère amie, je vois fort bien que ces jeunes gens s'aiment maintenant ; mais rien ne me prouve que cela durera longtemps. Voilà Edmond possesseur de son Agathe, il se gardera bien de courir après eux sur-le-champ et de vouloir les séparer. Non, dans quelque temps cela sera beaucoup plus facile, et qui sait si eux-mêmes ?...

— Ah ! mon ami, vous ne croyez donc pas à un véritable amour ? — Pardonnez-moi, mais un enlèvement,... un coup de tête ne me persuadent pas qu'on aime véritablement... On peut aimer beaucoup, et ne pas faire de sottises. Au reste, si ces jeunes gens résistent à l'épreuve de la possession, si cette Agathe se conduit bien... si elle aime encore notre fils lorsqu'il n'aura plus d'argent, ce qui ne tardera pas, alors... nous verrons... il ne faut jamais se presser pour sanctionner des folies. En attendant, rassurez-vous, j'ai des amis à Paris, je saurai quelle est la conduite et la position de notre fils. Mais il ne nous a pas encore écrit... C'est très-mal. — Mon ami, il n'a que dix-neuf ans !... — C'est pour cela, madame, il ne devrait pas déjà savoir oublier sa mère !

Chez M. Adrien on pense tout différemment.

Il est à Paris, dit le père d'Adam ; après tout... il ne fait que suivre mes intentions. Je voulais qu'il allât à Paris.

— Mais la fille de ce meunier qu'il a enlevée ? dit l'ami Tourterelle.

— Eh ! mon Dieu !... voilà bien du bruit pour une paysanne, qui a peut-être suivi Adam malgré lui... — Mais ce père qui veut l'assommer... — Bon ! bon ! nous lui donnerons quelques écus... Nous arrangerons tout cela!...Ces villageois crient bien fort, mais ils aiment l'argent... D'ailleurs Adam a trop d'esprit pour garder longtemps cette fille avec lui. Je la doterai, je la marierai. Si ma maudite goutte ne me faisait pas autant souffrir, je partirais sur-le-champ pour Paris, afin de faire entendre à mon fils que, s'il est permis de cajoler une fille des champs lorsqu'on habite la campagne, à Paris un jeune homme comme lui doit porter ses regards beaucoup plus haut. — Cette villageoise doit être toute simple, toute naturelle... et puisque votre fils est l'enfant de la nature, je ne vois rien d'étonnant à ce qu'il aime une fille des champs... — C'est égal, nous la lui ferons quitter, parce que le fils de M. Adrien Rémonville doit trouver mieux que cela. Dès demain, malgré ma goutte, je vais à Paris ; vous m'accompagnerez, n'est-ce pas, mon cher Tourterelle? — Et madame votre épouse, qui est-ce qui lui donnera le bras pendant mon... pendant notre absence ? — Elle se promènera seule, ou elle restera chez elle ; il me semble, mon ami, que dans ce moment mon fils doit seul nous occuper.

Tourterelle a fait un signe d'acquiescement ; le voyage est arrêté pour le lendemain. Mais le lendemain M. Adrien a une attaque de goutte plus violente qui le cloue sur son lit, et l'ami Tourterelle se donne une entorse en voulant sauter un petit fossé pour arriver plus vite près de Céleste, à laquelle il venait faire ses adieux.

M. Adrien est désolé. Il veut cependant avoir des nouvelles de son fils; il veut surtout lui conseiller de renvoyer Tronquette à son père. Après avoir réfléchi et consulté sa tabatière, dans laquelle il puise toujours des inspirations, M. Adrien tire avec violence sa sonnette, et fait demander Rongin sur-le-champ.

Suivant sa louable habitude, le concierge est dix minutes avant de se rendre près de son maître; enfin il se présente, et M. Adrien s'écrie :

— Allons donc , Rongin !... est-ce qu'on ne vous a pas dit que j'avais hâte de vous parler?...

— Pardonnez-moi, monsieur ; aussi je ne me suis pas seulement donné le temps de finir de déjeuner. On a tant d'ouvrage ici qu....

— Ecoutez-moi, Rongin, je vais vous donner une nouvelle preuve de l'estime que j'ai pour vous, et de la confiance que vous m'inspirez.

— Monsieur, il me semble que je me suis toujours conduit de manière à ne point mériter de reproches... quoique la servitude ne fût pas mon fait, et...

— Et moi, il me semble que je ne vous fais pas de reproches, puisqu'au contraire je vous dis que je veux vous donner une nouvelle preuve d'estime...

— J'entends bien ; mais c'est que quelquefois on dit des choses pour...

— Rongin, vous prenez tout de travers, même les compliments ; taisez-vous et écoutez-moi ; mon fils est à Paris.

— Oui... avec la fille de Bertrand, qu'il a enlevée.

— Je sais cela... C'est une folie de jeune homme... un tour d'écolier... Cela n'aura aucune suite...

— Ah ! vous êtes sûr que ça n'aura pas de suite? Jadis, quand on enlevait une fille, il fallait une réparation aux parents... il fallait...

— Vous ne savez ce que vous dites, Rongin, je ne m'interrompez donc pas. Je veux savoir ce que mon fils fait à Paris... je veux surtout l'engager à se séparer de cette Tronquette pour laquelle on fait tant de bruit. Je comptais partir ce matin, ma goutte m'en empêche; Tourterelle aurait pu me remplacer, il vient de se donner une entorse qui le tiendra peut-être six semaines sur sa chaise; dans cette occurrence, c'est sur vous, Rongin, que j'ai jeté les yeux pour aller à Paris savoir des nouvelles d'Adam; vous parlerez à mon fils, vous lui parlerez en mon nom...

— Monsieur Adam n'a pas l'habitude de m'écouter, et je crains que...

— Pardonnez-moi, il vous écoutera. Adam ne vous regarde point comme un domestique, il sait que vous avez eu des malheurs.

Rongin baisse le nez en murmurant : — Oui... oui... oh ! il sait... pardieu ! je sais bien ce qu'il sait.

— Je veux que vous m'écriviez où en sont les choses. N'oubliez pas de m'écrire au moins !... Car vous savez tourner une lettre, Rongin?... — Si je sais écrire!... Oui, monsieur... je m'en flatte... Et si j'avais eu le temps... Certainement, j'avais des idées pour le moins aussi fortes que M. Rousseau... — Alors faites vos apprêts. Voici de l'argent, ne le ménagez pas... Prenez la voiture à Gisors, et ce soir vous serez à Paris.

Rongin prend l'argent, s'incline, et s'éloigne en se disant : — Je vais faire un petit voyage d'agrément ; quant à son fils, je ne me fatiguerai pas à le chercher.

Rongin était parti deux jours après les jeunes gens. Arrivé à Paris, il s'était logé dans un joli hôtel garni; il se levait tard, allait se promener, fréquentait les cafés, lisait les journaux, faisait de la politique, et ne s'occupait pas plus du fils de son maître que s'il n'eût pas existé; mais pour qu'on ne soupçonnât pas la vérité, il écrivait tous les deux jours à monsieur Adrien :

« Je n'ai encore rien *découvairt*; mais je *fesse* nuit et jour mes *per-
» quisissions.* »

M. Adrien montrait les lettres de Rongin à sa femme, en disant :

Il a un peu oublié l'orthographe... mais je suis sûr qu'il se donne un mal de galérien pour trouver notre fils!...

Il y avait plusieurs semaines que Rongin était à Paris, où il menait cette agréable existence qu'il comptait prolonger longtemps. Il avait deux fois aperçu Adam et Tronquette sur les boulevards ; alors, au lieu d'aller à eux, il s'était enfui par un autre côté. Mais un soir qu'il venait encore de rétrograder en apercevant Adam avec deux dames, il se trouva nez à nez avec Bertrand.

Le meunier, qui connaît fort bien Rongin, court à lui et l'arrête au moment où le concierge allait s'esquiver.

— Que faites-vous à Paris ? dit Bertrand sans lâcher le bras de Rongin.

— Je suis à la recherche de M. Adam Rémonville, répond Rongin en prenant un air d'importance.

— Et moi aussi, je suis t'à sa recherche et à la celle de ma fille ; et, par la mille-z'yeux! si je les trouve... Vous voyez ce gourdin que j'ai apporté avec moi... Je ne vous en dis pas plus!... — Vous ferez ce que vous voudrez : ce ne sont pas mes affaires. — Pardonnez-moi ! ce sont vos affaires , puisque c'est le fils de votre maître qui m'a enlevé ma fille. — Mon maître !... mon maître ! — Oh ! il ne s'agit pas de faire votre embarras ici , mon vieux ; je sais bien que vous êtes un sournois, madame, ça ne m'empêche pas avec Bertrand. Je me souviens encore du temps où j'allais chez votre maître pour voir ma cousine Catherine , et où vous me disiez que vous ne la connaissiez pas... Rappelez-vous qu'alors j'ai manqué de vous éreinter... — Monsieur Bertrand , il n'est plus question de tout cela... Pardon si je vous quitte; mais mon devoir... — Non pas, mon ancien ; j'en suis bien fâché, si ça vous ennuie, mais je ne vous quitte plus... J'ai dans l'idée que vous savez fort bien où est Tronquette et son séducteur, peut-être même qu'à mon insu vous protégez les égarements de la jeunesse ! — Je vous assure que... — Chut!... vous dis-je, et donnez-moi le bras... Vous cherchez le jeune homme, moi je cherche la fille; en cherchant à deux, nous les trouverons plus vite; désormais nous ne nous promènerons plus l'un sans l'autre. Je vas t'élire domicile avec vous, tant pis si ça vous dérange... Mais si vous essayez de me quitter, je vous préviens que je vous jette mon gourdin dans les jambes, et que ça pourra vous gêner pour courir.

Bertrand a passé le bras de Rongin sous le sien ; celui-ci fait une vilaine grimace en marchant à côté du meunier, dont le redoutable gourdin lui donne des faiblesses dans les genoux ; il prévoit que le séjour de Paris ne lui offrira plus aucun agrément s'il faut qu'il soit toujours avec M. Bertrand, et il pense que le meilleur moyen de se défaire de sa compagnie est de l'aider à retrouver sa fille. Il dirige alors leur promenade du côté où il a vu aller les jeunes gens ; bientôt il aperçoit Adam se promenant avec Edmond devant un café.

Rongin serre fortement la main du meunier, et l'arrête en lui disant : — Voilà déjà le séducteur.

En apercevant Adam, les yeux de Bertrand se sont enflammés ; il lève son gourdin et veut entrer contre le concierge , en s'écriant : — Je vais lui faire danser la périgourdine.

Mais Rongin se pend au bras du meunier et parvient à le retenir.

— Vous allez faire un esclandre, lui dit-il ; à Paris il n'est pas permis de battre comme un homme , ce n'est pas comme à la campagne. D'ailleurs, celui-ci s'enfuira, et vous ne saurez pas encore où est votre fille. Il vaut bien mieux le guetter de loin, et voir où il ira... Probablement votre Tronquette n'est pas loin.

Bertrand sent que le concierge a raison ; il maîtrise sa colère ; mais il ne lâche pas Rongin, dont il redoute quelque trahison. Il se tient à l'écart avec lui jusqu'à ce qu'Adam et Edmond entrent dans le café ; alors il s'en approche, regarde à travers les carreaux, et pousse un cri de joie, en disant :

— Elle est là !.... — Qui ?... votre fille? — Eh ! oui ! Tenez, là-bas à cette table.. avec deux autres personnelles... Ah ! comme elle est déguisée ! on lui a mis sur la tête des panaches et des plumes pour lui faire oublier son père... Mais je la reconnaîtrons toujours, moi !... Allons, en avant ! — Monsieur Bertrand, je vous ai aidé à retrouver votre fille... elle est là... emmenez-la ; faites ce que vous voudrez ; vous n'avez plus besoin de moi... — Si fait ! c'est le fils de votre maître qui m'a dérobé Tronquette ; vous devez être témoin dans cette affaire-là... — Je ne veux pas être témoin... — Vous le serez tout de même... — Mais, monsieur Bertrand... — Mais , monsieur Rongin, pas tant de raisons, et passez devant.

Et le meunier, qui a ouvert la porte du café, pousse Rongin par les épaules et le force à y entrer avec lui.

CHAPITRE XXI. — Une Scène au Café.

Tronquette s'était caché la figure derrière le chapeau de madame Phanor, dans l'espoir que son père ne la verrait pas. Adam , qui tourne le dos à la porte, et n'a pas entendu l'exclamation de sa maîtresse, ne comprend rien à sa terreur, et madame Phanor s'écrie :

— Eh bien ! Dondon, qu'est-ce que cela signifie?... On ne joue pas à cache-cache dans les cafés, ma grosse ; c'est mauvais genre !...

Mais en ce moment Bertrand s'écrie d'une voix de stentor : — T'as beau te cacher, coquine ; je t'ons vue et reconnue... Ah ! tu viens comme ça à Paris, seulement pour te divertir... et c'est avec un jeune homme que tu viens prendre tes divertissoirs !... Allons, qu'on se lève, et qu'on me suive plus vite que ça !...

Ces paroles, et la manière dont on les a prononcées, attirent l'attention de toutes les personnes qui sont dans le café, tandis qu'elles pétrifient Adam et Tronquette, qui viennent de reconnaître Bertrand, dont le bras est levé, et qui brandit au-dessus du bol de punch son redoutable gourdin.

Madame Phanor, seule, n'est point effrayée par les gestes menaçants du meunier, et sans quitter son verre, qu'elle portait à sa bouche, elle s'écrie :

— Qu'est-ce qu'il y a donc ?... qu'est-ce que c'est que cette scène-là ?... Est-ce que monsieur est ventriloque ?...

— Je suis un homme offensé... et je viens pour une offense, dit le meunier en gardant son attitude menaçante. Ma fille a été séduite... v'là un témoin de la chose... N'est-il pas vrai, témoin?

Bertrand cherche des yeux Rongin; mais celui-ci s'est sauvé du café sans attendre qu'on l'interpellât.

— Il est parti, le vieux sournois !... c'est égal, je me passerai de lui... Je suis le père de ma fille que v'là, et je le ferai voir... — Ah! vous êtes le père de votre fille, mon brave homme ; vous êtes plus heureux que beaucoup d'honnêtes gens. Comment ! c'est monsieur ton père, Dondon ! mais que ne le disais-tu donc ?

Et madame Phanor se penche vers l'oreille de Tronquette, et lui dit tout bas : — Ne pleure pas... laisse-moi faire, je vais t'attendrir... Monsieur, asseyez-vous donc !... vous allez prendre quelque chose.

Le meunier ne se laisse point toucher par les politesses de madame Phanor, qui ne cesse de demander encore du punch ; il la repousse assez brusquement, et veut saisir sa fille par sa toque, mais la coiffure lui reste dans la main, et Tronquette tombe échevelée aux genoux de son père.

Jusqu'alors Adam n'a rien dit ; il est même assez embarrassé. On l'est toujours lorsqu'on se sent coupable ; et que dire à un père dont on a enlevé la fille, lorsqu'on n'a pas intention de réparer sa faute en épousant celle que l'on a séduite ? et Adam n'avait nullement cette intention-là.

Cependant, en voyant le meunier saisir sa fille par ses plumes, et celle-ci se jeter aux pieds de son père, Adam se lève et veut retenir Bertrand en s'écriant : — Morbleu ! je ne souffrirai pas que vous la maltraitiez !...

— Toi ! dit le meunier, dont les yeux étincellent de colère. Toi ! tu oses parler... Vicieux scélérat !... Attends ! je vas te donner ton compte, à toi !...

Bertrand a levé le bras, il fait tourner en l'air son redoutable gourdin ; mais en voulant atteindre Adam, qui a pris un tabouret pour se défendre, le meunier fait voler en éclats trois carreaux de la devanture du café et la bouteille de bière que buvait un habitué.

Le maître et les garçons du café accourent et parviennent, non sans peine, à contenir Bertrand. Edmond a arrêté Adam, qui est au moment de lancer son tabouret à la tête du père de sa maîtresse, parce qu'il trouve probablement que c'est le moyen le plus court pour réparer sa faute. Agathe se sauve dans la salle de billard, Tronquette pleure à chaudes larmes ; et madame Phanor crie en gesticulant, mais sans quitter sa table :

— Mes enfants !... mes amis, la paix !... Mon Dieu ! que c'est bête, entre gens comme il faut, de faire du bruit... des scènes pour des enfantillages !... Rasseyons-nous, prenons quelque chose, et tout va s'arranger.

— Monsieur, dit le maître du café à Bertrand, on ne se conduit pas ainsi dans un endroit public... Vous troublez l'ordre... Vous cassez tout... Savez-vous que j'aurais le droit de vous faire arrêter ?

— Monsieur, dit le meunier d'une voix ferme, savez-vous que ce mauvais sujet m'a enlevé ma fille, mon unique enfant ? et pensez-vous qu'un père n'ait pas le droit de se plaindre lorsqu'on débauche celle que jusqu'alors il avait embrassée sans rougir ?

On ne répond rien à Bertrand ; le maître du café et les garçons cessent même de le retenir ; les personnes qui sont là ne rient plus ; car il y a des discours qui n'ont pas besoin d'être dits avec éloquence pour faire de l'effet, et des choses sur lesquelles on ne peut pas plaisanter.

— Je veux bien ne pas rosser le jeune homme, reprend Bertrand, du moins pas ici... Je le retrouverai plus tard ; mais je veux que ma fille me suive, qu'elle vienne avec moi sur-le-champ, qu'elle retourne chez nous, et qu'elle épouse Jérôme Camus, qui croit qu'elle est allée chez sa tante. Allons, Tronquette ! lève-toi... Prends mon bras, et partons...

Tronquette se relève sans oser répondre et en sanglotant, tandis que madame Phanor lui dit tout bas : — Epouse Jérôme Camus, ma grosse ; épouse-le, crois-moi : tu reviendras ensuite à Paris pour t'amuser, et personne n'aura plus le droit de t'en empêcher ; parce qu'un mari, figure-toi que c'est l'équivalent d'un zéro !

Tout en disant cela, madame Phanor a ramassé la toque, et a voulu la replacer sur la tête de la villageoise ; mais le meunier l'en empêche, il rejette l'élégante parure sur la table en s'écriant :

— Au diable les fanfreluches !... Vous avez déjà assez gâté ma fille; elle n'aura pas besoin de ça au village pour qu'on la montre au doigt.

Le meunier a pris le bras de sa fille, il l'entraîne ; Tronquette s'éloigne les yeux baissés, et sans oser regarder Adam, qui ne cherche plus à la retenir.

— Tiens !... il s'en est allé sans payer les carreaux, dit madame Phanor quelques minutes après que Bertrand est parti.

— Oh !... je payerai... je payerai tout, répond Adam, qui est resté pensif devant la table où Tronquette était assise quelques instants auparavant.

— Et votre cousin... et son épouse... ils sont partis aussi !... Ça fait de drôles de gens !... Laisser un parent quand il a du chagrin !... Ne pas seulement lui dire adieu ! L'épouse de votre cousin me fait l'effet d'une pimbêche. Elle croit qu'on ignore qu'elle a été enlevée aussi. J'avais bien envie de lui lancer un mot à ce sujet quand elle a tourné la tête au lieu de trinquer avec moi ; mais je me suis tue, parce que je ne suis pas *mortifiante de mon naturel*... Eh bien ! mon cher voisin, comme vous voilà rêveur ! vous avez l'air d'un songe-creux... Parce que le père de votre amie a emmené sa fille, il ne faut pas vous désoler : il est un peu brutal, le père de la grosse ; mais il était dans son droit, vous avez bien fait de ne pas lui résister. Soyez tranquille, cher ami ; votre belle vous reviendra, et après tout, si elle ne vous revient pas, il ne manque pas de Dondons dans Paris.

— Au fait, je crois que vous avez raison, dit Adam en se levant ; et pendant qu'il passe au comptoir, où il paye les frais de la soirée, madame Phanor demande une grande feuille de papier ; elle s'en sert pour envelopper la toque de crêpe bleu et les plumes qui caressaient l'épaule de Tronquette ; elle attache soigneusement tout cela avec des épingles et l'emporte avec son ridicule.

Adam a tout payé, il est sorti du café. Madame Phanor a passé son bras sous le sien ; elle le lui serre beaucoup plus tendrement que de coutume, et n'est pas deux minutes sans le regarder.

— Pauvre Tronquette ! dit Adam. — Oui, pauvre Tronquette, excellente Tronquette ! répond madame Phanor ; elle était un peu bête, mais très-bonne fille, du reste !... — Comme elle va s'ennuyer au village à présent !... — Sans doute... elle s'ennuiera d'abord... Il est vrai qu'elle épousera Jérôme Camus, ce qui la distraira un peu... — Ce n'est pas que j'en fusse encore bien amoureux !... Oh ! ma foi ! j'avoue que c'était déjà passé... — Vraiment... c'était déjà passé ?... Oh ! ces monstres d'hommes !... c'est volage avant que de naître !... — Et puis je ne sais pourquoi, mais il me semble qu'elle était plus jolie dans son village qu'ici : là-bas elle était toujours gaie, elle riait pour un rien ; ici elle ne riait presque plus. — C'est que l'air de Paris ne lui convenait pas probablement. — Je lui donnais pourtant tout ce qu'elle désirait... — Ecoutez donc, mon cher voisin, Tronquette ne savait pas porter ce que vous lui achetiez ; elle n'était pas née pour cela. Vous aurez beau mettre une housse de velours à un âne, il n'aura jamais l'air d'un cheval !... — A Paris, il y a de si jolies femmes !... — Ah ! sans doute... à Paris... il y a des femmes... qui sauront au moins vous apprécier.

Ces derniers mots sont accompagnés d'un coup de coude, d'une œillade et d'un soupir. D'abord Adam ne fait pas attention au nouveau manége de madame Phanor ; cependant il faut bien qu'il s'aperçoive qu'il ne peut lever les yeux sans rencontrer ceux de sa voisine, qui le regarde d'une façon toute particulière ; Adam n'est pas novice, d'ailleurs il y a des femmes avec lesquelles on n'a pas la peine de deviner.

Bientôt la conversation change ; on ne parle plus de Tronquette ; madame Phanor a un babil intarissable ; elle est beaucoup plus aimable que la fille du meunier, qui à Paris ne savait que soupirer. Toutes les remarques que fait la jeune femme sont à l'avantage de madame Phanor ; à la vérité, celle-ci a dix ans de plus que Tronquette, elle est maigre et fanée, Adam n'en est pas amoureux, mais il a dix-neuf ans, et il lui faut absolument une maîtresse.

Après une promenade qui est devenue très-sentimentale, et que l'on a coupée par une station dans un jardin où il y a des bosquets, Adam est rentré à son hôtel garni avec madame Phanor, qui a l'air d'être dans sa poche ; le soir, sa voisine n'a pas été chez lui consulter son avocat, et le lendemain elle se promène avec Adam, coiffée de la toque bleue qui la veille encore parait la tête de Tronquette.

Et la vue de cette toque n'empêche pas Adam de rire, de faire l'amour avec madame Phanor ! elle ne lui rappelle pas Tronquette ; ou si elle la lui rappelle, cela ne trouble pas ses plaisirs. M. Rémonville a donc raison, l'homme de la nature ne vaut pas mieux que les autres.

CHAPITRE XXII. — Les jeunes gens vont vite.

Cependant les lettres des deux cousins sont parvenues à leurs parents.

— Il a dépensé tout ce qu'il avait, dit M. Rémonville en finissant la lettre d'Edmond, et c'est pour cela qu'il nous écrit. Je ne lui enverrai rien. Qu'il quitte son Agathe ; qu'il revienne vers nous ; alors je lui pardonnerai son escapade.

Et M. Rémonville répond sur-le-champ à son fils : « Je ne vous envoie pas d'argent, parce que je ne veux point autoriser vos folies. Si vous avez fait quelques dettes à votre hôtel, mon ancien ami, M. Grandpré, les payera, ainsi que les frais de votre retour; vous savez son adresse. Reconduisez votre Agathe chez sa tante, et revenez vite près de nous si vous voulez que je vous pardonne. »

La maman trouve cette lettre bien sévère; mais son mari n'y veut rien changer. Avant qu'elle soit fermée, elle demande à y ajouter une seule ligne pour son fils; elle n'écrit que ces mots : « *Pense encore à ta mère !* » mais en fermant la lettre, elle glisse dedans un billet de mille francs.

M. Adrien, las de ne rien apprendre par le concierge, venait de lui écrire pour lui ordonner de quitter Paris et de revenir à son poste, lorsqu'on lui apporte la lettre de son fils, ou plutôt celle de madame Phanor; car Adam n'avait fait que la signer, sans même se la faire lire.

En lisant la signature, M. Adrien tressaille de joie. — Mon fils m'écrit, lui! qui ne peut pas souffrir prendre une plume! quel effort!... Peste!... il faut qu'il ait des choses bien importantes à me conter... Et cet imbécile de Rongin qui ne sait pas le trouver!

M. Adrien fait appeler Céleste, qui était en train de se peindre les sourcils et de se faire des lèvres vermeilles, pour qu'elle vienne entendre la lecture d'une lettre d'Adam. Céleste descend avec un seul sourcil de fait, ce qui donne quelque chose de boiteux à sa physionomie; mais comme l'ami Tourterelle n'est pas là, elle veut bien suspendre sa peinture. Après avoir fait jouer une fanfare à sa tabatière, M. Adrien lit la lettre suivante :

« O mon père! si je vous écris, vous devez bien penser que c'est parce que j'ai besoin de vous. Le séjour de Paris est horriblement cher; je n'ai plus d'argent. Vous ne voudriez pas laisser votre enfant chéri dans la *débine* ; envoyez-moi sur-le-champ des écus, que je puisse tenir mon rang et vous faire honneur; songez que votre fils ne doit pas se restreindre à manger à la *gargote*. Je vous baise les mains ainsi qu'à ma vertueuse mère et à tous nos estimables parents et connaissances. »

Et par *post-scriptum* : « Envoyez-moi tout de suite une grosse somme, afin que je vous écrive moins souvent; ce qui vous ruinerait en ports de lettres. »

— Voilà un singulier style, dit Céleste en se pinçant la bouche. — Pour un élève de la nature, ce n'est pas trop mal! répond M. Adrien. — Il me semble qu'il dépense un peu vite son argent. — Ah! je gage bien qu'il sait s'en faire honneur!... Mais c'est cette Tronquette qui m'inquiète... Il ne nous en dit pas un mot... Et Rongin qui ne les a pas rencontrés!... Il est bien fâcheux que Tourterelle ne soit pas guéri de son pied et que cela l'empêche d'aller à Paris... ou bien plus fâcheux que votre goutte vous empêche d'y aller vous-même!... — Je voudrais savoir si mon frère a reçu des nouvelles de son fils... Oh! je rirais bien s'il épousait sa petite Agathe!... — Et si votre fils épousait sa paysanne, ririez-vous autant?

M. Adrien ne répond rien; il va consulter sa caisse, il se propose d'envoyer des fonds à Rongin pour qu'il les porte à son fils. Mais le lendemain le vieux concierge est de retour chez son maître, devant lequel il se présente d'un air de conquérant.

— Victoire! dit Rongin en se jetant sans façon sur une chaise, j'ai découvert le jeune homme; il était avec sa Tronquette, je ne voulait pas s'en séparer!... Qu'ai-je fait?... Je suis parvenu à trouver Bertrand, qui cherchait aussi sa fille à Paris; je l'ai mis sur les traces de nos jeunes gens, et Bertrand a repris sa fille : par conséquent, M. Adam n'est plus livré aux erreurs de la séduction. Je me flatte que j'ai proprement rempli mes intentions. Je n'ai point ménagé mes pas et mon repos; mais quand on a été bien élevé, on tient à prouver qu'on sait faire autre chose que garder sa porte.

M. Adrien est enchanté; il prend la main du concierge : — C'est bien, Rongin, c'est très-bien; je n'attendais pas moins de vous. Ainsi, mon fils n'est plus avec la fille du meunier? — Non, monsieur, puisque Bertrand a ramené sa fille. Par exemple, je vous prierai de ne pas le dire à M. Adam; car moi qui ai conduit toute cette affaire; il m'en voudrait, et comme il est très-vif... — Soyez tranquille, mon ami... Ah! je suis ravi de cela... Que mon frère vienne maintenant... nous verrons. Il paraît que son Edmond est toujours avec la petite couturière, car ma belle-sœur est fort triste. Vous n'avez pas eu de nouvelles d'Edmond à Paris? — J'avais bien assez à faire de courir après M. Adam. — C'est juste, Rongin; vous recevrez cinquante francs de gratification. — Monsieur, je les accepte, parce que je m'en crois digne. — Quant à mon fils, j'allais lui envoyer deux mille francs; il en recevra quatre mille... Je veux qu'il s'amuse. — Si monsieur désire que je retourne porter cette somme à son fils? — C'est inutile maintenant; du moment qu'Adam n'est plus avec sa paysanne, je suis tranquille : vous l'avez laissé dans le bon chemin, n'est-ce pas, Rongin? — Ma foi, monsieur, je l'ai laissé sur les boulevards... — D'ailleurs, incessamment Tourterelle ira à Paris.

Et M. Adrien, très-satisfait de son fils, lui envoie sur-le-champ une lettre de change de quatre mille francs, avec cette courte missive :

« Tu dépenses ton argent un peu vite, mais tu as quitté la fille du meunier; je suis content de toi. Ménage ma caisse, mais lance-toi dans la belle société... Je suis certain que ton charmant naturel t'y fera obtenir de grands succès.

» Ton père, ADRIEN. »

Cette lettre est envoyée à la poste de Gisors, et elle part pour Paris avec celle que M. Rémonville le jeune a écrite à son fils.

Edmond avait brusquement quitté le café après la sortie de Bertrand : mademoiselle Agathe, déjà très-mécontente de se trouver dans la compagnie de Tronquette et de madame Phanor, n'avait pas voulu retourner chez près d'Adam. Mademoiselle Agathe avait aussi ses volontés, et elle exigeait que son amant s'y soumît; Edmond cédait à sa maîtresse, mais il commençait à trouver qu'elle n'avait pas toujours raison.

Le lendemain de la scène du café, on reçoit de Gisors la réponse si impatiemment attendue. Edmond tremble en reconnaissant l'écriture de son père; il tremble plus fort en brisant le cachet. Enfin la lettre est ouverte, le billet de banque s'en échappe. Agathe le ramasse en sautant de joie, et s'écrie : — Tu vois bien que tes parents te pardonnent!

Edmond ne l'espérait pas; la vue du billet de mille francs dilate son cœur, et il lit avec confiance la lettre de son père. En lisant, sa physionomie se rembrunit; il passe la lettre à Agathe en disant : — Tiens... je n'y conçois rien...

Agathe lit à son tour : Edmond n'avait pas aperçu les quatre mots ajoutés par sa mère; la jeune fille les lui montre. Et Edmond comprend d'où vient l'argent; mais son père est toujours irrité. — Qu'est-ce que cela fait? dit Agathe; si ta mère te pardonne, et si elle t'envoie ce que ton père te refuse, cela revient au même.

Edmond n'est pas de cet avis; mais Agathe le caresse, l'embrasse; elle lui persuade que son père ne tardera pas à pardonner, et Edmond recouvre sa gaieté; car Agathe est redevenue aimable, tendre, agaçante, et c'est un billet de mille francs qui a produit tout cela ! Le vil métal est donc maintenant nécessaire au bonheur des deux amants : l'amour ne leur suffit plus ; quand on veut n'exister que pour l'amour, c'est au fond d'une campagne, et non pas à Paris, qu'il faut aller demeurer; et dans cette campagne, quoique l'on ait un champ, des poules et une vache, il faudra pourtant encore quelques écus!... Quel ennui de ne point trouver un pays où l'on puisse vivre sans argent! cela conviendrait à tant de monde !!

Edmond regarde le billet de mille francs. — Avec cela, dit-il, je sais maintenant qu'on ne va pas loin... Nous devrions prendre un logement plus modeste, réformer notre dépense... économiser...

Agathe rit et embrasse de nouveau son amant. — Pourquoi t'inquiéter d'avance?... Cet argent dépensé, tu écriras à tes parents... Ton père ne sera plus en colère. — Est-ce que tu veux que nous vivions comme des ermites?...

Mademoiselle Agathe sait si bien s'y prendre qu'Edmond fait tout ce qu'elle veut; les projets d'économie sont oubliés, et on dépense lestement l'argent que la bonne maman a glissé dans la lettre.

Cependant, Edmond juge convenable d'aller faire une visite à M. Grandpré, cet ami de son père, dont il a l'adresse; il pense qu'il voudra bien intercéder pour lui près de M. Rémonville.

M. Grandpré, homme âgé et sévère, reçoit froidement Edmond. Il lui fait une longue morale, l'engage à retourner bien vite chez ses parents; et le jeune homme sort de chez M. Grandpré en se promettant de n'y plus retourner.

Dans le petit hôtel garni de la rue d'Angoulême, on a reçu aussi la réponse de M. Adrien. Ne pouvant pas déchiffrer l'écriture de son père, Adam porte la lettre à madame Phanor en lui disant : — Tenez, tendre amie, voici une réponse de mon cher papa... Faites-moi le plaisir de me la lire, car il a une écriture si mignonne, si serrée, que je ne pourrais pas la déchiffrer.

Madame Phanor brise le cachet; elle commence par lire la lettre de change, puis elle court se jeter dans les bras d'Adam : — Que ton père est aimable!... Il t'envoie quatre mille francs payables à vue... Ah! il est vrai que je le lui avais écrit une bien jolie épître pour toi!

— Quatre mille francs !... ce n'est pas trop !... — Ah! mon ami, c'est bien gentil... Ne fais donc pas le cruel comme ça avec ton père, je veux qu'on respecte tes parents !... Je le veux... Parbleu, mon père est riche, j'étais bien tranquille !... Quand j'aurai dépensé cela, je lui en demanderai d'autre, et toujours comme ça... je n'aurai qu'à demander. — Tu n'auras qu'à demander... Ah! cher ami... quelle existence voluptueuse nous allons mener! Embrasse-moi encore, embrasse-moi toujours !... — Oui, mais voyons donc un peu ce que papa m'écrit... — Ah! c'est juste... mais je veux que tu ôtes ton chapeau, et que tu écoutes la lettre de ton père la tête découverte... — Qu'est-ce que c'est que cette bêtise-là? — Ce ne sont point des bêtises... quand on a un père qui nous envoie des quatre mille francs à vue, dès qu'on les lui demande, on doit le révérer... Je suis comme ça, moi, folâtre mais sensible... Ote ton chapeau, cher ami. Je commence : *Tu dépenses ton argent trop*... Hum !... hum !... hum !...

— Qu'est-ce que veut dire : Hum! hum?... — Tu as raison, ton père a une bien vilaine écriture... Remets ton chapeau, cher ami; j'ai peur que tu ne t'enrhumes. *Tu dépenses!* hum!... hum!...

— Ah çà ! est-ce qu'il n'y a que des hum !... hum !... dans la lettre de papa? — Attends donc... Ah! il est très-content que tu aies quitté la fille du meunier... il te donnera sa malédiction si jamais tu la reprends. — Bah! il y a cela?... — Oui, sans doute ; du reste, il t'engage à ne point ménager sa caisse... et à continuer de fréquenter la société... que tu vois en ce moment... et avec laquelle il se dit ton père.

— Tu vois, mon cher ami, reprend madame Phanor après avoir fait des boulettes de la lettre qu'elle vient de lire, que ton père lui-même cimente notre liaison, et t'engage à ne pas la rompre. — Je vois qu'il m'envoie de l'argent, et me dit de ne point le ménager ; par conséquent, rions, mangeons, buvons et amusons-nous!... — C'est ça même, mon petit ; tu me prêteras cinq cents francs, n'est-ce pas ? — Tout ce que tu voudras !... — C'est pour payer une dette d'honneur... chez une marchande à la toilette. Je te rendrai cela dès que j'aurai touché des fonds de Normandie... — Eh! mon Dieu, que m'importe?... J'en ai, tu n'en a pas ; je t'en prête, je t'en donne !... tu m'en donneras une autre fois !... — Ah ! mon ami, ton père a bien raison, tu as un charmant naturel !

Adam va toucher la lettre de change de quatre mille francs ; madame Phanor l'accompagne, parce qu'elle craint qu'on ne lui donne pas bien son compte, et elle n'oublie pas de prendre les cinq cents francs qu'elle se fait prêter. Ensuite, on ne songe plus qu'à se livrer au plaisir : avec Adam, il faut sans cesse en chercher de nouveaux, car l'homme qui ne sait que s'amuser finit par devenir très-difficile à amuser. Mais madame Phanor fait en sorte qu'il n'ait pas un moment à lui. Sa tâche surtout qu'il ne la quitte pas, et ne se trouve point avec d'autres femmes, car elle s'est aperçue que la constance n'est pas la vertu de l'homme de la nature. Elle étourdit Adam par son babil, par ses caresses, par ses élans de sentiment ; elle lui jure, nuit et jour, qu'elle l'adore ; qu'elle se tuera s'il la quitte, et Adam n'ose pas la quitter ; il dépense lestement son argent avec elle, si bien qu'au bout de six semaines madame Phanor est obligée d'écrire une nouvelle épître à M. Adrien, parce qu'il ne reste plus rien des quatre mille francs qu'il a envoyés.

CHAPITRE XXIII. — Tous les deux sur la même route.

Le billet de mille francs n'a pas mené loin Edmond et sa maîtresse, Agathe est devenue très-coquette depuis qu'elle est à Paris ; il lui faut toujours un chapeau frais, une robe à la mode : ce n'est plus cette jeune fille mise modestement, travaillant contre sa fenêtre, et n'ôtant que rarement les yeux de dessus son ouvrage ; ou plutôt c'est toujours elle, mais dans une autre situation. Pour savoir si une femme n'est pas coquette, il faut l'avoir vue résister aux séductions. Nous admirons quelquefois la conduite d'une personne, sans réfléchir que cette personne n'a pas eu occasion de se conduire autrement. Alors, où est donc le mérite, où est la vertu ? Chez celles qui étant en position de satisfaire leurs passions, n'y ont jamais cédé ; mais trouvez-moi beaucoup de ces personnes-là !

Edmond a écrit une nouvelle lettre à ses parents ; il a peint son embarras, mais il ne parle pas de retourner auprès d'eux, et on ne lui fait pas de réponse. Edmond redevient triste, inquiet ; Agathe est toujours coquette, mais elle moins caressante, moins aimante, et elle ne dit plus à Edmond : Tu m'épouseras, n'est-ce pas ? Pauvre amour que celui qui s'envole avec l'argent !... C'est dans le malheur que deux cœurs bien épris se rapprochent ; ceux qui s'éloignent alors ne se sont jamais bien entendus !

Edmond pense à utiliser ses talents, à gagner de l'argent par lui-même ; mais penser à une chose n'est pas encore la faire. Il espère que son père lui pardonnera, et il attend chaque jour de ses nouvelles.

En se promenant un matin seul dans Paris, Edmond se sent frapper sur l'épaule. C'est Adam qui est près de lui, Adam, vêtu avec la plus grande élégance, mais portant tout cela avec sa bonhomie ordinaire ; il donne le bras à un petit-maître, de bonne tournure, joli garçon, dont la physionomie a une expression d'amabilité forcée, et dont les yeux ne se fixent jamais sur ceux de la personne à laquelle il parle.

— Eh ! où diable vas-tu comme cela en ne regardant qu'à tes pieds? dit Adam en arrêtant son cousin.

— Ah ! c'est toi, Adam. — Ce cher Edmond ! Nous ne nous sommes pas vus depuis ce jour où Bertrand est venu chercher sa fille dans le café... Te rappelles-tu... cette pauvre Tronquette ? comme elle pleurait... — Oui... Tu as bien regretée ?... — Moi... Ah ! mon Dieu, pas du tout... Je me suis consolé de suite... le même soir, avec ma voisine.. Tu sais bien, cette grande que je tenais du bras droit... et qui m'adore à présent... oui veut se tuer si je la quitte... Elle commence à m'aimer trop aussi, celle-là ; ça m'ennuie... Tu sais que je suis pour le naturel, et Montgry dit que le changement est dans la nature. Ah! à propos, tu ne connais pas Montgry... c'est monsieur, mon ami intime ; il y a quatre jours que je le connais, nous avons fait connaissance dans un café, et déjà nous ne pouvons plus nous quitter. Ça fait joliment bisquer Phanor. Phanor, c'est ma grande. Je suis heureux, moi, tout le monde m'aime ; les femmes veulent être mes maîtresses, les hommes mes ami... Es-tu comme moi, Edmond ?...

— Non, je ne suis pas aussi heureux que toi! répond Edmond en soupirant. — En effet, tu as l'air triste... Conte-moi tes chagrins ; tu sais que je suis ton ami, quoique nous nous soyons battus quelquefois... Ma foi ça ne fait rien ; au contraire, on s'en aime mieux après. Parbleu ! avec Phanor, nous avons déjà eu quelques petites disputes, qui ont fini par des chiquenaudes un peu sèches ; mais aussi elle veut toujours être avec moi, pour m'amuser comme faisait Tronquette. Je ne peux pas souffrir m'amuser de force. Vive la liberté !... n'est-ce pas, Montgry ?

— C'est dans la nature ! répond le petit-maître en souriant d'un air fort gracieux.

— Ton père t'envoie donc toujours de l'argent? dit Edmond. — Mon père !... Ah ! je crois bien ! je n'ai qu'à lui écrire... c'est-à-dire lui faire écrire par Phanor, et je reçois tout de suite ce que je veux. Quand je dis tout de suite, je me trompe ; sa dernière réponse a un peu tardé, j'ai ça sur moi, dans mon portefeuille ; c'est Montgry qui m'a donné l'idée d'avoir toujours ma fortune dans ma poche ; il dit que dans les hôtels à Paris on peut-être volé... et puis c'est plus commode... J'ai encore trois mille cinq cents francs... veux-tu mille francs, en veux-tu deux mille ? — Mon cher Adam, je te remercie... mais je craindrais de te gêner... — Ça ne peut pas me gêner, puisque dès que je n'en aurai plus, Phanor écrira, en demandera, on m'en renverra... et voilà ! ça va tout seul... Et puis, pour les moments où les réponses du papa seront en retard, Montgry vient de me dire qu'il connaît un brave homme qui se fait un plaisir d'obliger les jeunes gens, de leur prêter de l'argent ; c'est très-aimable ça... je te ferai faire sa connaissance, ça te sera commode. En attendant, combien veux-tu? — Eh bien !... si tu peux me prêter mille francs, je te promets de te les rendre dès que mes parents... — Eh ! c'est bon... puisque je te dis que je n'en ai pas besoin. Tiens, voilà... En veux-tu davantage ?... — Non... Oh ! c'est bien assez.

— N'oublions pas que nos amis nous attendent au Palais-Royal, dit M. Montgry en tirant Adam par le bras.

— Ah ! c'est vrai... nos amis avec qui tu vas me faire faire connaissance en dînant... Car je te les connais pas encore, moi. Ce qui me plaît à Paris, c'est que les hommes sont bons enfants... on se lie tout de suite. Veux-tu venir dîner avec nous, Edmond ? — Je ne le puis... Agathe m'attend... — Phanor m'attend aussi ; mais je ne me gêne plus. Montgry dit que c'est une duperie de se gêner pour une maîtresse. Adieu, Edmond. — Ah! et ton adresse... que je puisse aller te rendre... quand mon père... — Je ne suis plus rue d'Angoulême, ce n'était pas assez beau ; je loge rue Saint-Honoré ; tiens, voilà mon adresse ; c'est un autre genre ici, on n'a pas besoin de sonner deux fois pour être servi ; c'est Montgry qui m'a fait changer de logement. Adieu... Viens me voir.

Adam s'éloigne, entraîné par le beau monsieur, qui semble avoir hâte de séparer les deux cousins, et qui a paru éprouver une contraction nerveuse en voyant le billet de banque passer du portefeuille d'Adam dans les mains d'Edmond. Ce dernier retourne plus gaiement près de son Agathe. Il lui montre ce que son cousin lui a prêté, et Agathe revient un peu de la mauvaise opinion qu'elle avait conçue d'Adam depuis la scène du café.

Edmond paye quelques dettes qu'il a contractées dans son hôtel ; mais, malgré les instances d'Agathe, il ne veut plus y rester. Il loue un petit appartement bien modeste dans le Marais, achète en meubles fort simples ce qui leur est strictement nécessaire, et conduit sa maîtresse dans ce nouveau logement.

Agathe fait la moue en entrant dans le petit logement, où elle cherche en vain les belles glaces, les riches draperies de l'hôtel qu'elle vient de quitter. Elle se jette sur une chaise et se met à pleurer.

Edmond est ému de la douleur d'Agathe ; mais il sent qu'il a eu raison de quitter l'hôtel où il fallait vivre en grand seigneur. Il s'approche de sa maîtresse et lui dit tendrement : — Pourquoi pleures-tu ? — Parce que c'est bien cruel, après avoir habité un bel appartement, de venir dans une chambre comme celle-ci. — Nous n'avons pas qu'une chambre, nous en avons deux... et un cabinet... — Ah ! oui... c'est superbe... Et c'est au moment où votre cousin vient de vous prêter de l'argent. Je ne conçois pas cela... — Moi, je ne veux pas être encore obligé de lui en emprunter... — Pourquoi donc ? puisqu'il ne demande qu'à vous obliger. — Je ne me sens pas fait pour vivre aux dépens d'un autre. Si mon père ne m'envoie rien, j'espère bien travailler pour m'acquitter. — Ah ! Dieu, que c'est vilain ici !... — Mais, Agathe... qu'importe le logement... quand on s'aime bien ?... Notre seul désir était d'être ensemble : n'y serons-nous pas ici ? — Ah ! c'est égal ; moi, je trouve qu'on s'aime mieux dans un riche appartement.

Edmond ne répond rien ; il s'éloigne tristement d'Agathe, qui s'écrie au bout d'un moment : — Comment se fait-il que votre cousin soit si heureux, qu'il ait de l'argent tant qu'il en veut, et que nous soyons toujours gênés, nous ? — C'est que le père d'Adam trouve bon que son fils soit venu à Paris ? — A la bonne heure, c'est un bon père cela !... Mais le vôtre... — Ah ! Agathe !... — Eh bien ! après ! quand vous me regarderez, vous ne m'empêcherez pas de dire que votre père est très-méchant, et qu'il n'a pas le sens commun.

Edmond se tait, mais il soupire. Il commence peut-être à trouver au contraire que son père avait plus raison que lui.

— Qui est-ce qui nous fera à dîner ici ? reprend Agathe. — Mais... personne... est-ce que tu ne pourras pas... toi-même... puisque tu n'as rien à faire ?... — Moi, faire la cuisine !... Ah bien ! il est joli celui-là... Vous verrez que je me serai fait enlever pour faire la cuisine ! comme ce serait amusant !... et chez ma tante je ne la faisais pas : n'y comptez pas, j'aimerais mieux me laisser mourir de faim !...

Edmond va s'asseoir dans un coin de l'appartement ; et pendant le reste de la journée les amants ne se parlent plus.

Mais un amant qui n'a pas vingt ans ne boude pas longtemps sa maîtresse. Edmond, qui ne veut pas laisser Agathe mourir de faim, va lui prendre le bras, et l'emmène dîner chez un restaurateur. Là, les amants font la paix, car Agathe est très-gourmande, et Edmond lui rend son amabilité en lui faisant manger des friandises et boire du champagne.

— Tu conviendras, mon bon ami, dit Agathe, qu'il vaut bien mieux dîner ici que chez soi ; d'abord on n'a pas d'embarras, ensuite c'est meilleur... — Oui... mais... le prix... — Nous économisons sur le logement... n'est-ce pas suffisant ?... D'ailleurs, puisque tu veux travailler, toi, qui as mille talents, qui sais composer... toucher du piano, jouer du violon ; certainement, quand tu le voudras, tu gagneras beaucoup d'argent. A Paris, on dit que les gens à talents font tout de suite fortune... — Tu crois ? Au fait, j'ai peut-être tort de m'inquiéter. Dès demain je m'occuperai sérieusement de trouver des élèves ou une place dans quelque administration... — Mais tu auras soin de dire que tu veux une belle place et de très-forts appointements. Quand on demande, vois-tu, il faut tout de suite demander ce qu'il y a de mieux ; et quand ton père verra que tu n'as plus besoin de lui, je suis sûr qu'il te pardonnera.

Tranquillisé par cet espoir, Edmond demande encore du champagne, et en attendant qu'on ait une belle place et qu'on gagne beaucoup d'argent, on fait sauter les écus du cousin, et avant de tenir ce qu'on espère, on dépense ce qu'on tient. Mais, dans la vie, le présent et l'avenir se font toujours mutuellement du tort.

Quelques jours après, Edmond va trouver son propriétaire, homme qui lui a paru répandu dans le beau monde ; il lui fait part de son désir de trouver un emploi ou d'utiliser ses talents.

— Vous êtes bien jeune ! lui dit-on ; et on sourit quand il ajoute qu'il veut avoir de très-forts appointements. Cependant on lui promet de penser à lui. En attendant l'effet de cette promesse, la somme que le cousin a prêtée diminue chaque jour ; mademoiselle Agathe ne veut rien réformer dans ses plaisirs, et lorsque Edmond veut faire quelque représentation, elle lui ferme la bouche en lui disant : — Ne sois pas inquiet, on pense à toi.

Enfin, le propriétaire d'Edmond le fait demander. Celui-ci se hâte de se rendre près de lui, persuadé qu'on lui a trouvé un emploi très-lucratif.

— Monsieur, lui dit son propriétaire, j'ai plusieurs fois parlé de vous ; mais les places sont difficiles à obtenir. Jusqu'à présent je n'avais rien trouvé ; aujourd'hui, cependant, j'ai quelque chose à vous offrir. Mon épicier vient de régler un compte avec moi. C'est un fort gros épicier, quoiqu'il vende en détail ; il fait de très-bonnes affaires. Il vient de me dire qu'il avait besoin de quelqu'un pour mettre ses livres en ordre... pour les tenir... — Quoi ! monsieur, vous m'offrez une place chez un épicier ? dit Edmond en rougissant de dépit. — Vous ne seriez point dans la boutique, monsieur Edmond, vous seriez dans une chambre à part ; c'est pour tenir les livres ; tenez, voici son adresse. Il donnera, m'a-t-il dit, six cents francs d'appointements. — Six cents francs par mois ?... — Non, monsieur, non, six cents francs par an. — Je vous remercie, monsieur, mais cela ne me convient pas.

Edmond revient de très-mauvaise humeur près d'Agathe ; il lui fait part de ce qu'on vient de lui proposer. — Six cents francs par an ! dit Agathe ; combien cela fait-il par mois ? — Cinquante francs. — Ah ! quelle horreur !... Qu'as-tu répondu ? — Sans doute ; mais avec tout cela nous n'avons plus d'argent... — Plus du tout ?... — A peu près ! — J'espère que tu as refusé ? — Sans doute ; mais avec tout cela nous n'avons plus d'argent... — Plus du tout ?... — A peu près ! — Va trouver ton cousin, tu sais son adresse... — Pour lui emprunter de l'argent, et ne pas le lui rendre ?... Oh ! non... — Je ne te dis pas que tu lui emprunteras ; mais il voit plus de monde que nous, il pourra te faire faire quelque bonne connaissance... Ne t'a-t-il pas dit qu'il connaissait un monsieur qui aimait à doter les jeunes gens ?... — Non, je ne veux pas aller voir Adam sans lui rendre ce que je lui dois. — Que vous êtes entêté !... — Pas assez quelquefois... — Qu'est-ce que cela veut dire, monsieur ?

Edmond ne répond rien. Agathe pleure ; on se boude pendant le reste de la journée. Le lendemain on se boude encore, et il n'y a plus moyen d'aller faire la paix en buvant du champagne. On commence à éprouver mille privations. Agathe pleure plus fort, Edmond se rapproche d'elle ; il veut lui prendre la main, elle la retire vivement.

— N'est-ce donc pas assez d'être pauvre, faut-il encore ne plus s'aimer ! dit tristement Edmond. — Si vous m'aimiez, vous feriez ce que je vous dis... vous iriez chez votre cousin. — Mais, Agathe, doit-on emprunter quand on ne sait pas comment on rendra ? — Mais... mais... c'est bien vilain de vouloir rester dans l'embarras quand on pourrait en sortir... C'est surtout affreux de ne pas faire mes volontés dans ce moment-ci, où... — Où... Quoi donc, Agathe ?... — Où vous devriez voler au-devant de mes moindres désirs... parce que la moindre contrariété peut me faire beaucoup de mal. — Du mal... Comment ? — Sans doute... dans l'état où je suis... — L'état où tu es ?... — Eh oui ! monsieur... Mon Dieu !... vous ne comprenez rien... Eh bien, je suis enceinte, monsieur !... — Tu es enceinte ?... il se pourrait !...

Et Edmond se met à sauter, à danser ; il prend Agathe dans ses bras, la presse, l'embrasse ; l'idée d'être père lui tourne la tête. Bientôt cependant cette grande joie se calme ; la réflexion est venue. — Le présent n'est pas couleur de rose, et l'avenir... mais Agathe le regarde tendrement, et lui dit : — Iras-tu chez ton cousin ? — Oh ! tout de suite ! répond Edmond, qui craint de fâcher encore sa maîtresse. Il embrasse Agathe, et sort précipitamment.

Edmond a l'adresse d'Adam ; il n'est pas dix heures du matin, il espère le trouver. Arrivé à l'hôtel de la rue Saint-Honoré, il demande M. Adam Rémonville. — Il ne loge plus ici, dit le concierge ; voici l'adresse où il a prié qu'on lui envoyât ses lettres.

Mon cousin change bien souvent de demeure, se dit Edmond en se rendant rue de Rivoli. Arrivé à un hôtel magnifique, il entre dans une cour spacieuse, où des laquais brossent des habits, sellent des chevaux ou préparent d'élégants tilburys. — Mon cousin est plus heureux que moi, se dit Edmond ; il augmente ses dépenses lorsque je suis forcé de diminuer les miennes !

Edmond demande M. Adam Rémonville ; on lui indique un appartement au premier. Il monte un escalier frotté, ciré, et dont le milieu est recouvert d'un tapis. La clef est sur la porte, Edmond pénètre dans une belle antichambre ; il n'y trouve qu'un petit jockey, qui dort sur une chaise.

— Adam a un jockey, se dit Edmond, et moi je cherche une place !... Oui, mais moi je serai père... Agathe me donnera un gage de notre amour... Mais cet enfant, comment l'élever... le nourrir ?...

Ces réflexions ont arrêté le jeune homme dans l'antichambre ; il est tiré de ses pensées par des éclats de voix et un bruit violent qui ressemble à quelques meubles qui se brisent.

— Il paraît que mon cousin est éveillé, se dit-il ; entrons. Il traverse un joli salon, et arrive dans une chambre à coucher où il trouve madame Phanor, les cheveux en désordre, le teint animé, se promenant d'un air furibond, au milieu de la chambre, sur les débris d'un lavabo et d'un somno, tandis qu'Adam, encore couché, siffle tranquillement l'air : O ma tendre musette !

— Ah ! c'est Edmond ! ce cher Edmond ! dit Adam en se mettant sur son séant. Ma foi, cousin, tu arrives à propos ; Phanor me faisait une scène... Tiens, regarde, elle a déjà cassé tout cela ; tu seras peut-être plus heureux que moi, tu la feras se taire.

— Personne ne me fera taire quand j'ai à parler et que j'ai des motifs légitimes de courroux, s'écrie madame Phanor en continuant de marcher avec agitation dans la chambre. Au reste, je ne suis pas fâchée que votre cousin soit là, il sera juge entre nous... J'estime votre cousin, je le révère ; ce n'est pas comme ce poisson de Montgry, un escroc, un impertinent qui vous a détaché de moi, parce qu'il craint que je ne m'oppose à ses manœuvres !...

— Ce n'est ni Montgry ni d'autres qui m'ont détaché de toi, ma chère Phanor !

— Alors, pourquoi m'as-tu quittée, monstre !... monstre que j'adorais... que j'adore encore... que j'adorerai toujours... car c'est plus fort que moi !... Hi ! hi ! hi ! Ah ! Dieu, que c'est bête !... aimer encore un homme qui vous abandonne, qui vous bat, qui vous est infidèle !... J'étais venue ici dans l'intention de le tuer et de me tuer après ! Oui, monsieur... Tenez, voyez plutôt ce canif que j'avais caché dans ma manche. Va !... horrible canif, je te foule aux pieds... Non, quand je vois cet homme-là, je ne puis plus conserver d'idées barbares... je deviens tout sentiment !... Tu as beau faire, perfide, je t'aimerai toujours, va !... Hi ! hi ! hi !... Cochon d'amour !... Que je m'en veux !... C'est égal, il faut que je t'embrasse, il le faut !

Et madame Phanor court au lit d'Adam : elle prend l'homme de la nature par la tête, l'embrasse à plusieurs reprises avec des mouvements frénétiques, puis s'écrie : — Pourquoi as-tu quitté l'hôtel où nous étions ensemble ?... Pourquoi es-tu venu te loger ici sans moi et à mon insu ?

— Parce que tu m'ennuyais toute la journée, et qu'il est inutile que nous restions ensemble, puisque je ne t'aime plus.

— Ah ! tu ne m'aimes plus ! Ah ! je t'ennuyais !... Tiens ! vilain grossier, attrape ça !... c'est pour t'apprendre à dire de ces choses-là au nez d'une femme !

Madame Phanor a donné une vigoureuse paire de soufflets à Adam,

Celui-ci, furieux à son tour, saute en bas du lit et poursuit la grande femme dans la chambre ; mais Edmond l'arrête et se jette entre eux.

— Sans mon cousin, je vous donnerais votre danse, dit Adam ; mais fichez-moi le camp, et que je ne vous revoie plus.

— Eh bien, oui, je m'en vas ! répond madame Phanor en mettant à la hâte son chapeau. Oui, je te quitte, scélérat ! Mais avant je suis bien aise de te dire que ton père t'écrivait tout le contraire de ce que je te disais ; qu'il est fort mécontent de toi, et qu'il ne veut plus t'envoyer d'argent. A présent, sois aimable, si tu peux ; va à cheval, donne à dîner à ton Montgry... Ça ne durera pas longtemps... Je ne suis plus là pour écrire des lettres à ton père. Un jour, peut-être, tu me regretteras ; tu te diras : Où est-elle, la femme aimante et sensible que j'ai bousculée ?... Mais tu la chercheras en vain ; je te défends de m'approcher !... Tiens, voilà mes adieux.

Le propriétaire d'Edmond était un homme qui lui parut avoir des relations dans un certain monde.

En disant ces mots, madame Phanor se retourne, lève sa robe, lâch un vent, et se sauve en tirant les portes après elle.

La sortie de la grande femme a entièrement dissipé la colère d'Adam ; il se jette sur son lit en riant aux éclats.

— C'est une bonne enfant ; j'avais vraiment de l'amitié pour elle ; mais elle était devenue trop ennuyeuse... Elle ne me laissait pas mon maître un moment, et tu sais que je n'aime pas la gêne, moi !... Et puis, elle me disait du mal de Montgry, et je n'aime pas qu'on médise de mes amis. Ce cher Montgry, un si bon enfant, si gai, et qui m'a fait faire connaissance avec des femmes si jolies, si bien tournées !... Ah ! c'est tout autre chose que Phanor !

— Adam, as-tu entendu ce qu'elle t'a dit au sujet de ton père ? Il paraîtrait qu'elle ne te lisait pas exactement ses lettres... Bah ! bah !... elle a dit cela pour m'inquiéter, mais ça ne m'inquiète pas du tout ! Pourquoi mon père serait-il fâché ?... Il m'a toujours dit : Suis tes penchants. Il me semble que je ne fais pas autre chose... Cependant, depuis trois semaines il est en retard ; c'est assez singulier.

— Tu as peut-être besoin d'argent, et tu pensais que je t'apportais les mille francs que je te dois ?... Mais je ne puis encore... — Ah ! tu es fou ! Est-ce que je me rappelle si je t'ai prêté de l'argent ? J'en ai prêté à beaucoup d'autres personnes, qui ne m'en font jamais souvenir. — Ce qui augmente mon inquiétude, c'est que bientôt, ah ! mon cher Adam, bientôt je serai père... — Bah ! tu fais des enfants, toi ? — Mon Agathe est enceinte... Oh ! j'en suis bien content ; et pourtant je ne sais comment sortir d'embarras ! — Ecoute : je n'ai plus d'argent, c'est vrai, mais je vais en avoir. Montgry est allé me chercher son petit homme qui oblige les jeunes gens. Par exemple, il se fait payer un peu cher pour cela ; moi, je croyais qu'il obligerait pour rien, mais il m'a dit que ce n'était pas l'usage. — Et il te prête de l'argent sur ta parole ? — Oui, sur ma parole ; et puis je signe quelque chose, un papier... je ne sais quoi. Il m'a déjà prêté une fois mille écus, que je lui ai rendus avec l'envoi du papa. Cette fois, je vais lui en demander le double, parce que dans cet hôtel-ci Montgry m'a dit

qu'il fallait dépenser davantage. J'ai déjà pris un jockey... Si tu veux, il te prêtera aussi. — Tu crois ? — Pourquoi pas ?... Tiens ! je l'entends : je le reconnais à son catarrhe ; c'est Montgry qui l'amène ; tu pourras tout de suite t'entendre avec lui.

L'élégant Montgry arrivait en effet avec un petit homme âgé, assez mesquinement vêtu, et qu'à son extérieur on aurait cru en position de demander de l'argent plutôt que d'en prêter. En voyant Edmond, le petit-maître fait un mouvement d'humeur qui se change sur-le-champ en un salut gracieux, et le vieux bonhomme râpé salue à droite, à gauche, et jusqu'à la cheminée, avec une profonde humilité

— Bonjour, papa Moïse, dit Adam en s'étendant sur son lit ; vous ne m'avez pas fait attendre, c'est bien ; j'aime les gens qui obligent vite, moi, quand même je devrais les payer plus cher. J'ai encore besoin de vous... Vous savez que la dernière fois je vous ai exactement remboursé,..

— Ya, mein herr, aussi che suis tout au service de monsié, répond le petit homme avec un accent qui s'accorde parfaitement avec l'air national empreint sur sa figure.

— Le brave Moïse est trop heureux d'obliger un homme aussi distingué que mon ami Adam Rémonville, dit M. Montgry en faisant des pirouettes au milieu de la chambre. Nous sommes mineur, c'est vrai, mais nous payons nos dettes, et si nous ne les pouvions plus payer, alors cela regarderait le très-honoré père.

— Oui, ce serait alors à mon père qu'on s'adresserait. Oh ! Montgry m'a mis au fait... Dis donc, Montgry, Phanor sort d'ici ; elle m'a fait une scène... elle m'a même soufflété. Sans Edmond, qui était là, je lui aurais rendu ses claques ; mais j'aime autant ne pas l'avoir fait.

— Décidément, mon cher Adam, vous voilà un homme à la mode, répond le petit-maître ; les femmes raffolent de vous, elles se disputent votre conquête... Oh ! vous irez loin !

— Ah ! tu crois que j'irai loin ?... Eh bien, alors, mon vieux Moïse, vous allez me prêter six mille francs. Montgry a dû vous dire que c'était cette somme que je voulais.

— Ya, mein herr, che avais le somme sur moi, avec le petite reconnaissance que monsié aura le bonté de signer.

L'élégant jeune homme veut présenter à Adam un israélite de ses amis.

En disant cela, M. Moïse tirait de son portefeuille des billets de banque et un papier timbré. Adam prend les billets, et signe sans lire ce qu'on lui présente.

— Voilà comme j'aime à mener les affaires, dit Adam en regardant les billets de banque. C'est drôle qu'il faille des chiffons de papier comme cela pour avoir des habits, une bonne table, tout ce qu'on veut, jusqu'à des conquêtes ! Car tu m'as dit qu'avec cela on faisait des conquêtes à Paris, n'est-ce pas, Montgry ?

— A Paris et partout ! C'est un talisman dont le pouvoir est universel... C'est la véritable pharmacopée, cela guérit tous les maux.

— Mon ami Moïse, vous allez avoir la complaisance de donner aussi quelques talismans à mon cousin que voilà, qui a des maux à guérir, et qui s'amuse à faire des enfants.

Le petit vieillard regarde Edmond, qui était resté tristement dans

Paris.— Impr. Walder, rue Bonaparte, 44.

un coin de la chambre, et Montgry s'écrie : — Ah ! ah ! le cousin emprunte aussi de l'argent !... A la bonne heure, j'aime cela ; cela annonce un caractère qui se forme, et des dispositions à faire son chemin.

— Je tâcherai de faire le mien avec honneur, dit Edmond, et si monsieur veut bien me prêter, j'espère par mon travail être bientôt à même de...

— Laisse-nous donc tranquille avec ton travail ! dit Adam en faisant une culbute sur son lit ; est-ce qu'on vient à Paris pour travailler ?

— Ché pouvoir pas prêter sur le trafail, dit M. Moïse ; mais si monsié est le cousin de monsié Atam, et que son père il soit riche aussi... combien voudrait monsié ?

— Comme moi, dit Adam, n'est-ce pas, cousin ?

— La moitié de cette somme me suffirait. — Si monsié veut laisser son adresse, j'ai un correspondant à Gisors, ché écrirai, et ché saurai si ché puis... — Ah ! qu'on se garde bien de dire cela à mon père ! s'écria Edmond.

— Non, non, monsié, soyez tranquille... on dira pas au père... Donnez le adresse... ché irai vous rendre réponse.

Edmond donne alors son adresse à M. Moïse, qui fait de nouveaux saluts à la compagnie, et sort presque à reculons.

Adam veut que son cousin déjeune avec lui, mais Edmond ne sait pas encore être longtemps éloigné d'Agathe ; malgré les prières d'Adam et les plaisanteries de Montgry, il quitte ces messieurs, et revient à son modeste logement.

Agathe s'informe du résultat de sa démarche. En apprenant qu'il faut attendre la réponse de M. Moïse, elle s'étonne qu'Edmond n'ait pas emprunté à son cousin ; mais Edmond est inflexible sur ce chapitre, et Agathe fait encore la moue.

Quatre jours s'écoulent sans qu'on ait de nouvelles du petit vieillard ; la gêne des jeunes gens augmente, et avec elle l'humeur d'Agathe et l'inquiétude d'Edmond.

Le cinquième jour, de grand matin, on sonne à leur porte : c'est M. Moïse, qui, sans aucun préliminaire, se met à compter mille écus à Edmond.

— Quoi, monsieur ! s'écrie le jeune homme, vous voulez donc bien... vous avez assez de confiance pour...

— Ya, ya, ché avais confiance puisque ché prêtais... Combien voulez-vous de temps pour rendre ? — Mais si ce n'était pas trop long, six mois... — Va pour six mois...

Le petit homme écrit un billet et le présente à Edmond ; celui-ci lit avant de signer, et s'étonne que le montant de la somme qu'il reconnaît devoir, avec les intérêts, ne se monte qu'à trois mille soixante et quinze francs ; Adam lui avait dit que M. Moïse se faisait payer fort cher.

— Ce n'est que cela pour l'intérêt ? dit Edmond en regardant le juif avec surprise. — Ya... — Mais vous prenez plus cher à mon cousin. — Ya, mais je vous ai plus de sûretés en vous.

M. Moïse est parti, laissant les jeunes gens fort étonnés de son procédé ; mais l'étonnement fait place à la joie. La bonne humeur est revenue, et avec elle cet amour qui ne séjourne qu'au sein des plaisirs et de la bonne chère ; amour beaucoup plus commun que celui qui brave les privations et l'adversité.

CHAPITRE XXIV. — Séjour de Tourterelle à Paris.

M. Adrien commençait à trouver que son fils dépensait son argent beaucoup trop vite ; en neuf mois de temps, il lui avait envoyé dix mille francs, et une nouvelle lettre venait d'arriver avec des demandes d'argent. C'était à cette dernière épître qu'il n'avait pas répondu, et c'est ce qui avait nécessité le second emprunt d'Adam au respectable M. Moïse, qui obligeait l'homme de la nature moyennant soixante pour cent d'intérêt, tandis qu'il ne prenait que cinq à Edmond. Mais nous connaîtrons sans doute le motif de cette différence dans sa conduite avec les deux cousins.

M. Adrien ne veut pas laisser paraître l'humeur qu'il a contre son fils ; il ne montre plus à sa femme les lettres qui viennent de Paris, et quand il voit son frère, il feint d'être très-content de la conduite qu'Adam mène dans la capitale : — C'est un gaillard qui voit le beau monde, dit-il ; cela coûte un peu !... mais il faut que jeunesse se passe... Je laisse agir la nature. Quant à la fille du meunier !... oh ! il y a longtemps qu'on n'y pense plus.

M. Rémonville, qui a toujours l'air soucieux depuis l'absence de son fils, et qui a fait deux fois le voyage de Paris, d'où il n'est pas revenu plus satisfait, ne répond rien aux discours de son frère, ou se contente de lui dire :

— Je vous fais mon compliment. Moi, je ne suis pas content de mon fils.

Avec l'ami Tourterelle, M. Adrien est plus franc. Le petit homme recommence à marcher, mais il boite encore un peu, et n'a pas voulu aller à Paris, de crainte de fatiguer son pied. M. Adrien, qui ne marche qu'avec le secours d'un bras et d'une canne, n'est pas en état de courir après son fils ; aussi presse-t-il chaque jour Tourterelle de se mettre en route. Il se flatte que la présence et les conseils de son ami rendront Adam plus sage ; il voudrait surtout savoir quelle figure fait son fils dans la capitale, s'il y éclipse son cousin ; c'est un article sur lequel Rongin n'a jamais pu lui répondre.

Tourterelle, après avoir soigné, tâté et frotté son pied pendant fort longtemps, se croit en état de marcher sans boiter. Il consent à se rendre à Paris. M. Adrien lui remet de nouveaux fonds pour l'élève de la nature. Le petit homme, après avoir fait de tendres adieux à Céleste, mis une casquette doublée en fourrure, et pressé la main de son ami, part pour la capitale, où il se propose de s'amuser quelque temps, et de voir tout ce qu'il y a de nouveau depuis vingt-cinq ans qu'il ne l'a visitée.

Tourterelle est arrivé à Paris sur les trois heures de l'après-midi. Il prend un fiacre, et se fait conduire à l'hôtel où loge Adam. Le petit homme ne se reconnaît plus dans Paris ; en descendant sous une arcade de la rue de Rivoli, il se persuade qu'il est au Palais-Royal.

Adam vient de sortir en tilbury avec Montgry, mais il doit rentrer bientôt pour changer de toilette. Le voyageur laisse son bagage en disant qu'il va se promener autour du bassin.

En sortant de l'hôtel, Tourterelle s'aperçoit qu'il n'est pas dans un jardin ; on lui fait reconnaître les Tuileries, il se décide à aller regarder les cygnes jusqu'au retour d'Adam.

Tourterelle se rend près du bassin. Après avoir regardé les cygnes une demi-heure, il retourne à l'hôtel savoir si le jeune homme est de retour. Pendant trois heures, le petit homme fait le même manége ; mais Tourterelle est un homme qui contracte facilement des habitudes.

Il va se rendre pour la cinquième fois à l'hôtel, lorsqu'en sortant des Tuileries, un tilbury arrive sur lui avec la rapidité de l'éclair. Tourterelle veut passer... Un cabriolet vient à sa droite, un landau arrive par la rue Castiglione. Le petit homme, qui n'est pas habitué aux voitures, ne sait où se fourrer. Les cris : Gare ! gare ! l'étourdissent ; la rapidité des équipages l'effraye. Tourterelle n'est plus

Tourterelle tombe en arrière, mais derrière lui était le bassin...

leste, il ne l'a même jamais été : il est atteint au côté par le tilbury, qui le jette avec violence sur le pavé.

Le tilbury s'est arrêté : c'était celui qui ramenait Adam et son ami à l'hôtel. Désolé de l'accident qu'il vient de commettre en voulant conduire un tilbury dans Paris, Adam est descendu; il s'approche du blessé, que déjà la foule entoure, et jette un cri de surprise en reconnaissant l'ami intime de son père. De son côté, Tourterelle reconnaît le jeune homme, et lui tend la main : — Comment! c'est toi qui m'as renversé, Adam?... Eh bien! il y a trois heures que je t'attendais, mon garçon. — Ah! monsieur Tourterelle, que je suis fâché!... J'ai voulu conduire... je fais toujours des sottises... — C'est une bonne leçon que ça te donne, mon ami. Aïe!... J'ai une côte brisée!...

Montgry a envoyé chercher du monde à l'hôtel; on prend Tourterelle, on l'emporte. Adam le fait conduire dans sa chambre et mettre dans son lit; il envoie chercher un des premiers médecins de la ville; l'homme de l'art annonce que M. Tourterelle a une côte fracturée, que la guérison sera longue et nécessitera de grands soins. Adam s'écrie : — On le mettra dans du coton si cela est nécessaire; mais venez le voir souvent, et traitez-le comme un pacha.

Voilà donc Tourterelle installé dans le lit et dans la chambre d'Adam; celui-ci se fait dresser un lit dans la chambre voisine, et met tout l'hôtel sens dessus dessous pour que le malade soit servi à la minute.

Quand ses premières douleurs sont calmées, Tourterelle fait venir Adam près de lui. Le jeune homme arrive avec son inséparable Montgry, qui témoigne au malade un profond respect.

— Mon cher Adam, dit Tourterelle, j'étais envoyé à Paris par ton père... — Ah! à propos de mon père, je suis bien mécontent de lui !... — Mais il n'est pas non plus très-content de toi. — C'est lui qui est dans son tort... Comment, monsieur Tourterelle, voilà trois mois qu'il ne m'a point envoyé d'argent... Qu'est-ce qu'il veut donc que je fasse à Paris sans argent?... Vous m'en apportez, j'espère... — Oui, mon ami, mais... — C'est fini, monsieur Tourterelle; je ne suis plus fâché... je lui pardonne... — Mais je te dis que... — Moi, je vous dis que c'est fini... je n'ai pas de rancune... Allons, mon cher monsieur Tourterelle! guérissez-vous bien vite, et vous vous amuserez avec nous... N'est-ce pas, Montgry, que nous amuserons l'ami de papa?

— Je me ferai un devoir d'introduire monsieur dans les meilleures réunions, dit Montgry en s'inclinant.

— Oh! c'est que Montgry est étonnant, reprend Adam, il connaît tout le monde... il me mène avec lui, on me reçoit très-bien, on m'engage sans cesse à dîner; enfin je plais partout où je vais. Mon père a eu raison de ne rien me faire apprendre, je vous assure qu'on me trouve très-bien comme je suis; loin de me nuire, Montgry dit même que mes manières naturelles et sans art sont ce que l'on aime surtout en moi... Oh! vous verrez qu'on est très-aimable à Paris. Si j'avais jamais besoin d'argent ou de place, je suis sûr que c'est à qui m'obligerait. On a bien tort de médire du monde; moi, je le trouve charmant, le monde!... Et les femmes!... elles sont d'une sensibilité... d'une franchise... d'une constance... Je n'en ai pas encore trouvé une qui m'ait trompé.

— Vraiment, dit Tourterelle; diable! il me paraît que depuis vingt-cinq ans tout est changé dans Paris! Allons, dès que je serai guéri, vous me mènerez avec vous... J'ai emporté quelques économies, et...

— Soyez tranquille, vous n'en serez pas embarrassé ici.

Avec les fonds que son père lui envoie, Adam continue ses folies; mais il recommande Tourterelle aux gens de la maison. Le petit homme est parfaitement soigné; un médecin vient le voir deux fois par jour; sa blessure est parfaitement guérie : il ne lui reste que des douleurs dans les reins qui l'empêchent de se lever. Tourterelle se dédommage de sa retraite en faisant une chère succulente; il fait cinq repas par jour dans son lit.

Il y a un mois que Tourterelle est à Paris; cloué dans son lit, il ne voit Adam que le matin, au déjeuner : il lui est donc assez difficile de veiller sur sa conduite, et de savoir si en effet il ne fréquente que la bonne ou du moins la belle société. Enfin Tourterelle se sent mieux; il marche dans sa chambre, et ne souffre presque plus. Un matin il annonce à Adam qu'il veut sortir; mais comme un convalescent ne peut pas aller loin, il se propose de se rendre seulement aux Tuileries.

— Mon jockey vous donnera le bras, dit Adam; moi, j'irai vous retrouver, où serez-vous?... — Mais j'irai voir les cygnes autour du bassin. — C'est convenu. Nous irons vous prendre là, Montgry et moi, pour aller dîner à l'entrée des Champs-Élysées.

Adam est parti, Tourterelle sort sur ses deux heures, on lui a dit que c'était le moment où la belle compagnie se promenait aux Tuileries. Comme le petit homme craint de manquer son rendez-vous avec les jeunes gens, il se rend sur-le-champ au bassin, s'assied sur un banc de pierre qui est vis-à-vis, et il congédie le jockey.

Cinq heures ont sonné, Tourterelle commence à se lasser de regarder nager les cygnes; il trouve que l'on dîne trop tard à Paris. Pour tuer le temps, il se décide à faire le tour du bassin; et comme, par précaution, il a emporté une flûte dans sa poche, il se propose de la distribuer aux habitants du bassin.

Depuis quelque temps le petit homme est livré à cette innocente occupation, lorsque Adam arrive, et lui prend le bras en s'écriant :
— Pourquoi mon jockey vous a-t-il quitté?... De loin je vous regardais marcher : vous n'êtes pas encore solide. Allons dîner! Montgry nous attend chez le traiteur... Appuyez-vous sur moi, serrez-moi le bras.

Ces messieurs vont s'éloigner du bassin, lorsque madame Phanor se présente devant eux et les arrête. La grande femme a sur la tête un voile noir plein de trous; elle le rejette fièrement en arrière, et se place devant Adam.

— Monsieur, il y a un temps infini que je cherche l'occasion de vous parler.

— Madame, j'en suis bien fâché, mais nous allons dîner... Monsieur m'attend depuis longtemps aussi, et je ne puis...

— Il faut cependant que vous puissiez, reprend madame Phanor d'un ton irrité en marchant sur la pointe des pieds d'Adam pour l'empêcher d'avancer, tandis que Tourterelle, effrayé du ton de la grande femme, tire tant qu'il peut son compagnon par le bras.

— Ah çà! Phanor, est-ce que tu veux encore me faire une scène?... Tu sais que je ne les aime pas... Prends garde! mon cousin n'est pas là pour me retenir.

— Il n'est pas question de scènes, monsieur : je ne suis point une femme à scènes... j'ai trop bon genre, et je me respecte trop pour cela... Oh! vous ne vous en irez pas, et vous m'écouterez. Monsieur, vous avez beau le tirer par le bras; je vous dis qu'il m'écoutera... On doit des égards à une femme qui a eu des faiblesses pour nous... Adam, viens faire un tour avec moi sous les marronniers : cinq minutes, et tu es libre...

— Non, du tout, je ne vais pas sous les marronniers : je veux aller dîner, nous avons faim...

— Oui, j'ai très-faim, murmure Tourterelle en tirant Adam à lui. Mais madame Phanor les bloque contre le bassin, de manière qu'ils ne peuvent plus reculer; et elle retient Adam par le devant de son habit : — Cinq minutes, je te dis... et tu ne me revois pas avant la fin du monde... On ne refuse pas cinq minutes à une femme qu'on a adorée! et tu m'as adorée, méchant !...

— C'est possible, mais je ne m'en souviens pas... D'ailleurs, je n'ai rien à te dire... — Moi, j'ai des confidences à te faire. Viens un moment sous les marronniers... un seul instant. — Non, je ne veux pas.

— Puisqu'il vous dit qu'il ne peut pas, madame... reprend Tourterelle en essayant encore d'emmener Adam.

— Ah çà! est-ce que cette vieille ganache ne nous laissera pas tranquilles! s'écrie madame Phanor en séparant brusquement Adam et Tourterelle; le petit homme a été forcé de lâcher le bras d'Adam; mais il s'avance pour le reprendre; la grande femme, qui veut l'en empêcher, se jette au-devant de lui et le repousse de toute sa force. Le pauvre Tourterelle n'était pas encore solide; il tombe en arrière, mais derrière lui était le bassin, et c'est dans l'eau qu'il disparut.

Tout cela s'est fait si promptement qu'Adam n'a pas eu le temps de prévenir la chute de l'ami de son père. En le voyant tomber dans l'eau, Adam a d'abord poussé Phanor qu'il veut satisfaire sa colère; celle-ci se sauve à travers le jardin. Adam court après elle, et pendant ce temps Tourterelle fait la planche au milieu des cygnes étonnés de se voir un nouveau compagnon.

Le monde s'amasse; on retire le petit homme. Adam revient; il fait, pour la seconde fois, porter Tourterelle à son hôtel. On le remet au lit, parce que le bain impromptu lui a fait une telle frayeur qu'il a, en un sens presque tourné; on envoie chercher le docteur, qui déclare qu'il y a fièvre, avec symptômes alarmants, et qu'on va faire une maladie.

En effet, Tourterelle est obligé de passer encore un mois au lit par suite de sa chute dans le bassin; cette fois il ne peut pas se dédommager de sa retraite en faisant bonne chère, mais on a grand soin de lui : le docteur le visite tous les jours, et tous les matins Adam vient s'informer de son état.

Le petit homme, qui a déjà perdu à Paris tout son embonpoint, voit enfin sa fièvre cesser et sa santé renaître; il commence à se lever, à marcher dans la chambre, et se flatte d'être bientôt en état de sortir.

— Ton père doit être mécontent que je ne lui aie pas encore écrit, dit-il un matin à Adam; je gage qu'il croit que je passe tout mon temps à m'amuser.

— A propos, répond Adam, j'ai là trois lettres pour vous. J'ai toujours oublié de vous les donner. D'ailleurs, vous étiez malade; j'ai pensé que ça ne vous amuserait pas de lire; mais j'ai l'idée qu'elles sont de mon père... — Voyons, mon ami.

Les lettres sont en effet de M. Adrien, qui gronde Tourterelle sur ce que le séjour et les plaisirs de Paris lui font oublier de lui donner des nouvelles de son fils.

— Les plaisirs de Paris!... dit Tourterelle en hochant la tête, je n'en ai pas encore beaucoup goûté... Depuis deux mois et demi que je suis ici, j'ai vu les cygnes nager et plonger.... voilà tout. — Oh! mais... vous voilà guéri, je veux que vous vous amusiez. Vous sentez-vous en état de sortir demain? — Ma foi! oui.... je me risquerai demain; d'ailleurs, M. le docteur me l'a permis! — Eh bien! soyez tranquille, nous nous divertirons! J'aurai un landau : c'est une voiture commode, solide; vous serez là-dedans comme dans votre lit... et je vous ferai parcourir tous les boulevards. — Mais tu ne conduiras pas? — L'on, nous aurons un cocher. Je vais aller retenir tout cela...

Adam va sortir; son jockey arrive et lui remet une lettre cachetée avec de l'empois. Adam parvient à déchirer le cachet en disant : — Je gage, mon cher monsieur Tourterelle, que c'est un billet doux.... un billet d'amour enfin. C'est singulier! les femmes veulent à toute force que je sois leur amoureux... Ah! c'est bien pis ici qu'aux champs...

— Prends garde, mon garçon, prends garde... tu te livres trop aux voluptés... Je te trouve bien maigri, tu n'as plus ta fraîcheur... ton velouté d'autrefois.

— Vous voyez que cela ne m'empêche pas de plaire ; mais j'avoue que ça m'ennuie de lire des lettres ; avec ça que les dames ont des écritures si menues... Ah! celle-ci est de Phanor. Vous savez?... cette grande dame des Tuileries. — Oui, oui... je ne sais que trop.

— Monsieur Tourterelle, vous pourrez dire à mon père que je fais bien des passions à Paris, et sans me donner aucune peine pour cela...

— C'est comme moi, il y a trente ans, mon ami; mais lis donc ta lettre. — Ce n'est pas la peine, je n'y réponds jamais. — On doit toujours lire, mon ami : c'est plus honnête, même quand on ne veut pas répondre.

Adam se décide à lire la lettre de madame Phanor : « Voilà la troisième fois que je t'écris depuis notre rencontre aux Tuileries... »

— Je m'en souviens, de la rencontre! dit Tourterelle en soupirant.

« Cette lettre sera la dernière... » (Ah! tant mieux!) Je t'attends ce soir à huit heures, contre le spectacle de Franconi. Mais si tu ne viens pas à ce dernier rendez-vous d'une femme qui ne se connait plus, tu ne périras que de ma main. »

— Ah! mon Dieu, dit Tourterelle, c'est effrayant! — Elle n'a qu'à m'attendre à son rendez-vous de ce soir!... — Mon ami, tu devrais aller montrer cette lettre-là à un commissaire de police. — Bah! c'est pour rire! Oh! je suis au fait de cela maintenant... Montgry m'a ouvert les yeux... C'est assez nous occuper de ma ci-devant voisine ; j'ai un rendez-vous avec une jolie blonde, qui est bien plus séduisante... Tu en connais donc de toutes les couleurs, mon garçon? — Quand je vous dis que c'est une fureur... Allons! reposez-vous, et demain nous commencerons nos caravanes.

Le jour est arrivé où Tourterelle espère enfin s'amuser à Paris. Il n'est encore que sept heures du matin. Le petit homme dort paisiblement dans son lit, et rêve peut-être aux plaisirs qu'il compte goûter dans la journée. Il n'y a de levé dans l'hôtel que les valets, qui vont, viennent, causent et flânent en attendant le réveil des maîtres.

Madame Phanor, qui connaît parfaitement les coutumes des hôtels garnis, entre dans celui d'Adam en disant d'un air délibéré : — Je vais parler au jockey de M. Rémonville. Et la grande femme monte lestement l'escalier ; elle arrive devant l'appartement d'Adam. Suivant l'usage des hôtels, la clef est à la porte : elle entre sans faire de bruit, s'assure que le jockey n'est pas là, et pénètre à pas de loup jusqu'à la chambre à coucher, où elle croit que son perfide couche toujours, parce qu'elle ignore qu'il a cédé son lit à Tourterelle.

Malheureusement pour celui-ci, il dormait le visage tourné vers la ruelle, un ample foulard lui cachait les yeux, et pour entretenir une douce chaleur, il avait sa couverture jusqu'à la hauteur de son nez.

Madame Phanor voit que le lit est occupé ; alors elle tire de dessous son châle une canne dont elle s'est munie avec intention, et frappe à tour de bras sur le dos du dormeur en s'écriant :

— Ah! tu ne viens pas aux rendez-vous que je te donne!... Ah! tu te fiches de moi tout à fait!... Tiens, voilà pour te rappeler notre amour!...

Le petit homme, éveillé par les coups de bâton, veut appeler du secours; mais, au premier cri qu'il pousse, madame Phanor lui jette la couverture par-dessus la tête en disant:

— Tu ne sortiras pas de là-dessous que je ne t'aie bien rossé, et plus tu crieras, plus je frapperai fort.

Et la grande femme continue de faire tomber la canne sur la grosse masse qui se remue et se débat sous la couverture. Ce n'est que lorsqu'elle est lasse de taper, que tout à coup elle rejette toute la couverture en arrière en s'écriant : — Voyons la mine que tu fais maintenant, beau Narcisse!...

Mais au lieu d'Adam elle découvre Tourterelle, qui s'est mis en peloton, et qui est violet depuis la tête jusqu'aux pieds. A cette vue, madame Phanor laisse tomber le bâton en s'écriant : — Encore le petit vieux!... Ah! mon Dieu! qu'est-ce que j'ai fait?

Et la grande femme sort précipitamment de l'appartement, et s'éloigne de l'hôtel en retroussant sa robe jusqu'aux jarretières pour courir plus vite.

Tourterelle a repris ses sens; il sonne, appelle, crie; Adam accourt avec les gens de la maison. Le petit homme est couvert de meurtrissures; il ne cesse de dire : — On m'a assommé! je suis assommé!... Je n'en reviendrai pas.

— Qui vous a mis dans cet état? lui dit-on. Mais le pauvre homme n'a rien vu, rien distingué; il ne peut que répéter : On m'a assommé pendant que je dormais.

Les projets de plaisirs font place aux médicaments ; le landau est renvoyé, le docteur rappelé, et Tourterelle est derechef cloué dans son lit.

Cette nouvelle aventure force Tourterelle à garder la chambre six semaines encore. Au bout de ce temps Adam lui dit : — Vous voilà guéri, vous allez pouvoir sortir; j'espère qu'enfin je vais vous amuser.

— Non, mon ami, répond le petit homme. J'ai bien assez de Paris comme cela, j'y ai passé quatre mois, et cela me suffit. Demain, je ferai retenir ma place à la voiture, et je partirai.

— Vous trouvez donc que vous êtes assez amusé? — Oui, mon ami, bien assez. J'ai vu les cygnes, ça me suffit... Je ne veux pas voir autre chose. Je ne suis pas heureux à Paris, et je ne serai tranquille que quand je serai chez moi. J'avais apporté deux mille francs pour m'amuser; je les remporterai, voilà tout!... — Comme vous voudrez... Il faut faire ses volontés; je ne connais que ça!... — Mais je dois quelque chose ici pour mon appartement... — Le logement! non, puisque vous avez logé dans mon appartement. — A la bonne heure ; mais ma nourriture, et puis ce médecin... et les drogues que j'ai prises... — Ah! oui, vous devez pour cela quelques misères. Ici on est très-honnête, on ne demande jamais tant que les gens ne s'en vont pas. — Comme je veux m'en aller, fais-moi le plaisir de me faire donner ma note. — Mon jockey va aller la demander.

Le jockey va, et revient bientôt avec la note. Tourterelle fait un bond sur son fauteuil en la regardant.

— Qu'est-ce que vous avez donc?... dit Adam.

— Mais c'est horriblement cher!... Pour nourriture pendant quatre mois, *neuf cent quarante-cinq francs!*...

— Ah! je dépense bien plus que cela, moi... Il est vrai que je ne suis pas malade.

— Pour médicaments fournis par le pharmacien, *quatre cent vingt-huit francs!*...

— Il faut convenir aussi que vous en avez terriblement pris... Vous aviez toujours quelque tisane sur votre table de nuit.

— Enfin, pour visite de M. le docteur, *six cents francs!*

— Dame!... il vous a si souvent visité, le docteur... Moi, je trouve que ce n'est pas cher!

— Pas cher?... Total, *dix-neuf cent soixante et treize francs*... A peine s'il me restera de quoi payer ma voiture... — Mais aussi songez que vous avez passé quatre mois à Paris... — Mais je n'y ai vu que les cygnes!...

Tourterelle est désolé ; il demande une réduction. Le maître de l'hôtel lui fait dire qu'il n'y a rien à rabattre, et que c'est en considération de ses trois maladies successives que le docteur veut bien ne demander qu'une si modique somme. Le petit homme paye, en pleurant de désespoir d'être venu à Paris.

Le lendemain, il n'a garde de manquer la voiture; il est pressé de s'en aller. Adam lui dit, en lui faisant ses adieux : — Monsieur Tourterelle, je n'ai plus d'argent; vous aurez la complaisance de dire à mon père de m'en envoyer. Puisqu'en quatre mois vous avez dépensé à Paris deux mille francs sans sortir de votre chambre, il ne peut pas trouver étonnant que j'en dépense quatre fois autant, moi qui vais dans le monde, chez les traiteurs, à cheval, aux spectacles, et en bonnes fortunes.

— C'est juste, dit Tourterelle; tu as parfaitement raison... Je dirai à ton père de t'envoyer de l'argent, mais je ne te l'apporterai pas moi-même.

Et le petit homme a repris la route de Gisors.

CHAPITRE XXV. — Qui n'est pas romanesque.

Les mille écus du juif Moïse avaient pendant quelque temps ramené les plaisirs et l'union dans la demeure d'Edmond et d'Agathe. Depuis qu'il sait que son aimée porte dans son sein un gage de leur amour, le jeune homme n'ose plus rien lui refuser ; il a une sorte de devoir de satisfaire tous ses désirs.

Mais, loin de songer à devenir plus économe, Agathe semble au contraire être chaque jour plus coquette ; elle est, de plus, capricieuse, contrariante, boudeuse; la plus petite chose lui donne de l'humeur, lui agace les nerfs; le pauvre Edmond souffre et n'ose pas se plaindre.

Comme Agathe veut chaque jour aller au spectacle, à la campagne ou chez le restaurateur, et qu'Edmond craint de lui faire du mal en la contrariant, les mille écus vont vite. Bientôt on n'aura plus rien, et l'échéance du billet approche, et M. Rémonville continue de garder le silence envers eux.

Edmond se désespère. Mais c'est lorsqu'il est seul, c'est loin des yeux d'Agathe qu'il se livre à l'inquiétude, aux chagrins qui le dévorent ; il sait qu'elle ne le consolerait pas. Voulant absolument faire quelque chose, Edmond s'est décidé à se présenter chez l'épicier qui avait besoin d'un commis pour tenir ses livres ; mais il est trop tard, la place est donnée depuis longtemps.

L'amour n'habite plus avec les jeunes gens. Bientôt Edmond est forcé de refuser à Agathe le chapeau, la robe qu'elle désire; elle se fâche et menace de se trouver mal; son amant lui montre le vide de leur caisse.

Cette vue ne rend pas à Agathe sa bonne humeur; elle se plaint, s'emporte, et dit : — Quand on ne sait pas gagner de l'argent, quand on n'est bon à rien, on n'enlève pas une demoiselle de chez ses parents.

Le pauvre Edmond cache sa figure dans ses deux mains; il pourrait répondre bien des choses; mais Agathe est enceinte, et il se tait.

Un matin, Agathe dit à son amant :

— Que comptez-vous faire, monsieur? nous ne pouvons nous passer d'argent. Il faut aller retrouver ce petit juif, lui emprunter encore...

— Lui emprunter!... et dans quinze jours le billet que je lui ai fait échoit, et je ne sais comment le payer... — Eh bien! vous ne le payerez pas!... Que craignez-vous? vous n'avez pas vingt et un ans; on ne vous mettra pas en prison!... — Et vous pensez qu'à cause de cela je veux que cet homme soit dupe de sa confiance!... Ah! vous ne me connaissez pas encore, Agathe. Jusqu'à ce moment, il est vrai, je n'ai fait que des sottises... mais du moins je n'ai pas manqué d'honneur... Ce que vous venez de dire me rend à moi-même; oui, à quelque prix que ce soit, je sortirai de cette situation.

En disant ces mots, Edmond est parti brusquement de chez lui. Il marche au hasard, il n'a point de but déterminé; mille pensées, mille projets, qui ne peuvent s'exécuter, naissent et meurent dans son esprit; le souvenir de ses parents revient souvent à sa mémoire, et il se dit : — Si j'ai fait une faute, mon père m'en punit bien cruellement!... il oublie... il abandonne tout à fait son fils... Parce que je lui ai désobéi, il ne veut pas me tendre la main dans le malheur où je me trouve... Ah!... je serai père bientôt... Mais il me semble que jamais... non, jamais je n'aurai la force de rester fâché contre mon fils!

Tout en songeant à son père, il se ressouvient de M. Grandpré, cet ami de M. Rémonville, qui habite à Paris. Edmond n'a été qu'une seule fois le voir, c'est dans le commencement de son séjour à Paris; depuis ce temps il n'y est pas retourné. Il est vrai que M. Grandpré lui avait fait un accueil bien froid, et qu'il avait fortement blâmé le jeune homme sur son escapade; mais en ce moment Edmond se sent le courage de supporter les sermons les plus sévères. Il pense que l'ami de son père pourra lui donner de bons conseils, l'aider à sortir de la position où il se trouve, et il se décide à se rendre chez lui.

M. Grandpré était seul. Edmond est introduit dans son cabinet. Il entre en tremblant devant le vieillard, dont le front austère et les cheveux blancs inspirent le respect et imposent au jeune homme, qui sent bien que sa conduite est blâmable.

— Vous voilà, monsieur! dit M. Grandpré à Edmond; il y a plus d'un an que je ne vous ai vu. Il paraît qu'à Paris vous n'avez pas même le temps de voir les amis de votre père.

Edmond rougit, mais il avoue ses torts, il raconte au vieillard tout ce qu'il a fait depuis qu'il est à Paris; il ne lui cache ni ses folies, ni ses dettes, ni son embarras.

M. Grandpré a écouté le jeune homme sans l'interrompre. Lorsque Edmond a cessé de parler, il lui dit froidement :

— Je savais tout cela. Mais je vois avec plaisir qu'au moins vous n'avez menti en rien.

— Quoi! monsieur, vous saviez...

— Tout ce que vous faisiez; oui, monsieur. Croyez-vous donc que votre père ne m'avait pas recommandé de vous surveiller?... Lui-même est venu trois fois à Paris pour s'assurer de votre situation.

— Il est venu à Paris, et il n'a pas voulu me voir!... — Quand un fils abandonne ses parents, ce n'est point à eux de retourner vers lui; ils peuvent l'attendre, mais ils ne vont pas le chercher. Pensez-vous que votre père doive être content de votre choix? Depuis que vous êtes à Paris, la conduite de votre Agathe n'a-t-elle pas justifié la sévérité de vos parents? Au lieu de chercher par son travail à vous procurer quelques ressources, c'est elle qui vous a mise dans la position où vous êtes; au lieu de vivre modestement en se trouvant heureuse de pouvoir vous prouver son amour, sa coquetterie, son goût pour les plaisirs, augmentent chaque jour. Croyez-vous, monsieur, que votre père serait satisfait de vous avoir donné une telle compagne?

Edmond ne répond rien. M. Grandpré reprend : — Quant à votre billet au juif Moïse, tranquillisez-vous... vous ne lui devez rien. Ce n'est pas lui, c'est votre père qui vous a donné cet argent...

— Se pourrait-il, monsieur? — Le juif a fait prendre des informations à Gisors sur votre père l'a su, et a payé l'usurier Moïse pour qu'il eût l'air de vous obliger à bon compte. Pour preuve, voici votre billet que je vous rends. Vous auriez su cela plus tôt si vous étiez venu plus tôt chez moi.

Edmond reprend son billet; des larmes mouillent ses yeux.

— Vous êtes content de ne plus devoir? lui dit M. Grandpré. — Ah! monsieur... je suis content surtout de voir que mon père ne m'avait pas abandonné, comme je le croyais!...

Le vieillard serre la main du jeune homme, puis lui dit : — Votre cousin vous a prêté mille francs, je vais les lui renvoyer de votre part. Il va vite, votre cousin... Mais cela marque bien son père. Maintenant vous n'avez plus de dettes; que comptez-vous faire? Voulez-vous retourner chez vos parents?... Je ferai reconduire mademoiselle Agathe chez sa tante...

— Non, monsieur, je ne quitterai pas Agathe dans la situation où elle se trouve... Si elle a eu des torts, j'en suis peut-être cause... Je dois au moins les oublier... Si je l'abandonnais maintenant, c'est alors que je ne mériterais pas l'indulgence de mon père.

— Que voulez-vous donc faire? dit M. Grandpré au bout d'un moment. — Je voudrais trouver une place; mon père m'a fait donner de l'éducation, je voudrais lui prouver que ses soins n'ont pas été perdus... — Eh bien... prenez cette lettre; elle vous recommande à un des premiers banquiers de cette ville... S'il le peut, je suis persuadé qu'il vous donnera de l'emploi.

— Ah! monsieur... combien je vous remercie!... — Allez, et ne soyez plus si longtemps sans venir me voir.

Edmond est sorti de chez M. Grandpré, heureux, léger, et déjà plein d'espérance; il court chez le banquier pour lequel il a une recommandation. Celui-ci lui dit : — Je ne puis vous placer en ce moment qu'aux copies de lettres, avec huit cents francs d'appointements; voyez si vous voulez prendre cela. — Oui, monsieur; tout ce que vous voudrez!... — Demain vous pouvez entrer en fonction.

Le jeune homme est enchanté d'être placé dans une maison recommandable, et d'avoir huit cents francs d'assurés; c'est peu pour des gens qui ont mangé sept mille francs en un an; mais par son travail, par son assiduité, Edmond espère parvenir. Il rentre chez lui aussi gai qu'il en était parti soucieux.

En voyant la figure rayonnante d'Edmond, Agathe lui dit : — Vous avez trouvé de l'argent? — Non; mais je ne dois plus rien à personne, mon père a payé pour moi, et j'ai une place... non pas chez un épicier cette fois, mais chez un banquier; j'entre demain en fonction, et j'ai huit cents francs d'appointements.

— Huit cents francs... par an?... — Sans doute. — Et c'est pour cela que vous êtes si joyeux!... — N'ai-je pas sujet de l'être? je ne dois plus rien, j'ai une place dans une maison recommandable; je puis espérer par mon travail avancer et parvenir!... — Ah! oui, tout cela est fort beau... c'est-à-dire que dans deux ans vous aurez peut-être douze cents francs. Joli avenir!... nous mènerons une belle existence avec nos huit cents francs!... Ah! Dieu! si j'avais su!...

Mademoiselle Agathe ne dit plus rien, elle se contente d'aller faire la moue dans un coin de la chambre, et Edmond, qui est peiné de ne pas lui voir partager sa joie, boude aussi de son côté.

Le lendemain, Edmond se rend à son bureau. On l'installe dans son emploi; le jeune homme s'acquitte de sa besogne avec zèle et intelligence; on voit que c'est avec plaisir qu'il se livre au travail.

Lorsqu'il retourne chez lui, Edmond trouve Agathe nonchalamment assise sur un fauteuil; elle a passé sa journée là à soupirer, à gémir, à regretter les plaisirs qu'elle ne peuvent plus goûter, et la journée lui a semblé d'une longueur extraordinaire : elle l'eût trouvée plus courte, et elle aurait versé moins de larmes, si, comme Edmond, elle avait cherché à utiliser son temps.

Edmond se garde bien de faire aucun reproche à sa maîtresse; au contraire, il la console, l'encourage, lui fait espérer un sort plus heureux. Mais comme pour le moment ils sont sans argent, le jeune homme va se défaire de quelques bijoux qu'il s'était achetés; il vend sa montre, sa chaîne d'or; il sacrifie sans regret tout ce qu'il possède pour que son Agathe ne manque de rien; heureux encore si, pour prix de ses soins, de son travail, il voyait quelquefois un sourire sur les lèvres de sa maîtresse; mais c'est en vain que maintenant il cherche dans ses yeux l'expression d'un doux sentiment.

Non content de travailler assidûment à son bureau, Edmond emporte de la besogne chez lui; il veille, il passe les nuits à écrire, pendant que son Agathe se livre au repos, et ce n'est instants sont ceux où il jouit de quelque tranquillité; car plus elle approche du terme de sa grossesse, plus Agathe devient acariâtre, maussade, emportée. Tout excite son humeur, elle ne parle à Edmond que pour le quereller. Et pourtant, afin de procurer à sa compagne quelques douceurs, afin de satisfaire encore quelquefois ses fantaisies, c'est avec du pain et de l'eau qu'Edmond se nourrit, c'est en s'imposant mille privations qu'il espère n'avoir pas besoin de recourir à M. Grandpré; car, en lui avouant leur misère, il craindrait que ses parents ne fussent encore plus en droit d'accuser sa maîtresse.

Le moment marqué par la nature est arrivé. Edmond a vendu presque tous ses effets, pour qu'à cet instant Agathe ne manquât de rien; mais, soit qu'Agathe n'ait point assez ménagé sa santé, soit que ses fréquents accès de colère aient nui à sa position, elle ne met au monde qu'un enfant mort.

Cet événement, qui désole Edmond, ne semble pas affecter Agathe. Tout aux soins de sa santé, elle ne pense qu'à elle, ne s'occupe que d'elle; sa seule crainte est que sa couche n'ait altéré ses traits, et c'est avec un miroir sur son lit qu'elle attend son entier rétablissement.

Cependant la conduite d'Edmond a été remarquée; d'abord on félicite le jeune homme sur son zèle, ensuite on s'aperçoit qu'on n'a pas un commis qui ne sait qu'écrire : en apprenant qu'il sait l'anglais, l'allemand, l'italien, on lui accorde plus de considération, on lui confie des travaux plus importants. Chaque jour fournit à Edmond l'occasion de montrer ses talents, son intelligence, et il n'y a que cinq mois qu'il a sa place, lorsque son chef lui annonce que, pour prix de son zèle, de ses talents, il le met à la correspondance et lui donne deux mille francs d'appointements.

Edmond reçoit comme une faveur ce qui n'est qu'une justice; mais le vrai mérite est modeste. Edmond retourne près d'Agathe transporté de joie et fier de l'avancement qu'il vient d'obtenir; il est si doux de pouvoir se dire : C'est à mon travail que je dois mon bonheur! c'est beaucoup plus flatteur qu'une fortune que nous donne le hasard ou la naissance, et, en général, les biens les plus durables sont ceux que l'on acquiert par son seul mérite.

Mademoiselle Agathe reçoit avec assez d'indifférence la nouvelle de ce changement dans leur position. Depuis quelque temps elle est entièrement rétablie et passe toutes ses journées contre sa fenêtre; mais ce n'est point pour travailler, c'est pour regarder, ou au moins pour se faire regarder par un beau monsieur qui habite dans la maison qui est en face de ses croisées. Edmond ignore cette circonstance; il ne revient chez lui que pour dîner : le soir il retourne à son bureau ; et quand il rentre pour se coucher, il est nuit, on n'est plus aux fenêtres.

Edmond est d'autant plus content de l'avancement qu'il vient d'obtenir, qu'il ne doute pas que son père ne l'apprenne bientôt par M. Grandpré, auquel lui-même est allé en faire part. Edmond écrit une nouvelle lettre à ses parents, il implore son pardon et sollicite encore leur consentement pour épouser Agathe ; car il croit que c'est parce qu'il n'a pas tenu jusqu'alors la promesse qu'il avait faite à sa maîtresse que celle-ci lui montre tant de froideur.

Edmond reçoit enfin une réponse de son père. M. Rémonville le félicite d'avoir fait son chemin dans la maison de banque où il est entré, mais il n'approuve pas encore son mariage. Il l'engage à réfléchir longtemps avant de prendre mademoiselle Agathe pour épouse; cependant le ton de cette lettre annonce que M. Rémonville, touché de la bonne conduite de son fils, ne résistera pas longtemps à ses prières, et qu'avant peu il le laissera maître de son choix.

C'est à son bureau qu'Edmond a reçu cette lettre; elle le rend si heureux, que, pour la première fois depuis qu'il est en place, il quitte un peu plus tôt son travail. Il lui tarde de montrer à Agathe la lettre de son père, il est persuadé que cela va dissiper son humeur et lui rendre sa maîtresse aussi aimante, aussi aimable qu'autrefois.

Edmond se rend en toute hâte à sa demeure, il a toujours une clef de chez lui ; précaution nécessaire pour ne point déranger Agathe quand elle repose. Edmond entre, appelle Agathe, visite les deux pièces qui composent tout leur logement. Agathe n'y est point.

— Elle sera allée se promener, se dit-il en se jetant sur un siège; c'est pourtant l'heure de notre dîner... Elle ne m'avait pas dit qu'elle eût à sortir.

Edmond attend avec ennui d'abord, puis avec inquiétude. Plus d'une heure se passe, et Agathe ne revient pas. Il se lève, se promène dans la chambre, se met à sa croisée : n'y tenant plus, il descend enfin pour s'informer à la portière, à laquelle il n'a pas l'habitude de parler.

Avant qu'il ait eu le temps de l'interroger, la portière lui présente une lettre en lui disant : — Voilà ce que madame m'a dit de remettre à monsieur; mais monsieur passe toujours si vite !... il ne s'arrête jamais, on n'a pas le temps de le voir... ni même de l'appeler.

Edmond prend la lettre : un tremblement soudain parcourt son corps, un triste pressentiment l'agite; il n'écoute plus la portière, il est déjà remonté chez lui. Il brise le cachet, et lit avidement ce billet d'Agathe :

« Monsieur, nous ne nous convenons plus, vous ne m'offrez pas la position qui me plait ; il est plus sage de se quitter que de se rendre malheureux. Je sais que vous faites votre possible pour que je ne manque de rien, mais j'aime mieux trouver une fortune toute faite que de passer ma jeunesse à attendre la vôtre. Du reste, je ne vous en veux pas, et suis toujours votre amie. »

Cette lettre est tombée des mains d'Edmond ; il reste comme pétrifié, il étouffe... Tout à coup il se lève, il veut courir sur les traces de la perfide ; mais le projet est bien vite abandonné, Edmond retombe sur sa chaise en disant :

— Non, je n'aurai pas la lâcheté de courir après elle... Je ne puis pas la forcer à m'aimer... Mais après tout ce que j'ai fait pour elle !... me quitter ainsi !... C'est donc là le prix de mes sacrifices !... de mes soins !... de mon amour !...

Et de grosses larmes coulent le long des joues d'Edmond ; car on a des larmes pour une première trahison !

CHAPITRE XXVI. — Inconvénients du postiche.

Pendant qu'Edmond travaillait et s'efforçait par une meilleure conduite de faire oublier sa première faute, Adam se livrait avec plus d'ardeur que jamais à son goût pour les plaisirs, ou plutôt il cherchait chaque jour quelque nouvelle distraction, quelque amourette, pour chasser l'ennui que traîne toujours après soi une vie oisive et dissipée.

Depuis qu'il habite Paris, Adam n'est plus ce jeune homme frais et vermeil dont le seul aspect annonçait la force et la santé ; il est pâle, maigre; ses yeux, gonflés par les veilles, ont perdu de leur éclat ; ses traits, fatigués par les excès en tout genre, ont vieilli sa figure avant le temps.

Depuis le départ de Tourterelle, Adam a reçu deux fois de l'argent de son père ; les envois étaient accompagnés de lettres sévères, dans lesquelles M. Adrien disait à son fils que sa conduite avait dérangé sa fortune, qui n'était que suffisante pour exister honorablement. Et en effet, pour satisfaire aux demandes de son fils, M. Adrien a diminué sa maison ; il a renvoyé son jardinier, et Rongin est maintenant obligé de cumuler cet emploi avec celui de concierge; ce qui ajoute beaucoup à sa mauvaise humeur.

M. Adrien a vendu en secret une ferme qui lui rapportait mille écus de rente. Le produit de cette vente a été absorbé par les envois faits à Paris. M. Adrien cache à sa femme, et surtout à son frère, le dérangement de sa fortune. Il affecte encore de dire que son fils obtient à Paris les plus grands succès par son aimable naturel ; mais comme naturel commence à lui coûter fort cher, dans chacune de ses lettres M. Adrien supplie son fils de quitter Paris.

Mais Adam ne lit point les lettres de son père ; il se contente de regarder si elles contiennent des lettres de change. Depuis qu'il n'a plus madame Phanor pour secrétaire, c'est son ami Montgry qui se charge de sa correspondance.

M. Montgry, qui serait très-fâché qu'Adam quittât Paris, se garde bien de lui dire ce que son père lui écrit : ainsi que madame Phanor, il arrange à sa convenance les lettres de M. Adrien, et Adam continue de dépenser son argent comme un fou et comme un sot, persuadé que son père doit être content de lui.

Une lettre de M. Adrien contient la nouvelle de la mort de son épouse. Céleste n'est plus ; elle a terminé son existence comme elle a passé toute sa vie, en rêvant à une nouvelle manière d'arranger ses cheveux.

Cependant cette perte a été sensible pour M. Adrien : sans avoir de l'amour pour les gens, on s'habitue à eux, et l'on a plus de peine à perdre une habitude qu'à remplacer un attachement. M. Adrien a donc instamment prié son fils de venir, au moins pendant quelque temps, lui aider à supporter cette perte. Mais c'est Montgry qui a, comme de coutume, lu la lettre ; craignant que la nouvelle qu'elle contenait ne décidât Adam à partir, il a trouvé simple de ne point lui en dire un mot.

Blessé de l'indifférence de son fils, M. Adrien pense que le meilleur moyen de le forcer à revenir près de lui est de ne plus lui envoyer d'argent. Mais, grâce à l'usurier Moïse, Adam peut encore se passer de son père. L'élève de la nature approche de sa vingt et unième année. On lui fait signer des lettres de change en blanc, parce qu'on sait que plus tard on en obtiendra le remboursement. M. Moïse a pris des informations avant d'avancer ses fonds ; Adam, ne sachant point calculer, lisant à peine, ne se méfiant de personne, et croyant à la bonne foi de ceux qui l'entourent, signe sa ruine future, en remerciant les misérables qui abusent de sa confiance et de sa crédulité.

Chaque jour Adam augmente ses dépenses, et fait de nouvelles dettes; non-seulement son ami Montgry puise dans sa bourse et vit à ses dépense, mais les connaissances qu'il lui fait faire hâtent encore sa perte. Adam se trouve, il est vrai, avec des femmes jolies, séduisantes et de meilleur ton que madame Phanor ; mais, pour plaire à ces dames, il faut leur procurer mille plaisirs, et pour obtenir leurs faveurs, il faut être magnifique.

Quelquefois Adam dit à Montgry : — Mon ami, c'est singulier ; tu dis que je plais à toutes les femmes, et cependant en voilà beaucoup qui, pour m'écouter, me demandent, l'une un collier, l'autre des boucles d'oreilles ; celle-ci un cachemire, celle-là une bague... Ah çà ! si je ne leur donnais pas ce qu'elles veulent, je ne leur plairais donc plus ?

— Si, mon ami, répond Montgry, si ; vous leur plairiez... Mais elles ne vous céderaient pas... Que voulez-vous ? c'est caprice, c'est bizarrerie !... On veut mettre votre attachement à l'épreuve. — Oh ! du reste, tu sais que je ne recule pas pour faire un cadeau !... L'argent ne me coûte rien, à moi !... — C'est une justice à vous rendre : vous êtes fort généreux. Mais aussi, mon cher Adam, vous êtes un peu volage ; dès que vous voyez une jolie femme, vous voulez la posséder. — Que veux-tu ? c'est dans ma nature !... Tiens ! maintenant, je suis amoureux de cette jolie dame en plumes rouges, qui était hier chez ta maîtresse... — Madame Dorsay ?... — C'est ça même. — Vous n'avez pas mauvais goût... Une des plus jolies femmes de Paris ! — C'est pour ça qu'elle me plaît... Crois-tu que je puisse aussi lui plaire... en lui offrant des cadeaux comme aux autres ?... — Mais ce sera difficile. Madame Dorsay est très-bien entretenue par un gros financier... Lui offrir mieux serait difficile... même impossible !... Avec cela, votre père est fort en retard avec vous... — C'est vrai ; mais il faudra bien qu'il réponde. En attendant, nous avons le bon Moïse, qui est si obligeant. — Oui, mais... — Mon ami, je n'aime point les mais. Cette dame m'a enflammé, charmé ; j'en suis amoureux. Je la veux; il me la faut. — Il vous la faut !... Savez-vous que vous parlez comme un sultan ? — C'est qu'apparemment il y a du sultan dans ma nature. Voyons, Montgry ! aide-moi à faire la conquête de cette dame... A quoi diable rêves-tu ? — Je pense qu'il vaudrait bien mieux tâcher de lui plaire sans vous ruiner. D'ailleurs, madame Dorsay est une femme singulière ; elle est capable de refuser vos présents, tandis que, si vous lui plaisiez, cela irait tout seul !... — Eh bien ! tâchons que ça aille tout seul ; je le veux bien, moi. C'est entendu, je ne lui ferai pas de cadeaux, et je lui plairai la même chose... Oh ! un moment... vous allez vite. Vous a-t-elle remarqué hier ?... — Je ne sais pas trop... Il y avait tout le monde !... Ah ! si... Comme je dansais en face d'elle, je crois qu'elle a dit : Voilà un monsieur qui ne va jamais en mesure. — Ah ! c'est toujours quelque chose. Voyons, permettez que je vous examine... — Est-ce que tu veux faire mon portrait ? — Non, ce n'est pas cela... Oui, vous êtes bien... vous êtes très-bien !... — Oh ! mon père m'a dit cent fois que j'étais superbe... — Mais vous avez une cicatrice à la joue... — Ça ne se voit pas de l'autre côté. — Il vous manque quelque chose cependant... — Non, je t'assure qu'il ne me manque rien... — Si... si... c'est cela... Ce sont des dents par-devant... — Qu'est-ce que ça fait ? J'en ai assez pour mâtiger. — Oh ! cela fait beaucoup, mon cher ami ; cela fait immensément, surtout avec madame Dorsay. Je sais qu'elle aime les belles dents... — Je tiendrai ma bouche fermée quand elle me regardera. — Oui, mais pour lui faire votre cour, pour lui déclarer votre amour, vous ne pourrez pas tenir votre bouche fermée ! — C'est vrai ; ce serait assez difficile... A moins de faire le muet. — Eh non ! mon cher ! il y a un moyen bien plus facile, et auquel vous auriez dû songer plus tôt : c'est de vous faire mettre des dents... — Comment ! on met des dents ! Je croyais qu'on ne pouvait que nous en ôter ! — Détrompez-vous ; à Paris, il y a des personnes qui ont du postiche depuis la tête jusqu'aux pieds ! — Ah ! que c'est drôle !... Et ça ressemble au naturel ? — On s'y trompe. Mais, en fait de dents, c'est la chose la plus ordinaire. — Et tu crois que je serais mieux avec du postiche dans la bouche ? — Cela vous épargnera beaucoup de cadeaux ; cela vous complétera, enfin. — En ce cas, mon ami, allons vite chez le dentiste ; je veux qu'il me complète sur-le-champ.

Les deux amis se rendent chez un des premiers dentistes de la capitale. Adam ouvre sa bouche, et se tient ainsi devant l'homme de l'art, persuadé qu'il doit avoir la bouche ouverte tant qu'il sera chez lui. Ce n'est pas sans peine que le dentiste l'engage à ne pas se fatiguer d'avance. On le fait asseoir, on examine sa mâchoire, et le dentiste lui dit : — Ma foi, monsieur ! vous êtes bien heureux. — Pourquoi ? parce que j'ai eu trois dents de cassées. — Parce qu'en se cassant, les racines vous sont restées, et c'est l'essentiel. Le reste n'est rien. — Ah ! vous trouvez que le reste n'est rien ; moi, comme je trouve que je ne fais pas assez de conquêtes avec mes racines, je veux que vous me mettiez des dents. Rien de plus aisé, monsieur ; du moment que vous avez les racines, cela ira tout seul ! — Et si je n'en avais plus ? — Cela irait également ; mais le procédé offrirait moins de solidité. Je vais vous mettre des dents à pivots ; c'est ce qu'il y a de mieux. — Mettez-moi cela à pivots, à ciseaux, à tout ce que vous voudrez ; mais mettez-moi des dents qui tiennent ! — Oh ! monsieur, cela tiendra parfaitement ; vous pourrez casser des noisettes avec... — Que je fasse des conquêtes, c'est tout ce que je demande... — Monsieur, veut-il cela aujourd'hui ? — Certainement ; tout de suite... J'ai une passion dans le cœur, et, pour lui plaire, il faut que je sois complet. — Alors, monsieur, asseyez-vous là. — Ça me fera-t-il mal ? — Pas du tout ! — Ça sera-t-il long ? — Deux petites heures... — Deux heures !... — Et vous ne pouvez pas me les mettre sans que je reste là ? — C'est impossible. — Allons ! il faut avoir de la patience, quand on veut plaire. Je penserai à ma belle, et je tâcherai que ça m'amuse.

— Moi, mon cher ami, dit Montgry, je ne vois pas qu'il soit nécessaire que je reste à vous regarder. Je vais tâcher d'arranger une partie de plaisir dont madame Dorsay sera. Alors vous pousserez votre pointe auprès d'elle. — C'est ça ; tâche que je pousse ma pointe... Ce cher Montgry est complaisant !... — Je vous attendrai, comme à l'ordinaire, à cinq heures, à la Rotonde, pour dîner ensemble. — C'est convenu.

Montgry s'est éloigné, et Adam livre sa mâchoire au dentiste. Quoiqu'on lui ait assuré que cela ne lui ferait aucun mal, le pauvre garçon pousse de temps à autre des gémissements qui ne semblent pas causés par le plaisir. Deux heures s'écoulent ; Adam, qui a la figure violette, et tous les nerfs de la tête agacés, demande si c'est bientôt fini. — Encore un petit moment, lui dit-on.

Le petit moment a duré une heure, et l'homme de l'art continue de limer, de mesurer, d'essayer les dents. Le patient murmure : — Est-ce bientôt fini ? et on lui répond : — Encore un petit moment.

Il y a cinq heures qu'Adam est sur le fauteuil, lorsque, n'y tenant plus, il fait un saut en l'air, renverse la cuvette qui est à côté de lui, et marche dans la chambre en s'écriant : — Sacré mille coloquintes !... j'aimerais mieux recevoir tous les jours cent coups de pied au derrière que de faire ce métier-là !

Ce n'est pas sans peine que le dentiste le décide à reprendre sa place. Enfin, après une séance qui a duré près de six heures, l'opération est terminée ; on présente un miroir à Adam, qui se voit trois dents de plus dans la bouche.

— J'espère que vous êtes content, monsieur ! lui dit le dentiste ; il est impossible d'avoir des dents qui jouent mieux le naturel. — Oui, mais elles ne sont pas de la même couleur que les autres. — C'est l'affaire d'un jour ou deux. — Ça me gêne un peu. — Cela se fera. — Il me semble que j'ai trois maisons dans la bouche. — Demain vous n'y penserez plus. — Ainsi soit-il. Et combien vous dois-je ? — C'est cent vingt francs... pour les trois. — Diable ! c'est heureux que ce ne soit pas la pièce. On aurait une mâchoire d'or à ce prix-là... — Jadis, monsieur, c'était beaucoup plus cher. — Il paraît qu'il faut être à son aise pour avoir du postiche !... C'est égal, pour être beau on ne doit pas marchander. Mais vous me répondez de la solidité de mes dents ? — Oh ! monsieur, vous pouvez déchirer des côtelettes avec.

Adam a payé. Il sort de chez le dentiste en faisant une drôle de grimace, il n'ose plus ni rire ni ouvrir la bouche. Il va trouver Montgry, qui l'attendait depuis plus d'une heure.

— Eh ! arrivez donc, mon cher ! dit Montgry ; vous êtes en retard. — Parbleu ! le damné dentiste n'en finissait pas... Il ne voulait pas quitter ma bouche. — Voyons, mon ami ; regardez-moi... souriez un peu... C'est bien, c'est très-bien... Vous n'êtes plus le même ; cela vous fait une tout autre figure. — Je crois bien que je ne suis plus le même... Je n'ose plus ouvrir la bouche ni la fermer, de peur de perdre mes dents. — Bon ! vous vous y ferez... Allons dîner. Est-ce que vous n'avez pas faim ? — Si, vraiment, j'ai une faim de tous les diables !

On se rend chez le traiteur, on se met à table. Montgry mange comme quatre, tandis qu'Adam soupire, fait des grimaces, et ne glisse que quelques miés de pain dans sa bouche.

— Eh bien ! mon cher ! il me semble que cela ne va pas ? dit Montgry. — Non, ça ne va pas du tout... — Vous n'avez pas d'appétit ? — Au contraire, j'ai une faim dévorante ! — Pourquoi donc ne mangez-vous gas ? — Parce que cela ne m'est pas du tout commode. Mon postiche me gêne horriblement ; à chaque bouchée que je risque, il me semble que je vais avaler mes dents. Ah ! mon ami ! je crois que j'ai fait une bêtise de me faire embellir ; moi, qui suis pour le naturel, je n'aurais pas dû donner dans le postiche !

— Allons, mon cher ! songez donc à la femme charmante que vous aimez et dont vous voulez faire la conquête ! — Mon ami, j'ai beau y songer, ça ne me remplit pas le ventre ; je veux bien être amoureux, mais je ne veux pas me mettre au régime des caniches, et ne vivre que de boulettes. — Vous vous habituerez à vos dents. Allons ! allons ! mangez hardiment... n'ayez pas peur... J'ai arrangé pour demain une partie délicieuse avec ces dames... une cavalcade. Madame Dorsay monte très-bien à cheval, vous aussi ; vous serez son chevalier. J'ai retenu pour vous un cheval superbe,... un anglais qui trotte supérieurement. — A la bonne heure !... Oh ! à cheval je suis solide. Dis donc ! comme je vais faire le gentil, et sourire... et trotter !... En attendant, je vais tremper mon pain dans la sauce.

Adam achève de dîner tant bien que mal. Toute la soirée il ne cesse de faire jouer sa mâchoire, et de se regarder dans une glace ; mais, quoique Montgry ne fasse que lui répéter qu'il est charmant, il se trouve beaucoup moins bien que lorsqu'il n'avait rien de faux. Il lui semble que ses nouvelles dents lui donnent l'air d'un sanglier.

Le lendemain, Adam, un peu plus accoutumé à ses suppléments, se rend avec Montgry chez la maîtresse de ce dernier. Là se trouve madame Dorsay, ainsi que plusieurs autres petites-maîtresses et des jeunes gens mis à la dernière mode, et qui à cause de cela se croient beaucoup de mérite, et ne disent pas une parole sans paraître enchantés des jolies choses qui leur sont échappées.

Adam est un peu rustique au milieu de ces messieurs ; mais, comme il a toujours de l'argent à la main, et que sa bourse est constamment ouverte à chacun, on daigne le trouver d'une originalité et d'un naturel très-agréables.

Adam fait le gentil près de madame Dorsay. Cette dame rit beaucoup de la déclaration d'amour qu'il lui adresse. Un autre pourrait penser qu'on se moque de lui, mais Adam prend les choses du bon côté ; il se persuade qu'il a plu.

L'heure de monter à cheval est venue ; tout le monde est au rendez-vous. Les dames, amazones élégantes, montent de jolis chevaux, qu'elles dirigent avec grâce. On amène à Adam un grand cheval anglais qui semble plein de feu.

— Vous en serez content, dit l'écuyer ; il a le trot un peu dur, mais il allonge supérieurement. D'ailleurs, montez-le à l'anglaise. — Qu'il ait le trot dur tant qu'il voudra, dit Adam en s'élançant sur le cheval ; je ne fais rien à l'anglaise, mais je monterais un cerf sans tomber !

La cavalcade se met en route ; c'est vers le bois de Boulogne qu'on se dirige. Adam s'élance et caracole près de madame Dorsay. On admire la manière aisée dont il conduit son coursier, la facilité avec laquelle il le dompte ; et l'homme de la nature, enchanté des compliments qu'on lui adresse, trotte et caracole de plus belle.

Mais tout à coup Adam a pâli ; il s'est arrêté, il rapproche son cheval de celui de Montgry.

— Bravo! mon cher, bravo ! s'écrie Montgry, vous allez comme un ange ! comme un diable même !... Vous faites des merveilles ! — Ah ! oui, je fais de belles choses !... Vous ne savez pas ce qui vient de m'arriver en trottant si bien !... — Vous m'effrayez... Auriez-vous perdu votre portefeuille ?.— Eh non ! c'est bien pis, ma foi !... Une de mes dents... de mon postiche, qui est tombée !... Probablement le trot l'aura détachée. — Ah, diable !... En effet, vous en avez de moins... — De quoi vais-je avoir l'air ?... Moi, qui étais complet tout à l'heure ! — Il faut la remettre. — Puisque je vous dis que je l'ai perdue. Quarante francs de fichus !... — Ah ! pour une... C'est un peu de côté... cela ne se ramarquera pas — Vous croyez ?... — Oui... Vous rirez un peu moins... Mais nous sommes en arrière... Madame Dorsay vous fait signe... Allons, mon ami, vite, un temps de galop...

Adam pousse un soupir, et lance son cheval ; il arrive près de madame Dorsay, qui lui dit : — Comment, monsieur, vous êtes en arrière, vous !... si excellent écuyer ! Venez près de moi, et dépassons ces dames.

En disant cela, l'amazone pousse son coursier, Adam en fait autant. Au milieu de la carrière, une autre de ses dents se détache ; il la voit tomber aux pieds de son cheval. Adam est pétrifié, il ne sait s'il doit arrêter sa monture et descendre ou continuer de trotter ; mais son cheval l'emporte. Madame Dorsay l'appelle ; déjà il est loin, et son regard dit un dernier adieu à la dent. Il jure comme un damné. Cependant madame Dorsay lui parle ; il faut qu'il lui réponde, et il ne faut pas qu'elle voie ce qui lui manque. Adam est au supplice.

— Ne trouvez-vous pas que nous faisons une promenade charmante, monsieur ? dit la dame en retenant son coursier pour attendre Adam.

— Oui, madame ; oui, charmante !... (Gredin de dentiste !) — Un temps délicieux ! — Oui, madame, un beau temps ! (Ça devait tenir si bien !) — Une compagnie aimable !... — Ah ! madame, certainement que la compagnie... (Encore quarante francs de tombés !) — Et des chevaux excellents. — Oui, les chevaux sont assez bons... (Jolie partie de plaisir ! perdre sa mâchoire en route !...) — Mais , monsieur, vous n'allez plus !... Poussez donc votre cheval !... Est-ce que vous avez déjà jeté tout votre feu ? — Ah ! madame... j'ai jeté bien autre chose... je veux dire que j'ai perdu... Non, je n'ai pas perdu... c'est mon cheval qui... — Allons , monsieur ! un peu de courage ; rattrapons ces messieurs. — Oui , madame, rattrapons ces... Ah ! sacré mille bombes !... — Qu'avez-vous donc , monsieur ? — Voilà la dernière qui f... le camp !... — Est-ce que votre cheval a fait un écart ? — Que la peste étouffe le postiche !... J'ai tout perdu !... Voilà ma beauté par terre !...

Heureusement pour Adam , madame Dorsay est en avant, et le bruit des chevaux l'empêche d'entendre ce qu'il dit. On est arrivé au lieu où l'on doit faire halte et déjeuner. Le pauvre Adam fait une mine horrible ; il se tient à l'écart, et ne veut plus ouvrir la bouche.

Il faut pourtant descendre de cheval pour entrer chez le restaurateur où la compagnie se rassemble. Montgry s'approche d'Adam, qui est resté sur son coursier, et lui dit :—Pourquoi donc ne descendez-vous pas ?... — Ah , mon ami !... Je suis au désespoir !... — Qu'y a-t-il encore ? — J'ai tout perdu... Comment ?... — Oui , j'ai perdu toutes mes dents... Tiens, vois... — Quoi ! les autres sont tombées aussi ?... Ah, diable ! c'est fâcheux ! — De quoi vais-je avoir l'air près de madame Dorsay, qui m'a vu au complet ce matin ? — Tenez votre mouchoir sur votre figure... plaignez-vous des dents. — Je crois, f... bien ! que je m'en plaindrai... J'ai assez sujet de m'en plaindre !... — Ne parlez guère , et ne mangez pas... — Ah ! ça ! Comme c'est amusant !.—Demain, vous vous en ferez mettre d'autres. — Non , de par tous les diables ! je n'en ferai pas mettre d'autres ; j'en ai bien assez comme cela.

Adam se décide à aller rejoindre la société en tenant son mouchoir sur sa bouche, et pendant que les autres déjeunent, il se tient à l'écart en pestant et en jurant après sa sotte coquetterie. Pour revenir à Paris, il se venge sur son cheval de sa mésaventure ; ne craignant plus de rien perdre, il va comme le vent ; aussi laisse-t-il bien loin derrière lui toute la société, et rentre-t-il seul à Paris, où , à peine arrivé, il va se jeter sur son lit pour tâcher d'oublier, dans le sommeil ,les accidents arrivés à sa mâchoire.

Quelques jours après cette partie, Adam se décide à se présenter devant madame Dorsay, et , malgré ce qui lui manque, à tenter de faire sa conquête ; mais, soit que la petite-maîtresse s'aperçoive du changement qui s'est opéré dans la figure d'Adam, soit qu'il tienne peu à la séduire, elle lui rit au nez encore plus positivement qu'avant la partie de cheval.

Adam est entêté ; il pense que pour séduire cette belle rieuse, il doit employer les mêmes moyens qu'avec les autres : il prodigue les cadeaux. On reçoit ses présents, mais on continue de rire de son amour.

— Je ne lui ai encore rien envoyé d'assez beau , se dit Adam ; j'ai fait les choses mesquinement, et ce n'est pas ainsi qu'on plaît aux belles. Je veux maintenant l'éblouir, l'étonner ; mais pour l'éblouir il me faut de l'argent, et je n'en ai plus... Mon père, qui se donne le ton de ne plus rien m'envoyer !... Je vois bien qu'il faudra que je me fâche... Mais j'en ai prêté cent fois à Montgry... Parbleu !... je suis bien sot de n'avoir pas songé plus tôt à lui en demander.

Adam court chez son ami Montgry; celui-ci n'était jamais chez lui. C'est chez le traiteur qu'il le rencontre.

— Mon cher Montgry, j'ai été chez toi ce matin, dit Adam. — Mon ami, je n'y suis jamais le matin, on me trouve rarement dans la journée, et je sors tous les soirs... Mais vous savez que je vais chez vous tous les jours... Que me voulez-vous ? — Mon ami, je n'ai plus d'argent. En attendant que mon père m'envoie des fonds, j'ai pensé que tu pourrais m'en prêter... à ton tour. — Mon cher ami, vous m'avez bien jugé... Tout ce que j'ai est à vous ! — Ce cher Montgry !... J'en étais bien sûr ! — Malheureusement je ne possède pas moi-même un sou d'argent ? — Pas du tout. — Diable ! c'est malheureux ! Alors il faut avoir recours au vieux Moïse , quoique je lui doive déjà beaucoup, à ce que je crois !... Tu lui écriras de passer chez moi. — Je l'ai rencontré aujourd'hui , et je sais que son intention est justement d'aller vous voir demain. — Alors ça se trouve bien.

M. Moïse se rend chez l'élève de la nature ; mais ce n'est plus pour prêter, c'est pour demander qu'il se présente. Le moment que l'on attendait est arrivé. Adam a depuis quelques semaines dépassé ses vingt-un ans. Il faut qu'il paye ses lettres de change ou qu'il aille en prison ; et on l'y fera mettre, parce qu'on sait fort bien que son père ne l'y laissera pas.

Quand Adam ouvre la bouche pour emprunter encore , le vieil usurier l'interrompt en lui disant :—Che suis désolé, mais vos lettres de change sont échues depuis six semaines. Che vous ai sommé de payer... vous n'avez pas répondu... Che me suis mis en règle. — Que diable me chantez-vous là ? — Il faut me payer soixante-six mille francs que vous me devez. — Que je vous doive soixante-six mille francs ou soixante francs, cher Adam, c'est la même chose ; car je ne peux rien vous donner. — Alors monsieur ira en prison jusqu'à ce que son père paye pour lui.

Adam ne conçoit pas qu'il faille aller en prison, parce qu'on a mis sa signature sur un petit morceau de papier ; mais M. Moïse a amené avec lui des gens qui sont chargés de le lui faire comprendre.

Adam cherche des yeux son ami Montgry. Le petit-maître n'est pas là ; c'est un homme qui disparaît avec les plaisirs. Bien heureux encore quand ces amis-là, après avoir mangé vos dîners et bu votre vin, ne vous font pas des semonces et de la morale au moment où vous n'avez plus rien. On trouve tant de gens comme cela, toujours disposés à manger votre bien et à censurer vos actions !

Adam crie, jure, s'emporte ; il veut battre M. Moïse et les gardes du commerce. Le vieil usurier parvient à l'apaiser en lui disant : — Che n'ai pas envie de vous garder en prison ; votre père payera pour vous tout de suite... C'est seulement pour qu'il se presse que nous faisons cela ; c'est dans votre intérêt: aussitôt qu'il aura payé, che reprêterai à vous très-volontiers. — Mais que fait-on en prison? — Tout ce qu'on veut, depuis le matin chisqu'au soir. Il n'y a pas d'endroit où l'on s'amuse autant.

— Puisqu'on fait tout ce qu'on veut, ça me va, dit Adam. Quand je ne m'y amuserai plus, je m'en irai ; n'est-ce pas ? — Ya ; ce n'est qu'une petite formalité !

On a eu l'honnêteté de faire venir une voiture ; Adam y monte avec M. Moïse et deux particuliers fort polis, et il se rend en prison aussi gaiement que s'il allait au spectacle.

Chapitre XXVII. — Résultat inévitable.

M. Rémonville et la bonne Amélie ont revu leur fils ; ils l'ont de nouveau pressé contre leur cœur. C'est dans les bras de ses parents qu'Edmond a été chercher du soulagement à la douleur que lui a causée l'abandon d'Agathe. Bienheureux lorsque , dans nos peines , nous avons encore le sein d'une mère pour écouter nos plaintes, pour répondre à nos soupirs.

On avait reçu Edmond comme un enfant chéri, impatiemment attendu. Du reste, nul reproche, pas un mot sur le passé n'avait été prononcé. Les gens d'esprit ne reviennent pas sur ce qui est fait ; les cœurs généreux pardonnent entièrement.

Pour aller voir ses parents, Edmond avait demandé à son chef la permission de s'absenter une quinzaine de jours. Cette permission lui avait été sur-le-champ accordée. On ne refuse pas une légère faveur à celui dont la conduite et le travail méritent constamment des éloges.

En pressant son fils dans ses bras, M. Rémonville lui dit : — Ma fortune est suffisante pour que tu puisses te passer de place. Si la vie des bureaux te fatigue ou t'ennuie, reste avec nous, et envoie ta démission à ton chef.

— Non , mon cher père, dit Edmond. Si vous me le permettez, je resterai dans la carrière où je suis entré. Il me semble que l'oisiveté est une honte tant qu'on est en état de travailler ; et je ne suis pas encore d'âge à me reposer. Je vous remercie de votre bienveillance et des sacrifices que vous feriez pour moi ; mais laissez-moi tirer parti de l'éducation que vous m'avez donnée. La fortune que l'on a acquise par son travail est bien plus douce que celle que nos parents nous donnent.

La bonne mère fait un peu la moue en songeant que son fils ne restera pas encore près d'elle. Mais M. Rémonville presse la main d'Edmond en lui disant : — Je t'approuve, mon ami. Continue, par ta conduite, de mériter l'approbation de tes chefs. Viens passer près de nous tous les moments dont tu pourras disposer, et je ne doute pas qu'un heureux avenir ne soit le prix de tes travaux.

On est tout au bonheur, tout à la joie pendant les quinze jours qu'Edmond passe chez ses parents. Il n'en est pas de même dans la maison voisine. M. Adrien, qui a déjà mangé près de la moitié de sa fortune pour payer les dépenses de son fils à Paris, est assis sur son grand fauteuil, dans son salon du rez-de-chaussée. Il est seul, car Céleste n'est plus; et depuis son voyage à Paris, l'ami Tourterelle, dont la santé ne s'est jamais bien rétablie, ne quitte plus que rarement Gisors.

M. Finot, le portier d'Edmond, est un homme des plus complaisants.

M. Adrien pense à son fils, dont il ne reçoit des nouvelles que par des étrangers qui ne savent pas lui demander de l'argent. M. Adrien est affecté de l'indifférence qu'Adam a montrée pour la mort de sa mère : et ses réflexions ne sont pas gaies. En ce moment des éclats de rire, des chants joyeux parviennent à son oreille. Il sonne Rongin pour en connaître la cause.

Au bout de dix minutes Rongin arrive. Sa mine est encore plus renfrognée depuis qu'il est jardinier et concierge. Il ressemble à un vieux dogue qu'on ne peut plus approcher sans qu'il grogne.

— Qu'est-ce donc, Rongin? Que se passe-t-il par ici, et d'où partent ces chants joyeux? dit le vieillard goutteux en se soulevant un peu sur son fauteuil.

— Ce que c'est... parbleu !... ce que c'est !... Vous ne le savez donc pas? — Si je le savais, Rongin, il me semble que je n'aurais pas besoin de vous le demander. — Ah! vous m'avez souvent dérangé pour rien dans mes occupations! Et à présent qu'il faut que je travaille double... moi qui n'aurais pas dû servir... Rongin, je vous ai demandé d'où partaient les chants que j'ai entendus tout à l'heure. — Ils partent !... ils partent de chez votre frère !... On est tout en fête chez lui depuis que leur fils est revenu. — Mon neveu est revenu chez son père? — Eh oui !... il y a déjà quatre jours... Oh! le père et la mère ont l'air d'en être enchantés; il paraît que le jeune homme se conduit maintenant très-proprement à Paris. On dit qu'il travaille comme un nègre, et qu'il a déjà une place de vingt mille francs dans un bureau de tabac. — Allons, vous êtes fou, Rongin ! — Non, monsieur; je dis la vérité. Ce sont les domestiques de monsieur votre frère qui me l'ont dit : ils me l'ont répété tous les quatre; car on a encore quatre domestiques à côté, tandis qu'ici nous ne sommes plus que deux... C'est gentil !.... Mais cette Agathe qu'Edmond avait enlevée? — Oh! il paraît qu'il est parfaitement guéri de son amour. Il a chassé la demoiselle de chez lui à coups de manche à balai, et lui a défendu sous peine de mort, de jamais lui repaitre. C'est un jeune homme qui paraît maintenant bien sage, bien rangé, et qui gagne de l'argent !... On dit qu'il a apporté à sa mère un diamant gros comme un œuf !... A la bonne heure, il ne renie pas ses parents, celui-là. — C'est bon, en voilà assez. Laissez-moi.

M. Adrien renvoie Rongin. Ce qu'il apprend de son neveu ajoute au chagrin qu'il ressent de la conduite de son fils. Il ne voudrait pas laisser voir son humeur, et il n'est pas maître de la cacher ; il désire être seul, il craint même la présence de Tourterelle. Rongin, qui sait cela, revient bientôt d'un air joyeux annoncer à son maître que M. Rémonville et son fils désirent le voir.

M. Rémonville a pensé qu'après une si longue absence son fils devait aller présenter ses devoirs à son oncle. Peut-être n'est-il bien aise de se venger un peu des épigrammes de son frère en montrant Edmond, dont il n'a plus que des éloges à faire. Il se présente donc avec son fils chez M. Adrien, qui n'ose pas refuser leur visite.

M. Adrien fait ses efforts pour sourire, pour paraître content en présence de son frère et de son neveu. Ceux-ci ont assez de discrétion pour ne point prononcer le nom d'Adam. Mais M. Adrien croit mieux cacher la vérité en étant le premier à en parler.

— Vous revenez de Paris, dit-il à Edmond. Vous vous y êtes amusé... C'est bien. Adam y est encore, lui. Il paraît qu'il s'y amuse toujours beaucoup; il va dans le grand monde... il obtient des succès partout... Mais, quand il en aura assez, il reviendra. Je le laisse libre... il faut que jeunesse se passe !...

— Oui !... et tout ce qui est ici y passe aussi! murmure Rongin, qui a l'air de ranger quelque chose dans un coin du salon.

— Mon fils va retourner à Paris, dit M. Rémonville. Il a une place honorable et lucrative dans une maison de banque. Il me récompense maintenant des soins que j'ai pris pour son éducation en se distinguant par son travail et ses talents.

— C'est fort bien. Chacun fait comme il veut. Il ne faut contrarier les penchants de personne. Adam va revenir gros et gras comme un moine. Il plantera des choux avec moi en me contant ses aventures de Paris.

M. Rémonville voit bien que sa présence et celle de son fils ne sont pas agréables à son frère; il abrège sa visite et retourne chez lui. Là le bonheur est véritable : on ne grimace point en voulant paraître joyeux; de même que, dans les jours de la souffrance, on n'a pas cherché à dissimuler ses larmes.

Les quinze jours écoulés, Edmond a embrassé ses parents; il est reparti pour Paris, où il se livre avec ardeur au travail. C'est pendant ce temps que son cousin achève sa ruine et qu'il est conduit en prison.

M. Adrien était depuis quelque temps sans nouvelles de son fils; il se flattait que, las de ne plus recevoir d'argent pour continuer ses folies, Adam allait revenir au toit paternel, lorsqu'un matin Rongin lui apporte une lettre qui vient de Paris. M. Adrien croit reconnaître l'écriture, et il lit le billet suivant :

« Votre fils m'a fait des traits ignobles. C'est égal ; je l'ai adoré : je l'adore peut-être encore (une femme n'est jamais sûre de ça) ; et à présent que tous les chenapans qui l'ont grugé le laissent là, moi, je prends la plume pour vous apprendre que votre bijou est en prison pour la somme de soixante et quelques mille francs qu'il doit à l'usurier Moïse. C'est désagréable ; mais enfin l'enfant est votre fils, et il prétend qu'il n'a fait que suivre vos conseils. Ce qu'il y a de certain, c'est que, s'il ne m'eût pas quittée, nous n'aurions encore mangé que le quart de cette somme. Tirez-le de là bien vite. Votre servante.

» PHANOR. »

Cette lettre a foudroyé le vieillard ; il reste quelques instants sans pouvoir proférer une parole, les yeux fixés sur le fatal papier. Rongin, qui est resté dans la chambre par curiosité, se rapproche de son maître en disant : — Est-ce que la goutte de monsieur lui remonte ?... Est-ce que ce sont encore de mauvaises nouvelles de l'enfant de la nature ?... Ah! dame! on lui a lâché la bride, et alors...

— Taisez-vous, s'écrie M. Adrien d'une voix forte et avec une expression qui impose au concierge. Laissez-moi; sortez, et n'entrez ici que quand je vous sonnerai.

Rongin n'ose pas même murmurer; car il n'a jamais vu son maître lui parler sur ce ton. Il s'éloigne la tête basse, mais il se dit : — Ce polisson d'Adam aura encore tout mangé.

M. Adrien reste plusieurs heures livré à ses réflexions. Pour tirer son fils de prison, pour payer une somme qui dépasse soixante mille francs, il faut qu'il donne à peu près tout ce qui lui reste ; et, après avoir toujours vécu dans l'aisance, il doit d'être, sur le déclin de ses jours, réduit au plus strict nécessaire. Cependant M. Adrien ne peut se dissimuler que la conduite de son fils ne soit le résultat de la manière dont il l'a élevé. *Il n'a fait que suivre vos conseils*, a écrit madame Phanor. Cette phrase est sa condamnation.

— Oui, je lui ai appris à ne faire que ses volontés... a suivre ses penchants! se dit M. Adrien en relisant la lettre. C'est donc ma faute s'il est en prison à présent... Et je ne puis l'y laisser. Je donnerai ce qui me reste... Je vendrai cette maison... Avec le produit de cette vente, j'aurai encore de quoi vivre avec économie... Je n'irai pas demeurer à Gisors; Non; on m'y a connu riche... J'achèterai quelque petite maisonnette... quelque chaumière isolée... là-bas... près du tombeau de ma pauvre femme!... Ah! elle a aussi bien fait de mourir... elle n'a pas vu le résultat des folies de notre fils.

M. Adrien aurait pu conserver sa demeure. Pour cela il n'aurait fallu que s'adresser à son frère, lui confier son embarras et avoir recours à sa bourse. M. Adrien sait très-bien que M. Rémonville s'empresserait de lui être utile. Mais loin de vouloir avouer à son frère la position où il se trouve par suite de l'inconduite de son fils, M. Adrien espère encore pouvoir la lui cacher. Ce maudit amour-propre, qui nous empêche de convenir que nous avons fait des sottises, est encore la seule compagnie que nous laisse l'adversité.

Le général d'Esparmont et sa fille.

Avant tout, M. Adrien écrit à un homme de loi de Paris pour savoir si madame Phanor lui a dit la vérité. La réponse qu'il reçoit lui apprend qu'on ne l'a pas trompé. Alors il ne s'occupe plus que de réaliser l'argent nécessaire pour rendre son fils à la liberté. M. Adrien a vu un homme d'affaires de Gisors; il l'a chargé de vendre sa maison le plus promptement et le plus secrètement possible. Pour que son frère ignore cette vente jusqu'au dernier moment, M. Adrien préfère s'imposer encore quelques sacrifices.

Malgré les peines qu'il se donne pour terminer promptement toutes ces affaires, ce n'est qu'au bout de deux mois que M. Adrien est parvenu à compléter la somme nécessaire pour son fils. Il l'envoie à l'homme de loi de Paris, le charge de remettre douze cents francs à Adam lorsqu'il sortira de prison, et de lui dire que c'est le dernier argent qu'il doit attendre de son père.

Quelques jours après avoir terminé cette affaire, M. Adrien reçoit une lettre de Gisors qui lui apprend que sa maison est vendue; qu'il n'a plus qu'à venir signer les actes nécessaires pour en toucher le montant. Malgré sa goutte, M. Adrien monte à cheval et va à la ville. Après avoir vendu sa maison, il achète une maisonnette située à un demi-quart de lieue de son ancienne demeure, dans un endroit écarté et éloigné de la route. Puis il place chez un honnête négociant la somme qui lui reste : elle lui produira neuf cents francs de revenu. C'est avec cela qu'il faut qu'il vive maintenant. Il se trouverait encore assez riche s'il pouvait cacher à son frère que c'est Adam qui l'a réduit à cet état.

M. Adrien revient chez lui, où l'on a été fort étonné de son absence, qui a duré deux jours. Il congédie sa cuisinière et fait venir Rongin devant lui.

— Mon pauvre Rongin, dit M. Adrien, je vais t'apprendre une triste nouvelle : je viens de vendre ma maison! — Vous avez vendu votre maison! Par exemple!... Qu'est-ce que cela signifie?... Une maison à laquelle j'étais accoutumé... où je me plaisais... Pourquoi donc l'avez-vous vendue? — Pourquoi!... parce qu'il le fallait, apparemment!... Parce que je n'avais plus le moyen de la garder... — Eh bien! c'est du propre! Et probablement c'est votre satané fils qui est cause de... — Silence, Rongin, point de réflexions; elles sont inutiles maintenant. J'ai acheté une petite maisonnette dans les environs... Je n'ai plus qu'un revenu très-médiocre. Cependant je puis encore vous garder... Nous vivrons tous les deux frugalement. Vous cultiverez le petit jardin qui dépend de ma nouvelle demeure, et nous pourrons finir nos jours en paix. Voyez, Rongin, si cela vous convient, et si vous voulez m'accompagner dans la maisonnette que je vais habiter. — Ça ne laisse pas que d'être gentil... Servez donc des maîtres pendant vingt-cinq ans pour être récompensé comme ça... Au lieu de monter en grade, il faudra que je fasse tout à présent. — Rongin, rien ne vous oblige à me suivre : faites ce qui vous conviendra! — Pardi!... où diable voulez-vous que j'aille à présent? A soixante-cinq ans je ne vais pas aller me faire jockey. Et quand ferons-nous cette belle retraite? — Quand le nouveau propriétaire viendra prendre possession de cette maison.

Quinze jours plus tard (c'était par une belle matinée d'automne), M. Adrien reçoit l'avis que le nouveau propriétaire va arriver. Cette nouvelle lui est transmise par un homme à jambe de bois, qui doit remplacer Rongin dans ses fonctions de concierge: celui-ci est stupéfait en reconnaissant Dumont dans son remplaçant.

L'invalide frappe doucement sur l'épaule de Rongin en lui disant :
— Il me paraît que je vais prendre votre place, mon vieux... — Oui... c'est ce que je vois... Est-ce que c'est vous qui achetez la maison! — Non vraiment, mais M. Solange, qui en est l'acquéreur, et mon ancien capitaine; il s'est souvenu de moi, et m'a nommé son concierge... Ma foi! cette demeure est fort bien située. On doit être agréablement ici ; je sens que je m'y plairai... Me voilà avec une douce retraite pour mes vieux jours... Mais je ne m'attendais pas à vous remplacer... Et vous... vous ne vous doutiez pas, il y a trente et quelques années, qu'un jour je prendrais aussi votre place... Mais celle-ci, je puis l'accepter sans rougir, je m'en flatte... Le vieux soldat d'Austerlitz n'a point fait de bassesses pour l'obtenir. Tenez, mon ancien, j'ai toujours pensé, moi, qu'il y avait une Providence qui se chargeait de nous venger de certaines choses que nous autres nous oublions quelquefois, tandis que là-haut rien ne s'oublie ; et tôt ou tard on fait le compte de chacun.

Un ami d'Adam dans sa bonne fortune.

Rongin ne souffle pas un mot. Il salue humblement le nouveau concierge, et va rejoindre son maître, auquel il dit : — Partons, monsieur, croyez-moi, n'attendons pas l'arrivée de ces nouveaux venus... Vos paquets sont faits ; on nous les portera là-bas ; partons sur-le-champ.

Rongin a hâte de s'éloigner de l'invalide, qui est sa bête noire. Mais M. Adrien ne peut pas aller vite ; il souffre beaucoup de sa goutte, et d'ailleurs on ne quitte pas si lestement, et pour n'y jamais revenir, une demeure dont on a été le maître, et où l'on a passé la moitié de sa vie.

Cependant, M. Adrien se résigne ; il jette encore quelques regards sur son cabinet, son grand fauteuil, son jardin ; puis il prend sa canne, et en s'appuyant sur le bras de Rongin, quitte cette maison, dont les folies de son fils l'ont chassé.

Le pauvre goutteux n'avait pas fait encore vingt pas sur la pelouse, car il n'allait pas vite, lorsqu'il se sent arrêté, pressé par le bras de quelqu'un. C'est M. Rémonville, qui a couru près de son frère, et qui veut le retenir. — Que viens-je d'apprendre? lui dit il. Vous avez vendu votre maison... Vous la quittez; et je n'ai rien su de tout cela... Est ce ce un revers de fortune, le besoin d'argent, qui vous aurait forcé d'agir ainsi?... Et vous ne m'avez rien dit!... Vous ne vous êtes point adressé à moi... Adrien, ne suis-je donc plus votre frère?... Où allez-vous? De grâce, venez chez moi... Vous y serez chez vous... Vous serez entouré de soins... d'amis.

— Je vous remercie, mon frère, répond M. Adrien en pressant la main de M. Rémonville et en détournant les yeux pour cacher son émotion. Je vous remercie de vos offres amicales... mais je n'ai nul besoin de secours. J'ai vendu cette maison parce que... depuis la mort de ma femme, je ne m'y plais plus... Elle est trop grande pour moi. J'en ai acheté une... qui me convient mieux, et je vais m'y retirer. Mais, je vous le répète, je n'ai aucun besoin d'argent.

— Ainsi donc, mon frère, vous refusez de venir habiter avec nous. Pourriez-vous vous rappeler encore quelque différence dans notre manière de voir?... Pensez-vous donc que jamais je vous dirais un mot à ce sujet?...

— Non, mon cher Rémonville; mais je vous assure que je serai très-bien dans ma nouvelle propriété... Soyez heureux... Nous nous verrons quelquefois... J'irai vous voir... mais ne me retenez plus... Adieu!

M. Rémonville voit que ses instances seraient inutiles. Il serre encore une fois la main de M. Adrien, et le regarde tristement s'éloigner, tandis que le vieillard goutteux, s'appuyant sur sa canne et le bras de Rongin, fait de pénibles efforts pour hâter sa marche, afin de dérober son émotion à son frère, et surtout pour lui cacher deux grosses larmes qui sont tombées sur ses joues lorsqu'il a jeté un dernier regard sur la maison où son fils est né.

Chapitre XXVIII. — L'Homme de la Nature en prison.

Adam était depuis longtemps en prison. Pendant les premiers jours, il avait trouvé drôle d'habiter une maison où il y a si nombreuse société; il avait ri, bu, chanté avec ses compagnons; il possédait encore quelques pièces d'or et les avait facilement dépensées: alors, Sainte-Pélagie lui semblait un endroit agréable où il s'amusait autant, plus même que dans beaucoup de réunions où l'avait mené Montgry; il croyait que le vieux Moïse ne l'avait pas trompé, et que dans une prison on était libre de faire toutes ses volontés. Il est vrai que jusqu'alors il n'avait pas eu la volonté de sortir, parce qu'il ne s'était pas ennuyé; mais lorsqu'il n'eut plus d'argent pour se divertir avec les autres détenus, il trouva le temps long et la prison moins gaie. Un matin, il voulut sortir en disant: — Décidément j'ai assez de prison comme cela; le vieux Moïse m'a dit que ce n'était qu'une formalité : voilà huit jours que je suis ici, c'est bien assez. Je veux m'en aller parce que je ne m'y amuse plus.

Cette demande singulière n'eut point de succès. On fit entendre difficilement à Adam qu'il ne sortirait plus jusqu'à ce que son créancier serait soldé, ou consentirait à le laisser libre. Alors seulement le pauvre Adam comprit ce que c'est qu'une prison; il sentit qu'il n'avait plus sa liberté, ce bien si précieux, ce bien contre lequel on échangerait volontiers tous les autres. Il s'emporta, cria, voulut s'en aller malgré tout le monde; disant qu'il n'est pas dans la nature d'empêcher un homme de sortir quand il en a envie, et que nous ne sommes pas nés avec des jambes pour qu'on ne nous laisse pas le droit de nous priver d'en faire usage. On se contenta d'abord de rire au nez d'Adam. Il donna quelques coups de poing aux gardiens, et voulut s'échapper; alors on le resserra, on l'enferma plus étroitement, il fut l'objet d'une surveillance particulière, et il fallut bien, cette fois, que l'homme de la nature cédât de faire ses volontés; mais aussi dès cet instant sa prison lui devint odieuse, et la captivité fut cent fois plus cruelle pour lui que pour les autres prisonniers.

L'usurier Moïse n'avait pas fait savoir au père d'Adam que son fils était en prison, parce que, ne se doutant pas d'un son débiteur était incapable d'écrire lui-même, il était persuadé que le jeune homme avait sur-le-champ informé à cette nouvelle à ses parents. De son côté, Adam pensait que son ami Montgry continuait d'écrire pour lui à son père; il est donc probable que le fils de M. Adrien serait resté longtemps en prison, si un jour madame Phanor n'eût accompagné à Sainte-Pélagie une de ses amies qui allait y voir son amant, lequel passait régulièrement neuf mois de l'année sous les verrous.

Là, madame Phanor avait aperçu Adam, pâle, amaigri, triste et malade. Le pauvre garçon était assis dans la cour sur un banc de pierre. Pendant que quelques uns de plus de lui les prisonniers riaient et s'amusaient entre eux, il avait la tête baissée sur sa poitrine, et ne la relevait que pour regarder le ciel; alors il poussait un gros soupir en murmurant : — Ne pas être libre... quel supplice !... Et mon père me laisse ici !...

En reconnaissant Adam, madame Phanor crie, pleure, a des attaques de nerfs; elle attire les prisonniers autour d'elle ; enfin, on la calmée, et elle supplie elle-même la société de la laisser causer à part avec Adam. Celui-ci éprouve un sentiment de plaisir en voyant cette femme avec laquelle il a fait mille folies; il lui tend la main, mais elle lui saute au cou, elle l'étouffe de caresses en lui disant :

— Pour combien es-tu ici ? Imbécile, qui ne m'écrit pas ! qui ne me fait pas au moins prévenir !... Parle... Je vas vendre mon châle... il est tout neuf... mes chemises, s'il le faut... Parle donc !

— Je dois soixante et quelques mille francs... à ce que je crois !... répond tristement Adam.

— Soixante mille francs !... Dieu ! quelle boule de loto !... J'aurais beau vendre mes nippes et moi avec, ça ne ferait jamais ta somme !... Mais ton père, comment se fait-il qu'il te laisse ici ?

— Je n'y comprends rien ! Cependant, Montgry a dû lui écrire que j'étais en prison...

— Montgry !... Tu comptes encore sur Montgry !... Pauvre poulet !... quand donc cesseras-tu de te laisser plumer ?... Est-il venu te voir, ton cher ami, depuis que tu es ici ? — Non... Il est sans doute malade... Cependant, depuis si longtemps que je suis prisonnier, il aurait dû venir en effet. — Mon bon ami, tu as un joli naturel, c'est vrai ; mais ton naturel te bouche l'œil : tu crois tout ce qu'on te dit, tu te fies à tout ce que tu vois !... Ce n'est pas ça du tout, mon petit : on te fait la queue depuis le matin jusqu'au soir !... Ton Montgry, auquel tu fourrais sans cesse de l'argent, ne songe plus à toi, maintenant que tu n'as plus rien ; tes dames si pimpantes, qui daignaient recevoir tes cadeaux, feront semblant de ne pas te reconnaître quand tu auras un habit râpé. Tâche donc de ne plus être si bête !... Moi, je t'aimais pour toi. Tu m'as donné une fois cinq cents francs, c'est vrai ; mais alors je te croyais riche comme un lingot... et si j'avais à présent un million, je le partagerais avec toi. En attendant, prends toujours ces sept livres dix sous... c'est tout ce que j'ai sur moi... Non... je n'ai pas besoin de... — Prends vite ! ou je te fiche des soufflets. Sois calme... ne fais plus des yeux jaunes comme ça. Je vais écrire à ton père, et de la bonne encre ; et s'il ne t'envoie pas de quoi sortir d'ici, j'irai le chercher moi-même avec un parapluie à canne.

Madame Phanor a encore embrassé Adam, et elle est partie. Elle avait tenu sa parole. Bientôt l'homme de loi, auquel M. Adrien avait remis le soin de terminer les affaires de son fils, avait été voir Adam à Sainte-Pélagie, en lui annonçant que son père s'occupait de payer ses dettes. Enfin, après cinq mois, qui lui ont paru cinq siècles, on vient annoncer à l'élève de la nature qu'il est libre.

Adam était assis sur un banc de pierre dans la cour de la prison, lorsque le concierge vient lui apprendre cette heureuse nouvelle.

En apprenant qu'il est en liberté, un feu nouveau brille dans les yeux d'Adam ; ses esprits abattus, absorbés par la captivité, semblent renaître à la vie : car la liberté, si précieuse pour tous, était l'existence pour cet homme, qui depuis sa naissance n'avait connu aucun obstacle à ses vœux.

Il se lève, saute au cou du concierge en balbutiant : — Je suis libre, dites-vous ?... je ne suis plus forcé de rester ici ?... je puis sortir enfin ? — Oui, monsieur, quand vous voudrez. — Quand je voudrai !... Ah ! tout de suite, sur-le-champ !... Ouvrez-moi la porte. — Mais, monsieur, vous n'avez pas votre chapeau... votre cravate, vos... — Je n'ai pas besoin de chapeau pour m'en aller... je vous abandonne ce que j'ai ici... ouvrez-moi. — Mais, monsieur. — Ouvrez-moi, sacrebleu ! ouvrez-moi...

Adam est comme un fou, il n'écoute plus rien, et le concierge est bien obligé de le mettre dehors. L'homme de loi qui est venu délivrer Adam, et qui sort avec lui, espère qu'il s'arrêtera lorsqu'ils seront dans la rue ; mais à peine se voit-il hors de la prison que l'homme de la nature se met à courir de toutes ses forces, craignant de ne jamais pouvoir s'éloigner assez vite de Sainte-Pélagie.

Comme s'il se perdait de vue il ne saurait plus où le retrouver, l'homme d'affaires est obligé de courir après son client, auquel il a des fonds à remettre ; mais Adam se souvient des exercices de sa jeunesse, il court vite et longtemps sans se fatiguer.

Il n'en est pas de même de l'homme de loi ; c'est un monsieur d'une cinquantaine d'années, qui depuis longtemps passe les trois quarts de sa vie dans son cabinet, ses jambes sont bientôt fatiguées de l'exercice forcé que son client lui fait faire ; à chaque instant il voit s'augmenter la distance qui le sépare d'Adam, et en en vain qu'il lui crie : — Monsieur... monsieur... arrêtez-vous donc... écoutez-moi donc... j'ai à vous parler.

Adam n'écoute pas, n'entend rien, et court toujours.

En voyant un jeune homme pâle, mal habillé, sans chapeau et sans cravate, qui court de toutes ses forces, puis un monsieur d'un extérieur honnête qui essaye de l'atteindre en criant : — Arrêtez donc ! les passants ne doutent point que le premier ne soit un voleur.

Ce bruit se répand de bouche en bouche : — C'est un voleur !... se disent les curieux ; et bientôt quelques-uns courent aussi après Adam ; les petits polissons des rues se joignent à ceux qui ont couru les premiers. Adam entend beaucoup de monde courir derrière lui, il distingue enfin les cris : — Arrêtez ! arrêtez ! et il n'en court que plus fort.

Mais quelques hommes, qui viennent du côté opposé, se dévouent pour saisir le voleur ; quatre d'entre eux barrent le passage à Adam ; d'autres lui mettent la main sur le collet en s'écriant d'un air de triomphe : — Nous le tenons !... Adam se débat, et veut taper ceux qui s'opposent à ce qu'il passe, en disant : — Je suis libre... je vous dis encore une fois que l'on m'a rendu ma liberté, laissez-moi donc en user !

— Il paraît que vous en usez trop bien, mon gaillard ! dit un de ceux qui tiennent Adam. Allons ! allons ! au corps de garde, puis en prison ! — Comment ! vous voulez que j'aille encore en prison ?... J'en sors... — Oh ! nous nous en doutions bien. — C'est donc pour se moquer de moi qu'on m'a dit que j'étais libre... mais j'aime mieux me faire éreinter que de rentrer en prison.

Et Adam se met à jouer des pieds et des poings. Enfin l'homme de loi parvient à percer la foule. — Voilà votre voleur, monsieur ! disent les officieux qui ont arrêté Adam. — Mon voleur ! dit l'homme d'affaires en s'essuyant le front. Qui diable vous a dit que ce jeune homme fût un voleur ? C'est un prisonnier pour dettes que je viens de faire sortir de Sainte-Pélagie.

Ce n'est pas sans peine que l'on fait comprendre aux badauds qu'ils se sont trompés. Les gens qui jugent sur l'apparence ne veulent jamais avoir tort.

L'homme de loi parvient à retirer Adam des mains de ceux qui voulaient le faire rentrer en prison. Il s'éloigne avec lui de la foule; mais il passe son bras sous le sien, et le force à marcher sans courir, en lui disant : — Monsieur, si c'est ainsi que vous usez de votre liberté, vous la perdrez bien vite. — Comment, monsieur, je ne suis pas le maître de courir dans les rues si ça me fait plaisir ? — Pardonnez-moi... mais alors il faudrait être habillé décemment; sinon, on vous prendra pour un fou ou un voleur, et on vous arrêtera. — Belle f..... liberté que celle qui m'empêche de jouer des jambes quand ça me fait plaisir ! Ah ! mon père avait bien raison de se plaindre des hommes... Me prendre pour un voleur parce que je cours sans chapeau... Je me plaît d'être sans chapeau ?... si j'aime mieux cela ? si je veux que mes cheux voltigent en liberté ?

Pendant qu'Adam parlait, le temps s'était mis à l'orage. Bientôt une pluie violente tombe sur l'homme de la nature, qui a toujours la tête nue. Cela met fin à sa déclamation contre les chapeaux, et il accepte la proposition de l'homme d'affaires, qui lui offre de monter dans un fiacre pour se rendre chez lui.

CHAPITRE XXIX. — Le Monde de tous les temps.

L'homme de loi a remis à Adam douze cents francs de la part de son père, en lui annonçant que c'est le dernier secours qu'il recevra de lui; il lui a ensuite fait une belle morale pour l'engager à changer de conduite et à retourner dans ses foyers.

Adam a pris l'argent, et n'a pas écouté la morale; il songe à se dédommager, au sein des plaisirs, de ses cinq mois de détention; mais il se promet de ne plus mettre sa signature sur aucun papier, et, comme le malheur donne toujours un peu d'expérience, il ne retourne pas au magnifique hôtel de la rue de Rivoli, mais à celui beaucoup plus modeste de la rue d'Angoulême.

Adam voudrait aller remercier madame Phanor; elle lui a donné son adresse, mais il l'a perdue. En attendant qu'il rencontre son ancienne amie, il se rend à la demeure de Montgry; le petit-maître a changé de logement, et l'on ignore où il est allé demeurer.

Adam ne croit pas à tout ce que Phanor lui a dit sur le compte de Montgry, et il voudrait le retrouver. — Il ne doit pas être toujours sans argent, se dit-il; il faudra qu'il m'en donne à son tour. Avec mes douze cents francs je n'irai pas loin, quoique je ne fasse plus de cadeaux au beau sexe. Ce sont ces diables de repas qui ruinent!... Mais, j'y songe... tous ces bons amis, qui se régalais avant d'aller en prison, me répétaient sans cesse : Venez donc dîner, venez donc déjeuner avec nous ; votre couvert est toujours mis ; vous nous ferez plaisir. Parbleu ! il me semble que voilà le moment de leur faire plaisir ; et en allant tous les jours déjeuner chez l'un, dîner chez l'autre, je n'aurai rien à dépenser. Dès demain je vais vivre comme cela.

Adam ne songe pas que sa mise n'est plus élégante, que son habit est râpé, sale et usé ; que son pantalon n'a pas la coupe à la mode. Il n'a plus la garde-robe brillante de la rue de Rivoli ; elle a été vendue pour payer une partie de ce qu'il devait à son hôtel. Depuis qu'il est libre, Adam ne s'est point occupé de sa mise ; il croit qu'il vaut mieux garder son argent pour manger et se divertir, et que la toilette n'est pas une chose essentielle. Madame Phanor a raison : son naturel l'empêche d'y bien voir.

Adam se présente donc avec confiance chez une de ses brillantes connaissances ; un valet fait une légère grimace en le toisant. Sans remarquer cela, Adam pénètre dans l'appartement, et se jette dans un fauteuil avec autant de familiarité que lorsqu'il était l'amphitryon.

Le monsieur chez lequel il agit ainsi l'examine avec surprise, mais lui dit d'un air assez gracieux : — C'est vous, monsieur Adam ! On m'avait assuré que vous étiez en prison... Je suis enchanté que cela ne soit point !

— J'y ai été cinq mois, c'est bien assez. Savez-vous ce que je viens faire chez vous ? — Non, en vérité. — Je viens vous demander à déjeuner. — Ah ! vous venez... — Oui ; je me suis rappelé vos invitations. Oh ! maintenant, j'en profiterai. Je viendrai souvent... deux ou trois fois par semaine, peut-être plus ; c'est selon.

Le monsieur a froncé le sourcil, et le bout de son nez est devenu blanc. Cependant il s'efforce encore de sourire en répondant : — Vous me ferez grand plaisir ; c'est fort aimable de votre part. Mais nous ne commencerons pas à déjeuner ensemble aujourd'hui, car je déjeune en ville ; on m'attend, et je vais sortir. — Ah !... Alors ce sera pour demain. — Oui... Oh ! demain, très-volontiers. — En ce cas, adieu. Je vais déjeuner chez un autre ami.

Adam sort, et le monsieur, après l'avoir reconduit, dit à son domestique : — Prévenez le portier pour qu'il ne laisse plus monter ce malotru qui vient sans façon s'installer chez moi ; qu'il me dise toujours à la campagne.

Adam va chez une autre personne, et y déclare aussi franchement le but de sa visite et ses intentions pour l'avenir. Là on fait semblant d'avoir déjeuné, et d'être désolé de ne pouvoir plus rien lui offrir. En le reconduisant, on donne les mêmes ordres au domestique.

Adam ne se décourage pas : il va chez un troisième ami ; celui-là se dit malade et au régime de la tisane. Chez un quatrième, on est obligé de sortir pour affaire majeure. Le cinquième lui répond : — Je ne déjeune jamais ; je ne fais qu'un repas par jour, c'est le dîner. — En ce cas, dit Adam, je viendrai dîner. Mais, sacrebleu ! c'est ennuyant, cela ; il faut pourtant que je déjeune... Allons, pour aujourd'hui je me payerai encore ce repas-là.

Adam se décide à se donner lui-même à déjeuner. A l'heure du dîner il espère être plus heureux, et il se met en course de bonne heure, pour ne pas trouver encore les gens au moment de leur digestion.

Il se rend d'abord chez l'ami qui lui a dit qu'il ne faisait qu'un repas par jour. Mais l'ami est parti pour la campagne ; on ne sait pas quand il reviendra.

— Tiens ! il va à la campagne en hiver... et ne m'en a rien dit ce matin, murmure Adam. Il me semble que ce n'est pas très-honnête. Ah çà, est-ce que Phanor m'aurait dit vrai ?... est-ce que les gens du monde ne se feraient continuellement des compliments dont on ne pense pas un mot, et des offres de services qu'on ne veut pas tenir ?...

Adam se présente dans une autre maison en annonçant, avec sa bonhomie ordinaire, qu'il vient dîner, et qu'il viendra souvent. On se regarde, on chuchote, on se fait des signes, puis on lui dit enfin d'un ton glacial : — Nous avons dîné, et toute la semaine nous dînons dehors.

— Vous avez déjà dîné ! s'écrie Adam. Vous avez donc changé vos heures d'habitude ? — Nous n'avons pas d'heure. — Cependant, quand vous dîniez avec moi, ce n'était jamais avant cinq heures ! — Autres temps, autres soins... — Autres soins... Est-ce que vous avez d'autres estomacs aussi ?... Mais, écoutez, je suis sans façon, moi ; puisque vous avez dîné, je dînerai seul. Faites-moi servir ce qui est resté, je m'en accommoderai.

On se regarde de nouveau ; on trouve la proposition non-seulement inconvenante, mais encore très-impertinente. La maîtresse de la maison court dire à sa cuisinière : — Fermez bien la porte de votre cuisine jusqu'à ce que ce manant qui vient d'arriver soit parti ; il serait homme à nous prendre de force notre dîner.

Pendant que madame fait barricader cuisine et office, monsieur répond à Adam en le pinçant le nez et les lèvres : — Nous n'avons pas pour habitude, monsieur, de faire manger nos restes aux personnes que *nous invitons* à dîner avec nous ; et quant à celles que nous n'invitons pas, il est beaucoup plus convenable qu'elles dînent ailleurs.

— Ça veut dire que vous n'avez rien à me donner, n'est-ce pas ? dit Adam en prenant son chapeau. — Mais, monsieur, il me semble qu'avec de l'usage on doit... — Mais, mais... Pas tant de phrases ! Je ne vous demande pas de l'usage, je vous demande à dîner. Vous n'avez rien à me donner ?... Bonjour.

Adam se remet en course. Mais il hoche la tête, et se dit : — Ça va mal... Ça se gâte !... Je crois que tous ces drôles-là se sont moqués de moi quand ils m'ont offert leur table ; et pourtant, moi, c'est de bon cœur que je leur ai bien souvent donné d'excellents dîners !...

Adam veut essayer encore de l'amitié des gens du monde. Il se rend chez un beau parleur qui était souvent de ses parties avec Montgry, et qui était un de ceux qui admiraient le plus le charmant naturel d'Adam.

M. Belleprose va se mettre à table, et le domestique a beau chercher à empêcher que l'homme de la nature ne pénètre chez son maître. — Il va se mettre à table ? s'écrie Adam ; ah ! pardieu, c'est bien heureux !... Au moins en voilà un que je ne manquerai pas !... Et repoussant le valet, Adam entre brusquement dans la salle à manger, où il trouve en effet son ami Belleprose qui est assis devant un couvert élégant, et qui s'apprête à se servir du potage.

Adam commence par prendre une chaise et se placer à table en face de M. Belleprose, puis il lui dit :

— Mon cher ami, je viens dîner avec vous. J'arrive au bon moment, puisque vous alliez commencer...

— Oui, ma foi ! Allons, mon cher, placez-vous là... Germain ! un couvert, vite, un couvert pour M. Adam Rémonville.

M. Belleprose a donné cet ordre d'une manière fort aimable. Adam se dit : — A la bonne heure ! au moins en voilà un qui ne m'a pas trompé, et qui est de bon cœur.

Mais, tout en mangeant le potage, M. Belleprose examine Adam, et lui dit : — Mon cher, d'où vient que vous, jadis si élégant, négligez autant votre toilette ? D'honneur, si je ne vous connaissais pas, je vous prendrais pour un échappé de prison.

— Vous ne vous tromperiez pas... je viens de prison, en effet. Vous ne saviez pas cela ? — Non, ma foi !... J'arrive de la terre de la belle Henriette, où j'ai passé quatre mois. — Et moi j'arrive de Sainte-Pélagie, où j'en ai passé cinq. — Vous aviez donc des dettes ? — Comme vous dites. — Vous les avez payées, puisque vous êtes libre ? — C'est mon père qui les a payées. Je suis libre, mais mon cher père m'a fait prévenir qu'il ne payerait plus rien pour moi ; c'est pour cela que, voulant économiser, je me mets sur le pied de dîner en ville, de déjeuner en ville... Je souperais même en ville, si c'était possible. Figurez-vous que depuis ce matin je cours pour cela. Eh bien ! croiriez-vous que vous êtes le seul chez qui j'aie pu attraper à dîner ?... Les autres m'ont dit des choses... des raisons... qui n'avaient ni queue ni tête.... Mais qu'ils aillent au diable ! c'est chez vous que je dînerai. Vous êtes un bon enfant, un bon garçon, vous ; aussi je viendrai tous les jours vous tenir compagnie aux heures des repas.

Pendant qu'Adam parlait, il s'opérait un grand changement dans la physionomie de M. Belleprose : ses sourcils se fronçaient, son front se rembrunissait, son regard perdait son expression aimable pour en prendre une inquiète et embarrassée. Le moindre observateur aurait remarqué ce changement ; mais Adam n'est nullement observateur. Dans ce moment, il ne s'occupe que de son potage, et comme il voit que son ami ne lui en offre pas de nouveau, il en prend lui-même une seconde assiettée.

Tout à coup, M. Belleprose se lève, et quitte la table comme frappé d'une idée subite.

— Où donc allez-vous ? lui crie Adam. Mais on ne lui répond pas. Après avoir fini son potage, celui-ci appelle encore, en disant : — Eh bien ! vous me laissez seul ?... Envoyez-moi du vin, au moins... ça me fera prendre patience.

M. Belleprose revient au bout de dix minutes, et va se remettre à table en s'essuyant la bouche. — Mille pardons ! dit-il, j'avais quelques ordres à donner... une lettre pressée à écrire... maintenant, je suis tout à vous. — Ah ! tant mieux... Mais faites-nous donc apporter à boire. — Comment ! est-ce que la carafe n'est pas là ?... — La carafe !... Est-ce que vous buvez du vin dans une carafe ?... — Mon ami, je ne bois pas de vin, moi ; jamais de vin... de l'eau, toujours de l'eau ; c'est plus sain et plus tonique. — Que diable me contez-vous là !... J'ai assez souvent dîné avec vous, je vous ai vu boire du vin, et très-joliment... je me rappelle même que vous étiez grand amateur. — Oh ! je ne fais pas plus que je ne sois pas amateur ; je l'aime toujours, mais je n'en bois plus. Vous n'en trouverez jamais chez moi ; depuis mon inflammation de poitrine, il m'est défendu. — Ah ! vous avez été enflammé ?... C'est fâcheux.

Adam ne dit plus rien, mais il fronce le sourcil. Au bout d'un moment, le domestique vient enlever le pot, et apporte un morceau de bœuf gros comme un œuf et sec comme du parchemin, qu'il place avec un grand sérieux sur la table.

M. Belleprose coupe une tranche de son bœuf, et la présente à Adam ; celui-ci repousse l'assiette en disant :

— Je n'aime pas le bouilli ; chez mon père j'en ne mangeais jamais. Celui-ci me fait l'effet d'une semelle de soulier. Qu'est-ce que vous avez pour dîner après cela ?

— Ma foi ! mon cher ami, je n'ai pas autre chose,... c'est là mon ordinaire. Depuis mon inflammation, je suis réglé comme un papier de musique.

— Vous dînez avec de la soupe et ce petit rogaton de bouilli ? — On ne dit pas bouilli, on dit bœuf... — Bœuf ! bœuf !... Et il n'y aurait pas de quoi nourrir un chat...... — Je me contente de cette table frugale, je m'en trouve même très-bien. — Et quand vous veniez dîner avec moi, vous étiez le plus gourmand de la compagnie... Il vous fallait les mets les plus friands, les plus recherchés. — C'est justement l'abus que j'en faisais qui m'a rendu malade ; je préfère une nourriture moins épicée et plus saine... Le potage, le bœuf, et une pomme cuite, je ne sors pas de là. — Ah ! vous ne sortez pas de là... Est-ce tout ce que vous comptez offrir à un ami qui vous a cent fois bourré de truffes et enivré de champagne ? — On ne s'enivre jamais chez moi !

— Monsieur Belleprose ! — Monsieur Adam Rémonville ! — Vous êtes un ladre, un fesse-mathieu, et vous vous conduisez comme un cuistre !... — Monsieur, voilà des propos bien inconvenants, et si je n'étais pas chez moi... ! — Oh ! je vous le dirais dehors la même chose !... Vous croyez que je ne devine pas votre vilenie ?... C'est de peur que je ne revienne dîner chez vous que vous me traitez ainsi... Mais, tranquillisez-vous, j'ai assez de vous et de votre table. Je suis franc et de bon cœur, moi ; je n'aime pas les gens à deux faces. Tenez, voilà votre bœuf !... Mettez-le dans vos bottes ; ça vous garantira de l'humidité.

Et Adam lance le petit morceau honteux au visage de M. Belleprose. Celui-ci devient pourpre, il ferme les poings, il a l'air de vouloir sauter aux yeux d'Adam ; mais cependant il ne bouge pas de sa place, et laisse l'homme de la nature sortir tranquillement de chez lui.

— Phanor avait raison ! se dit Adam en allant dîner chez un traiteur. Les hommes ne disent pas du tout ce qu'ils pensent... Ils mentent comme des charlatans... Et souvent pour le plaisir de mentir... ou par habitude peut-être. Quelle nécessité de m'accabler d'invitations quand je n'avais pas le temps de les accepter, pour me tourner le dos quand je veux bien y répondre ? Je commence à concevoir que c'est une sottise de dépenser son argent pour amuser les autres. A la vérité, je me suis amusé aussi, et on ne peut guère s'amuser seul. Il y a des gens que la musique, que la peinture amusent, moi je n'y connais rien... D'autres font des vers... des chansons... je ne comprends rien à tout cela. Mon père m'a élevé pour que je ne fasse que mes volontés, et il se fâche de ce que je les fais... Mon père n'a pas le sens commun ; si je retourne jamais chez nous, je lui ferai bien voir qu'il est dans son tort.

Adam ne va plus chez ses anciennes connaissances ; il continue de manger à ses frais ; il trouve que c'est le meilleur moyen de manger à sa volonté, à son appétit ; il a raison : le morceau de pain que nous achetons a meilleur goût qu'un mets délicat qu'on nous servirait d'un air dédaigneux. Les parasites ne sont pas de cet avis ; mais ces gens-là n'ont ni cœur, ni âme, ni fierté ; ils n'ont que de l'estomac.

Adam voit chaque jour ses fonds diminuer. Il sait qu'il ne doit plus compter sur M. Moïse ; d'ailleurs, il est bien décidé à ne plus mettre son nom sur des lettres de change ? L'homme de la nature aime sa liberté. Mais comment vivre à Paris ! Et pourtant il ne peut se décider à retourner chez son père ; la maison paternelle lui semble devoir être maintenant un séjour fort ennuyeux. Depuis qu'il habite Paris les plaisirs champêtres n'ont plus d'attraits pour lui.

— Si je pouvais rencontrer Montgry, se dit Adam, je suis persuadé qu'il m'aiderait ; je lui ai aidé assez souvent, moi !... il puisait dans ma bourse comme dans la sienne, en me disant : Mon ami, entre nous tout doit être commun. D'après cela, il me semble que je devrais maintenant prendre dans sa caisse sans compter.

Un soir, Adam voit enfin ses désirs satisfaits, en se promenant au Palais-Royal il aperçoit Montgry, toujours élégant, brillant, parfumé et mis à la dernière mode. Adam court après lui, et lui prend le bras en s'écriant : — Je te retrouve enfin ; ce n'est pas malheureux.

Le petit-maître fait un mouvement rétrograde et subit ; mais il se remet presque aussitôt, et répond en reprenant son air aimable :

— Comment ! c'est vous, mon cher Adam ?... Ah ! pardon, je ne vous avais pas reconnu d'abord... Je suis tellement distrait... — Moi, je t'ai reconnu tout de suite... Il y a longtemps que je te cherche... — Passons dans le jardin, nous y causerons plus à notre aise.

Adam entre avec Montgry dans le jardin, où il fait nuit ; il continue de tenir le bras du petit-maître. — Mon ami, depuis que je ne t'ai vu, j'ai été cinq mois en prison. — Se pourrait-il ? Ah ! mon Dieu ! je n'ai pas su cela ; j'aurais été vous y voir tous les jours !... — C'est ce que j'ai pensé. Sans cette pauvre Phanor, je crois que j'y serais encore... C'est ce vieux scélérat de Moïse qui m'a joué ce tour-là, en me disant que ce n'était qu'une formalité,... que je m'amuserais beaucoup en prison !... — Ce vieil usurier m'a aussi ruiné, voilà également !... — Il t'a ruiné ? — Eh ! mon Dieu, oui ! C'est un infâme !... un fripon, qui m'a dedans ! — Il me semble plutôt que c'est moi qui t'a mis dedans... — Enfin votre père a payé ? — Oui. — Alors vous pouvez recommencer à vous divertir ? — Parce que mon père a dit qu'il ne payerait plus... — Eh ! mon cher, les pères disent cela, et ils payent toujours. — Mais, comme je n'entends pas retourner en prison, je ne veux plus signer de billets, on n'en veut pas me prêter sur ma parole ; conçois-tu cela ? — Oh ! je le conçois parfaitement. — Ecoute, tu m'amuses, toi ; tu vas avoir la complaisance de m'amuser ; je t'ai procuré des plaisirs tant que j'ai pu ; c'est à ton tour ; tout était commun entre nous ; ça doit toujours être la même chose. A dater d'aujourd'hui je puise dans ta bourse, et j'espère que ça te fera plaisir.

Montgry part d'un éclat de rire, et cet accès de gaieté dure fort longtemps. Adam, impatienté, lui quitte le bras en s'écriant : — Pourquoi ris-tu ?... Je n'aime pas qu'on me rie au nez sans que je sache pourquoi.

— Pardon, mon cher, mais... Ah ! ah ! ah !... vous êtes vraiment si drôle... Ah ! ah ! ah !... Je suis drôle ? — Je veux dire si naïf... D'honneur, vous êtes bien l'homme de la nature !... — Eh bien ! après ?... quand je serais l'homme de la nature... Est-ce que nous n'en sommes pas tous, de la nature ? Est-ce que tu as été pétri dans un mortier avec du miel et du sucre, toi ? — Non, mon cher ! mais je veux dire par là que vous êtes en arrière ; que vous n'entendez rien du tout de la vie de Paris. Vous croyez à tout ce qu'on dit, à tout ce qu'on promet !... C'est un échange de compliments qui n'engage à rien... — Moi, c'est un échange d'argent que je demande à présent. — Mon ami, ici, quand on revient sur le passé ?... Vous avez eu de l'or ; vous vous êtes amusé, on s'est amusé avec vous,... c'est tout simple. Vous n'en avez plus, on s'amuse sans vous, eh, mon Dieu !... c'est l'histoire de tout le monde.

— Je ne veux pas que ce soit mon histoire. — Vous ne referez pas les hommes, mon cher ! — Non, mais je le donnerai des coups de poing

à ceux qui me feront des sottises, comme j'ai fait à ce poisson de Belleprose, qui voulait me faire dîner avec de l'eau et de la savate.
— Mon cher, des coups de poing ne sont pas des raisons, et c'est d'ailleurs de très-mauvais genre. Mais écoutez. Je vous aime.... je vous aime beaucoup... Je ne ferai pas maintenant comme ceux qui vous ont tourné le dos parce que vous n'avez plus rien. Fi donc! Je veux vous former.... vous dresser... Je sais qu'il y a de l'étoffe chez vous; et, loin de vous abandonner, je veux vous mettre en état de faire bientôt une figure encore plus brillante qu'autrefois!
— Ah! à la bonne heure! c'est parler, cela! Je t'avais bien jugé... Que je t'embrasse!...
Montgry se dégage, non sans peine, des bras d'Adam, et lui dit:
— J'ai affaire à la Chaussée-d'Antin, rue de Clichy. Venez avec moi jusque-là. En route je vous instruirai de mes intentions.
On se met en marche. Adam est tout oreille, et Montgry reprend son discours.
— Mon cher Adam, vous ne connaissez rien à la société; vous avez quitté le giron maternel sans rien savoir; vous avez dépensé votre argent avec les sots, c'est dans l'ordre. Maintenant il s'agit de prendre rang parmi ceux qui s'amusent aux dépens des autres; après avoir été dupe il faut devenir adroit.., — J'ai donc été dupe, moi !
— On appelle dupes ceux qui traitent, et adroits ceux qui se font traiter... Comprenez-vous? — Je comprends que je n'ai pu me faire traiter, puisque personne n'a voulu me donner à déjeuner ni à dîner.
— Mais, mon cher, il ne faut pas prendre les choses à la lettre; on se fait traiter en gagnant adroitement l'argent des novices... — Comment veut-tu que je gagne de l'argent? je ne sais rien faire. — Vous en serez bientôt assez. Vous n'êtes pas très-fort au jeu, c'est vrai; mais votre air franc, rond, vous servira à merveille, en éloignant tout soupçon de malice... — Ah çà! je ne comprends pas du tout. Vous voulez me donner de la malice? — Je veux vous rendre heureux au jeu. — Comment voulez-vous que j'y sois heureux si le sort m'est contraire? — Le sort!... Le sort est un mot que ne connaissent que les gens adroits... Je vous apprendrai à corriger le sort, à le maîtriser, enfin, par différents moyens, à gagner toujours vos adversaires. Comprenez-vous à présent?

Adam s'est arrêté; ils sont rue Saint-Lazare; mais il y a près d'eux une boutique ouverte; il se remet à marcher en disant: — Oui, je comprends, je vous le prouverai dans un quart d'heure... Vous voulez m'apprendre à tricher au jeu... à voler l'argent des personnes avec qui je jouerai. — Fi donc, mon cher! ce n'est pas voler; c'est corriger la fortune... c'est faire ressource de ses talents et de son industrie. — Ah! c'est une industrie. — Tout comme une autre. Tant pis pour ceux qui ne savent pas s'en garantir.. Il faut que les sots payent leur dette aux gens d'esprit. — Comme ça, lorsque j'ai joué avec vous et vos amis, on a fait de l'industrie avec moi. — Eh! mais, mon cher, c'était dans l'ordre.

On est arrivé dans un endroit fort sombre de la rue de Clichy. Adam s'arrête de nouveau devant Montgry; il commence par lui appliquer deux soufflets vigoureux, puis lui prend fortement l'oreille, en lui disant : — Ah! gredin, après m'avoir volé, tu veux me faire voleur... — Mon cher Adam... vous n'entendez pas... je.... — Tu es un drôle , un misérable... Si tu en valais la peine, je t'assommerais ; mais je veux bien te lâcher, à condition que tu me donneras ta bourse en restitution de ce que tu m'as emprunté et volé; ce sera toujours autant de rattrapé. — Monsieur, je vais crier la garde, à l'assassin. — Et moi, je vais t'appliquer du mauvais genre.... — Aïe!... aïe!... — Allons, vite un à-compte... — C'est une horreur... une... Aïe! aïe !... — Tenez, voilà vingt louis... — Ce n'est pas le demi-quart de ce que tu me dois, mais ç'est égal. A présent, ton habit. Tu auras le mien en échange... — Ah! par exemple... — Et ton chapeau... — C'est une infamie. c'est un cas pendable. — Aïe!... aïe !... — Dépêchons, ou je cogne.

Montgry se décide à donner son bel habit et son chapeau; Adam lui jette au nez sa vieille défroque; il passe le frac neuf, met sur sa tête le chapeau à la mode, puis s'éloigne du petit-maître en lui criant:
— Tu es bien heureux que je te fasse grâce du reste.

CHAPITRE XXX. — Secondes Amours.

Edmond est à Paris; il a repris le cours de ses occupations. La visite qu'il a faite à ses parents a beaucoup diminué le chagrin qu'il éprouvait de la trahison d'Agathe, et lorsqu'il revient à Paris, le souvenir de sa première maîtresse ne lui cause plus qu'un vague sentiment de regret, où l'amour-propre est peut-être pour beaucoup plus que l'amour.

Edmond est joli garçon; sa tournure est distinguée sans avoir rien qui dénote de la fatuité; il s'exprime avec grâce, il est aimable et modeste; il doit trouver facilement des occasions qui lui feront perdre entièrement le souvenir de sa perfide, et quoique Edmond se livre avec ardeur au travail, quoique sa conduite ne mérite que des éloges, cela ne veut pas dire qu'il évite les occasions de distraire de son premier amour.

Faut d'la sagess', pas trop n'en faut :
L'excès en tout est un défaut.

Plusieurs mois se sont écoulés. Le banquier chez lequel Edmond travaille est de plus en plus satisfait de son jeune commis. Connaissant la famille d'Edmond, il ne donne pas un bal, pas une soirée sans que le jeune homme y soit invité. Dans ces réunions brillantes, mais choisies, Edmond se forme aux manières du grand monde, à cette politesse de bon ton, à cette aisance de la bonne société. Là il cause avec des dames aimables, spirituelles : il y a toujours quelque chose à gagner dans la conversation d'une femme de bonne compagnie; Edmond le sent maintenant, car, loin de gagner avec Agathe, il avait beaucoup perdu.

Plusieurs fois, quoique sans l'avoir cherché, Edmond a eu l'occasion de faire connaître ses talents. On a fait de la musique; il a tenu le piano, ou accompagné une dame sur le violon; quelquefois sa voix douce et juste s'est mêlée à celle plus mâle de quelque amateur. — Ce jeune homme a tous les talents, disent les dames. — Et c'est un excellent sujet, ajoute le maître de la maison; il est fort instruit, parle plusieurs langues, et comprend très-bien les affaires.

Alors tous les yeux se portent sur Edmond, qui tient les siens baissés et fait semblant de ne pas entendre ; mais en secret son cœur bat de plaisir, et il se dit : — O mon père!... combien je vous remercie des soins que vous avez donnés à mon éducation!... C'est à vous que je suis redevable du bonheur que je goûte en ce moment!

A une grande soirée que donne le banquier, on annonce le général Desparmont et sa fille, et l'on voit entrer dans le salon un homme d'une cinquantaine d'années, d'une figure agréable quoiqu'un peu sévère, et une jeune personne fort jolie qui peut avoir seize ans.

Le général et sa fille arrivaient d'une campagne éloignée : c'était la première fois de l'hiver qu'ils venaient aux soirées du banquier. Edmond ne les avait donc pas encore vus. Ses yeux se sont arrêtés sur mademoiselle Desparmont; il l'examine, la détaille avec cette curiosité qu'un jeune homme ressent à l'aspect d'une jolie personne. Edmond voit beaucoup de jolies femmes dans la société : il n'en a pas encore rencontré une qui lui ait paru réunir autant de grâces que la fille du général. Ce qui n'était que simple curiosité est déjà devenu un attrait irrésistible; il ne peut plus porter ses regards d'un autre côté, il ne voit plus dans le salon qu'une seule femme.

Edmond s'est placé dans un coin du salon; là, sans être obligé de causer, d'être galant, il peut tout à son aise contempler la jolie demoiselle; mais il prête l'oreille lorsqu'on dit près de lui : — Voilà le général avec sa fille, mademoiselle Céline. Elle est fort bien cette jeune personne ; on la dit aussi douce, aussi bonne que jolie.

Edmond regarde la dame qui vient de dire cela ; il la remercierait presque, quoiqu'il ne sache pas pourquoi. Mais une autre dame répond : — Le général est fou de sa fille!... C'est naturel ; il n'a qu'elle d'enfant, et sa femme est morte il y a cinq ou six ans. Cette jeune personne fera un fort bon parti : elle aura au moins trente mille francs de rente en se mariant.

Edmond n'éprouve plus autant de plaisir; son cœur se serre, et il détourne quelque instant ses regards de dessus la fille du général. Mais bientôt il ne peut résister au désir de regarder ces yeux bleus, si grands et si doux; cette bouche aimable, dont le sourire est si vrai, le parler si timide, et ce front noble que couvrent, sans le cacher, de beaux cheveux blond cendré. Edmond admire jusqu'au moindre mouvement de mademoiselle Céline. Dès qu'une femme nous plaît, tout en elle nous paraît charmant, et la fille du général avait sur-le-champ captivé le cœur du jeune homme.

Edmond était resté dans son petit coin : il ne s'occupait pas du reste de la société, il espérait qu'on ne le remarquerait point; mais on va faire de la musique, et on a besoin de lui au piano. Edmond voudrait en ce moment avoir un talent supérieur; mais, au lieu de se distinguer, il ne peut pas faire aller ses doigts; il ne voit plus ses notes, il passe des mesures. On rit, les dames le plaisantent sur ses distractions. Son trouble, son embarras augmentent lorsqu'on amène la jolie Céline près du piano. Elle va chanter, et c'est Edmond qui doit l'accompagner; il ne sait plus où il en est : heureusement on fait beaucoup plus attention à la chanteuse qu'à l'accompagnateur. La fille du général chante bien : on l'applaudit, et on ne remarque point les accords barbares que fait le jeune homme.

La danse succède bientôt à la musique ; Edmond attend pour danser que la fille du général ne soit pas engagée. Enfin il est son cavalier, il peut toucher sa main et lui adresser quelques mots. Edmond n'est pas assez audacieux pour faire sur-le-champ une déclaration d'amour; d'ailleurs il sait que ce n'est pas avec une jeune personne bien élevée que l'on mène l'amour aussi vite. Mais il a causé avec Céline ; ses yeux ont rencontré les siens : c'est déjà quelque chose pour un amoureux.

Cette soirée a fini bien vite pour Edmond; il en attend avec impatience une autre où il espère revoir Céline. Mais l'amour ne lui fait pas négliger son travail : il redouble de zèle pour continuer de mériter les marques de distinction flatteuses qu'il reçoit de son chef.

L'occasion de se retrouver avec la fille du général Desparmont ne tarde pas à se présenter. Elle est bientôt suivie de plusieurs autres, car Edmond reçoit des invitations de tous côtés. Le talent est toujours recherché, mais bien plus encore lorsqu'il est modeste. Edmond a pris sa revanche, il a fait plus d'une fois de la musique avec Céline; il n'est plus un étranger pour elle. Le général lui-même remarque Edmond, qué ses talents agréables font rechercher partout; et l'éloge qu'en fait le banquier chez lequel il travaille décide le général à engager le jeune Rémonville à venir aussi à ses réunions.

Edmond est dans le ravissement d'être engagé par le général. Cependant à ces transports de joie succèdent parfois des moments de tristesse. Il pense que Céline est trop riche pour qu'il puisse jamais espérer l'obtenir.

Malgré cela, Edmond continue de faire ce qu'il peut pour lui plaire, et surtout pour la mériter. En songeant à Céline, ce qu'il fait toute la journée, il pense que cette fois ses parents ne blâmeraient pas son choix, et son plus ardent désir serait qu'ils pussent voir la fille du général.

Edmond revenait un jour de son bureau, tout préoccupé de ses amours, lorsqu'un homme l'arrête en lui disant : — Est-ce que tu ne me reconnais pas non plus, toi ?

— Edmond lève les yeux : il voit devant lui Adam, non plus brillant et tel qu'il était rue de Rivoli, mais sale, défait, sans tenue et vieilli avant le temps. Edmond avait totalement oublié son cousin, que d'ailleurs il avait peu fréquenté à Paris. Son aspect subit, les changements qu'il remarque dans sa personne lui font éprouver une sensation pénible. Il lui tend la main.

— C'est toi, Adam ?... Mon pauvre Adam !... Comme tu es changé !... Est-ce que tu as été malade ?...

— Non... Ce n'est pas moi, c'est ma bourse qui est malade. Mais je vois avec plaisir que tu me reconnais, au moins... En effet, je suis un peu changé... Toi aussi, tu es changé, mais en beau, depuis que nous nous sommes vus... te rappelles-tu ?... à mon hôtel...

— Oui, je me souviens aussi que tu m'as plusieurs fois obligé et de bien bon cœur. Viens avec moi, Adam, viens, il me sera doux de t'être utile à mon tour.

— Ah ! bravo ! c'est parler, cela... Eh bien ! regarde comme on se trompe ; je te croyais un sournois, parce que tu es un savant; et j'avais confiance entière dans Montgry. Ah ! Phanor a raison, je suis d'un naturel bien bête ! Ce coquin de Montgry voulait m'apprendre à escroquer le monde au jeu !... Tiens, c'est son habit et son chapeau que j'ai là... ils ne sont déjà plus propres... J'ai rattrapé un peu de son argent aussi ; mais je l'ai dépensé... Je vais te conter tout cela.

Adam suit Edmond à sa demeure en lui racontant toutes ses aventures. Quand il en est à sa dernière scène avec Montgry, Edmond lui dit : — Tu as eu tort d'agir ainsi, Adam ; on ne doit pas se faire justice soi-même. — Et qui voulais-tu donc qui me le fît ? — On s'adresse aux gens de loi. — C'est ça... j'aurais dit à Montgry : Tu ne veux pas me rendre mon argent : eh bien ! attends-moi là ; je vais chercher la justice pour te faire payer ; il m'aurait attendu aussi ! Va, il n'a eu que ce qu'il méritait. Mais maintenant me voilà de nouveau sans le sou !... Et mon père, qui devient entêté comme une mule !... qui ne m'envoie plus rien !.. n'est-ce pas indigne de sa part ?...

— Adam ! on ne doit pas parler ainsi de ses parents !... — Eh ! est-ce que tu vas aussi me faire des phrases, de la morale, toi ? alors, bonjour... je n'aime pas les remontrances...

Adam s'éloignait déjà ; Edmond court à lui, le retient et le ramène en lui disant : — Tu as toujours une mauvaise tête !... Mais ne te fâche pas ; je n'ai jamais eu l'intention de te faire des remontrances, et en t'obligeant aujourd'hui je ne me croirai pas encore quitte avec toi. — A la bonne heure ! C'est que, vois-tu, dès le commencement de mon séjour à Paris, tout le monde me trouvait aimable, drôle, original !... A présent, chacun se permet de trouver que je ne connais pas les usages, et cela m'ennuie.

On arrive chez Edmond ; il prend dans son secrétaire un billet de cinq cents francs, et le présente à son cousin en lui disant : — Tiens, mon cher Adam, accepte cela. Mon seul regret est de ne pouvoir t'offrir plus ; mais je n'ai pas de fonds hors appointements, et dans le monde où je vis il faut de la toilette ;... on est forcé à quelques dépenses : je n'ai encore pu me mettre que de côté.

— Donne, mon ami. Oh ! je ne t'en veux pas !... J'accepte de bon cœur ce qu'on m'offre de même... D'ailleurs, j'espère pouvoir te rendre... Le cher papa ne sera pas toujours cruel. A la vérité, je ne lui écris pas... parce que je ne sais pas tourner une lettre ; mais il doit savoir, lui, que je n'en suis pas un dilapidateur à vivre douze ans avec douze cents francs !... Il y a longtemps que je serais sec comme un coucou si je n'avais pas fait regorger Montgry... et quelques autres bons amis du temps de ma fortune. Tous ces gaillards-là, auxquels j'avais prêté de l'argent comme à des frères, ne voulaient plus même me reconnaître, ou refusaient de me donner la main... Quand j'ai vu ça, je me suis dit : Attendez, mes chers amis, je vous forcerai bien à me voir et à vous souvenir de moi. Et toutes les fois que j'en rencontrais un de mes débiteurs de ce genre-là, je l'abordais à coups de pied et à coups de poing... Oh ! cela m'a valu déjà quelques scènes au corps de garde, c'est vrai ; mais le plus souvent cela m'a fait recevoir des à-compte. Je t'assure que si l'on traitait ainsi tous ces insolents débiteurs qui ont l'air de rire au nez de ceux qu'ils ont ruinés, on les rendrait au moins plus polis avec leurs créanciers. Mais je te laisse, mon cousin... Adieu ; tu as à travailler, je ne veux par te gêner... et puis ça ne m'amuserait pas de te regarder écrire. Embrasse-moi : tu es un bon garçon.

Adam embrasse son cousin et le quitte. A cinq cents francs dans sa poche, il ne pense plus qu'à se divertir. Adam est ce que bien des gens appellent philosophe : ne songeant qu'au présent, oubliant le passé, ne s'inquiétant pas de l'avenir. C'est plutôt de l'insouciance que de la philosophie.

Tant qu'il a de l'argent, l'élève de la nature fait bonne chère et se divertit. Son séjour en prison ne lui a pas fait perdre son penchant pour le beau sexe ; mais, comme il n'a plus le moyen de faire de brillants cadeaux, ce n'est pas vers les Laïs à la mode qu'il tourne ses regards ; il faut qu'il se contente de la simple grisette ; encore celles-ci ne cèdent-elles pas toujours aux désirs d'Adam, car les grisettes veulent qu'on leur plaise, et Adam n'est plus séduisant.

Un nouveau défaut est venu augmenter le nombre de ceux qu'Adam avait déjà, et ne contribue pas peu à lui faire perdre les faveurs des belles : dans les petits cabarets que la nécessité l'a forcé de fréquenter, Adam a pris l'habitude de boire outre mesure, souvent même de se griser complètement ; des ivrognes lui ont persuadé qu'on trouvait au fond de la bouteille la richesse, l'amour et le bonheur. Adam s'est adonné au vin ; il n'en est pas devenu plus riche et n'a pas fait plus de conquêtes, bien au contraire, mais son nez est devenu plus rouge et son esprit plus lourd.

Possesseur des cinq cents francs que lui a donnés son cousin, Adam s'informe encore de madame Phanor ; il voudrait manger avec elle cet argent. Il n'a pas oublié l'amitié qu'elle lui a témoignée lorsqu'il était en prison. Mais ses recherches sont infructueuses, et cela ne l'empêche pas de mener lestement l'argent du cousin : trois mois ne sont pas encore écoulés lorsqu'il voit la fin de ses fonds. Alors Adam trouve tout naturel de retourner chez Edmond. Il se dit : — C'est un bon garçon, qui m'a juré que ça lui faisait plaisir de m'obliger... Je lui procurerai souvent ce plaisir-là.

Edmond n'est pas encore venu de son bureau lorsque Adam se présente chez lui.

— M. Rémonville ne tardera guère, dit le portier. — Eh bien ! je vais l'attendre chez vous, répond Adam, qui est entre deux vins et alors aime beaucoup à parler. Je suis M. Rémonville aussi, car je suis le cousin germain d'Edmond.

Le portier fait asseoir Adam en lui faisant de grands saluts, et celui-ci s'installe dans la loge, et se met à conter ses aventures à M. Finot : c'est le nom du portier. M. Finot écoute tout cela avec respect et considération, quoiqu'il y ait des aventures qui lui semblent fort drôles. Après avoir parlé une demi-heure, M. Finot s'empresse d'aller chercher une bouteille à quinze, en priant le cousin de M. Rémonville de vouloir bien garder sa loge : ce qu'Adam fait avec grand plaisir.

M. Finot est revenu avec du vin ; Adam boit, et recommence à conter. La bouteille tire à sa fin, lorsque Edmond rentre chez lui. Il est fort surpris de trouver son cousin trinquant avec son portier.

— Je t'attendais, mon cher Edmond, dit Adam en se levant, je t'attendais gaiement... Je n'ai plus le sou, je viens te demander de l'argent... Je sais que ça t'obligera... Je causais avec M. Finot... Adieu, monsieur Finot... Vous êtes un portier comme je les aime... — Monsieur, j'ai bien l'honneur... — Oh ! nous nous reverrons...

Edmond n'a rien dit ; il a poussé un profond soupir, et s'est contenté d'engager son cousin à monter : ce que celui-ci fait après avoir serré la main de M. Finot.

— Tu n'as déjà plus rien ? dit Edmond à Adam quand ils sont chez lui.

— Non, mon cousin, plus rien du tout, car c'est M. Finot qui a payé la bouteille. — Je la lui rembourserai. — Je ne trouve pas convenable que tu te fasses régaler par mon portier. — Moi, je ne suis pas fier ; j'ai trouvé cela tout naturel... — Sais-tu, mon cher Adam, que tu mènes l'argent plus vite que tu ne peux t'en faire reproche... mais... — Ce que j'en dis, ce n'est pas pour t'en faire reproche... mais... — Bah !... est-ce que l'on parle ainsi à un enfant... Je ne me fâcherai pas... Mais je t'assure que j'aurais pu manger les cinq cents francs plus vite si j'avais voulu !... j'y ai mis de la modération... Maintenant je ne donne plus de cachemires aux belles !... pas si bête !... je paye à dîner, et encore pas toujours... — Mais, Adam, il me semble que tu mènes tout bien t'ennuyer... — M'ennuyer ? pas du tout !... Je m'amuse tant que je peux !... — Tu perdras ta santé... — Bah !... en voilà un autre, c'est pour perdre sa santé ?... Je dis notre âge, car je suis né en même temps que toi... Nous sommes jumeaux de naissance, et nous sommes venus en même temps à Paris... Nous avions dix-neuf ans alors... Il s'est déjà écoulé près de quatre années depuis... Te rappelles-tu, Edmond, que j'enlevais Tronquette... et toi Agathe ?... — Oui, oui... je m'en souviens parfaitement... — A propos d'Agathe... qu'est-ce que tu en as fait ? qu'est-elle donc devenue ?... — Oh ! je t'en prie, ne me parle pas d'Agathe... Il y a longtemps que j'ai cessé de la voir... — Ah ! c'est différent... C'est que j'ai comme une idée de l'avoir rencontrée l'autre jour avec un particulier sous le bras.... et ce n'était pas toi... Je me suis dit : La demoiselle au bon motif m'a tout l'air de faire des traits à mon cou-

sin... Comme j'étais un peu *pompette*, j'avais envie de lui faire une scène à ton intention... — Ah! ne va pas faire jamais une chose semblable!... je ne .te le pardonnerais pas!... Mais c'est assez parler d'une personne qui depuis longtemps m'est devenue totalement étrangère. Dis-moi, Adam, pourquoi donc ne vas-tu pas passer quelque temps près de ton père?... Il y a bien longtemps que tu ne l'as vu... Est-ce que tu n'as pas envie de l'embrasser? — Ma foi! non... Je n'y pense pas du tout.... Tu sais bien que chez nous j'étais quelquefois quinze jours sans voir mes parents.... — Oui, malheureusement pour toi...
— Ce n'est pas de ça qu'il s'agit... Tu vas me donner de l'argent, n'est-ce pas?

Edmond fouille dans son secrétaire ; il en tire cent écus en or, et les donne à son cousin en lui disant : — Voilà tout ce dont je puis disposer...

— Eh bien! c'est bon, mon petit, ne te gêne pas, une autre fois tu me donneras davantage, voilà tout. — Mais, Adam, je t'en prie, ne va plus boire chez mon portier... Cela n'est pas dans les convenances... — Va te promener, avec tes convenances! ce sont elles qui m'ont ruiné dans la rue de Rivoli. La nature ! je ne connais que ça !
— Mais... — Ne t'inquiète donc pas de moi!... Donne-moi de l'argent quand j'en aurai besoin, c'est tout ce que je te demande... Pour le reste, ça me regarde; je suis assez formé pour me gouverner... Depuis que j'ai quitté ma nourrice, je fais mes volontés; il me semble qu'il serait un peu tard maintenant pour me répétrir le caractère... — Hélas!... — Ne soupire pas comme ça, mon cousin : tu te fais de la peine mal à propos. Je me trouve très-bien, très-gentil, très-aimable... il me semble que c'est suffisant. Adieu, porte-toi bien. A une autre fois.

Adam a mis l'or dans son gousset, il donne une poignée de main à son cousin, et le quitte. Edmond le regarde tristement s'éloigner, en se disant : — Pauvre Adam!... Quel avenir se prépare-t-il?... Il fait un bien mauvais usage de l'argent que je lui donne!... Mais puis-je le lui refuser?... Il m'a obligé autrefois. Maintenant je n'ai plus Rien... me voilà gêné moi-même... Mais qu'importe?... Je n'ai pas besoin d'argent pour être heureux, pour penser à Céline. Si j'en voulais, je sais très-bien que mes parents m'en enverraient sur-le-champ... Mais comme je ne veux pas leur dire ce que j'ai fait pour Adam, je ne leur en demanderai point.

Les cinq cents francs avaient duré trois mois à Adam ; les cent écus ne le menèrent que six semaines. Au bout de ce temps, il va de nouveau s'installer dans la loge de M. Finot pour y attendre que son cousin rentre se coucher; et il arrive complètement gris, parce qu'avant d'aller chercher de l'argent chez son cousin, il a voulu boire le peu qui lui restait.

M. Finot est un portier très-poli, qui ne se grise jamais dans la semaine; c'est donc avec peine qu'il entend le cousin de son locataire lui demander du vin lorsqu'il peut à peine le tenir. Mais M. Finot est trop respectueux pour désobéir aux ordres de monsieur, et quoique le monsieur soit dans les vignes, il va lui chercher du vin, et a la complaisance de prêter l'oreille aux histoires qu'il lui débite.

Edmond ne rentre qu'après minuit. Il a passé la soirée chez le général. Il a été près de Céline, ses yeux et ceux de la jolie demoiselle se sont souvent rencontrés : il est dans l'ivresse; ses espérances le transportent au troisième ciel, à ce ciel où les amants et les poètes se voient si vite. . et d'où ils descendent de même.

Au moment où il va monter son escalier, il entend une voix enrouée crier : — Eh !... pas si vite, cousin !... Nous sommes là qui te guettons, mon vieux! Eh! eh !... Tu rentres un peu... un peu dans le tard, cher ami... Eh ! ah! tu viens de faire tes farces... libertin!... C'est comme moi hier!... J'ai joliment été aimable !

Edmond a reconnu la voix d'Adam ; il s'approche, et rougit de honte en voyant son cousin qui peut à peine articuler, et porte encore son verre à ses lèvres, tandis que M. Finot se tient respectueusement debout en faisant une figure à la fois triste et comique.

— Comment, c'est vous, Adam ! vous... aussi tard? dit Edmond en tâchant de cacher le dégoût que lui inspire l'état de son cousin.
— Aussi tard !... Qu'est-ce que tu dis?... C'est toi qui es en retard... Demande à ce brave portier... à respectable M. Finot... Il y a plus de trois heures que je suis ici !... Mais, c'est égal, je ne t'en veux pas... Je ne veux pas que tu te gênes... D'ailleurs, je suis chez Finot comme chez moi!...

— Pourquoi lui avez-vous donné du vin ? dit tout bas Edmond à son portier. Celui-ci répond d'un air contrit : — Monsieur votre cousin l'a voulu : je n'ai pas osé désobéir à monsieur votre cousin. Il avait pourtant déjà sa suffisance quand il est arrivé.
— Il me semble que vous n'avez pas été raisonnable ce soir, dit Edmond en se rapprochant d'Adam.
— Raisonnable! Qu'est-ce que tu me chantes, mon cousin ? Je dis, Adam, que tu as eu tort de boire plus qu'il ne convient... — Plus... de boire plus qu'il ne convient !... Ah ! ah !... ce pauvre Edmond! qui croit que j'ai... que j'ai trop bu!... Tiens, je te parie que je bois encore mes trois bouteilles sans que... sans qu'il y paraisse... Finot va aller chercher du vin... ou ben, non... nous allons monter tous les trois chez toi... avec Finot... Viens , Finot !... Et si je renonce d'un verre , je veux être un sans-cœur !...

Edmond voit qu'il est inutile de parler raison en ce moment. Il aide Adam à se lever, et, aidé du portier, le fait monter chez lui. Arrivé là, Adam commence par se jeter dans un fauteuil en disant : — Allons, buvons... rions... chantons... Où est donc Finot?... J'aime beaucoup Finot, moi.
— Il n'est pas l'heure de boire ni de faire du bruit, dit Edmond. Couchez-vous, ou mettez-vous sur mon lit ; car vous n'êtes pas en état de retourner chez vous à présent. Demain nous causerons.
— Tiens, c'est... c'est vrai, cousin : je peux bien coucher chez toi... Oh! parbleu !... c'est juste... j'aurais dû y penser plus tôt !... C'est ça !... à présent... c'est fini.... je coucherai chez toi tous les jours.

Cette résolution ne convient nullement à Edmond ; mais il ne juge pas même nécessaire d'y répondre. Il aide Adam à gagner son lit. A peine celui-ci est-il dessus, que le sommeil s'empare de lui. Alors Edmond va se placer dans un fauteuil, où il tâche de prendre un peu de repos, tout en faisant de fort tristes réflexions sur la vie que mène son cousin, et ne pouvant s'empêcher de penser aussi qu'il serait bien désagréable que ses épargnes et le fruit de son travail ne servissent qu'à entretenir les vices de M. Adam.

La nuit s'est écoulée. Edmond a peu dormi : Adam n'a fait qu'un somme. Sur les sept heures il s'éveille, et voit Edmond qui travaille à son bureau.
— Tiens!... où diable ai-je donc couché ? dit Adam en se frottant les yeux.
— Chez moi, répond Edmond. — Chez toi... Par quel hasard?... Ah! oui... je crois me rappeler... mais c'est comme un rêve...
— Adam, écoute-moi ; mais, je t'en prie, ne prends pas en mal les conseils que je vais te donner. Rappelle-toi que c'est ton ami qui te parle, que c'est pour ton bien que je veux te rendre sage. — Qu'est-ce que tu vas donc me dire ? — Hier, à minuit passé, je t'ai trouvé chez mon portier... mais dans quel état !... Tu étais ivre... complètement ivre!... — Bah!... Vraiment?... Ma foi! c'est possible !... Que veux-tu?... il faut bien se distraire... — Appelles-tu se distraire se mettre au rang de la brute, se priver de l'usage de toutes ses facultés? Je conçois qu'au milieu d'une réunion joyeuse on se livre à quelques excès de folie ; mais je ne conçois pas cette ivresse froide, cette débauche dégoûtante qui se renouvelle chaque jour, et avilit, dégrade l'être qui s'y abandonne. Au sein même de ses plaisirs, on doit se rappeler qu'on est homme, et non point se mettre dans le cas d'être la risée d'un enfant.

Adam a froncé le sourcil pendant le commencement du discours de son cousin. A la fin cependant il semble entendre la raison ; il a prendre la main d'Edmond, et lui dit : — Eh bien ! oui... j'ai eu tort... j'avais trop bu... Je conviens que cela m'arrive quelquefois. Que veux-tu ?... l'ennui !... le désœuvrement !... Et puis les femmes nous font souvent des perfidies... Alors je bois, parce qu'on dit que le vin fait oublier bien vite une infidèle... Mais, dis donc, tout cela n'empêche pas que je n'aie plus d'argent... Tu vas m'en donner, n'est-ce pas?
— Quoi ! tu as déjà dépensé les trois cents francs que je te remis il y a si peu de temps? — Oui, mon petit ! — Mais, Adam... — Mais, que veux-tu?... J'ai beau vouloir ménager, je ne sais pas comment cela se fait, l'argent fond dans mes mains. Ensuite j'ai le malheur : je tombe sur des princesses qui m'escroquent ou me font des farces. Tiens, par exemple, il y a deux jours j'étais chez une jolie femme... Oh! une superbe femme... d'un très-bon genre... je n'avais plus qu'un napoléon dans ma poche, et certainement mon intention était de le faire durer plusieurs jours. Mais voilà la belle femme qui me dit, après que nous eûmes causé sentiment: C'est drôle, je prendrais bien quelque chose... Là-dessus, moi , qui suis très-aimable : Et que prendriez-vous donc ?... Mais , me dit-elle , j'ai comme une envie de prendre un petit verre de rhum... voulez-vous m'en régaler ? Tu penses bien que je ne refusai pas, d'autant plus que deux petits verres de rhum, ça ne devait pas me ruiner. Ma belle femme appelle sa bonne. Moi , qui n'avais pas de monnaie, je donne mon napoléon à la domestique en lui disant : Allez nous chercher deux verres de rhum. C'est très-bien ; la domestique est partie. Nous causons encore sentiment. Je trouvais seulement que la bonne était un peu longtemps à me rapporter le rhum et le restant de ma pièce de vingt francs. Enfin elle arrive; mais chargée comme un baudet!... rapportant un gigot, un pot-au-feu, une volaille, une salade, jusqu'à un pain de quatre livres !... Bref, mon napoléon y avait passé; et quand je demandai ma monnaie, on me répondit très-sèchement : Il ne reste rien... J'ai cru que je devais faire mon marché pendant que j'étais dehors. Que veux-tu qu'on dise à cela?... Et voilà comment j'ai vu disparaître ma dernière pièce d'or.
— Mon pauvre Adam ! tu vois maintenant bien mauvaise société !... Crois-moi : quitte Paris. Dans une grande ville il faut s'occuper, sinon on y fait des sottises. A la campagne il est mille manières de passer le temps; l'oisiveté y est moins dangereuse, les distractions moins diverses...
— Ah! laisse-moi tranquille avec ta campagne !... Voyons : me donnes-tu de l'argent?... — Je n'ai que cent francs... C'est tout ce qui me reste jusqu'à ce que je touche mon mois... Les voici. — Ça

n'est pas grand'chose !... Mais enfin, puisque tu n'as que ça !... — Mais, Adam, promets-moi, jure-moi que tu ne te griseras plus ! — Oh ! sois tranquille !... je vais me conduire comme une vierge !... Adieu... A une autre fois.

Adam sort de chez Edmond. Il a en ce moment l'intention de s'amender et d'être plus économe; mais les mauvaises habitudes se prennent facilement, et on ne s'en corrige pas de même. La société qu'il voit maintenant lui fait perdre le peu de bonnes manières qu'il avait contractées chez ses parents; il se livre de nouveau à son penchant pour le vice, et les cent francs de son cousin sont bientôt dépensés.

suis vexé !... je suis... Eh ! mais... nous pourrions arranger cela... Papa Finot, est-ce que vous ne pourriez pas me prêter une vingtaine de francs? mon cousin vous les rendrait.

M. Finot n'est pas très-satisfait de la proposition; il répond en hésitant un peu : — Monsieur... sans doute... D'ailleurs, je suis bien sûr que monsieur n'est pas capable de me faire du tort... et je sais que son cousin est un garçon qui certainement... — Oui, comme vous dites. Eh bien ! alors vous me prêtez vingt francs, n'est-ce pas? — Monsieur, cela me serait difficile... je n'en ai que dix chez moi... — Dix ! on ne boit pas trois bouteilles de champagne avec cela... Enfin c'est égal... donnez-moi vos dix francs, et faites-vous les rendre par mon cousin.

M. Finot fouille dans une vieille commode; il parvient, en réunissant quelques pièces blanches à des gros sous, à faire dix francs, qu'il présente d'un air pénétré au cousin de son locataire. Adam prend la somme, et s'en va en disant : — Vous préviendrez mon cousin pour qu'il me mette des sonnettes de côté, il m'en faudra.

Le lendemain matin, en montant à Edmond ses bottes bien cirées et son habit battu et brossé, M. Finot tournait et retournait autour du jeune homme; il ne savait comment entamer l'entretien. Après avoir toussé plusieurs fois, le portier dit : — Je crois que j'ai oublié de faire savoir à monsieur que son cousin est venu hier. —

Adam à Clichy.

— Mon cousin ! dit Edmond, qui frémit maintenant dès qu'on lui parle d'Adam. Ah ! il est venu?... — Oui, monsieur... dans la journée... — Et... était-il gris encore ?... — Non, monsieur... Oh ! il est de la justice de dire qu'il était à jeun... — S'il pouvait se corriger de ce vilain défaut !... Ah ! monsieur Finot! ce garçon-là m'inquiète beaucoup... — Oui... je crains... Il venait demander de l'argent à monsieur son cousin. — De l'argent !... mais je n'en ai plus !... Il n'y a pas moyen d'y suffire !... Je me prive de tout... Je sais bien que je pourrais en demander à mon père, qui ne m'en refuserait pas... mais que penserait-il de moi ?... il faudrait alors lui dire l'emploi que j'en fais, et c'est ce que je voudrais éviter. — Oui... c'est bien embarrassant... d'autant que... hum !... hier... il paraît que c'était pressé ; et

Adam retourne chez Edmond. Il ne sent pas qu'il abuse de sa bonté et qu'il lui fait payer bien cher l'avantage de l'avoir obligé le premier. Mais il y a des gens qui , pour nous avoir rendu un service, se croient en droit d'en exiger sans cesse; il y en a d'autres qui trouvent tout naturel de vivre sans rien faire , aux dépens de parents qui , par leur travail, jouissent d'une honnête fortune. C'est une grande calamité d'avoir de tels parents !... C'est un plus grand malheur encore d'avoir été obligé par quelqu'un de peu délicat!

Edmond n'est pas chez lui lorsque Adam se présente pour le voir. Cette fois l'homme de la nature n'est point gris, car il n'a plus d'argent depuis la veille. Il entre dans la loge de M. Finot; mais le portier se tient sur la réserve , il a promis à Edmond de ne pas aller chercher du vin quand son cousin reviendrait le voir.

— Bonjour, papa Finot, dit Adam. — Monsieur, je suis bien votre serviteur, répond le portier en ôtant respectueusement son bonnet grec. — Edmond n'est pas chez lui ? — Non, monsieur. — Rentrera-t-il bientôt ? — Mais je ne le pense pas... Il n'est que midi : M. Rémonville ne rentre pas ordinairement avant son dîner... à moins que ce ne soit pour changer de toilette... Mais alors il est toujours au moins cinq heures et demie. — Ah ! diable !... c'est contrariant, cela !...

Adam se jette sur une chaise, et M. Finot reste debout à regarder la pointe de ses souliers en s'appuyant sur son balai de bouleau pour cacher son embarras; car le portier dit en lui-même : — Il va me prier d'aller chercher du vin , comment ferai-je pour lui refuser?

Après avoir gardé quelque temps le silence, Adam s'écrie : — Je suis très-fâché de ne pas trouver Edmond, car je n'ai plus d'argent... et Edmond est mon caissier, comme vous savez, monsieur Finot... — Oui , monsieur... je sais... c'est-à-dire, vous m'avez dit que... — Oui , mon cousin me donne de l'argent quand j'en veux. Dame ! il en gagne, je n'en gagne pas : n'est-il pas tout naturel qu'il m'en donne ? — Certainement, monsieur , je suis loin de blâmer monsieur votre cousin. — Aujourd'hui j'aurais voulu... J'avais un rendez-vous avec une... avec une... et à un rendez-vous il faut toujours prendre quelque chose; n'est-ce pas, monsieur Finot ? — Monsieur, il y a si longtemps que je n'ai eu de rendez-vous !... — Que vous ne savez plus ce qu'on y fait... je comprends... Sacredié ! je

Un homme de loi.

monsieur va peut-être me blâmer de ce que... — Quoi donc, monsieur Finot ?... — C'est que j'ai eu l'honneur de prêter dix francs au cousin de monsieur... qui en aurait voulu plus... mais je n'avais que cela.

Edmond rougit jusqu'au blanc des yeux, mais il fouille bien vite à sa poche, et y prend dix francs, qu'il remet à son portier : — Tenez , monsieur Finot... Que ne le disiez vous plus tôt !... Ah ! je ne puis vous blâmer... au contraire... Mais mon cousin !... le malheureux !— S'il m'en demande encore... faudra-t-il ?... — Je ne sais que vous dire... En tout cas, soyez certain que je vous tiendrai exactement compte de ce que vous lui prêterez.

Le portier s'est retiré en plaignant le pauvre Edmond d'avoir pour cousin un ivrogne et un paresseux. Edmond va à son bureau chercher, en travaillant et en pensant à ses amours, l'oubli des contra-

Par — Typ. Walder, rue Bonaparte, 44.

riétés que lui cause Adam, et celui-ci mange dans un cabaret les dix francs que lui a prêtés M. Finot.

Adam trouve commode d'aller emprunter au portier, car il sent qu'il se conduit mal, et il est bien aise d'éviter les remontrances de son cousin. Il va trois fois par semaine tirer de M. Finot le plus d'argent possible. Le portier est remboursé le lendemain par Edmond, et celui-ci s'impose mille privations pour payer les sottises d'Adam.

Mais un soir, en revenant d'une réunion brillante qu'a donnée son banquier, Edmond trouve la porte cochère de sa maison ouverte ; il entend des cris, il entre, et voit Adam ivre mort dans sa cour, et tenant au collet l'honnête Finot, qui est pâle et tremblant.

— Ah ! monsieur ! s'écrie le portier, venez me délivrer de votre cousin ; il veut me rosser parce que je ne peux pas lui prêter d'argent... Et je vous jure que ce soir je n'ai pas un sou...

— Tu mens, Finot !... Sacré Finot ! tu as des sous dans ta vieille commode ! répond Adam en secouant le portier ; je veux des fonds... drôle ! coquin... ou je te pulvérise !...

— C'est vous qui êtes un drôle ! s'écrie Edmond en courant délivrer le portier, et en repoussant Adam avec une telle violence qu'il va rouler contre le mur de la cour. Non content d'abuser de ma bonté, de celle de ce brave homme, dont vous n'êtes pas honteux d'emprunter les épargnes, vous osez lever la main sur lui... Vous venez la nuit faire du scandale dans une maison honnête !... Sortez d'ici, monsieur, sortez sur-le-champ, et n'y rentrez jamais...

Il semble que la présence d'Edmond, que son action, sa voix qui est menaçante, aient dégrisé le malheureux Adam : il se relève, ramasse son chapeau, tient ses yeux baissés ; puis enfin gagne la porte en murmurant : — Je ne reviendrai plus !

CHAPITRE XXXI. — Retour d'Adam chez son père.

M. Adrien est installé depuis longtemps dans sa nouvelle demeure. C'est une maisonnette bien modeste, composée de deux pièces au rez-de-chaussée, et autant au seul étage qui soit au-dessus. Mais il y a une petite cour avec deux espèces d'armoires fermées par des treillages, et dans lesquelles sont parqués des lapins ; il y a aussi un pigeonnier, un colombier, un jardin qui n'est pas élégant, et qui n'est ni sarclé ni sablé, mais où tout est en rapport, et qui produit beaucoup de fruits et de légumes. Enfin ce n'est qu'une bicoque, en comparaison de la jolie maison qu'on occupait auparavant ; mais en oubliant la demeure qu'on a quittée, on peut encore se trouver bien dans la maisonnette, on peut y être plus heureux même !... Le bonheur est comme la vertu ; on ne devinerait pas toujours où il va se nicher.

Rongin a fait une grimace horrible en voyant la nouvelle habitation ; il a murmuré en parcourant le jardin, bougonné en visitant les chambres, et grogné en regardant la cour. C'est bien pis lorsqu'il faut qu'il s'occupe de la cuisine, qu'il prépare le dîner de son maître et le sien ; alors il a des accès de désespoir. Mais M. Adrien est habitué à l'humeur de son vieux domestique, il n'y fait plus attention, ou se contente de lui répéter froidement : — Rongin, vous êtes libre de ne point rester avec moi. Mais le désespoir de Rongin s'apaise ; car tout s'apaise dans ce monde : les ouragans et les grandes colères, les tempêtes et les sanglots. Rongin s'habitue à sa nouvelle demeure, aux lapins et aux poules qui lui fournissent des gibelottes et des omelettes, au petit jardin qui donne des légumes et des fruits ; et comme la nécessité est le meilleur maître, il se forme même dans l'art de la cuisine ; quoiqu'en épluchant ses oignons, il répète encore : — Je n'étais pas né pour cela.

Adam se présente avec confiance chez une de ses brillantes connaissances.

Lorsque sa goutte le lui permet, M. Adrien va quelquefois voir son frère ; mais il ne l'engage point à venir le visiter : son amour-propre souffrirait de le recevoir dans sa maisonnette. Il ne séjourne jamais longtemps chez M. Rémonville, car les heureux parents ne peuvent s'empêcher de parler souvent de leur fils, de leur cher Edmond, qui vient les voir quelquefois, et dont on n'a plus que des éloges à faire ; et ces éloges font mal à celui qui a été ruiné par son fils.

L'ami Tourterelle est mort, et il y a tout lieu de croire que c'est des suites de son voyage d'agrément à Paris. M. Adrien a cru que son fils reviendrait près de lui en sortant de prison ; mais le temps se passe, on ne voit pas Adam, on n'en entend plus parler. Le vieillard pense sans cesse à son fils, dont il est très-inquiet, mais il n'a plus que Rongin avec qui il puisse en parler ; et le ci-devant concierge est loin d'être sur ce sujet du même avis que son maître.

— Que fait mon fils maintenant ? dit M. Adrien en se promenant dans son jardin appuyé sur le bras de Rongin. — Des sottises probablement, et suivant son habitude... — Je sais bien qu'en lui faisant rendre sa liberté... je lui ai fait remettre douze cents francs... — Avec ça un garçon sage se serait établi !... — Mais il y a déjà plus de neuf mois !... Adam ne doit plus avoir d'argent. — Est-ce que vous êtes fâché qu'il ne vous en demande plus ? est-ce que vous n'êtes pas content de vous être ruiné pour lui ?... Voulez-vous encore vendre cette bicoque, qui est tout ce qui vous reste, vous mettre sur la paille... et moi aussi, par contre-coup, pour que votre fils fasse le marquis et enlève des meunières ? — Non, Rongin, mais je veux revoir mon Adam. Qui vous dit qu'il n'est point corrigé ? Et puis il doit avoir si bon air, si belle tournure... car enfin, s'il a mangé de l'argent, c'est dans la haute société... — C'est ce que nous ne savons pas. — Pardonnez-moi, puisque Tourterelle, qui a logé avec lui à Paris, m'a dit qu'Adam menait un train de prince. — Oui ; c'est ce train-là qui l'a fait aller en prison. — Rongin, vous n'avez jamais aimé Adam ; vous le jugez trop sévèrement. — Monsieur, je dis seulement que ce qui peut vous arriver de plus heureux, c'est de n'en plus entendre parler. — Et moi je vous dis qu'Adam reviendra sage, corrigé, las de faire des folies ; qu'il tiendra compagnie à son père et fera encore l'admiration du pays, comme à dix-sept ans !

Ces conversations se renouvelaient souvent entre M. Adrien et son domestique. Mais Adam ne donnait pas de ses nouvelles : cela désolait l'un ; cela enchantait l'autre.

La belle saison était revenue, et M. Adrien allait souvent s'asseoir sur un banc de bois placé au pied d'un chêne qui ombrageait sa demeure. De là sa vue pouvait plonger dans les environs ; il apercevait sur sa droite, et à peu de distance, un petit mur au-dessus duquel se dessinaient quelques urnes, quelques colonnes funéraires : c'était le cimetière ; c'était là que reposaient les restes de sa femme. Cette vue n'était pas gaie, mais le vieillard la préférait à celle de son ancienne demeure et de la maison de son frère.

Un jour que le goutteux était assis à cette place, tandis que Rongin, à quelques pas plus loin, donnait à manger aux lapins, un homme s'avance péniblement du côté de la maisonnette ; il vient par le sentier qui conduit à l'ancienne demeure de M. Adrien. Cet homme est déguenillé ; un habit sale et percé en plusieurs endroits, un mauvais pantalon de toile, un lambeau de cravate noire et un chapeau dont les bords sont cassés annoncent sa misère et inspirent la pitié ; il paraît, de plus, souffrant et faible ; il s'appuie sur une branche de noyer qui lui sert de canne, et s'arrête souvent, comme pour reprendre haleine et regarder avec attention le pays et le site qui l'environnent.

— Voilà un pauvre diable qui paraît bien malheureux, dit M. Adrien en apercevant le voyageur. Rongin, apporte du pain et quelque chose; nous lui donnerons de quoi se restaurer...
— Un mendiant! murmure Rongin; qu'il aille demander aux riches; nous ne le sommes plus; nous n'avons pas de trop pour nous.
— Allons, Rongin! apporte quelque nourriture, je le veux... Je ne sais pourquoi la vue de ce pauvre homme me fait mal.

Le voyageur s'est arrêté à une trentaine de pas de la maisonnette; il la considère quelque temps, ainsi que le vieillard qui est assis devant; tout à coup il se remet en marche et s'avance droit vers M. Adrien.

Lorsque le voyageur n'est plus qu'à quelques pas du vieillard, il s'arrête en le regardant fixement, mais sans prononcer un mot.
— Attendez, mon ami! dit M. Adrien, attendez! on va vous donner quelques secours.

L'homme déguenillé s'approche encore, et répond d'une voix sourde et d'un ton de reproche : — Comment! mon père, vous ne reconnaissez pas votre fils?

M. Adrien lève les yeux : il a peine à croire ce qu'il vient d'entendre; il a reconnu la voix d'Adam, mais il ne peut reconnaître son fils dans le malheureux qui est devant ses yeux; et pourtant c'est bien lui, c'est Adam qui est devant son père.

A force de le regarder, le vieillard parvient à retrouver ses traits; alors un cri de douleur lui échappe, et tout en lui tendant les bras, il peut à peine murmurer : — C'est toi! mon fils... toi... dans cet état!

Son fils!... s'écrie Rongin, qui s'avançait avec un morceau de pain et quelques fruits, son fils!... et c'est comme cela qu'il revient!... Eh ben! c'est du joli!... ça promet!

Mais quoique son père lui tende les bras, Adam est resté immobile et ne l'a pas embrassé; cette froideur accable le vieillard. — Pourquoi ne viens-tu pas dans mes bras? lui dit-il; pourquoi n'embrasses-tu pas ton père, après une si longue absence? N'en éprouves-tu pas le besoin?... Est-ce parce que tu es mal vêtu que tu n'oses m'approcher? Ah! ne crains rien... j'oublie tes folies!... Tu reviens souffrant, malheureux; je ne te ferai aucun reproche... Je n'aperçois plus les lambeaux qui te couvrent... Je ne vois plus que mon fils!...

— Vous ne me ferez aucun reproche! répond Adam d'un ton dur. C'est bien heureux!... Mais moi, il me semble que je peux vous en faire... Si je reviens dans cet état, à qui la faute si ce n'est à vous? Vous n'avez donné aucun soin à mon éducation, vous ne m'avez pas fait apprendre les choses les plus nécessaires. Fais tes volontés, suis tes penchants! voilà ce que vous m'avez dit : et vous vous étonnez que je me ruine à Paris! qu'il m'y faille sans cesse de l'argent!... et vous vous lassez de m'en envoyer... Je manquais de tout... je suis tombé malade... Si j'étais mort de misère et de besoin... dites, n'était-ce pas votre faute?...

La vieillard a laissé tomber sa tête dans ses mains; des larmes coulent de ses yeux, et il s'écrie : — Mon fils! ne m'accable pas... Je suis assez puni en te voyant malheureux!

Les larmes de son père ont touché le cœur d'Adam; il prend la main du vieillard : — Allons... ne vous affligez plus... Tenez... je ne savais pas ce que je disais... Que voulez-vous?... la fatigue... et puis la faim, ça donne de l'humeur... il faut m'excuser... C'est moi qui ai tort... Allons, embrassez-moi et pardonnez-moi.

Et il prend son père dans ses bras, et pendant quelques moments le tient pressé contre son cœur. Enfin leur émotion s'est calmée. M. Adrien s'empresse de faire entrer son fils dans sa demeure, il le fait asseoir devant une table, et Rongin la couvre de tout ce qu'on peut trouver dans la maison.

Adam mange et boit avec avidité. Lorsque sa faim est apaisée, il dit en regardant autour de lui : — A propos, pourquoi donc êtes-vous déménagé?... Pourquoi avez-vous quitté la grande maison là-bas?... J'y suis allé d'abord... Mais un vieil invalide qui garde maintenant la porte... Tu sais Rongin... le même qui t'a reconnu chez ma nourrice pour un garçon perruquier... celui qui t'a donné le coup de bâton dont tu portes la cicatrice...

Rongin tourne le dos et feint de ne pas entendre. Adam continue : — Ce vieux soldat m'a appris que mon père demeurait maintenant de ce côté... Quelle idée avez-vous eue de vendre votre maison?... Et ma mère... où est-elle? je l'ai vue... Et l'ami Tourterelle, est-il remis des accidents qui lui sont arrivés à Paris?

— Ta mère!... Tu me demandes des nouvelles de ta mère!... Comment, mon fils! n'as-tu pas reçu la lettre où je t'apprenais sa mort?... Tu m'as répondu pourtant... — Répondu... je ne vous ai jamais répondu... Est-ce que je sais écrire une lettre?... à peine si je sais les lire. C'était Phanor ou Montgry qui me lisaient les vôtres, et apparemment qu'ils ont craint de me faire du chagrin : ils ne m'ont pas appris la mort de ma mère... Pauvre chère femme!... elle n'a pas dû vous rien dire pour moi! car de son vivant elle ne s'occupait guère de son fils!... et je ne crois pas qu'elle m'ait embrassé trois fois!...

— Nous avons eu bien des torts, ta mère et moi ; je le sens maintenant!... Elle, en négligeant son enfant, en ne lui faisant jamais une de ces caresses qui nous gagnent le cœur, la confiance d'un fils ; et moi, en croyant que la nature seule suffisait pour former un homme, au moral comme au physique. Tu as fait des folies, des dettes; c'est pour les payer, pour te tirer de prison que j'ai été forcé de vendre ma maison. Car déjà, pour te soutenir à Paris, j'avais aliéné ma fortune! Mais te voilà, tu es revenu près de ton père; tu ne le quitteras plus, j'espère. Cette demeure et le peu qui me reste nous suffiront... Tu dois être désenchanté des plaisirs coûteux de la ville, et dans cette petite maisonnette tu verras, mon ami, que nous pourrons vivre heureux. Mais dis-moi donc comment il se fait que tu te sois laissé venir dans cet état avant de revenir trouver ton père?

— Ma foi! que voulez-vous?... J'aimais Paris... je ne pouvais plus m'en tirer!... — Mais tu avais des amis... tu étais recherché, goûté à Paris : tes lettres me l'ont dit. — Mes lettres... elles n'étaient pas de moi; mes secrétaires vous mentaient et me mentaient... Tenez, mon père, on s'est moqué de moi et de mon naturel... On m'a grugé... ruiné... A la vérité ce je m'y prêtais de bonne grâce; on me disait que j'étais aimable, franc, charmant, et c'est gentil de s'entendre dire cela. Je conçois que, avec de la fortune, on entretienne autour de soi des gens pour nous dire de ces petites gentillesses; une fois ruiné, on m'a tourné le dos... on ne m'a plus rien offert; on m'a laissé en prison. Un seul de mes bons amis, après m'avoir avoué qu'il m'avait escroqué mon argent, m'a proposé de m'apprendre à escroquer celui des autres. Rassurez-vous... je lui ai donné le prix de sa leçon. Enfin, après avoir mangé et bu les douze cents francs qu'on m'a remis de votre part en sortant de prison, j'ai rencontré mon cousin Edmond... Il m'a secouru, et de fort bon cœur même; pendant quelque temps j'ai vécu à ses dépens...

— Ton cousin Edmond! dit M. Adrien en poussant un profond soupir; ainsi il t'a vu malheureux!... et il sait. — Oh! il sait que je ne suis qu'un vaurien. Je ne me suis pas même montré reconnaissant de ses services... J'ai eu des torts envers lui... Mais quand on a bu un coup de trop... C'est comme tout à l'heure : quand on a faim, ça fait dire des sottises!...

— Allons! se dit tout bas Rongin, il paraît qu'il se soûle à présent : c'est du propre!...

— Enfin, reprend Adam, m'étant disputé, fâché avec Edmond, je ne savais plus à qui m'adresser, lorsque j'ai pensé à Phanor... Vous savez?... celle qui vous a appris que j'étais en prison. C'est une bonne enfant que Phanor : pendant quelque temps j'ai vécu avec elle; mais elle n'était pas non plus dans une position brillante, quoiqu'elle attende toujours des fonds de Normandie. Bref! après avoir fait une maladie qui m'a bien changé, Phanor m'a conseillé de venir vous trouver, en me disant : — Il faut pourtant que tu saches si tu as un père ou non. Elle m'a donné cent sous pour faire la route : mais je ne sais comment il se fait que j'ai tout dépensé à la première barrière; alors il m'a fallu faire le chemin sans rien prendre... C'est pour cela que j'étais si faible en arrivant.

M. Adrien embrasse encore son fils; il lui fait quitter les vêtements misérables qui le couvrent et lui en donne des siens, en attendant qu'un tailleur de Gisors l'ait rhabillé; il l'installe dans la plus jolie chambre du premier, et l'engage à se reposer de ses fatigues, de ses folies, et à tâcher de se trouver heureux près de son père.

Adam a promis à Phanor et s'est promis à lui-même de ne plus se griser, et dans les premiers jours de son arrivée chez son père, il tient assez bien son serment. Le tailleur de Gisors l'a habillé convenablement, M. Adrien, qui trouve encore son fils fort bien, le regarde avec son frère, et le présente à celui-ci en disant : — Voilà l'enfant prodigue revenu. Il a fait un peu le diable! mais maintenant il va vivre tranquillement avec moi : il plantera mes choux, bêchera mon jardin et fera ma partie d'écarté... C'est qu'il joue très-bien l'écarté depuis qu'il a été à Paris.

M. Rémonville reçoit fort bien son neveu : mais il lui fait une légère morale pour l'engager à ne plus quitter son père. Adam, qui n'aime pas la morale, se promet de ne plus retourner chez son oncle.

Quoi qu'en dise son père, l'élève de la nature ne se soucie pas de bêcher le jardin de la maisonnette ni de planter des choux, il aime mieux boire et manger. Mais comme on ne peut pas toujours être à table ni avoir le verre à la main, surtout quand on veut devenir sage, Adam se promène dans les environs où se repose en fumant sa pipe. Il bâille souvent, car le séjour des champs n'a plus d'attraits pour lui. Rongin hausse les épaules en murmurant : — Il ne sera pas longtemps sans faire des sottises!... Il boit comme un trou!... il mange comme un ogre!... C'est un joli pensionnaire qui nous est arrivé là! Mes poules et mes lapins y passeront bien vite!...

Les prédictions de Rongin ne tardent pas à se réaliser : déjà plus d'une fois Adam a laissé sa raison au fond d'une bouteille. Lorsqu'il est en cet état, il crie, jure, s'emporte et fait le diable. Alors son père évite sa présence, et Rongin se sauve avec son chien... Voilà l'enfant prodigue, qui devait revenir faire l'admiration du pays!

Quand il est gris, ce n'est pas seulement chez son père que l'élève de la nature commet du désordre, il court la campagne, entre dans les chaumières, va demander à boire chez les paysans, puis leur cherche querelle, et cela finit toujours par des pots cassés que M. Adrien est obligé de payer.

— Il est encore comme à seize ans, dit le vieillard en payant les hauts faits de son fils. — Oui, répond Rongin, il est aussi aimable... Il ne sera pas content que vous ne soyez pas sur la paille... Déjà vous vous privez de mille petites douceurs depuis qu'il est revenu, afin que monsieur boive tout son soûl! — Rongin! je te défends de dire cela à mon fils!... — C'est ça! il faut se laisser plumer et se taire!... Encore si on était né dans la servitude... — Rongin... tu me fais souvenir que mon fils a parlé d'un invalide qui t'a connu garçon perruquier étant jeune... Il me semble que cela ne s'accorde guère avec les histoires que tu m'as faites sur ta fortune passée. — M. Adam était gris quand il a dit cela..., c'est un rêve qu'il a fait... — Il faudra que je lui en reparle... — Eh bien! monsieur, après? quand j'aurais été coiffeur... qu'est-ce que cela prouve?... Dans ce temps-là on portait de la poudre, et il fallait beaucoup de talent pour être perruquier. — Mais alors, Rongin, vous auriez dû vous trouver heureux lorsque vous étiez mon concierge, au lieu de vous plaindre sans cesse de votre sort. — Mais je crois que je peux bien me plaindre à présent que je fais tout! — Quittez-moi, Rongin, si cela ne vous convient pas!... — C'est ça!... à la porte. Jolie retraite... Au reste, du train dont il y va, votre fils ne me laissera pas grand'chose à faire!

Lorsque Adam n'est pas gris, il cherche à faire des conquêtes dans les environs; son penchant pour les femmes n'est point passé; mais il n'a plus ces joues roses qui à dix-sept ans charmaient les villageoises; il ne charme plus personne, on ne cède plus à ses doux propos. Alors il rentre de mauvaise humeur, et se grise pour se consoler. Quand il est gris, il brise tout chez son père; puis, quand il a tout brisé, il sort, et va se battre avec les paysans.

En se promenant un matin à jeun dans la campagne, Adam se trouve près du moulin qui appartenait à Bertrand. Cette vue lui rappelle ses anciennes amours : il s'approche de la maison où il a fait connaissance de Tronquette. Il s'étonne de n'avoir pas plus tôt songé à la grosse fille, et se dit : — Elle doit être ici, puisque son père l'a emmenée... Je ne serais pas fâché de rire avec elle comme autrefois, surtout à présent que je n'ai rien de mieux à faire.

Adam entre dans la maison; il pénètre dans la chambre où il a pour la première fois aperçu la fille du meunier, et il pousse un cri de plaisir en y retrouvant Tronquette, qui est assise, et travaille à la même place qu'autrefois.

Tronquette a jeté aussi un cri de surprise en reconnaissant Adam. Celui-ci court à elle, lui prend la tête, et quoiqu'elle se défende, il l'embrasse à plusieurs reprises en disant : — Te voilà, ma petite Tronquette; que je suis content de te revoir!... Ah! je crois vraiment que je fais tout!... Tu es un peu grossie; c'est égal, tu es toujours bien... Mais laisse-moi donc t'embrasser...

Tronquette se débat tant qu'elle peut, en disant : — Mais finissez donc!... Voulez-vous bien finir?... Regardez donc... Est-ce que vous êtes fou?... Et elle tâche de faire apercevoir à Adam deux enfants en bas âge qui se roulent dans un coin de la chambre, et un gros homme tout couvert de farine qui est assis près d'une table, et ouvre de grands yeux en voyant qu'on serre Tronquette de si près. Mais Adam ne voit rien, n'entend rien, et veut toujours embrasser Tronquette, lorsque le gros homme vient se mettre entre eux en disant :

— Ah! quoi donc que vous y faites, l'ami?... Qui est-ce qui vous a permis de tâtonner ainsi ma femme?

— Votre femme! répond Adam; je ne sais pas si elle est votre femme à présent, mais je sais qu'elle a été la mienne longtemps; par conséquent, j'ai le droit d'ancienneté... Ôtez-vous de là, mon gros père!

Et Adam veut écarter le meunier; celui-ci résiste. Tronquette, qui voit le moment où son ancien amant va rosser son mari, se jette entre eux en s'écriant : — Voulez-vous nous laisser tranquilles, monsieur Adam! Si je vous avons connu... un petit brin... étant fille, est-ce que ça vous donne le droit de venir m'embrasser à c't'heure que je suis la femme de Jérôme Camus que v'là, qui a succédé à mon père dans son moulin, et dont j'avons déjà eu ces deux gros enfants que vous voyez?... Fi! monsieur, c'est ben vilain de venir comme ça troubler le monde qui ne vous dit rien!

Tronquette finit ce discours en pleurant. C'est le grand argument des femmes; cela ne prouve pas qu'elles aient raison, mais cela fait souvent le même effet.

— Je ne comprends pas, reprend Adam, pourquoi je ne peux pas faire aujourd'hui ce que j'ai fait si souvent autrefois. Vous ne voulez pas que je vous embrasse parce que votre mari est là?... eh bien, je reviendrai quand il n'y sera pas.

— Moi, je vous défends de revenir, dit Jérôme Camus d'un air furibond. — Et moi, je te dis que je reviendrai tout de même, répond Adam en s'éloignant tranquillement.

Et en effet le lendemain, Adam, qui est entêté, et qui tient à embrasser Tronquette parce qu'il y a fort longtemps qu'il n'a embrassé personne, se dirige vers le moulin après avoir bu sa bouteille pour se donner de la résolution.

La porte de la maison est fermée. Adam fait le tour de l'habitation : il aperçoit les deux enfants jouant dans une chambre, mais il ne voit pas Tronquette.

— Est-ce que cet impertinent Camus l'aurait emmenée avec lui?

se dit Adam. Je ne conçois pas un homme ridicule à ce point-là! Je vous demande quel mal ça lui fera que j'embrasse sa femme!

Adam va s'éloigner, lorsqu'en passant devant un petit hangar il aperçoit Tronquette qui charge des bottes de paille sur sa tête. Il court à elle, et pour commencer la conversation plus commodément, fait choir Tronquette sur la paille. Madame Camus veut se défendre; Adam ne lui en donne pas le temps; elle veut crier, la paille l'en empêche, et Adam se dispose à lui prouver qu'il l'aime toujours, en disant : — Tu ne faisais pas tant de façons autrefois! Comme les femmes sont capricieuses!

Tronquette s'est résignée à se laisser embrasser. Il y a un proverbe qui dit : « Il faut souffrir ce qu'on ne peut empêcher. » Elle s'en fait l'application. Ce proverbe-là est souvent mis en action. Mais des coups de balai, distribués à tort et à travers, viennent couper la conversation. C'est Jérôme Camus qui a aperçu Adam et sa femme sur les bottes de paille.

Adam trouve fort mauvais que M. Camus vienne le battre et le déranger. Il s'empare d'une fourche qui est sous sa main, et au moment où le pauvre mari revient à la charge, Adam lui enfonce dans les côtes une des dents de la fourche.

Le meunier tombe en criant qu'il est mort, la meunière crie en voyant tomber son mari, et Adam se sauve en jetant la fourche derrière lui.

Adam arrive chez son père. M. Adrien jouit d'un moment de sommeil après une violente attaque de goutte; mais Rongin est là, et l'élève de la nature lui conte ce qu'il vient de faire.

— Il ne nous manquait plus que cela, s'écrie Rongin; votre père se prive de tout pour vous... pour payer vos fredaines..., et vous tuez un homme, à présent!... C'est le bouquet!... Comment, Rongin, est-ce que tu crois qu'on me fera quelque chose? — Si l'on vous fera quelque chose!... Oui, monsieur. D'abord, il n'est pas permis de chiffonner une femme en présence de son mari... attentat aux mœurs. N'est-ce pas assez de faire un homme cocu, est-ce qu'il faut encore l'enfourcher?... Si on permettait cela, où en serions-nous?... — Mais, Rongin, j'ai cru qu'il était naturel... ayant connu Tronquette... — Vous faites de belles choses, avec votre naturel!... On va vous arrêter, vous conduire en prison. — En prison!... Oh! je ne veux plus y aller... — Il faudra donner de l'argent à la veuve, aux enfants... cela va achever de ruiner votre père!...

Adam se frappe le front et s'écrie : — Tu as raison, Rongin; je ne fais que des sottises... Mais c'en est fait, je veux me corriger... Mon pauvre père!... Il fallait donc me dire plus tôt que ma présence lui était à charge. Adieu, je m'en vais... La vie que je mène ici m'ennuie... Je veux travailler... gagner de l'argent... Oui, je le veux... Dis à mon père que je tâcherai de ne plus le faire rougir.

Adam reprend son chapeau, son bâton, et quitte de nouveau la demeure de son père. Rongin le regarde aller en se disant : — Pourvu que cette fois il ne revienne pas!

CHAPITRE XXXII. — Adam veut bien faire.

Débarrassé des visites de son cousin, Edmond peut se livrer entièrement à son amour pour la fille du général. Céline est l'objet de toutes ses pensées, le but de tous ses vœux; en redoublant de zèle à son bureau, il a obtenu un nouvel avancement; il n'a point encore une fortune, mais il est fier de devoir à son travail la place honorable qu'il occupe déjà dans le monde. Cependant Edmond pense souvent à Adam; il se repent de lui avoir parlé, de l'avoir renvoyé si durement; mais ce mouvement d'indignation était alors bien naturel. La colère passée, Edmond ne se rappelle plus que son cousin pauvre, manquant de tout, sans ressource, sans amis dans Paris : alors son cœur saigne, et il dit à son portier : — S'il revenait, ne le renvoyez pas, je vous en prie... Oubliez ce qu'il a fait!... Dites-lui que je ne lui en veux plus, que je ne suis plus fâché contre lui.

Et l'honnête Finot, qui n'a point de rancune, répond au jeune homme : — Soyez tranquille, monsieur... Je sais ce que c'est qu'un homme qui a bu... Je pardonne de bon cœur à monsieur votre cousin; je ne le crois pas méchant! Il me serrait un peu ferme, c'est vrai; mais c'est le vin seul qui agissait.

Edmond avait été plusieurs fois voir ses parents, mais c'était avant qu'Adam revînt chez son père. Depuis cette époque, ses occupations, et peut-être son amour, ne lui ont pas laissé le temps de s'absenter de Paris. M. Rémonville a écrit à son fils pour lui apprendre que son cousin est revenu au toit paternel. Edmond sent son cœur soulagé; il est tranquille sur le sort d'Adam, et il fait part de cette nouvelle à l'honnête Finot, qui de son côté, quoiqu'il n'en veuille pas à Adam, aime tout autant que le cousin de son locataire ne revienne plus, parce que monsieur n'a pas le vin aimable.

Dans ses courtes visites chez ses parents, Edmond ne leur a point fait l'aveu de son nouvel amour; mais il n'a parlé que des bals du général Desparmon, de ses soirées, de l'agrément de ses réunions, puis de mademoiselle Céline, qui en fait l'ornement, et avec laquelle il danse, chante et fait de la musique. Edmond ne s'aperçoit pas qu'il n'ouvre la bouche que pour citer mademoiselle Céline, pour parler de mademoiselle Céline, et qu'il redit cent fois la même chose. Ses parents se regardent en souriant; ils ont bien vite deviné le secret de leur fils. La bonne mère dit à son mari : — Cette fois il n'a pas mal placé ses affections. — Il me semble que si, répond M. Rémonville, car le général est beaucoup plus riche que nous ; il voudra sans doute pour gendre un homme qui ait une grande fortune, ou un grade dans l'armée, ou un emploi important, et Edmond en sera pour son amour.

Mais la maman réplique : — Si cette jeune personne aime notre fils, et si le général aime sa fille, je ne vois pas pourquoi notre Edmond, qui est joli garçon et qui maintenant se conduit si bien, ne serait pas son époux.

Tandis que les parents d'Edmond faisaient leurs conjectures, le père de la jeune Céline faisait ses observations ; car, dès qu'une demoiselle atteint l'âge des amours, c'est l'état d'un père d'observer, de surveiller tous ceux qui entourent sa fille, et le général s'entendait fort bien à cette tactique. Il avait remarqué que M. Edmond Rémonville aimait beaucoup à danser avec sa fille, à faire de la musique avec sa fille, et que mademoiselle Céline, qui était gaie et paraissait s'amuser lorsque Edmond était là, devenait au contraire triste et rêveuse quand le jeune homme ne faisait pas partie de la réunion.

Ces remarques donnaient à penser au général. Céline était la candeur même ; elle n'avait point de secrets pour son père, et il était bien certain qu'en la questionnant elle lui avouerait ses sentiments. Mais peut-être n'était-ce pas encore de l'amour, et n'était-ce qu'une simple préférence ; peut-être Céline ignorait-elle elle-même l'état de son cœur. Le général craignait de trop se presser ; sur ce chapitre un père est beaucoup plus embarrassé qu'une mère, qui a de bonne heure l'habitude de recevoir toutes les confidences de sa fille, ou qui du moins devrait en avoir l'habitude.

Le général avait pris des informations sur la famille d'Edmond, et ces informations avaient été satisfaisantes. Ce que le banquier lui disait de son jeune commis ne pouvait aussi qu'être favorable au jeune homme ; en apprenant le dernier avancement qu'il avait obtenu, M. Desparmont avait serré la main à Edmond en lui disant : — C'est bien, mon ami ; continuez ainsi, et vous ferez votre chemin. — Ces paroles avaient transporté Edmond ; il croyait y voir l'annonce de son futur bonheur ; il les répétait sans cesse en se disant : — Le général est content de moi ; il m'a serré la main !... et Céline !... Ah ! c'est moi qui lui ai serré la main !... Encore un avancement, et je me déclarerai, et j'oserai avouer à M. Desparmont que j'adore sa fille ; quelque chose me dit qu'il ne s'en fâchera pas !

C'est en faisant ces projets, en se livrant à ces espérances, qu'un jour, dans la rue Montmartre, Edmond aperçoit Adam vêtu d'une veste et d'un pantalon de toile, et assis sur une borne, près de plusieurs commissionnaires.

Edmond s'arrête, il croit s'être trompé ; celui qu'il examine baisse la tête, et semble vouloir éviter ses regards ; mais Edmond s'approche, il s'assure que c'est bien son cousin qui est devant lui. Il va doucement lui frapper sur le bras, et lui dit : — C'est toi, Adam ? Pourquoi donc détournes-tu les yeux ?... Est-ce que tu ne me reconnais plus ?...

— Si fait, répond Adam en levant la tête ; mais j'espérais que tu ne me reconnaîtrais pas, toi. — Tu es à Paris !... Je te croyais vivant tranquillement près de ton père. — Non. Je ne peux vivre tranquille nulle part. Mon pauvre père s'est ruiné pour moi... si j'étais resté, je l'aurais mis sur la paille... J'ai beau vouloir corriger mon maudit naturel... c'est plus fort que moi... il m'entraîne, il me force de céder à mes penchants... Dame !... on ne m'a pas appris à me maîtriser !... C'est égal, je suis parti. J'ai voulu travailler, tâcher de gagner ma vie. Je suis revenu à Paris... je me suis fait commissionnaire, c'est un état comme un autre, et ça ne demande pas de grandes connaissances, si ce n'est celle des rues. Ça irait encore, car on se fait à tout. Malheureusement, quand j'ai fait une bonne journée, le lendemain je me grise et je ne fais rien ; alors les camarades disent que je suis un mauvais sujet, et je me bats avec eux pour leur prouver qu'ils ont tort.

— Mon pauvre Adam !... toi, faire des commissions !... — Que veux-tu ! puisque je ne suis bon qu'à ça ! — Et pourquoi n'es-tu pas venu me voir en revenant à Paris ? — Te voir !... Non... Tu m'avais chassé... tu l'as fait, tu avais bien fait... je m'étais si mal conduit !... — Ne parle plus de cela, Adam, j'ai eu tort aussi... Ne m'en veux pas... Oublie le passé... Donne-moi la main, pour me prouver que n'es plus fâché... — Fâché !... quand c'est moi qui ai fait toutes les sottises !... Tiens, la voilà ma bonne main pour moi !... — Allons !... donne-moi la main, te dis-je, donne donc...

Adam donne la main à Edmond en détournant la tête ; car pour la première fois il sent des pleurs mouiller ses yeux, et il en est honteux, sans se douter que ces larmes qu'il répand alors effacent une partie des fautes de sa vie.

— Tu vas venir chez moi, dit Edmond. — Chez toi !... — Je le veux. Je demeure toujours dans la même maison... Vas-y sur-le-champ, je vais faire une course, et je reviens te trouver. — Mais... — Point d'observation, va ; tu diras au portier de te donner mes clefs ; tu m'attendras chez moi... Tu entends ? — Oui, mon cousin.

Edmond s'éloigne ; et Adam se dirige vers la demeure où jadis il

allait si souvent. Il trouve M. Finot balayant sa cour ; le portier ne peut réprimer un mouvement d'effroi en reconnaissant le cousin de son locataire. Il se hâte de dire : — M. Rémonville n'est pas chez lui.

— Je le sais, monsieur Finot, répond Adam ; je viens de rencontrer Edmond, il m'a dit de venir l'attendre chez lui. — Ah ! c'est différent, monsieur !... — Monsieur Finot, je vous ai un peu bousculé, ce certain soir où... Mais je n'avais pas ma raison... Malheureusement il m'arrive souvent de la perdre !... — Ne parlons pas de cela, monsieur, je vous en prie... — En effet, ça vaudra mieux... Voulez-vous me conduire chez mon cousin ? — Oui, monsieur... C'est maintenant un étage au-dessous... Dame ! M. Rémonville a pris un plus beau logement, il fait bien ses affaires ; mais aussi c'est un jeune homme bien *méritoire !* — Oui ! dit Adam en soupirant. Il va bien, et moi, je vais mal !... Nous avions pourtant commencé de même !

Le portier ouvre la porte du logement d'Edmond, et y laisse Adam, dont il craint encore la société, quoique celui-ci paraisse fort doux pour le moment.

Adam examine l'appartement d'Edmond ; la vue de ces pièces élégamment meublées et fraîchement décorées lui rappelle l'hôtel de la rue de Rivoli. J'ai eu un beau logement comme cela, se dit-il, et aujourd'hui je suis dans un galetas !... Mais enfin... je ne pouvais plus rester chez mon père... Ce mari de Tronquette que j'ai enfourché !... Je n'ai pas non plus voulu aller chez Phanor... Elle n'en a pas trop pour elle... Je ne veux plus qu'elle vende ses robes pour me nourrir. Ah ! si je pouvais redevenir riche !... Malheureusement, je ne crois pas qu'on fasse fortune en faisant des commissions... et je ne sais pas faire autre chose !

Edmond ne tarde pas à rentrer : il commence par prendre dans sa garde-robe des vêtements qu'il présente à Adam en lui disant : — Mets cela... je ne veux pas que tu restes vêtu ainsi. — Mon cousin, ces vêtements sont trop élégants pour moi maintenant ; c'était bon autrefois !... Ceux que j'ai conviennent à un commissionnaire. — Tu ne l'es plus, Adam ; crois-tu que je veuille te laisser dans cette situation ?... Non... tu demeureras avec moi, mon logement est assez grand ; je payerai ta pension chez un traiteur, où tu déjeuneras et dîneras tous les jours, et j'aurai soin que tu ne sois pas sans argent... Pour tout cela, je ne te demande qu'une promesse, qu'un serment : c'est de ne plus te griser.

Adam se jette dans les bras de son cousin, il l'embrasse de toutes ses forces en lui disant : — Tu veux donc aussi te ruiner pour moi !... Après toutes les sottises que j'ai faites !... Je ne mérite pas te bienfaits... Je resterai avec toi ! mais comme ton domestique... Je te servirai... je battrai tes habits... Enfin, je tâcherai de me rendre utile... Je ne veux pas vivre encore à tes dépens... Je ne trouve plus que ce soit dans la nature, car la nature ne m'a pas donné des bras pour que je les tienne croisés, tandis que les autres travaillent. Mais je te promets de ne plus boire que de l'eau tant que je serai avec toi !

— Tu vas trop loin, Adam ; on peut boire du vin et ne pas se griser. Tu me seras utile quand cela se pourra, mais tu ne seras pas mon domestique, parce que tu es le fils de mon oncle... et de plus mon ami. Conduis-toi sagement, ce sera la meilleure manière de me prouver ta reconnaissance.

Adam se laisse persuader : on cède aisément à ce qui nous rend heureux. Edmond l'installe chez lui, lui donne une pièce de son logement, et lui met de l'argent dans sa poche.

Adam est profondément touché de la noble conduite de son cousin à son égard. Il va trouver madame Phanor, et lui apprend sa nouvelle position ; madame Phanor lui dit : — Tu devrais baiser les pas ou du moins les pieds de ton cousin... Il se conduit bien galamment avec toi !... j'espère que si l'occasion se présente de lui rendre quelques services, tu ne la rateras pas ? — Oh ! non... à coup sûr !... — Assure-le aussi que je suis sa très-humble servante... Si j'avais une robe propre, j'irais lui présenter mes devoirs.

Adam demeure avec Edmond, mais il tient son serment ; il ne se grise plus, il n'emprunte plus d'argent à M. Finot, et cherche sans cesse l'occasion de se rendre utile à son cousin.

— Je suis content de toi, lui dit un jour Edmond ; tu es sage maintenant. — Et moi, je ne suis pas encore content, répond Adam ; car tu travailles comme quatre ; moi, je ne fais rien que me promener. Je voudrais te rendre service aussi !... je voudrais te voir heureux !... Es-tu bien heureux ? — Oui, sans doute, répond Edmond en souriant. — Excuse-moi si je te demande cela, c'est que j'ai remarqué que tu soupirais souvent, et ça me contrarie.

Edmond se rapproche de son cousin. Un amant est toujours satisfait quand il peut parler de celle qu'il aime.

— Si je soupire, mon ami, dit-il à Adam, c'est que je suis amoureux... — Ah ! tu es amoureux... Oh ! je sais ce que c'est !... j'ai trop été, moi... Cette fois, mon cher Adam, c'est pour la vie... j'aime une demoiselle charmante, un ange enfin ! — Eh ben ! est-ce que cet ange ne veut pas de toi ? — Oh ! j'ai tout lieu de croire que je suis aimé !... — Alors, pourquoi donc soupires-tu ? quand on s'aime tous les deux, il me semble que ça doit aller vite ! — Tu crois toujours, Adam, qu'il s'agit d'une amourette... Cette fois c'est une épouse que je voudrais avoir... Céline joint à sa beauté des vertus, des talents... Elle ferait mon bonheur... — En ce cas, épouse-la. — Epouse-la!... C'est bien facile à dire!... mais Céline a un père... qui est riche... qui a été général... — Est-ce qu'il est méchant, ce père général? — Non... il me témoigne même de l'amitié... me reçoit très-bien... Cependant, je crains encore... je n'ose me déclarer... si le général Desparmont n'accueillait pas bien ma demande... ah! mon cher Adam... s'il me refusait sa fille, j'en mourrais!... — Tu en mourrais? — Peut-être ai-je tort de craindre... Cependant le temps s'écoule, et chaque jour augmente mon amour.

Edmond a quitté Adam. Celui-ci reste quelques instants à réfléchir; tout à coup il se frappe le font et s'écrie : — Oui, sacredié!... voilà l'occasion de rendre service à mon cousin, et si je le laissais échapper je serais un fichu animal!... Il s'agit de le rendre heureux... Il n'ose pas parler au père de sa Céline parce qu'il est amoureux; moi, qui ne le suis pas, je parlerais pour lui au Grand Turc, au Grand Mogol, si c'était nécessaire. Comme ça l'affaire se décidera tout de suite, et il est impossible que je ne serve bien mon cousin.

Adam s'habille de son mieux. Tout en faisant sa toilette, il se dit : — Il s'appelle le général Desparmont... je ne sais pas son adresse, mais Finot doit le savoir. Et il va demander au portier l'adresse du général. M. Finot la savait, parce que plusieurs fois Edmond avait dit où il allait. Adam se met aussitôt en marche pour se rendre chez le général.

Adam est arrivé chez le père de Céline; il demande à un domestique si le général Desparmont est chez lui, et sur la réponse affirmative il dit : — Conduisez-moi. — Quel est votre nom, monsieur? je vais vous annoncer. — Mon nom... Adam Rémonville, cousin d'Edmond Rémonville, que vous devez voir souvent ici.

Le domestique se hâte d'aller annoncer à son maître que le cousin de M. Edmond demande à lui parler. Le général n'a jamais entendu parler à Edmond de son cousin, mais il dit au valet d'introduire sur-le-champ ce monsieur.

Adam est vêtu assez convenablement; mais il n'a jamais eu bon ton, et dans les dernières positions où il s'est trouvé il a totalement perdu le peu de bonnes manières qu'il avait encore, pour en contracter d'autres qui ne sont plus celles de la bonne société. Dès son entrée dans le salon, le général est frappé de son ton et de sa tenue.

— C'est monsieur qui est le général, père de la jeune Céline? dit Adam en entrant d'un air délibéré et en gardant son chapeau sur sa tête.

— Oui, monsieur, répond le général; et vous êtes, m'a-t-on dit, le cousin de M. Edmond Rémonville? — Oui, monsieur, son propre cousin, le fils de son oncle Adrien... Est-ce qu'il ne vous a jamais parlé de moi? — Non, monsieur. — C'est étonnant, je lui ai pourtant fait bien des farces!... mais enfin, moi, je viens pour vous parler de lui. — Donnez-vous la peine de vous asseoir, monsieur... — Oh! je parlerai bien debout... je n'aime pas beaucoup rester en place... asseyez-vous si vous voulez. Tenez, général, je n'en fais ni une ni deux, voilà la chose : Mon cousin Edmond aime mademoiselle votre fille, qu'il lui plaît comme un amour; il se flatte d'être aimé d'elle, ça se conçoit; il est bien mon cousin... J'étais gentil aussi, moi, jadis!... mais je ne suis pas bien gâté !... — Comment, monsieur, votre cousin vous a dit qu'il aimait ma fille et qu'il en était aimé? — Il faut bien qu'il me l'ait dit, puisque je le sais... sans cela je ne l'aurais pas deviné... Je ne suis pas sorcier, moi !... je suis l'enfant de la nature... et la nature fait de très-mauvais sujets. Mais revenons à nos alouettes : Edmond aime donc votre fille, il n'ose pas vous le dire, parce qu'il est timide; moi, qui ne le suis pas, je viens vous dire pour lui; j'espère que cela vous conviendra, et que nous marierons bientôt ces deux amants... Alors, je vous réponds que je danserai à la noce!... mais je ne me griserai pas, parce que j'ai promis à mon cousin de ne plus me griser, car j'ai le vin méchant, et je rosse alors jusqu'à son portier, M. Finot, qui est pourtant une excellente pâte d'homme.

Le général a fait une singulière figure pendant ce discours; ses sourcils se froncent, ses traits se rembrunissent. Lorsque Adam a fini de parler, il le regarde quelque temps en silence, puis, par parenthèse, impatiente déjà celui-ci; enfin le général lui dit :

— Vous êtes le cousin d'Edmond, monsieur? — Mais il me semble que je vous l'ai déjà dit. — C'est qu'à vous voir, je ne le serais jamais douté qu'il existât la moindre parenté entre vous. — Nous sommes pourtant nés le même jour... — Pourriez-vous me dire ce que vous faites à Paris, vous, monsieur? — Ce que je fais? — Oui, quelle est votre profession ? — Je n'en fais rien, j'ai mangé le bien de mon père... j'ai vécu longtemps aux dépens de mon cousin, et puis avec Phanor, une de mes anciennes maîtresses. J'ai voulu retourner chez nous; mais mon père n'a plus qu'une bicoque; et puis j'ai enfourché le mari de ma première maîtresse. Je suis revenu à Paris. Je ne sais rien faire. C'est là toute l'éducation qu'on m'a donnée... ça n'est pas commode quand on n'a plus d'argent... Edmond m'a retrouvé au coin de la rue... il m'a repris chez lui!... C'est un vrai trait superbe, et dont je tiens à lui prouver ma reconnaissance... Voyons, papa général, vous m'avez l'air d'un bon enfant.

En disant cela Adam frappe sur le ventre du général; celui-ci se recule en disant : — Monsieur... cette familiarité... — Ah! vous êtes à cérémonies, vous !... Moi, je suis pour le naturel !... Va comme je te pousse... J'ai pourtant fait une figure brillante pendant quelque temps... Eh bien ! pendant ce temps-là même j'étais encore plein de naturel ! C'est mon élément !

— Monsieur, s'il faut vous l'avouer, vous ne me faites pas l'effet d'être un très-bon sujet. — Vous avez mis le nez dessus, général ; je suis un vaurien!... un mange-tout !... et pourtant j'ai commencé à Paris, comme Edmond... Ça n'a pas tourné de même ! — Vous avez commencé comme Edmond ? — Certainement ; nous avons lâché nos parents, et nous sommes venus chacun avec une donzelle en croupe. Moi, j'enlevais Tronquette, la fille du meunier, et lui, Agathe, la couturière !... Et allez donc !...

— Edmond a enlevé une jeune fille ! s'écrie M. Desparmont en se rapprochant d'Adam. Êtes-vous bien sûr de ce que vous venez de dire, monsieur ? — Tiens ! cette question!... Si j'en suis sûr ! Puisque je vous dis que nous avons arrangé cette partie-là ensemble ; nous devions même venir ensemble à Paris, mais je suis arrivé le premier, parce que j'avais un meilleur cheval. — Et cette jeune fille qu'il a enlevée, qu'en a-t-il fait? — Parbleu ! il en a fait tout ce qu'il a voulu... Il voulait aussi l'épouser celle-là!... Oh ! il en était terriblement amoureux, de son Agathe... il est resté longtemps avec elle. Ce n'est pas comme moi, qui n'ai gardé Tronquette que six semaines... Mais lui, comme il avait fait un enfant... — Un enfant ? — Peut-être deux ; dame ! je ne sais pas au juste... Ils sont restés longtemps ensemble ; mais il a fini par la quitter, et il a fait fait. C'était une mijaurée. A présent, il aime votre fille... Oh ! il l'aime, pour le moins, autant qu'il aimait Agathe ; aussi, général, j'espère que vous ne serez pas un barbare, et que vous la lui donnerez pour femme ?

Le général ne répond pas. Les confidences d'Adam l'ont tellement saisi qu'il n'est pas encore revenu de sa surprise. Adam lui frappe sur l'épaule : — Dites donc, mon général... Ah, pardon ! vous n'aimez pas qu'on vous touche ; c'est égal ! faites-moi le plaisir de me répondre : donnerez-vous votre fille à mon cousin ?

— Monsieur, de telles affaires demandent de la réflexion. Cependant, bientôt votre cousin aura de mes nouvelles. — Et je me flatte qu'elles seront bonnes, et que je n'aurai pas fait une course inutile ? — Non... je vous assure que votre visite aura été très-utile, au contraire. — Eh ben ! à la bonne heure ! En ce cas, adieu ! je vous tire ma révérence, général. — Oui, monsieur on en aura. — Des nouvelles le plus tôt possible ; vous entendez, général ? — Oui, monsieur on en aura.

Adam sort, et laisse le général absorbé dans ses réflexions. Persuadé que sa démarche aura un heureux résultat, Adam revient chez Edmond à l'heure où celui-ci quitte son bureau ; il lui crie de loin :

— Eh bien ! les amours ? — Eh bien... quoi ? — Est-ce qu'il n'y a pas du nouveau?... Est-ce que tu n'as pas reçu des nouvelles du père de ta belle ? — Non... Pourquoi cela ? — Ah ! dame !... c'est une idée... un espoir que j'avais.

Adam ne sort pas, pour voir plus vite arriver la lettre. Elle vient le soir, Edmond est absent ; mais dès qu'il rentre, Adam la lui donne. Il fait un mouvement de joie en disant : — C'est du général, je reconnais son écriture... — J'en étais sûr ! dit Adam. C'est sans doute quelque nouvelle invitation pour un bal... un dîner... — C'est peut-être mieux que cela. Lis donc vite.

Edmond brise le cachet, et lit ce billet :

« Monsieur, vous ne trouverez pas mauvais que je vous prie de vouloir bien cesser les visites que vous me rendiez ; je n'ai jusqu'à ce moment aucun reproche à vous faire, mais je suis père, monsieur, et vous devez apprécier le motif de ma conduite. »

Edmond peut à peine achever cette lettre ; il se laisse tomber sur une chaise avec désespoir en s'écriant : — Malheureux que je suis !... Je ne la verrai plus !

Alors Adam se cogne le front contre le mur en disant : — Voilà un père qui ne vaut pas deux sous.

CHAPITRE XXXIII. — Adam veut encore obliger Edmond.

Edmond ne sait d'abord à quoi attribuer le changement de conduite du général à son égard ; il pense cependant que M. Desparmont s'est aperçu de son amour pour sa fille, que cet amour lui a déplu, et que c'est pour cela qu'il lui a donné son congé. Le pauvre amant se désole ; il prévoit que, ne voulant pas lui accorder Céline, on la mariera à un autre, et il ne cesse de dire : — Le jour où elle sera à un autre, je me tuerai.

Adam n'a pas avoué à son cousin ce qu'il a fait ; quelque chose lui dit que sa visite au général n'a pas produit un bon effet. Mais en cherchant un jour à consoler Edmond, il s'écrie : — Je ne conçois pas que le père de la demoiselle se conduise ainsi avec toi !... surtout après tout ce que je lui avais dit en ta faveur.

Edmond est frappé de ces mots ; il regarde son cousin avec anxiété.

— Que viens-tu de dire, Adam ?... Tu avais parlé en ma faveur au général Desparmont ?... Eh ! mon Dieu ! oui... Je ne te l'ai pas encore dit... je ne sais pas pourquoi. Mais, vois-tu, j'ai voulu te servir... j'ai voulu prendre ton bonheur, ton mariage... Tu n'osais pas te déclarer, je me suis dit : Je ferai la déclaration pour lui, et je la ferai chaudement... et je l'ai faite. — Tu as été chez le général ? — Un

peu ! — Tu l'as vu ? — Eh ! certainement... Il m'a d'abord reçu assez poliment... Nous avons jasé longtemps comme une paire d'amis... Quoique ça, il a paru un peu offusqué de ce que je lui avais tapé sur le ventre, mais ça s'est passé... — Ah ! mon Dieu ! que m'apprends-tu là ?... Mais de quoi as-tu causé avec le général ? — De moi, de toi... de ce que nous avons fait tous les deux... Tout ça pour lui prouver que tu es un bien meilleur sujet que moi... Oh ! je ne me suis pas flatté, va !... — Aurais-tu parlé d'Agathe... de ma première folie ?...
— Oui ; je crois que j'ai dit un mot d'Agathe... Mais j'ai eu soin de lui faire remarquer que tu l'avais plantée là après lui avoir fait un enfant... Oh ! j'ai bien arrangé tout cela !... — Malheureux ! c'est toi qui m'as perdu !.. Je comprends maintenant la colère du général !
— Qu'est-ce que tu dis donc ?... Je t'ai perdu... moi ?... C'est pas possible !... Il faudrait que ton général fût bien ridicule pour avoir pris de travers ce que je lui ai dit ! Edmond... mon cousin... réponds-moi donc... Si j'ai fait une sottise... si je t'ai nui, veux-tu que je me pende ?... Je me pends tout de suite.

Edmond s'est jeté sur un siège, la tête baissée sur sa poitrine ; enfin il lève les yeux sur Adam, et lui dit avec douceur en lui tendant la main :

— Je ne t'en veux pas ; tu as voulu me servir... Mais tu ne sais pas que ce que tu as fait dans l'intention de m'être utile est ce qui m'a perdu aux yeux du général. — Comment ! il se serait fâché pour quelques espiègleries de jeunesse ?... — Un père ne regarde pas ces choses-là aussi légèrement. M. Desparmont me croit maintenant un libertin, un mauvais sujet, et il craindrait de me donner sa fille !...
— S'il a pris la chose de travers, alors... — N'importe ! je lui écrirai. Je lui avouerai franchement tout ce que j'ai fait, je ne lui cacherai rien... Peut-être trouvera-t-il alors que je suis moins coupable qu'il ne le croit.

Edmond écrit une longue lettre au général. Il espère pendant quelques jours recevoir une réponse favorable ; mais le temps s'écoule, et le général ne répond pas. Alors Edmond perd toute espérance de reconquérir l'amitié de M. Desparmont, et il se livre de nouveau à sa douleur ; mais il ne fait aucun reproche à son cousin, quoique celui-ci soit l'auteur de ses peines.

Adam est furieux contre le général ; il espérait que la lettre d'Edmond réparerait sa sottise. Quand il voit qu'elle reste sans réponse, et que le pauvre Edmond supporte son malheur sans cesser d'être aussi bon pour lui, il jure de ne point prendre de repos qu'il ne lui ait fait posséder celle qu'il aime. Mais ne sachant pas encore comment s'y prendre pour en venir à son but, il se rend chez madame Phanor, dont il connaît l'imagination fertile en expédients de tous les genres.

Madame Phanor occupe maintenant une petite mansarde de la rue de la Lune. Depuis quelques années la grande femme a perdu le peu de charmes qu'elle possédait encore ; cependant ses yeux sont aussi brillants qu'autrefois. C'est tout ce qui lui reste ; mais cela n'a pas suffi pour retenir ou ramener des adorateurs généreux, et comme madame Phanor a, dans son beau temps, mangé ce qu'elle avait avec des Sigismond de tous les quartiers, elle s'est trouvée au dépourvu lorsque les jours d'épreuve sont arrivés. Cela n'empêche pas madame Phanor d'être toujours disposée à rendre service, et d'offrir le peu qui lui reste à ses amis. Bien différente de la fourmi qui n'est pas *prêteuse*, madame Phanor s'est perdue par son trop de penchant à prêter tout ce qu'elle possédait.

Adam arrive chez son ancienne connaissance, la seule dont l'amitié ait survécu à sa ruine. Il trouve Phanor en jupon court et en corset sale, savonnant ses bas dans une terrine placée au milieu de sa chambre. Elle lui jette un tendre regard, et continue son savonnage, parce que depuis longtemps elle n'en est plus avec Adam sur la cérémonie. Adam s'assied près d'elle, et sans lui adresser la parole, se met à prononcer deux ou trois jurons très-énergiques.

— Qu'est-ce que tu as donc, l'Amour ? qu'est-ce qu'il y a de nouveau ? Comment finiras-tu ton discours si tu le prends si haut en commençant ? dit madame Phanor en frottant ses bas.

— Ce qu'il y a ? répond Adam en se donnant une claque sur le front, ce qui annonce chez lui une profonde émotion. Ce qu'il y a ? sacré f...! C'est que je suis un âne, un imbécile, un dindon !... — Mon ami, je n'étais pas la peine de te mettre en colère pour m'apprendre cela... Je ne t'ai jamais pris pour un aigle, et ton père ne s'est pas mis en frais pour développer tes organes intellectuels. Mais c'est égal ! tu as des qualités et du physique. Enfin, d'où vient cette fureur ?... Est-ce que tu as encore fait des sottises à ton cousin, à ce jeune homme que je porte dans mon cœur, parce qu'il t'héberge, t'empâte gratis, et te donne encore de temps à autre la fine pièce de cent sous, avec laquelle nous allons dîner dans des cabinets particuliers où il n'y a pas de papier sur les murs, mais où il y a des canapés ?

Après avoir encore juré deux ou trois fois pour se soulager, Adam conte à madame Phanor ce qu'il a fait dans l'intention de servir les amours de son cousin, sa visite chez le général, et ce qui en est résulté pour Edmond.

— Je ne puis pas te blâmer, dit madame Phanor quand Adam a cessé de parler, tu as agi dans un bon but ; ça n'a pas réussi, mais ce n'est pas ta faute. Si ce général s'est fâché en apprenant que ton cousin a fait quelques fredaines, il faut qu'il soit bien ridicule. Est-ce qu'il veut que le mari de sa fille ait son innocence ?... Ah ben, par exemple !... il n'a que lui faire épouser un lézard alors !... Dans tout cela je ne vois pas pourquoi tu jures depuis un quart d'heure comme un charretier, ce qui est très-mauvais genre.

— Je jure, parce que mon cousin est au désespoir. Il pleure, il gémit, il se dessèche ; s'il n'obtient pas sa petite, il est capable de faire quelque coup de tête... Et moi, je veux qu'il ait la petite, qu'il l'épouse, et qu'il soit heureux.

— Ah ! c'est différent. Il fallait me dire ça tout de suite, je t'aurais compris... — Voyons, Phanor, trouve-moi un moyen pour marier nos amants... pour faire consentir le père... Prends le plaisir de laisser tes bas un moment, pour chercher cela. — Mon ami, je chercherai tout aussi bien en savonnant, et je suis bien aise d'avoir des bas blancs demain. — Dis donc, Phanor, si j'allais rosser le père de la demoiselle jusqu'à ce qu'il ait donné son consentement ?... — Non... il ne faut rosser personne. Fi donc !... de quoi aurait-on l'air ?... — Si alors... je... si... diable !... c'est encore difficile !... Attends !... si nous enlevions la demoiselle ?... — Non ! ce ne serait peut-être pas si bête. — Nous la conduirions chez Edmond... — Non... jamais ! Et la décence donc !... On amènerait la petite ici... puis tu y ferais venir le cousin... comme par hasard ; puis nous laisserions les deux amants causer ensemble... pendant toute une nuit... Oui ; mais nous les laisserions seuls... tu entends... et deux amants ensemble... tu comprends qu'ils ne s'amuseront pas à compter les étoiles... Après, ma foi, ce qu'un père peut faire de mieux, c'est de pardonner et de marier bien vite pour que ça ne s'ébruite pas. — Bravo !... Tu arranges cela supérieurement !... Il faut que je t'embrasse, Phanor... — Allons, polisson !... Prenez garde à ma terrine... — Ce pauvre Edmond !... grâce à moi, enfin, il sera heureux !... On ne dira plus que je ne fais que des sottises... Voyons, Phanor, il faut tout de suite enlever la fille du général. — Tu en parles à ton aise... Tu crois qu'on enlève comme cela les demoiselles de famille ?... — Oh ! je sais enlever les filles, moi. Est-ce que je n'ai pas enlevé Tronquette ?... est-ce qu'elle n'avait pas une famille, celle-là ? — Oui ; mais elle voulait bien te suivre... elle était d'accord avec toi. Et celle-ci, il faut au contraire l'enlever sans qu'elle s'en doute, sans quoi elle pourrait bien ne pas se laisser faire. — Tu crois ?... — Tiens ! si je le crois !... Oh ! que ces hommes naturels sont vicieux ! ils pensent que nous ne demandons qu'à sauter le pas ! A douze ans, si un homme m'avait embrassée malgré moi, je lui aurais mangé le nez ! — Voyons, Phanor, il n'est pas question de ce que tu aurais mangé, il s'agit d'enlever mademoiselle Céline de chez son père, sans que ça paraisse. — C'est ce qu'il faut chercher... — Eh ben ! cherchons.

Après avoir réfléchi cinq minutes, s'être gratté le front et l'oreille, Adam recommence à jurer en disant : Je n'entends rien aux malices, moi. J'ai envie d'aller tout bonnement chez le général, je sais où c'est ; je demanderai la chambre de sa fille. Arrivé là, je prends la petite dans mes bras, je me sauve avec elle en descendant quatre à quatre, et si on me dit quelque chose en chemin, je rosse à tort et à travers !

— Ce serait du gentil ! répond madame Phanor. Tu ne peux pas aller chez le général, on t'y connaît ; et d'ailleurs tu gâterais tout. Attends !... les moyens les plus usés sont souvent les meilleurs !... — Voyons ton moyen usé ? — Le général doit sortir quelquefois sans sa fille pour aller en société. — Sans doute ; après ? — Après, c'est bien simple... Je fais une toilette décente... sans trop de recherche... d'ailleurs je n'ai que ma robe de jaconas à carreaux ; mais elle me va très-bien. — Après, après ?... — Je m'habille donc décemment, je me présente chez mademoiselle... Comment l'appelles-tu ? — Céline. — Céline, c'est bien. Je lui dis que son père la demande... qu'il est indisposé... — C'est ça !... qu'il est mort même ! — Non !... ça la saisirait trop. Enfin, je lui dis qu'il m'envoie la chercher ; elle me suivra ; j'ai l'air si respectable quand je veux !... Nous aurons une citadine à la porte... la plus belle possible, et je conduis la petite ici... — Bravo !... tu as de l'esprit gros comme un éléphant !... Je n'aurais jamais trouvé cela, moi. Allons, habille-toi, et va chez le général voir s'il est sorti. — C'est ça !... J'irai demander s'il est sorti pour ensuite me présenter de sa part... Ce serait bien adroit !... Il faut d'abord rôder autour de la maison du général pour voir s'il sort seul, et tâcher de s'informer où il va... Ça te regarde, cela, mon ami. Je ne suis pas faite pour rôder dans les rues !... — Sois tranquille ! Je vais me mettre en embuscade, et dès que j'aurai appris que le moment est venu, je viendrai t'avertir.

Adam quitte madame Phanor, et va se placer contre une borne, à peu de distance de la maison de M. Desparmont. Il reste immobile, les yeux fixés sur la porte cochère. Il passe ainsi la journée sans voir le général. Ne voulant pas s'éloigner à l'approche de la nuit, il entre dans un cabaret voisin, et comme on ne peut pas s'asseoir dans un cabaret sans rien prendre, il se fait donner un morceau de pain, du fromage et une bouteille de vin ; puis se place contre une croisée d'où il voit parfaitement en face. Mais sa bouteille se vide, et la soirée n'est point passée ; il en demande une seconde, pour faire quelque chose ; plus tard-il en prend une troisième. Enfin, à o heures le cabaret ferme, et Adam en sort à moitié gris, jurant contre le père de la jeune Céline, qui n'est pas sorti de la soirée.

Pendant qu'Adam veillait et recommençait à se griser, le tout dans l'intention de faire le bonheur de son cousin; que celui-ci se désolait jour et nuit en soupirant le nom de Céline, voyons ce qui se passait chez le général.

M. Desparmont n'avait rien dit à sa fille de la visite qu'il avait reçue, ni de la lettre qu'il avait écrite à Edmond; mais Céline avait bien vite remarqué que le jeune Rémonville ne venait plus chez son père, et que celui-ci évitait de la conduire dans les réunions où elle aurait pu rencontrer Edmond. Céline trouvait fort singulier que ce jeune homme si aimable cessât de venir chez eux, et que son père ne s'en plaignît pas. Cependant elle n'osait en parler la première; mais vingt fois par jour le nom d'Edmond était sur le bord de ses lèvres, et sans trop se dire pourquoi, elle craignait de le prononcer. Céline devenait triste, rêveuse ; son piano ne lui plaisait plus , son dessin ne pouvait la distraire. Elle voulait bien aller dans le monde; mais lorsqu'elle y était, elle refusait de chanter, de danser, et témoignait bientôt le désir de retourner chez elle ; enfin , Céline avait du chagrin. Le général s'en apercevait, mais il ne voulait pas en avoir l'air. Pour tâcher de la distraire , il ne quittait pas sa fille ; il n'allait pas en société sans elle, et c'est pour cela qu'Adam se grisait inutilement tous les soirs devant sa porte.

M. Desparmont dit un jour à sa fille : — Nous aurons ce soir du monde, soigne ta toilette... On fera de la musique, étudie un peu ton piano ; depuis quelque temps il me semble que tu le négliges.

Céline baisse les yeux ; elle tourne et retourne autour de son père; enfin elle n'y tient plus, et elle dit d'une voix tremblante : — Est-ce que M. Edmond viendra m'accompagner ?

— Non... Je ne l'ai pas invité, répond froidement le général. Cette réponse ne satisfait pas Céline ; elle reste debout devant son père, et semble attendre qu'il en dise davantage, et comme il se tait, elle reprend timidement :

— Est-ce qu'il est malade, M. Edmond?... Ordinairement vous lui disiez de venir.

Le général voit bien qu'il faut parler ; il dit à sa fille d'un air indifférent : — Ce jeune homme ne viendra plus chez moi... J'aurais dû peut-être ne jamais l'y recevoir... mais dans le monde on se laisse toujours tromper par les apparences... Je n'ai pas positivement à m'en plaindre; pourtant j'ai appris sur lui des choses... Enfin , je ne veux plus le recevoir.

Céline a pâli ; elle a posé sa main contre un meuble , car elle sent ses genoux trembler et fléchir. Elle tâche de cacher son émotion, elle veut s'éloigner, pour que son père ne remarqua pas son trouble; mais elle revient malgré elle, et murmure en retenant avec peine ses larmes : — Quelles choses avez-vous donc apprises de lui , mon père ?

Le général regarde sévèrement sa fille : — Je ne dois pas avoir besoin de vous les communiquer. Mais, je vous le répète, M. Edmond ne viendra plus ici.

Céline n'ose répliquer , elle se hâte de quitter le salon ; mais elle ne peut le faire assez vite pour que son père ne voie pas des larmes s'échapper de ses yeux. Alors le général est fort violent pour ne point courir après sa fille, l'embrasser, la consoler, et il se jette tout ému dans un fauteuil en disant : — Pauvre Céline !... Edmond était vraiment aimable... son banquier en est très-content !... Mais cette jeune fille enlevée... et imbécile de cousin !... Cependant la lettre que m'a écrite Edmond diminue beaucoup ses torts... et s'il était entièrement corrigé... cela pourrait peut-être encore s'arranger... car je ne veux pas faire le malheur de ma fille... Mais je le ferais si je lui donnais pour époux un mauvais sujet.

Quelques jours après cette conversation, le général, qui n'a pu décider sa fille à venir en soirée avec lui , se détermine pourtant à s'y rendre sans elle.

Adam était à son poste. Depuis trois semaines il avait repris l'habitude de passer son temps dans le cabaret qui était près de la demeure de M. Desparmont, et il rentrait presque toujours gris. Edmond, tout entier à sa douleur, au souvenir de sa Céline, faisait peu d'attention à la conduite de son cousin ; une fois seulement il lui avait dit : — Je crois , Adam , que tu as oublié ton serment ! Mais Adam lui avait répondu : — Ce n'est pas ma faute... J'en suis malgré moi. Au reste , ne me gronde pas... Tout ce que j'en fais c'est pour ton bonheur.

Edmond n'avait pas fait attention à ces mots, et n'avait plus rien dit. Le soir où le général sort seul de sa maison , Adam commençait seulement sa seconde bouteille. En apercevant M. Desparmont il vide son verre d'un trait, jette une pièce de trente sous sur le comptoir, et sort du cabaret. Il suit des yeux le général qui est monté en cabriolet. Aussitôt il se met à courir chez madame Phanor, et lui crie dès le bas de l'escalier : — Prépare-toi ! habille-toi !... La petite est seule... le papa est sorti... Allons , vivement! voici l'instant de montrer tes talents !

Madame Phanor procède aussitôt à sa toilette en disant : — Tu es sûr que le général est sorti ? — Parbleu !... puisque je te dis que je l'ai vu... Il était en tenue, en noir; il a pris un cabriolet. — Et où est-il allé? — Où il est allé ?... Ma foi, je n'en sais rien. — Comment, tu n'en sais rien!... Et de quelle part veux-tu que je me présente pour chercher sa fille?... chez qui vais-je dire qu'on l'attend? — Ah! sacrebleu! c'est vrai... Je n'ai pas pensé à cela ! — Et ça dit que ça sait enlever les femmes!.. Ah! Dieu!... oui, des dondons comme Tronquette ; mais pas autre chose... C'est égal... je me dévoue... Il m'arrivera ce qu'il pourra... Quitte à me faire fouetter par les gens du général, je vais y aller... Mon adresse suppléera à ton oubli... Va vite chercher une citadine, et une belle... — J'y cours... Ah ! dis donc... as-tu de l'argent?... Je n'ai plus que quinze sous sur moi. — Non, je n'ai pas d'argent... C'est égal : tu prendras le fiacre à l'heure... Nous verrons après... Puisque tu iras ensuite chercher ton cousin, il faudra bien qu'il le paye, lui. — C'est juste. — Cours chercher la voiture.

Adam va prendre une citadine. Il dit au cocher de regarder à sa montre et se fait conduire rue de la Lune. Il entre dans l'allée noire de la maison ; il appelle Phanor. Celle-ci descend de son quatrième en faisant attention à ne point se chiffonner. Elle monte dans la citadine ; Adam en fait autant; et ils se font conduire à la demeure du général. Arrivés là, Phanor descend et dit à Adam : — Tu ne resteras pas dans le fiacre : il ne faut pas que la petite t'y trouve; ça l'effaroucherait. — Je monterai derrière.

Madame Phanor frappe et entre bravement dans la maison, et Adam, qui ne se sent plus autant de résolution et qui commence à penser que ce n'est pas une simple plaisanterie d'enlever une fille à son père, entre chez un épicier et boit ses quinze sous en petits verres pour ranimer son courage.

Cependant madame Phanor s'est présentée hardiment ; elle demande à parler à mademoiselle Céline de la part de son père. On l'introduit près de la jeune personne, qui se lève et vient au-devant d'elle en disant : — Mon Dieu, madame! qu'y a-t-il donc? Mon père serait-il indisposé? — Non, mademoiselle, répond madame Phanor en serrant en même temps son nez, sa bouche et ses fesses pour se donner une tenue décente. Monsieur votre père se porte fort bien ; mais madame l'a beaucoup grondé de ne pas vous avoir amenée; toute la société comptait sur vous. M. Edmond Rémonville espérait avoir le plaisir de vous voir... — M. Edmond est chez madame Bléval? dit vivement Céline en rougissant de plaisir ; et Phanor se dit : — Bon, le père veut chez madame Bléval ! puis elle reprend : — Oui, mademoiselle, M. Edmond est chez madame... et madame Bléval a tant prié monsieur votre père qu'il m'a envoyée vous chercher ; il espère que vous ne lui désobéirez pas. — Oh! non, madame, non certainement... Je vais vous suivre ; mais ma toilette... — Oh! vous êtes très-bien; c'est une soirée sans façon que donne madame Bléval... On prendra quelque chose, voilà tout... La voiture vous attend en bas.

Céline se hâte de prendre un châle, d'arranger ses cheveux; elle ne comprend pas très-bien comment il se fait que son père, qui ne veut plus recevoir Edmond, l'envoie chercher pour qu'elle se trouve en société avec lui; mais elle pense que son père n'est pas fâché contre Edmond; enfin elle songe qu'elle va le voir, et après avoir été si longtemps privée de ce plaisir, elle sent battre bien vivement son cœur à l'approche de ce moment. Elle a bientôt terminé sa toilette.

— Je suis prête à vous suivre, madame, dit-elle à madame Phanor. Celle-ci fait une révérence de comédie et se hâte de gagner la porte. La jeune Céline la suit en disant aux domestiques : — Papa m'envoie chercher, je vais le retrouver.

On est dans la rue. Madame Phanor cherche des yeux Adam; mais il est encore chez l'épicier. Le cocher est sur son siège. Madame Phanor ouvre elle-même la portière; elle fait monter Céline, se place à côté d'elle et crie au cocher : — Ramenez-nous où vous m'avez prise.

En ce moment Adam, qui vient d'avaler son dernier petit verre, accourt et se présente brusquement à la portière, qui n'est pas encore fermée. Il avance la tête, et comme les petits verres lui ont un peu troublé la vue, il ne voit que Phanor et lui crie : — L'as-tu ?

Phanor applique un vigoureux soufflet à Adam et ferme brusquement la portière en disant : — Les commissionnaires demandent toujours quelque chose. Je lui ai déjà donné en descendant.

Céline n'a pas fait attention à tout cela ; elle n'a pas entendu la question d'Adam ni le soufflet par lequel on y a répondu. Elle est toute au bonheur de revoir bientôt celui qu'elle aime. La voiture part. Céline ne dit pas un mot en route, et madame Phanor aime autant cela.

La citadine s'arrête. On est devant l'allée noire de madame Phanor. Adam qui, en recevant le soufflet, a compris sur-le-champ qu'il avait dit une bêtise, ne s'est nullement formalisé de cette petite vivacité de son amie, il s'est contenté de monter derrière le fiacre et arrive ainsi en même temps que ces dames. Il est même le premier à leur ouvrir la portière et à leur donner la main pour descendre.

Céline regarde avec surprise devant elle ; madame Phanor s'empresse de lui dire : — Mademoiselle ne reconnaît sans doute pas la maison ? C'est que nous avons pris par derrière... Madame a deux entrées. On a toujours plusieurs entrées dans les grandes maisons ; ce chemin-ci abrége beaucoup... Donnez-moi la main, mademoiselle, je vais vous conduire.

Céline est sans défiance. Elle donne sa main à madame Phanor, et entre avec elle dans l'allée, tandis qu'Adam se jette à son tour dans la voiture, crie au cocher l'adresse d'Edmond et se fait mener chez son cousin.

Madame Phanor tient par la main la fille du général ; elle lui fait monter un escalier noir comme un four. Céline commence à éprouver quelques craintes en se trouvant dans l'obscurité et dans une maison qu'elle ne reconnaît pas. Elle dit timidement à sa conductrice : — Mais, madame... pourquoi donc n'est-ce pas éclairé ici ? — Mon Dieu, mademoiselle, ne m'en parlez pas !... Ce sont ces gueusards de valets... ils n'en font jamais d'autres ! Ils boivent l'huile et ils nous la

— Mon cher ami, je viens dîner avec vous, j'arrive au bon moment.

font payer. — Mais, madame, nous montons bien haut... il me semble que madame Bléval demeure au second. — Oui, mademoiselle, au second par-devant, mais son derrière est beaucoup plus haut... Ça se voit tous les jours.

On s'arrête enfin ; madame Phanor ouvre une porte et fait entrer Céline devant elle. Les craintes de celle-ci augmentent en se trouvant encore dans l'obscurité, quoique sa conductrice lui dise : — Dans une minute, mademoiselle, nous allons avoir de la lumière... Allons, je ne trouve pas ce f... briquet à présent, c'est comme un sort !... Madame Roquet... avez-vous de quoi m'allumer ? je vous serai bien reconnaissante.

La voisine ouvre sa porte en présentant sa chandelle. Madame Phanor allume la sienne et rentre près de Céline. Celle-ci jette les yeux autour d'elle ; un cri d'effroi lui échappe ; elle joint les mains et dit à sa conductrice d'un ton suppliant :

— Ah ! madame !... où m'avez-vous conduite ?... Ne me faites pas de mal, je vous en prie !...

— Moi ! vous faire du mal, mon cœur ! N'ayez aucune crainte, mon enfant... Vous n'êtes pas chez madame Bléval, c'est vrai... mais vous allez voir quelqu'un qui vous adore et qui vous dira de bien jolies choses... — Oh ! mon Dieu !... Où suis-je donc ?... Je vous en prie, ramenez-moi chez mon père. — Plus tard, si M. Edmond le veut, il vous y reconduira. — M. Edmond ? — Quand je vous dis qu'il va venir, que vous allez le voir ; c'est pour vous réunir à lui que nous vous avons enlevée, moi et son cousin. — Vous m'avez enlevée ?... Et mon père, que va-t-il dire quand il ne me trouvera plus ?... Madame, je vous en supplie, laissez-moi retourner chez mon père ! — Oh ! ma chère amie, j'en suis bien fâchée, mais ça ne se peut pas maintenant... Je n'ai pas fait les frais de toilette, pris un fiacre à l'heure bien payé pour ça tourne en eau de boudin !... Pleurez si voulez, mais il faut attendre M. Edmond.

Céline se laisse aller sur une chaise et continue de pleurer. Phanor s'assied plus loin en se disant : — Quand elle verra le tendre ami, elle ne pleurera plus.

Vingt minutes s'écoulent ; Céline sanglote ; Phanor s'impatiente ; enfin on entend monter rapidement l'escalier.

— Voilà M. Edmond, dit madame Phanor en courant ouvrir ; et Céline lève alors les yeux. Mais au lieu d'Edmond, c'est Adam qui entre dans la mansarde en criant comme un sourd :

— Ce sacré cocher qui commence à marronner de ce qu'on ne le paye pas... qui dit qu'il ne veut pas mener trente-six personnes... J'avais envie de le rosser... Je ne peux pas le payer, je n'ai pas le sou !...

— Où est donc M. Edmond ? dit madame Phanor. Pourquoi ne l'amènes-tu pas ? — Ah ! pourquoi !... pourquoi !... par une raison toute simple ; c'est qu'il n'était pas chez lui !... J'ai dit à Finot : — Dès qu'il rentrera, envoyez-le chez madame Phanor, où l'amour et le plaisir l'attendent. Au quatrième... sur le devant... Et puis je suis revenu, et me voilà... Tiens ! pourquoi donc que mademoiselle pleure ?... Ne pleurez pas, joli petit ange... Mon cousin va venir... Il ne peut pas tarder !

Céline ne répond pas... la présence d'Adam, qu'elle ne connaît pas, augmente encore son effroi. Madame Phanor se rapproche d'Adam, et lui dit bas : — La petite se désole, je ne sais qu'en faire... — Bon ! tu sais bien que les femmes pleurent quelquefois pour rire... Mais, tiens... entends-tu le scélérat de cocher qui crie dans l'allée ?—Ah ! mon Dieu ! comment allons-nous faire ?... Je ne voudrais pas qu'il amassât du monde, ça ferait un mauvais effet.... —Veux-tu que j'aille le battre ? — Eh non ! encore moins... Je ne vois pas d'autre moyen que de remonter dans la voiture, et de se faire promener jusqu'à ce que ton cousin arrive. — Fais-toi promener si tu veux ; moi, j'en ai assez. Je reste ici pour attendre les remerciments d'Edmond. — Eh bien, reste ! j'aime autant cela ; car ça m'ennuie d'entendre pleurnicher cette petite... Tu vas la garder à ton tour ; moi, je vais me faire rouler. Je vais profiter du fiacre et de ma toilette, pour faire des visites de cérémonie à mes connaissances.

Madame Phanor est sortie. D'abord, Céline n'a point fait attention à son départ ; mais en regardant autour d'elle, lorsqu'elle s'aperçoit qu'elle est seule avec Adam, sa frayeur augmente, et elle dit en tremblant :

— Où donc est cette dame ?

— Tiens, mon cher Adam, accepte cela, mon seul regret est de ne pouvoir t'offrir plus.

— Qui ça ? Phanor ?... répond Adam en se jetant dans un vieux fauteuil. Elle profite du fiacre pour se faire rouler... Moi, j'en avais assez... Je ne sais pas pourquoi... ça m'étourdissait. Je vais vous tenir compagnie en attendant que mon cousin Edmond arrive.

— M. Edmond est votre cousin, monsieur ? — Oui, mademoiselle. — Et c'est lui qui vous a dit de m'enlever de chez mon père ? — Non... c'est une idée qui vient de moi... J'ai voulu lui faire plaisir. — Je crois qu'il ne vous en saura pas gré ; M. Edmond doit bien penser que je n'approuverai pas une telle action ! — Bah ! laissez donc ! tout ça ce sont des mots ! la nature avant tout. Edmond vous adore... Je vous mets dans ses bras ; s'il n'en profite pas, faut qu'il soit bien jobard — Monsieur ! je vous en prie en grâce, laissez-moi retourner

chez mon père. — Par exemple! je ne ferais pas une bêtise comme ça!
Il y a trop longtemps que je vous guette!
Céline ne dit plus rien; elle recommence à pleurer. Adam se lève
en disant : — Je prendrais bien quelque chose... toutes ces allées et
venues... ça altère... Il faut que je visite les armoires de Phanor...
Elle est *licheuse*, Phanor; elle doit avoir de bonnes bouteilles dans
quelque coin.
Adam ouvre un vieux buffet, où il n'y a que des assiettes cassées
et du sel gris; mais dans le bas d'une armoire il trouve une bouteille encore à moitié pleine. Il la débouche, la flaire, fait un mouvement approbateur, et se verse dans une tasse en disant : — C'est
du rhum. Et il sent très-bon... J'étais sûr que Phanor avait des
friandises!....

Edmond s'approche, il s'assure que c'est bien son cousin qui est devant lui.

Il va pour porter la tasse à ses lèvres, il s'arrête en s'écriant : —
Etourdi que je suis!
Il s'approche de Céline, et lui présente la tasse; mais elle détourne
la tête en disant : — Je n'ai besoin de rien, monsieur.
— Comme vous voudrez, répond Adam. Et il avale le rhum,
puis va se replacer dans le fauteuil.
Une demi-heure s'écoule; Adam s'impatiente, murmure, jure après
son cousin. — Obligez donc les gens, dit-il, pour qu'ils montrent si
peu d'empressement à être heureux... Oh! quand une femme me
donnait un rendez-vous à moi, je ne la laissais pas se refroidir ainsi!
Et pour se donner de la patience, Adam se verse du rhum et en
boit une seconde fois.
Une autre demi-heure s'écoule, puis une autre encore; personne
ne vient. Adam a pris plusieurs fois du rhum; sa tête n'y est plus,
ses yeux brillent comme des escarboucles; et malheureusement alors
il lui vient dans l'idée d'examiner la jeune personne avec laquelle il
est en tête-à-tête.
Céline est assise à quelques pas de lui : sa tête est penchée sur sa
poitrine; elle ne pleure plus, mais elle pousse de gros soupirs. Céline
est charmante; sa tristesse, sa pose mélancolique semblent la rendre
encore plus séduisante. Adam voit tout cela; il lui passe une foule
d'idées par la tête, il pose sa main sur son front, puis regarde dans
la chambre, puis se lève, marche et s'écrie enfin :
— Sacrebleu !... c'est bête de laisser comme ça un jeune homme et
une jolie fille ensemble... car enfin... si mon cousin ne vient pas...
si ça ne lui convient plus... je ne vois pas pourquoi je... Ça me conviendrait beaucoup à moi... On nous laisse... C'est nous donner
carte blanche! Et il serait si naturel d'en profiter... Il faut que je
boive un peu de rhum... pour mettre du net dans mes idées.
Céline n'a pas écouté les exclamations d'Adam, elle est absorbée
par la douleur; mais elle frémit lorsqu'elle le voit s'approcher d'elle
et lui dire en lui jetant des regards enflammés : — Vous me permet-
trez bien de vous embrasser?... Elle se lève, jette un cri, veut fuir :
Adam l'arrête et la prend dans ses bras.
— Oh! on ne m'échappe pas comme cela!... Je vous embrasserai...
car vous êtes jolie comme trente-six amours!

— Monsieur... par pitié, laissez-moi! dit Céline en cherchant à
repousser Adam. Mais celui-ci ne l'écoute plus; le rhum a achevé
de lui tourner la tête, et en sentant dans ses bras une femme jeune
et aussi séduisante, le malheureux ne pouvait pas revenir à la raison.
Il prend un baiser à Céline. Elle crie, appelle au secours : il ne
l'écoute pas, il ne l'entend plus; le baiser qu'il a pris augmente son
délire, il va se porter aux plus coupables excès... lorsqu'un violent coup de pied on fait voler en éclats la porte d'entrée; Edmond
pénètre dans la chambre, suivi de madame Phanor; en une seconde,
il a arraché Céline des bras d'Adam et renversé celui-ci à ses pieds.
— Misérable! s'écrie Edmond, c'est donc ainsi que tu voulais me
servir! Non content d'enlever Céline à son père, tu allais la dés-
honorer!...
En disant ces mots, Edmond a pris dans sa poche un pistolet : dans
sa fureur, il va le diriger contre Adam, qui semble anéanti, tandis
que madame Phanor se tient blottie dans un coin. Mais Céline se
jette au devant d'Edmond; d'un regard suppliant elle arrête son bras;
il laisse tomber son arme en disant : — Vous le voulez!... Laissons-
lui la vie... mais que jamais il ne se présente devant moi... ou je ne
répondrais pas de mon indignation... Venez, mademoiselle, venez...
il me tarde de vous rendre à votre père et de vous faire sortir d'ici.
Céline a suivi Edmond. Il lui explique en route pourquoi il n'est
pas arrivé plus tôt. Adam avait bien dit à son portier qu'il l'attendait
chez madame Phanor; mais il avait oublié de donner l'adresse de cette
dernière. Edmond serait donc resté chez lui, si, ennuyée de se faire
rouler en citadine, madame Phanor n'avait eu aussi l'idée d'aller chez
Edmond voir s'il était revenu. Aux premiers mots qu'elle lui avait
dits, Edmond, transporté d'indignation contre Adam, avait pris ses
armes et s'était hâté de suivre madame Phanor, sans croire cependant
que sa Céline courait un si pressant danger.

Il trouve Phanor en jupon court et en corset sale, savonnant ses bas
dans une terrine.

Chez le général, tout le monde était sur pied. M. Desparmont était
rentré : on lui avait appris qu'on était venu chercher sa fille de sa
part. A cette nouvelle, il s'était livré au plus violent désespoir. Il
avait envoyé ses gens de tous côtés; déjà ses soupçons se portaient sur
Edmond. Il venait de prendre ses armes, et allait se rendre chez le
jeune Rémonville, lorsque celui-ci paraît devant lui et remet sa fille
dans ses bras.
— Monsieur, dit Edmond au général, dont les yeux semblent lui
demander une explication, je ne suis point l'auteur de l'événement
qui a dû vous donner de si vives inquiétudes... A peine en ai-je été
instruit que je me suis hâté d'agir pour ramener mademoiselle près
de vous... Vous saurez d'elle toute la vérité. Quoique ma jeunesse
n'ait point été exempte d'erreurs... quoique vous me jugiez bien sévèrement, monsieur, je n'ai jamais eu l'idée de braver votre volonté,
ni conçu la pensée d'assurer mon bonheur en faisant couler les larmes
de votre fille.
En disant ces mots, Edmond salue le général et sort de chez lui

avec cette satisfaction que l'on ressent toujours quand on a fait son devoir.

CHAPITRE XXXIV. — Récompense de l'un. — Dernière Folie de l'autre.

Plusieurs semaines se sont écoulées. Edmond est allé passer quelque temps chez ses parents : le chagrin qui le mine altère sa santé, il a besoin de repos; il a besoin surtout des soins, des caresses de sa mère, de la vue de son père. Il ne leur fait plus un mystère de son amour pour la fille du général Desparmont, il leur a conté tout ce qui s'est passé, jusqu'à l'enlèvement de Céline, et ses parents lui disent :

— Tu peux espérer encore; tu as rendu une fille à son père, sa conduite doit le faire revenir de ses préventions... Mais Edmond n'espère plus; car depuis le jour où il a ramené Céline dans les bras du général, il n'en a pas reçu de nouvelles.

Edmond ne pense plus à retourner chez son banquier, il a perdu cette ambition qui lui faisait désirer de se faire remarquer. Il se promène tristement dans les lieux de sa naissance; mais son cœur et ses pensées sont toujours vers Paris. Dans ses courses solitaires, Edmond approche quelquefois de la maisonnette de son oncle; mais lorsqu'il voit celui-ci assis devant sa porte, il s'éloigne précipitamment : il craint que M. Adrien ne lui parle de son fils, et Edmond ne peut plus entendre prononcer le nom de celui qu'il regarde comme la cause de toutes ses peines.

Cependant une correspondance très-active s'est établie depuis peu de temps entre M. Rémonville et ses amis de Paris, car il reçoit fréquemment des lettres de la capitale. A chaque missive qui lui arrive, M. Rémonville paraît plus satisfait; sa femme partage sa joie, et elle cherche à la faire aussi partager à son fils. — Pourquoi le chagriner ainsi? lui dit-elle; j'ai dans l'idée que tes amours ne seront pas toujours malheureuses.

Bientôt M. Rémonville fait un voyage à Paris; il y reste quinze jours. En revenant il est radieux, il embrasse tendrement Edmond ; puis il fait faire de grands préparatifs dans sa maison : on dispose avec soin deux des plus jolis appartements.

— Pour qui donc ces apprêts? demande Edmond.

— C'est pour recevoir des amis que j'attends de Paris, répond M. Rémonville en souriant et en regardant sa femme.

Le jour est venu où ces amis doivent arriver. Edmond ne conçoit rien à la joie, à l'empressement de ses parents. Lui-même est troublé sans en deviner la cause. Enfin, sur le midi, une jolie calèche entre dans la cour de la maison. Un monsieur en descend et donne la main à une jeune personne.

Edmond a jeté un cri, car il a déjà reconnu Céline et son père; il descend l'escalier, s'élance au-devant des nouveaux venus. Il ne sait s'il rêve : il ne peut parler. Céline lui sourit tendrement, et le général lui tend les bras en lui disant : — Je t'amène ta femme, mon cher Edmond, puisque tu ne viens pas la chercher.

— Ma femme!... s'écrie Edmond. — Eh! oui, car j'espère qu'elle le sera bientôt. — Et voilà ce que je suis allé arranger à Paris, dit M. Rémonville en serrant la main du général. — Et c'est pourquoi je te conseillais d'espérer! dit à son tour la bonne maman en pressant sa bru dans ses bras.

L'ivresse d'Edmond est plus facile à concevoir qu'à décrire; Céline la partage : elle ne craint plus de laisser voir à celui qu'elle aime tout ce qui se passe dans son cœur. La joie la plus franche règne dans la demeure de M. Rémonville. Les parents sont heureux du bonheur de leurs enfants, et ceux qui les entourent partagent leur satisfaction, car Edmond et sa famille sont aimés de tous ceux qui les connaissent.

Après huit jours consacrés aux apprêts, aux détails, aux toilettes qu'exige la grande cérémonie, Edmond reçoit à Gisors le titre d'époux de Céline; il revient dans la demeure où il est né avec celle qu'il adore et qui est maintenant à lui. Quelques voisins, des amis des environs, ont été invités à la fête ; elle est gaie, sans être bruyante; on y rit avec décence, on y chante sans prétentions, on y boit sans se griser, on y danse sans se coudoyer; tous les convives la trouvent trop courte... Il n'y a que le marié qui la trouve trop longue.

M. Rémonville n'a pas manqué d'inviter son frère aux noces de son fils; mais M. Adrien ne se rend pas à cette invitation ; il donne pour prétexte sa santé: le fait est que la vue du bonheur d'Edmond, de sa fortune, de sa position brillante, font faire au père d'Adam de trop tristes comparaisons.

Pendant qu'on danse et qu'on célèbre les noces d'Edmond et de Céline dans la jolie habitation de M. Rémonville, un homme et une femme se donnant le bras, se soutenant mutuellement, crottés jusqu'à l'échine, et portant chacun un petit paquet de hardes à la main, gravissent le sentier qui mène à la maisonnette de M. Adrien, où ils arrivent sur les dix heures du soir.

— C'est là, dit l'homme en s'arrêtant. — Si c'est là, frappons, répond la femme. Et tous les deux se mettent à faire carillon à la porte de la maison. M. Adrien allait se coucher : Rongin l'était déjà. Son maître l'appelle. Le vieux domestique va en grommelant demander qui ose frapper si tard.

— Ouvre, vieux lapin, répond une voix perçante, c'est ton jeune maître et ta jeune maîtresse qui viennent coucher chez leur vertueux père... Tâche de te dégourdir.

Rongin ne comprend rien à cela. Il va rapporter à M. Adrien ce qu'on lui a dit. Celui-ci passe une robe de chambre, et met la tête à la fenêtre. Alors une voix qu'il ne peut méconnaître lui crie :

— C'est moi, mon père ; j'arrive avec ma femme, nous venons vivre avec vous et vous prodiguer nos soins... Nous arrivons un peu tard, parce que nous sommes tombés trois fois en route.

— C'est Adam!... c'est mon fils!... dit M. Adrien; il vient avec sa femme... Il s'est donc marié aussi? Et je n'en savais rien !

— C'est votre fils, et il a une femme avec lui ! s'écrie Rongin en se lamentant. Ah! c'est fini, monsieur!... nous pourrons bien pendre nos dents au croc!...

M. Adrien ordonne à Rongin d'aller ouvrir, et bientôt Adam et Phanor paraissent devant le vieillard. La grande femme entre en baissant les yeux et en donnant la main à Adam, dont le nez est devenu beaucoup plus rouge depuis qu'il ne demeure plus chez son cousin. Phanor fait à M. Adrien une révérence de cinq minutes, pendant laquelle Adam dit à son père :

— Je vous présente ma femme... — Ta femme!... Comment, mon fils! tu t'es marié sans que je le sache? — Ma foi! oui, mon père... J'ai voulu faire une fin...

— Elle est jolie, la fin! murmure Rongin; elle est digne du commencement!

— Phanor était mon ancienne amie, reprend Adam. Nous avons ensemble connu les misères du monde. Il y a un mois elle a fait un héritage... Elle a reçu des fonds de Normandie, qu'elle attendait depuis longtemps... sept cents francs en bons écus. Alors nous avons dit : Ma foi! marions-nous, et réjouissons-nous! Nous nous sommes mariés; nous nous sommes réjouis. Nous avons fait une fameuse noce... N'est-ce pas, Phanor, que c'était gentil?...

— C'était charmant, mon époux, et si vous n'aviez pas eu le hoquet depuis quatre heures du soir jusqu'au lendemain six heures du matin, vous auriez éternellement dit de bien jolies choses!...

— Enfin, mon père, nous avons fait la noce tant que nous avons eu de l'argent... Après que nous avons eu tout mangé, nous avons réfléchi que la vie champêtre nous convenait mieux que la ville, dont nous sommes dégoûtés... D'ailleurs ma femme brûlait du désir de vous connaître...

— Oui, mon digne père... Et je viens vous demander votre bénédiction, dit Phanor en s'avançant vers M. Adrien. Celui-ci s'est jeté sur sa chaise ; il ne dit rien ; il sent bien que maintenant toutes les remontrances seraient inutiles; mais il empêche Phanor de se mettre à ses genoux, et lui dit : — Rendez mon fils heureux, rendez-le sage surtout, madame, et je vous en saurai gré.

Alors Phanor baise la main de M. Adrien d'un air d'humilité; puis elle lui dit à demi-voix : — Je fais tout ce que je veux de votre fils... Quand il crie, je ne m'effraye pas plus que s'il secouait des mies de pain dans un bonnet de coton. Vous serez satisfait de notre conduite, mon père... Nous connaissons nos devoirs! nous ne vous quitterons plus... Maintenant, mon époux, salue ton père, et allons nous coucher.

Adam ne demande pas mieux, et le vieillard lui-même est bien aise de se reposer. Les deux époux descendent avec Rongin, et Phanor lui dit : — Fais-nous sur-le-champ un bon lit. — Il n'y a pas d'autre lit, ici, que le mien avec celui de mon maître. — Alors donne-nous ton lit. — Et moi, où coucherai-je? — Avec les lapins, si tu veux! ça ne nous regarde pas; mais les maîtres doivent être couchés avant les domestiques.

Adam et sa femme se sont emparés du lit de Rongin, et celui-ci est obligé de passer la nuit sur une chaise.

Le lendemain, le vieux concierge veut faire des représentations à son maître; mais M. Adrien est faible, souffrant ; il aime toujours son fils, et déjà la femme d'Adam commande seule dans la maison. On n'écoute plus Rongin; on tue les pigeons, les lapins; et au bout de huit jours Rongin meurt d'une colère rentrée, en voyant disparaître la dernière volaille de la basse-cour.

L'amour, le bonheur et la paix habitent dans la demeure de M. Rémonville. Le tapage, le désordre sont venus avec Adam et sa femme dans la maisonnette de M. Adrien. Les deux époux ont déjà mangé tout ce qu'ils y ont trouvé; et ils auraient bientôt réduit le vieillard à la misère, si, un matin, il ne venait dans l'esprit de Phanor d'aller voir le cousin de son mari.

Edmond a été instruit de la dernière folie de son cousin; mais il espère que celui-ci et sa femme n'oseront jamais se présenter devant lui. C'est donc avec une surprise qui n'a rien de flatteur pour celui qui en est l'objet qu'Edmond reçoit la femme d'Adam. Celle-ci ne se déconcerte pas. — Mon cher cousin, lui dit-elle, nous sommes maintenant vos voisins. Mon mari n'a pas encore osé venir vous voir. Moi, qui aime à vivre en paix avec mes parents, je fais les premiers pas, et je me flatte que...

Edmond interrompt Phanor en lui disant d'un ton sévère : — J'espère, madame, que mon cousin ne se présentera jamais devant moi. Il ne peut plus exister de liaison entre nous. Il est des offenses que l'on pardonne... mais que l'on n'oublie pas. Cependant comme je ne vous crois pas heureux... comme mon oncle n'avait plus lui-même que juste de quoi vivre, acceptez une pension de quinze cents francs pour vous et votre mari. On vous la payera régulièrement tous les mois, à condition que vous ne toucherez jamais au revenu de mon oncle.

— Ah! mon cher cousin... vous êtes sublime!... Vous me faites pleurer... Je suis bien glorieuse d'être votre parente!... Hi! hi! hi!... Ah! dites donc, mon cousin; voulez-vous savoir des nouvelles d'Agathe?... La pauvre petite est bien tombée dans le travers!... Je l'ai rencontrée le soir... Elle fait son commerce sur le boulevard des Italiens... avec un mouchoir à la main... Ça prouve bien que...

Edmond ne désire plus entendre parler d'Agathe... Il congédie Phanor, en le priant de se dispenser de revenir chez lui.

Phanor retourne à la maisonnette en chantant et en dansant. Elle conte à son mari, à son beau-père ce que leur cousin fait pour eux. Adam s'en étonne peu, il est habitué aux bienfaits d'Edmond. D'ailleurs le vin l'a presque entièrement abruti. Il n'est plus susceptible de sensibilité ni de reconnaissance. Mais M. Adrien, qui est certain que son fils aura une existence assurée, sent ses yeux se mouiller de pleurs. Cette fois l'amour-propre n'est plus écouté. Le vieillard sort en s'appuyant sur sa canne; il veut aller trouver son neveu, et le remercier de ce qu'il fait encore pour Adam.

Mais, à la moitié du chemin, M. Adrien rencontre M. Rémonville, qui allait aussi chez lui pour lui offrir des secours et des consolations. Les deux vieillards se serrent la main. M. Adrien verse des larmes, puis il se précipite dans les bras de son frère. — J'ai eu bien des torts! lui dit-il; mais j'en suis puni!... Nous voici arrivés à cette époque où je t'avais ajourné pour juger lequel de nous deux aurait à se féliciter de la manière dont il élevait son fils. Le tien fait ta gloire et ton bonheur!... Moi, j'ai perdu le mien en ne lui donnant aucune éducation, en ne cherchant point à corriger ses défauts, en croyant enfin que la nature seule devait tout faire!... — Le mal est fait, mon frère!... dit M. Rémonville. Grâce au ciel, je me flatte qu'on ne suivra pas ton exemple. Le temps a marché vite. La raison ne doit plus rester en arrière. Éclairer les hommes, les instruire, c'est vouloir les rendre meilleurs, c'est les rendre dignes du nom d'homme. Heureux sera le temps où les lumières de la science et de la philosophie auront fait le tour du monde!

UNE

SOIRÉE BOURGEOISE,

PAR

PAUL DE KOCK.

Dernièrement on remarquait beaucoup de lumières aux quatre croisées d'un appartement situé au second, dans une maison de la rue Grenetat. Cela n'avait pas le faste, ni le brillant du Cercle des Étrangers, mais cependant cela annonçait quelque chose; ces quatre fenêtres, bien également éclairées, avaient un air de fête, et les laborieux habitants de la rue Grenetat, qui n'ont pas l'habitude de faire de grandes dépenses d'éclairage, même dans leurs boutiques, se disaient en regardant les quatre croisées qui faisaient honte au réverbère : — Certainement, il y a ce soir quelque chose d'extraordinaire chez M. Lupot.

M. Lupot est un honnête négociant retiré du commerce depuis peu de temps. Après avoir vendu pendant trente ans de la papeterie, sans avoir une seule fois eu recours à un voisin ou à un ami pour les payements de la fin du mois, M. Lupot, ayant amassé huit mille francs de rente, avait vendu son fonds et quitté le commerce pour se livrer aux douceurs de la vie domestique, pour être aux petits soins près de son épouse, madame Félicité Lupot, femme essentiellement nonchalante, qui était fort bien placée dans un comptoir tant qu'il ne s'agissait que de rendre la monnaie de cent sous, mais qui perdait la tête lorsque cela allait plus loin. Cela ne l'avait pas empêchée de faire le bonheur de son mari (ce qui prouve qu'il n'est pas nécessaire d'avoir de l'esprit pour cela), et de lui donner une fille et un garçon.

La demoiselle était l'aînée, elle venait d'atteindre sa dix-septième année, et M. Lupot, qui n'avait rien négligé pour l'éducation de sa fille, se flattait de lui trouver un mari ailleurs que dans les pains à cacheter; d'autant plus que mademoiselle Célanire ne montrait aucun goût pour le commerce, et se croyait une vocation décidée pour les beaux-arts, depuis qu'elle avait fait, à douze ans, le portrait de son père en berger, avec du crayon rouge, et parce qu'un an plus tard elle avait joué de mémoire : Je suis Lindor, sur le piano.

M. Lupot était fier de sa fille, qui était peintre et musicienne, qui était d'un pouce plus grande que monsieur son père, qui se tenait droite comme un soldat prussien, qui faisait la révérence comme Taglioni, qui avait un nez aquilin trois fois plus fort que les nez ordinaires, une bouche dans le même genre, et des yeux si malins, si espiègles, qu'on ne les trouvait pas facilement.

Le petit Lupot n'avait encore que sept ans, on lui passait tout, vu son extrême jeunesse, et M. Ascagne profitait de la permission pour faire le diable du matin au soir; car son père l'aimait trop pour le gronder, et sa mère était trop nonchalante pour se mettre en colère.

Or, un matin M. Lupot s'était dit : — J'ai une jolie fortune, j'ai une charmante famille, j'ai une épouse qui ne s'est jamais mise en colère; mais cela ne suffit pas dans ce monde pour être invité, recherché, pour qu'on parle de moi enfin. Depuis que j'ai quitté le papier vélin et la cire à cacheter, ma société ne s'est composée que de quelques amis, anciens marchands comme moi, qui viennent faire la partie de vingt et un ou de loto; mais je veux voir mieux que cela; ma fille ne doit pas vivre dans un cercle si resserré; ma fille a une vocation prononcée pour les arts, je dois recevoir des artistes; je donnerai des soirées, des thés, des punchs même, si cela est nécessaire : on jouera la bouillotte et l'écarté, car ma fille a le loto en horreur; enfin je veux qu'on parle de mes réunions et que Célanire y trouve un mari digne d'elle.

M. Lupot avait été près de sa femme, qui était assise sur son grand fauteuil élastique, caressant un chat couché sur ses genoux, et lui avait dit :

— Ma chère Félicité, je veux donner des soirées, recevoir beaucoup de monde... Nous vivons dans une sphère trop étroite pour notre fille, qui est née pour les arts, et pour notre fils Ascagne qui, je crois, fera métier de lui.

Madame Lupot, sans cesser de caresser son chat, avait répondu :

— Eh bien ! qu'est-ce que cela me fait, tout cela ?... Est-ce que je vous empêche de recevoir du monde ?... Pourvu que cela ne me cause aucun embarras... D'abord, ne comptez pas sur moi pour faire quelque chose.

— Tu ne feras rien du tout, Félicité, que les honneurs de ton salon... Il faudra te lever à toute minute... Tu y mets beaucoup de grâce... Moi, j'ordonnerai tout, et Célanire me secondera.

Mademoiselle Célanire, enchantée du projet de son père, avait sauté à son cou en s'écriant : — Oh! oui, papa, invitez beaucoup de monde, je vais apprendre des contredanses afin de savoir faire danser, et finir ma tête de Bélisaire, que vous ferez encadrer pour ce soir-là.

Et le petit Ascagne sautait déjà au milieu du salon en disant : — Je prendrai du thé, du punch et des gâteaux; je prendrai tout.

Puis M. Lupot s'était mis en course, il était allé voir les amis de ses amis, des gens qu'il connaissait à peine, et il les avait engagés en les priant d'amener leurs connaissances. M. Lupot avait jadis vendu du papier rose à un pianiste et des crayons à un dessinateur, il s'était rendu chez ces anciennes pratiques, les priant d'honorer sa soirée de leur présence, et d'y amener des artistes de leurs amis. Enfin M. Lupot avait pris tant de peine pour se faire une nombreuse réunion, que pendant quatre jours il avait couru Paris, gagné un gros rhume et dépensé sept livres dix sous de cabriolets : ce n'est pas tout de donner une soirée.

Le grand jour ou plutôt le grand soir était arrivé. On avait allumé toutes les lampes, on en avait même emprunté chez quelques voisins... car Célanire avait trouvé que les trois lampes que l'on possédait ne suffisaient point pour éclairer le salon et la chambre à coucher. C'était la première fois que M. Lupot empruntait quelque chose à ses voisins; mais aussi c'était la première fois qu'il donnait un thé.

Depuis le matin M. Lupot était occupé des préparatifs de sa soirée; il avait commandé les gâteaux, les rafraîchissements, acheté des cartes, brossé ses tables, relevé ses draperies. Madame Lupot était restée assise dans son fauteuil, et répétait : — Je crains que cela ne soit très-fatigant, de recevoir du monde...

Célanire avait terminé son Bélisaire, qui ressemblait à Barbe-Bleue, et auquel on avait fait l'honneur d'un cadre gothique, que l'on avait placé bien en vue dans le salon. Mademoiselle Lupot avait une fort belle toilette : une robe nouvelle, les cheveux nattés à la Clotilde ; tout cela devait nécessairement faire impression sur l'assemblée.

Ascagne avait un petit matelot neuf, ce qui ne l'empêchait pas de faire la culbute dans la chambre, de monter sur les meubles, de toucher aux cartes, de les prendre pour faire des capucins, d'ouvrir les armoires, et de mettre la main sur les gâteaux.

Quelquefois la patience échappait à M. Lupot, et il s'écriait : — Madame, faites donc finir votre fils !... Mais alors madame Lupot répondait sans tourner la tête : — Faites-le finir vous-même, monsieur ; vous savez bien que c'est vous qui le corrigez.

Huit heures venaient de sonner, et personne n'était arrivé. Mademoiselle Lupot regardait son père qui regardait sa femme, laquelle regardait son chat. Le père de famille murmurait de temps à autre :
— Est-ce que notre grande soirée se passera entre nous ?

Et il jetait des regards désolés sur ses quinquets, ses tables, ses apprêts de cérémonie. Mademoiselle Célanire soupirait, regardait sa toilette et se regardait dans la glace. Madame Lupot se contentait de dire avec son indolence habituelle : — C'était bien la peine de tout mettre sens dessus dessous ici !

Quant au petit Ascagne, il sautait dans la chambre en répétant :
— S'il ne vient personne, nous aurons bien plus de gâteaux à manger.

Enfin la sonnette se fait entendre : c'est une famille de la rue Saint-Denis, d'anciens parfumeurs qui ont conservé de leur état l'habitude de se couvrir d'odeurs ; à leur entrée dans le salon, c'est comme si l'on venait d'ouvrir des cassolettes ; une vapeur de jasmin, de vanille, frappe l'odorat ; on en est étourdi, on en a mal à la tête.

D'autres personnes ne tardent pas à arriver. M. Lupot ne connaît pas la moitié des gens qu'il reçoit et qui lui sont amenés par d'autres personnes qu'il connaît à peine ; mais il est dans l'enchantement, dans le ravissement. On lui dit en lui présentant un jeune fashionable : — Voici un de nos premiers pianistes qui a bien voulu sacrifier un grand concert pour venir à votre petite soirée.

Ensuite c'est un chanteur de salon, homme délicieux que l'on s'arrache dans toutes les réunions, et qui, quoique fort enrhumé, consentira à faire jouir la société d'une de ses dernières compositions.

Celui-ci est un premier prix du Conservatoire, Boieldieu en herbe, qui fera des opéras, quand il aura des poëmes qui seront reçus, et que sa musique le sera aussi.

Cet autre est peintre, il a mis au Salon, il a eu un succès fou : on ne lui a pas acheté ses tableaux, à la vérité ; mais c'est parce qu'il n'a pas voulu les vendre à des gens indignes de les apprécier. Enfin, de tous côtés, M. Lupot n'aperçoit dans son salon que des gens du premier mérite, il en est étourdi, ravi, transporté ; il ne trouve pas assez d'expressions pour leur témoigner le plaisir qu'il éprouve à les recevoir ; et pour ceux-là il néglige ses anciens amis, dédaigne ses vieilles connaissances, il leur parle à peine ; il semble que les nouveaux venus, des étrangers qu'il voit pour la première fois, méritent seuls tous les soins, toute son attention.

Madame Lupot est lasse de se lever, de saluer et de présenter une chaise. Mademoiselle sa fille est radieuse, son mari va et vient du salon dans la chambre à coucher en se frottant les mains, comme s'il venait d'acheter Paris ; et le petit Ascagne ne rentre jamais dans le salon que la bouche pleine.

Il ne suffit pas de recevoir beaucoup de monde, il faut encore savoir l'amuser. C'est une chose que peu de personnes savent faire, même les plus habituées à donner des réunions. Chez les uns on s'ennuie, on bâille en grande cérémonie ; il faut se borner à une conversation qui n'est ni amicale, ni franche, ni gaie. Chez d'autres il faut entendre à satiété le maître de la maison, qui, s'il est chanteur ou exécutant, ne quittera pas son piano, de crainte que quelque autre ne se permette aussi de faire plaisir. Il en est même de ceux qui aiment le jeu et ne reçoivent que pour faire leur partie. Pour celles-là, leur seule affaire est de jouer, et peu leur importe alors que les personnes qui viennent les voir s'amusent ou s'ennuient, elles ne s'en inquiètent pas ; elles jouent, c'est tout ce qu'il faut, et elles ne s'occupent plus de leur société, qui s'amuse si elle le peut. Hé ! qu'il y a peu de maisons où l'on sache recevoir ou amuser son monde ! Il faut pour cela un tact, un esprit, une abnégation de soi-même, qui sont bien rares, sans doute, puisque si peu de personnes en font preuve quand elles donnent des soirées.

M. Lupot allait et venait de son salon dans sa chambre à coucher ; il souriait, saluait et se frottait les mains. Mais les nouveaux venus, qui ne s'étaient point rendus à l'invitation du bon bourgeois pour le voir sourire et se frotter les mains, commencèrent à dire, même assez haut :
— Ah çà !... est-ce qu'on passera la soirée à se regarder ici ?... Ce serait bien amusant !

M. Lupot a voulu entamer la conversation avec un gros monsieur qui porte des besicles, qui a une cravate supérieurement nouée, et qui fait presque continuellement la grimace en regardant la société.

On a dit à l'estimable Lupot que ce monsieur si bien cravaté était un homme de lettres, et qu'il daignerait peut-être lire ou réciter des vers de sa composition.

L'ancien papetier tousse trois fois avant d'oser aborder le gros monsieur ; il se risque enfin à lui dire :
— Enchanté de posséder à ma soirée un homme de lettres... de la force de monsieur...
— Ah ! c'est vous, monsieur, qui êtes le maître de la maison ?...
— J'ose m'en flatter... avec ma femme... qui est assise là-bas... Voilà ma fille... cette grande personne qui se tient si droite... elle dessine et touche du piano... J'ai aussi un fils, un petit démon... il vient de passer toute à l'heure entre mes jambes... Oh ! c'est un espiègle !...
— Monsieur, ce que je ne conçois pas... ce qui me passe... c'est que des gens comme vous veulent recevoir du monde puissent demeurer dans la rue Grenetat ! C'est une horreur que cette rue ! c'est épouvantable !... de la boue toute l'année !... des embarras de voitures... un quartier sale, bruyant, infect...
— Monsieur, cependant, depuis trente ans que j'y suis...
— Ah, monsieur ! j'y serais mort trente fois ! Quand on loge rue Grenetat, il faut dire adieu aux artistes... il faut renoncer à la société... car vous conviendrez que c'est un guet-apens que de faire venir un certain monde dans cette rue...

M. Lupot cesse de sourire et de se frotter les mains ; il s'éloigne du monsieur à besicles, dont la conversation ne l'a pas amusé, et il s'approche d'un groupe de jeunes gens qui semblent occupés à regarder le Bélisaire de mademoiselle Célanire.
— On admire l'ouvrage de ma fille, se dit M. Lupot ; tâchons, sans faire semblant de rien, d'entendre les remarques de ces artistes.

Les jeunes gens faisaient en effet leurs remarques, qu'ils mêlaient de ricanements très-prononcés.
— Devines-tu ce que c'est que cette tête ?...— Oh ! ma foi, non !... J'avoue que je n'ai jamais rien vu d'aussi drôle ! — C'est Bélisaire, mon cher ! — Allons donc !... pas possible !... ça, Bélisaire !... c'est le portrait de quelque épicier, d'un parent de la maison probablement.
— Regarde donc ce nez... cette bouche !... — C'est épouvantable... oser encadrer une telle infamie !... Il faut être bien obtus, bien ignare... Ça ne vaut pas le portrait du Juif errant que l'on vend pour deux sous, en tête de la chanson.

M. Lupot en a entendu assez. Il s'éloigne du groupe sans souffler mot ; il baisse la tête, et va se glisser près du piano.

Le jeune pianiste qui avait sacrifié un grand concert pour venir à la soirée bourgeoise, venait de s'asseoir devant le piano ; il fait courir ses mains sur l'instrument, et s'écrie :
— Ah ! quelle épinette !... quel chaudron ! Comment voulez-vous qu'on se fasse entendre sur un aussi mauvais instrument ?... C'est impossible !... Ah ! ce ré !... ah ! ce fa !... Cela imite la vielle... et il n'est même pas d'accord !

Et, malgré cela, le pianiste restait au piano ; il jouait toujours, mais il tapait de toutes ses forces ; à chaque instant il cassait une corde ; alors il éclatait de rire en disant :
— Bon ! encore une de cassée !... Tout à l'heure il n'en restera plus !...

M. Lupot était rouge jusqu'aux oreilles ; il avait bien envie de dire au célèbre artiste : — Monsieur, je ne vous ai point engagé à venir passer la soirée chez moi pour que vous y cassiez toutes les cordes de mon piano ; quittez l'instrument, si vous le trouvez mauvais, mais n'empêchez pas que d'autres s'amusent dessus.

Cependant le bon M. Lupot n'osait point dire cela, ce qui eût été fort rationnel, et il restait à entendre casser les cordes, quoique cela lui fît beaucoup de peine.

Mademoiselle Célanire s'approche de son père ; elle est désolée de la manière dont on a traité son piano ; elle ne pourra pas jouer son air ; mais elle compte se dédommager en chantant une romance, qu'un vieux voisin veut bien lui accompagner avec la guitare.

Ce n'est pas sans peine que M. Lupot parvient à obtenir un peu de silence et d'attention pour sa fille. A l'aspect du vieux voisin et de sa guitare, un rire étouffé s'est emparé de la société ; il est vrai que le vieil amateur ressemble à un troubadour de carrefour, et que sa guitare est faite comme les anciens sistres. On est fort curieux d'entendre ce monsieur pincer de son instrument. Il commence en battant la mesure avec son pied et sa tête, ce qui lui donne l'air de ces Chinois qu'on place sur les cheminées. Cependant mademoiselle Lupot risque sa romance ; mais elle ne peut jamais attraper la mesure de son accompagnateur, qui, au lieu de suivre la chanteuse, paraît décidé à ne rien changer dans les mouvements de sa tête et de son pied. La romance produit un mauvais effet ; Célanire n'y est plus ; elle a perdu son sol, elle perd aussi la tête ; et, au lieu d'entendre applaudir sa fille, M. Lupot entend des jeunes gens dire en riant :
— On n'en voudrait pas même au café des Aveugles !
— Je vais faire servir le thé, se dit l'ex-papetier, cela remettra peut-être l'assemblée de bonne humeur.

Et M. Lupot court donner des ordres à sa bonne ; et la vieille domestique, qui n'a jamais vu tant de monde chez ses maîtres, ne sait plus ce qu'elle fait, et casse les tasses en voulant aller plus vite.

—Nannette, avez-vous apprêté ce qui se sert avec le thé? demande M. Lupot à sa domestique.
— Les gâteaux, la brioche?... oui, monsieur, tout est prêt, tout est coupé... — Il y a encore autre chose que je vous ai expliqué, des sandwichs... — Des cent-suisses, monsieur? — Des sandwichs, c'est une petite friandise anglaise... des tartines de pain coupées mince avec du beurre dessus et du jambon dans le milieu... — Ah! mon Dieu! monsieur, j'ai oublié ce ragoût-là. — Eh! vite, Nannette, faites-en sur-le-champ pendant que ma fille va servir le thé et la brioche; vous en apporterez ensuite sur un plateau.

La vieille servante court dans sa cuisine en maudissant la friandise anglaise, et se hâte de couper des tartines de pain, de les couvrir de beurre; mais n'ayant pas pensé à acheter du jambon, et craignant d'être trop longtemps pour en aller chercher, Nannette cherche sa tête comment elle pourrait remplacer la tranche de jambon, et, tout en cherchant, elle aperçoit un gros morceau de bœuf froid qui est resté du dîner, et elle se dit : — Pardieu, je vas leur couper des tranches de bouilli et leur mettre ça dans la tartine, ça sera encore ben assez bon!... avec beaucoup de sel dessus, ils prendront ça pour du jambon!... Avec leur friandise anglaise, ils me font tourner la tête!

La servante se hâte de mettre son idée à exécution, puis elle entre dans le salon avec un plateau couvert des sandwichs de son invention, et elle en présente à la société en disant :
— Qui est-ce qui veut des cent... choses?...

Tout le monde prend de ce que l'on a mis à la mode avec le thé. Mais bientôt un murmure général éclate dans l'assemblée : les dames jettent leur tartine au feu, les hommes les posent sur les meubles, et chacun s'écrie :
— Que diable nous fait-on manger là? c'est détestable! ça ne peut pas s'avaler... — Je crois, Dieu me pardonne, que c'est son pot-au-feu dont ce brave homme veut nous régaler. — C'est une attrape que cette soirée?... — Et le thé qui sent la fumée !... — Et tous les petits gâteaux qui ont l'air d'avoir été déjà entamés !... Décidément on veut nous empoisonner !...

M. Lupot est au désespoir; il cherche sa servante, qui s'est cachée dans sa cuisine, et il n'est occupé qu'à ramasser et enlever les restants de tartines.

Madame Lupot ne dit rien, mais elle est de fort mauvaise humeur; car elle a mis un chapeau neuf qu'elle croyait que l'on trouverait charmant, et une jeune dame est venue lui dire : — Ah! madame!... que vous êtes mal coiffée!... mais votre chapeau est de l'ancien régime!... on ne porte plus de ces formes-là... — Cependant, madame, je l'ai acheté rue Saint-Martin, il n'y a pas deux jours...— Eh! madame, est-ce donc dans ce quartier qu'on trouve les dernières modes?... allez chez mademoiselle Alexina Larose, carrefour Gaillon; c'est là que vous trouverez des chapeaux délicieux!... des modes nouvelles et de bon goût!... mais, de grâce, madame, ne remettez plus ce chapeau-là... il vous donne cent ans!

— C'est bien la peine de se fatiguer à recevoir du monde pour entendre de pareils compliments! se dit madame Lupot tandis que son mari fait la chasse aux tartines.

Le gros monsieur à besicles qui ne conçoit pas que l'on puisse demeurer rue Grenetat, ne veut cependant point y être venu pour rien; il s'est assis dans un fauteuil qu'il a placé au milieu du salon, et il avertit la société qu'il va réciter des vers de sa composition.

La société ne semble pas enchantée de l'avertissement; mais elle se range en cercle pour écouter le poëte. Celui-ci tousse, crache, se mouche, prend du tabac, éternue, fait lever les quinquets, fermer les portes, demande de l'eau sucrée, et passe sa main dans ses cheveux.

Après avoir fait ce manége pendant quelques minute, l'homme de lettres commence enfin. Il récite ses vers d'une voix à faire casser les vitres; il n'y a que peu de temps qu'il parle, et déjà un fort joli petit tableau de crimes, de morts, d'échafauds a été chatouiller les oreilles de la société, lorsqu'un bruit inattendu part de la salle à manger.

C'est le petit Ascagne, qui, en voulant atteindre à un baba placé sur une pile d'assiettes, a fait tomber sur lui les assiettes et le gâteau.

M. Lupot court pour connaître la cause des cris de son fils. La société suit le père de famille, n'étant pas fâchée de trouver une occasion pour ne plus entendre le poëte; et celui-ci, resté sans auditeurs, se lève d'un air furibond, prend son chapeau, et sort du salon en s'écriant : — Aussi !... comment ai-je pu avoir la faiblesse de consentir à dire des vers dans la rue Grenetat!

On ramène le petit Ascagne, qui pleure parce que deux assiettes se sont brisées sur son nez; et comme on ne fait plus ni poésie ni musique, on se met à jouer parce qu'il faut bien faire quelque chose.

On établit une table de bouillotte et une autre d'écarté. A l'écarté on appelle M. Lupot; il faut qu'il parie lorsqu'il manque de l'argent d'un côté; mais M. Lupot, qui n'a jamais joué plus de dix sous à la fois, demeure tout stupéfait quand on lui dit : — Il manque quinze francs de votre côté...

— Quinze francs!... qu'est-ce que cela veut dire? murmure l'honnête Lupot en regardant les joueurs.

— Cela veut dire qu'il faut que vous fassiez quinze francs de ce côté-là... c'est toujours au maître de la maison à tenir le jeu quand il n'est pas fait.

M. Lupot n'ose pas refuser, il met ses quinze francs et les perd; le coup suivant il en manque vingt, enfin en une demi-heure le ci-devant papetier perd quatre-vingt-dix francs. Les yeux lui sortent de la tête, il ne sait plus où il en est; et, pour augmenter son désespoir, les parieurs du côté gagnant, en prenant leur argent, renversent et brisent une des carcels que M. Lupot a empruntées pour mieux éclairer sa compagnie.

Enfin l'heure de se retirer est venue. Le bon bourgeois la désirait avec impatience. Tout ce beau monde s'en va sans même dire adieu aux maîtres de la maison, qui se sont donné tant de mal pour le recevoir. La famille Lupot reste seule. Madame accablée de fatigue, et piquée de ce qu'on l'a trouvé mal coiffée; Célanire les larmes dans les yeux, parce qu'on s'est moqué de son chant et de ses dessins; Ascagne pâle et malade, parce qu'il a beaucoup trop mangé de gâteaux; M. Lupot l'air consterné, et se disant : — J'ai perdu quatre-vingt-dix francs ! et la vieille servante ramassant encore des débris de tartines en murmurant : — Faites-leur donc des friandises anglaises pour qu'ils les jettent dans tous les coins !

— C'est fini!... je ne donnerai plus de grandes soirées, dit enfin M. Lupot, et je commence à croire que c'est une sottise de vouloir sortir de sa sphère. Quand on médit des uns des autres entre gens de la même classe, cela fait rire, on s'en amuse; mais quand on se frotte à des gens au-dessus de soi, leur moquerie blesse, et cela n'amuse plus. Ma fille, décidément je te chercherai un mari dans les pains à cacheter.

PETITS TABLEAUX DE MOEURS,

PAR LE MÊME.

LA COURTILLE.

Habitants de l'élégante Chaussée-d'Antin, du noble faubourg Saint-Germain, du brillant Palais-Royal, vous ne connaissez sans doute la Courtille que de nom ? Quittez pour un moment vos boulevards, vos salons dorés, vos cafés anglais, turcs ou italiens, et montez le faubourg du Temple; là vous verrez des scènes nouvelles pour vous. Les tableaux sont grotesques, et leurs couleurs un peu vives blesseront peut-être vos yeux délicats; mais après avoir admiré un Raphaël, un Gérard, un Girodet, on regarde avec plaisir un Teniers, un Callot, un Boilly, un Charlet. Pourquoi donc, après s'être ennuyé aux Tuileries, ne monterait-on pas un moment jusqu'à la Courtille ?

C'est le dimanche ou le lundi soir qu'il faut de préférence visiter ces lieux; dès que vous y avez passé la barrière, une musique bruyante se fait entendre ; vous entendez danser à droite et à gauche; jusqu'à Belleville, c'est un bal continuel. La rue est encombrée de joyeux amateurs qui arrivent à la guinguette, ou qui en sortent un moment pour prendre l'air.

Le fameux Desnoyers se présente d'abord à vos regards, et vous offre son salon de deux cents couverts. Desnoyers est le Véry de la Courtille. En face vous trouvez le *Sauvage* ; plus loin, l'*Arc-en-Ciel*, les *Deux Amis* ; partout on danse, partout la cuisine est remplie de consommateurs qui marchandent une salade ou un morceau de rôti; car à la Courtille on ne dîne pas à la carte. Si vous parvenez à vous faire jour jusqu'à la broche, et que vous désiriez manger un poulet, il faut sur-le-champ le payer et l'emporter vous-même, sans quoi un autre s'en emparera.

Le chef de cuisine ne sait auquel entendre; le bonnet de coton sur l'oreille, le visage couvert de sueur, il court d'une casserole à l'autre : il se double, se multiplie, pour répondre à la foule qui l'assiège;

ce qui ne l'empêche pas de faire, en courant, ses sauces et ses coulis, et de commander à quatre marmitons en même temps. César dictait quatre lettres à la fois ; le chef de cuisine fait préparer quatre mets différents ; il est vrai que ses aides de camp se trompent quelquefois, et mettent du poivre où il faut de la farine, du vinaigre où il faut du bouillon ; mais à la Courtille on a bon appétit, et l'on passe par-dessus ces bagatelles.

Voulez-vous jouir du coup d'œil de la danse, vous entrez dans une salle où la chaleur est toujours à six degrés au-dessus du thermomètre de Chevalier. Comme on a établi des tables autour de l'enceinte consacrée à la danse, l'odeur du veau, du bœuf, des gibelottes et du surène, se mêle aux accords de trois violons, d'une clarinette et d'un gros tambour.

Ce dernier marque la mesure d'une force à se faire entendre de l'*Île-d'Amour*. Malheureusement le tambour du bal qui se tient vis-à-vis ne veut pas être en reste avec son voisin, et ces messieurs tapent à qui mieux mieux ; tant pis pour les danseurs si les mesures se croisent au lieu d'aller ensemble ; mais cela n'empêche pas de sauter l'orangère et l'ébéniste, la fruitière et le cordonnier ; ces gens-là ont des oreilles pour toutes les mesures et des jambes pour tous les mouvements.

Au-dessus du bal de première classe, vous entendez le son de la cornemuse et le bruit des souliers ferrés qui ébranlent le plancher : c'est le bal des Auvergnats. C'est là que les porteurs d'eau, les chaudronniers, les fumistes, se livrent à leur grosse gaieté, et dansent les bourrées de leur pays, qu'ils accompagnent de cris et de battements de mains.

L'heure s'avance, vous voulez redescendre à Paris : il faut suivre la file, car c'est comme à la sortie d'un spectacle. Autour de vous tout le monde chante, quelques-uns trébuchent ; d'autres ne se soutiennent qu'avec le secours de leurs voisins. Si l'ivresse est générale, celle-là du moins n'apporte aucun regret à sa suite ; les bonnes gens vont travailler toute la semaine, pour revenir faire le dimanche et le lundi à la Courtille.

La femme de l'ouvrier tient dans une serviette les restes d'un pain et d'un saucisson, son mari porte l'enfant sur ses bras. Cet autre ne s'aperçoit pas qu'il a laissé son chapeau sur une table. Celui-ci fouille dans sa poche ; et s'il y trouve encore quelques sous, il jure de les boire avant de rentrer chez lui.

Ce tableau n'est point chargé, c'est à la Courtille que l'on voit la gaieté du peuple : c'est la bonne, à ce que dit Figaro.

LE REZ-DE-CHAUSSÉE.

C'est bien avantageux de loger au rez-de-chaussée : d'abord vous n'êtes point essoufflé en rentrant chez vous ; mais ce n'est point tout encore : depuis que je demeure au niveau du sol, je sais tout ce qui se fait dans le quartier ; les aventures les plus secrètes me sont connues, et cependant je ne bouge pas de chez moi, je ne vais pas chez mes voisins, et je ne parle jamais avec ma portière. Comment faites-vous ? me dira-t-on. Ah ! c'est bien innocemment que j'ai connu l'avantage de ma position.

Mes fenêtres donnent sur une rue qui est assez passante. Elles sont garnies de persiennes. L'autre soir, après avoir fermé ces bienheureuses persiennes, j'étais contre ma fenêtre pour prendre le frais, et je n'avais pas encore de lumière ; tout à coup une voix retentit à mon oreille, et, sans écouter, je ne puis faire autrement que d'entendre.

C'était un jeune garçon d'une boutique voisine qui causait avec une petite bonne de la rue, et les imprudents s'étaient arrêtés tout contre mes persiennes.

— Ah ! vous voilà, mamzelle Louise ; il y a deux heures que je vous guette, je craignais que vous ne pussiez pas sortir ce soir. — Oh ! dame ! mes maîtres n'en finissent que ! monsieur est si lent ! madame si exigeante !... On n'a jamais un moment à soi. J' vas chercher du sirop chez l'épicier, je n'ai qu'un moment... — Mais quand donc pourrons-nous être ensemble... un peu plus longtemps ?... — Je ne sais pas... Ah ! dimanche, je crois qu'ils vont à la campagne ; je m'habillerai, et nous irons promener... — Nous prendrons une voiture... — Oh ! non, ça dépense de l'argent ; je ne veux pas vous induire en frais : je veux bien faire un bon ami, mais je sais ce que c'est que l'économie.

— Ah ! mamzelle Louise ! je vous aimerai bien ! — Et moi aussi, monsieur Jules. — Mais, dites-moi bien franchement, la... suis-je le premier... le premier que... que vous aimez enfin ? — Oh ! mon Dieu oui, monsieur Jules. J'ai bien connu un peu mon cousin le dragon, mon pays le cuirassier, un de mes voisins qui vient de s'établir frotteur, et puis un petit domestique de mes anciens maîtres ; mais je ne les aimais pas. Ainsi c'est bien comme si vous étiez le premier.

— Ah ! tant mieux ! je suis bien content !... Allons, à dimanche, mamzelle Louise. — A dimanche, monsieur Jules. Je vous attendrai dans la petite rue, pour qu'on ne jase pas dans le quartier... Ils sont si méchants !...

Le couple s'est séparé ; je faisais mes réflexions sur le bonheur de M. Jules, quand un homme vint se jeter brusquement contre mes persiennes et y resta collé tout en se parlant à lui-même.

— Ce maudit vin de cabaret ne vaut pas le diable !... ça vous donne soif pour quinze jours... C'est singulier, à peine si j'ai bu, et je ne peux pas trouver ma porte... Est-ce que je me serais trompé de rue ?... Non, v'là ben la maison du pâtissier dont la femme est si jalouse qu'elle ne veut pas qu'il porte en ville... V'là ben la boutique de l'épicier qui fait du chocolat avec des lentilles... V'là la demeure de ces demoiselles de modes qui sortent le soir les yeux baissés et ne reviennent pas coucher... Allons, en avant !... ma porte est là-bas, il faut que je la trouve.

Mon ivrogne s'est éloigné. J'étais encore tout surpris de m'être trouvé, sans l'avoir cherché, le confident de tout le monde, lorsque j'entends sonner chez moi ; j'ouvre, c'est un de mes amis qui demeure au bout de la rue. — Que diable fais-tu sans lumière ? me dit-il. Je le prends par la main ; je le fais asseoir contre ma croisée. — Reste là, lui dis-je, tu vas connaître les avantages du rez-de-chaussée ; probablement il nous arrivera bientôt des causeurs.

En effet, comme j'achevais ces mots, j'entends tousser contre mes persiennes. — On attend quelqu'un, dis-je à mon ami, ne souffle pas ! Le monsieur qui se tenait là y reste encore quelques minutes seul, mais enfin une dame arrive.

— Vous avez bien tardé, lui dit-il ; je commençais à m'impatienter. — Ce n'est pas ma faute, répond la dame, mon mari vient seulement de sortir, je l'ai cru en ville jamais !... Mais hâtons-nous de quitter cette rue... Je ne veux pas rester ici...

— Eh bien !... dis-je en me tournant vers mon ami Mais il courait alors vers la porte en s'écriant : — Ah ! la scélérate !... la perfide !... elle me disait qu'elle avait la migraine !... qu'elle voulait se coucher !...

Il est parti... Maladroit ! qu'ai-je fait ! C'est sa femme qu'il vient d'entendre au travers de mes persiennes ! mais pouvais-je deviner cela ?... Mesdames, croyez-en mon conseil : ne vous arrêtez plus pour causer devant les fenêtres d'un rez-de-chaussée.

QUELQUES PENSÉES
D'UN HOMME DE TRENTE ANS.

A quinze ans, je trouvais qu'un homme de vingt-cinq était déjà trop raisonnable ; à vingt-cinq, je regardais un homme de dix-huit ans comme un enfant ; aujourd'hui, il me semble qu'on doit être encore fort jeune à quarante ans.

Je me suis aperçu que le meilleur ami d'un homme est une femme. Pour vous assurer de l'amitié d'un homme, mettez-le à l'épreuve ; pour compter sur l'amour d'une femme, ne la y mettez jamais.

Je n'ai encore pu décider quel est en amour le plus heureux, de celui qui trompe ou de celui qui est trompé... Je crois qu'il faut prendre son parti, et être tous les deux.

Plus on vieillit, plus on aime les femmes jeunes. A dix-huit ans, elles nous plaisent toutes ; à vingt-quatre ans, on est souvent amoureux d'une femme de trente-six ; mais à trente, on les préfère de vingt-quatre ; probablement qu'en grisonnant on n'aime plus que les jeunes filles.

Autrefois je pleurais pour un bal, un spectacle, un plaisir manqué ; l'âge est venu, je suis raisonnable ; je ne pleure plus, mais je m'amuse moins.

En amitié, j'aime l'accord ; en amour, j'aime les contrastes.

Quand on devient amoureux, on ne croit jamais pouvoir cesser d'aimer ; quand on n'est plus amoureux, on s'étonne de l'avoir été.

En avançant dans la vie on acquiert de l'expérience, mais on perd des illusions ; l'expérience rend défiant, les illusions rendent heureux : on perd donc plus qu'on ne gagne.

Quand je me rappelle les folies que j'ai faites à dix-huit ans, pour des objets qui ne le méritaient pas si peu, j'en ai quelquefois des regrets. Quand je me souviens du plaisir que j'avais à les faire, je voudrais ne pas être plus sage, afin de recommencer.

A quinze ans, j'allais courir et me promener gaiement dans le jardin du Père Lachaise. A vingt ans je m'y promenais, je n'y courais plus ; maintenant je vais quelquefois y rêver. Dans quelques années, j'irai sans doute plus rarement. Lorsqu'on est vieux, je conçois qu'on dirige sa promenade d'un autre côté.

Je comprends qu'on se lasse du bal, du spectacle, du jeu ; je ne conçois pas qu'on se lasse de l'amour, de la lecture et de la musique.

A vingt ans, je trouvais que les cheveux blancs vieillissaient considérablement ; maintenant il me semble que cela ne change rien à la physionomie : depuis quelques mois je m'en suis vu plusieurs.

En acquérant de l'expérience, on apprécie à leur juste valeur les vaines promesses, les discours et les serments des hommes ; mais on se laisse toujours prendre aux promesses, aux serments et aux douces paroles d'une femme.

LE MYOPE.

C'est une chose bien cruelle que d'avoir la vue basse ; cela vous expose à commettre mille gaucheries, mille quiproquos ; cela vous fait faire de grandes maladresses, et vous entraîne souvent dans de méchantes aventures où vous donnez tête baissée, croyant être un heureux mortel... et bien sot ensuite en reconnaissant votre erreur.

Avez-vous la vue basse ; quand vous entrez dans un salon vous regardez d'un air effaré, cherchant le maître ou la maîtresse de la maison, qui sont quelquefois près de vous. Vous ne reconnaissez pas vos connaissances qui vous saluent, et vous souriez d'un air aimable à des gens qui ne vous connaissent pas. Dans la rue, vous ne distinguez les traits de personne, et vous passez pour impoli, parce que vous regardez sans les reconnaître des gens avec qui vous avez causé la veille.

Tout cela n'est rien encore auprès des méprises auxquelles une vue basse peut donner lieu, et dont l'auteur de *la Petite Ville* nous a offert un exemple si comique. Je vais raconter franchement ce qui m'est arrivé dernièrement par suite de ma mauvaise vue.

J'étais au spectacle seul ; par conséquent je pouvais me permettre de lorgner en amateur les beautés qui garnissaient la salle.

Je remarquai une jeune femme, mise avec goût, mais sans recherche, et dont la figure me parut charmante. J'admirais surtout la fraîcheur de son teint, son air de décence, de candeur, d'innocence. Auprès d'elle était une femme âgée, qui me sembla fort respectable ; elle parlait peu, mais paraissait si tendrement attachée à la jeune personne, qui la nommait sa tante, que j'en fus attendri.

M'approchant de ces dames, je trouvai moyen d'entrer en conversation. La vieille ne me répondait que laconiquement, et son air était un peu sévère ; mais la jeune m'adressait des questions d'une naïveté qui me charmait. Je jugeai que ces dames étaient de province et n'avaient pas l'habitude du spectacle. Peu à peu nous causâmes davantage ; la tante se montra plus liante ; quoique ne me répondant que des oui et des non, elle y mettait un ton de gaieté qui me charmait. Enfin, la pièce étant finie, j'offris mon bras ; on fit beaucoup de façons, on l'accepta enfin. Chemin faisant, je demandai la faveur d'offrir quelquefois des billets ; on finit par accepter aussi. Ces dames témoignant le désir d'aller au Musée, je leur promis de les y mener le surlendemain samedi, jour où l'on n'entrait qu'avec des billets. L'heure fut prise, je quittai ces dames à la porte de leur maison, qui, malgré l'obscurité, ne me parut pas fort belle ; mais les gens de province se logent où ils peuvent.

En rentrant chez moi j'apprends que l'on m'a rapporté ma carte du Salon, pour le lendemain, et que la personne à qui je l'avais prêtée, ne pouvant y aller le vendredi, me prie de la lui conserver pour le jour suivant. — En ce cas, me dis-je, j'irai demain chercher mes provinciales, au lieu de n'y aller que samedi ; cela leur sera sans doute indifférent.

Le lendemain, à onze heures, qui était l'heure convenue, je me rends à la maison où j'ai quitté mes dames, et je demande à une fruitière qui sert de portier : — Madame de Saint-Julien ? — Montez au quatrième, me dit-on ; la porte en face d'un endroit que vous reconnaîtrez facilement.

Diable !... voilà qui me fait déjà faire des réflexions sur ma belle conquête. Je monte cependant un escalier sale et noir. Me voici tout en haut... Je sens que je suis arrivé.

Je frappe à la porte en face... J'entends chanter... C'est sans doute la femme de chambre... Pour la domestique d'une demoiselle modeste, elle chante des couplets bien gaillards. Mais la porte n'est pas fermée !... je la pousse, j'entre... Ah ! quel singulier tableau !

Dans le fond de la chambre, un lit sans rideaux ; sur une vieille commode antique, une jolie toilette moderne dont la glace est brisée. Un guéridon sur lequel sont les débris du souper et les apprêts du déjeuner ; des chaises dépareillées, une dormeuse neuve couverte de taches. Sur la cheminée, un peigne, un voile, un volume de roman et un jeu de cartes. Ici un beau chat jeté sur des pantoufles ; là-bas un chapeau à plumes placé sur un pot à l'eau. Au milieu de ce chaos, j'aperçois ma jeune niaise de la veille, qui était bien celle que j'avais entendue chanter, et qui maintenant avait le teint plombé, les yeux ternes et creux, l'air effronté, le maintien hardi, et part d'un éclat de rire en me voyant rester ébahi devant elle.

Mais ce n'est pas tout : une vieille femme déguenillée, échevelée, monte l'escalier en criant d'un ton poissard : — C'te chienne de fruitière qui veut me faire payer l'angleterre six sous le quarteron ! J'lui ai dit : Ma petite, j'en ai vendu avant toi.

C'était madame de Saint-Julien. O maudite vue basse !... où me suis-je fourré ? Je descends l'escalier quatre à quatre, au risque de me rompre le cou.

L'HABITUDE.

L'habitude est, dit-on, une seconde nature, et chaque jour, en effet, nous avons la preuve qu'une habitude devient pour nous un besoin ; nous ne la suivons pas toujours par goût ou par plaisir, mais la seconde nature nous entraîne et nous ne résistons pas.

Cette puissance de l'habitude est si grande, qu'il y a des gens qui font tout mus par elle, lorsque leurs penchants les porteraient à se conduire autrement. J'ai connu un monsieur qui, depuis trente ans, déjeune tous les matins avec la panade. — Vous l'aimez donc beaucoup ? lui dis-je un jour. — Ma foi, non, je ne l'aime pas ; mais l'habitude... — Elle vous est peut-être ordonnée par votre médecin ? — Pas du tout ! mon médecin m'a dit que je pouvais manger tout ce qui me ferait plaisir. Mais que voulez-vous ? je suis habitué à la panade.

Que de gens dans le monde ressemblent à cet homme, et passent leur vie à faire des choses qui les ennuient, à fréquenter des sociétés dans lesquelles ils ne s'amusent point, à voir des gens qu'ils n'aiment guère, à garder des maîtresses qu'ils n'ont jamais aimées, et à se rendre tous les soirs à un théâtre où ils dorment, comme mon monsieur mangeait tous les matins sa panade, par habitude !

C'est par habitude que Florimond se plaint de sa santé ; on ne le voit jamais malade, il fait ses trois repas par jour, dort la grasse matinée, n'a ni migraine, ni toux, ni maux de nerfs ; mais quand vous lui demandez des nouvelles de sa santé, il hoche la tête et répond d'un air affecté : — Comme cela !... bien doucement !...

Ce gros marchand a gagné en quinze ans vingt mille livres de rente, avec lesquelles il pourrait vivre heureux. Vous croyez peut-être que depuis quinze ans il s'est félicité de sa constante prospérité, qu'il a remercié la Providence de la réussite de toutes ses entreprises : détrompez-vous ; il n'a pas cessé de se plaindre de la dureté des temps, de la stagnation du commerce et des affaires. — On ne fait rien, voilà son éternel refrain. Le pauvre homme !... mais se plaindre est chez lui une habitude.

Julie a du babil, du jargon ; elle tranche et décide de tout, quoiqu'elle ne sache rien à fond ; mais depuis sa jeunesse on lui a donné la réputation de femme d'esprit, et quoiqu'elle n'ait rien fait pour la mériter, on la lui donne encore par habitude.

Armand et Laure se disputent sans cesse ; si le mari veut sortir, la femme veut rester à la maison ; si elle témoigne le désir de se promener, monsieur trouve qu'il fait un temps détestable ; il soutient qu'il pleut quand l'autre dit qu'il fait beau. Si le mari caresse son fils, la femme le gronde ; si la maman embrasse sa fille, le père la met en pénitence. Sur les objets les plus futiles on voit ces deux époux se quereller, et cependant quand Laure ne voit point son mari elle s'ennuie ; si le mari ne trouve pas sa femme chez lui, il ne sait qu'y faire... Ils ne peuvent se passer l'un de l'autre... Ce n'est pas l'amour qui produit cela, c'est l'habitude.

C'est par habitude que nous adoptons une place au spectacle, et que nous nous trouverions mal ailleurs, lors même que nous y serions mieux. C'est par habitude que nous nous tenons voûtés ou penchés. C'est par habitude que nous gardons un domestique qui nous sert mal, un tailleur qui nous prend trop cher. C'est par habitude que l'on fait des plaisanteries sur les maris, ce qui n'empêche pas ceux qui en font de se marier. C'est par habitude qu'un époux laisse sa femme se promener avec son ami intime. C'est souvent par habitude que l'on fait des serments et des déclarations d'amour, c'est quelquefois par habitude que l'on est infidèle. Enfin c'est par habitude qu'un vieillard octogénaire, aveugle et paralytique, est désolé de quitter la vie. — A quatre-vingts ans, lui dira-t-on, il est bien temps de renoncer à l'existence. — Au contraire, répondra-t-il, c'est bien plus difficile, on en a tellement l'habitude !

LE VILAIN.

Je n'entends pas par vilain un de ces pauvres serfs du bon vieux temps qui n'était pas l'âge d'or pour tout le monde. Grâce au ciel ! nous n'avons plus de semblables vilains ; les habitants des campagnes peuvent maintenant se marier avec leur mie sans redouter le droit du seigneur ; un collecteur insolent ne vend pas leurs meubles pour leur faire payer la taille ; et, quoi qu'en disent certains partisans des anciennes coutumes, depuis l'abolition de celles-ci, le blé et la vigne n'en poussent pas moins bien.

Mon vilain est tout bonnement un homme qui pousse l'économie jusqu'à la vilenie, et qui cache sa ladrerie sous le nom d'économie. On reconnaît aisément un vilain, ces gens-là ne peuvent jamais faire quelque chose de bien ; il faut qu'ils gâtent tout par leur penchant à la lésinerie, par leur désir d'épargner, de rogner, de réformer, d'économiser et d'amasser. Hélas! si le progrès des lumières a fait disparaître les vilains dont nous parlions précédemment, je crains bien qu'il ne soit impuissant contre ceux-ci.

M. Rognard est vilain depuis qu'il est au monde. En nourrice on le voyait mettre du sel dans la bouillie pour économiser le sucre, et se servir de l'écuelle de ses camarades pour ne point user la sienne. En grandissant, M. Rognard est toujours resté vilain. A l'école, il mangeait son pain sec ou demandait du fromage à ses camarades pour conserver le sien. Le dimanche, il aimait mieux ne point sortir que de mettre son habit et son chapeau neufs. L'âge n'a fait qu'augmenter sa vilenie : M. Rognard ne peut jamais se décider à acheter un habit. Quand il faut absolument en venir là, il se rend chez le marchand de drap et n'en prend pas assez. Mais en vain le tailleur crie. — Je veux que vous me fassiez un habit avec cela, dit Rognard ; et je le veux bien large et bien long. Quand son habit est vieux, il le fait retourner; quand il a été retourné, il le fait teindre.

M. Rognard passe son temps à chercher les restaurants à bon marché. Il court aux vingt-deux sous, aux seize sous, où l'on a trois plats et le potage. — Ces gens-là sont-ils fous, dit M. Rognard, de croire que je mangerai quatre plats ? Ne m'en servez que deux, dit-il au traiteur, et donnez-moi à dîner pour onze sous.

Comme le traiteur ne consent pas à ce marché-là, notre vilain emporte toujours deux plats de son dîner dans une boîte de fer-blanc.

Une seule fois M. Rognard a été amoureux, mais un vilain ne saurait l'être longtemps; forcé de faire un cadeau à sa dame, il courait toutes les boutiques, demandant un châle qui eût quelques défauts, afin de le payer moins cher. Un jour, étant allé au spectacle avec un billet qu'on avait donné à sa belle, celle-ci eut le malheur de lui demander à se rafraîchir, et, pendant que M. Rognard était allé sur le boulevard lui acheter une pomme, elle se fit apporter une limonade. Rognard manqua étouffer de colère ; pour payer la limonade il se disputa pendant une heure avec le garçon, auquel il voulait faire le compte du sucre et des citrons. Depuis ce jour, le vilain ne revit pas sa maîtresse et jura de n'en plus avoir.

Une de ses connaissances voulait le marier, et lui avait trouvé un assez bon parti. Après avoir longtemps réfléchi, M. Rognard refusa.
— Eh quoi! lui dit-on, vous ne voulez pas d'une femme qui vous apporte une bonne dot? — Ma foi, non, répondit le vilain, je ne veux pas pour une dot être obligé de lui donner tous les jours la moitié de mon dîner.

Paris. — Typ. Walder, rue Bonaparte, 44.

ÉMILE DE LABÉDOLLIÈRE

LE

NOUVEAU PARIS

HISTOIRE
DE
SES 20 ARRONDISSEMENTS

ILLUSTRÉE

PAR GUSTAVE DORÉ

AVEC 24 CARTES COLORIÉES, DRESSÉES PAR DESBUISSONS

Le *Moniteur* l'a dit : « Paris est désormais comme Thèbes, la ville aux cent portes. » Par ses dimensions comme par ses monuments, Paris l'emporte sur toutes les autres capitales. Londres même ne peut lui disputer la suprématie, puisque cette dernière ville n'est point enfermée dans une enceinte.

A partir de 1860, cinq cent mille habitants ont accru la population parisienne. Les divisions administratives de l'immense cité sont complétement changées ; à son histoire s'ajoute celle des communes qu'elle a englobées dans son sein. C'est pour ainsi dire une ville nouvelle, dont il est essentiel d'écrire de nouveau les annales.

Et quand même l'annexion n'aurait pas eu lieu, ne faut-il pas un nouvel ouvrage pour rappeler le passé qui s'en va, pour décrire les transformations de la capitale régénérée, pour peindre les artères qui sillonnent la cité dans des quartiers longtemps dépossédés de leur part d'air et de lumière? Il existe sur Paris d'innombrables ouvrages; mais tous sont actuellement incomplets, car, en quelques années s'est accompli une métamorphose tellement inouïe, que certains quartiers sont devenus méconnaissables. Ici, c'est le Louvre qui est achevé; c'est la rue de Rivoli qui, bordée de palais, met la place de la Concorde en communication directe avec la place de l'Hôtel-de-ville; c'est le boulevard de Sébastopol qui, partant de la gare de l'est, se prolonge majestueusement jusqu'aux barrières méridionales. De toutes parts, des progrès se sont réalisés ; et nous ne parlons pas seulement de ceux qui sont dus à l'édilité ou au gouvernement : les édifices particuliers, les théâtres, les cafés, les hôtels, les magasins ont un caractère de magnificence inconnue de nos pères.

Nous avons donc cru devoir entreprendre une publication sur le nouveau Paris, et nous en avons confié la rédaction à un écrivain justement estimé. Les connaissances historiques de M. Émile de Labédollière sont appréciées de tous, et l'on sait qu'en 1858 l'Académie des inscriptions et belles-lettres a décerné à son *Histoire des mœurs et de la vie privée des Français* la première des mentions très-honorables.

Une division toute naturelle s'offrait à l'auteur. L'ouvrage comportait vingt livraisons, comprenant chacune un arrondissement. A chaque livraison nous avons joint une carte gravée avec talent par M. Erhard, sur les dessins exacts et consciencieux de M. Desbuissons, et coloriée par quartiers. C'est, nous le croyons, une idée complétement neuve que celle de partager le plan de Paris en autant de sections qu'il a d'arrondissements.

Pour enrichir notre publication, nous pouvions donner des vues de monuments; mais ce genre d'illustration est tellement prodigué qu'il devient banal. Il nous a semblé préférable de peindre des scènes de mœurs, des physionomies spéciales à tel ou tel quartier. L'artiste qui s'est chargé de ce soin jouit d'une réputation méritée. Quel peintre mieux que Gustave Doré saisit les traits caractéristiques d'une figure, reproduit l'homme dans ses habitudes? Quel peintre a plus de verve et d'esprit que celui qui, dans notre géographie de Malte-Brun, a passé en revue toutes les nations?

GUSTAVE BARBA.

On peut toujours souscrire

Par séries composées d'une brochure grand in-8° de 32 colonnes, avec gravures et carte coloriée, contenant l'histoire de chaque arrondissement.

PRIX : 50 CENTIMES

L'ouvrage, composé des 20 Arrondissements et 20 Cartes coloriées, forme...................... 20 séries.
Il est augmenté : 1° d'une HISTOIRE GÉNÉRALE... 1 —
2° D'un DICTIONNAIRE DES BESOINS USUELS... 2 —
3° D'un DICTIONNAIRE TOPOGRAPHIQUE, HISTORIQUE ET ÉTYMOLOGIQUE DES RUES DE PARIS, contenant les noms anciens et nouveaux des rues, culs-de-sac, passages, quais, ponts, boulevards, etc., etc., et la désignation des arrondissements et des quartiers dans lesquels ils sont situés... 2 —
4° D'un PLAN DE PARIS COMPLET, colorié.. 1 —

Total.... 26 séries.

PRIX DE L'OUVRAGE COMPLET BROCHÉ : 13 FRANCS. — RELIÉ : 15 FRANCS.

LIVRES D'ÉTRENNES A BON MARCHÉ

GUSTAVE BARBA, Éditeur, 8, rue Cassette.

LA FRANCE ILLUSTRÉE
PAR V.-A. MALTE-BRUN
HISTOIRE, GÉOGRAPHIE, ADMINISTRATION ET STATISTIQUE

350 vignettes par nos meilleurs artistes. — 110 Cartes coloriées, dressées par départements, avec plans des chefs-lieux et tous les chemins de fer, par A. H. Dufour. 3 beaux vol. in-8°, prix, broché : 45 fr. Relié en demi-chagrin, prix : 55 fr.

LONDRES ET LES ANGLAIS
PAR GAVARNI ET LA BÉDOLLIÈRE

24 grands dessins, hors texte, par Gavarni. — Texte de luxe, par La Bédollière. 1 beau vol. in-8° (pages encadrées), prix, broché : 12 fr. Relié, prix : 14 fr.

HISTOIRE DE LA GUERRE D'ITALIE
PAR ÉMILE DE LA BÉDOLLIÈRE

Illustrée par Janet-Lange. — Cartes géographiques coloriées, dressées par Dufour. — Six portraits, hors texte, gravés sur acier.
Première partie. — SOLFÉRINO, Montebello, Turbigo, Magenta, Marignan, Palestro. — JOSEPH GARIBALDI, Biographie complète. — HISTOIRE DE L'ITALIE; ses conflits avec l'Autriche, 1 beau volume-album, prix, broché : 7 fr.
Seconde partie. — VILLAFRANCA, Biarritz, Zurich, Quadrilatère. — NAPLES, Palerme, les Romagnes, les Marches, l'Ombrie. — HISTOIRE DE SAVOIE, Piémont et Sardaigne. — HISTOIRE DE L'INDÉPENDANCE ITALIENNE. 1 beau volume-album, prix, broché : 7 fr. Les deux séries reliées en un volume, prix : 16 fr.

LE JARDIN DES PLANTES
ILLUSTRÉ PAR GRANVILLE

Par M. Boitard; précédé d'une Notice par M. Jules Janin. 1 beau volume-album, orné de 300 gravures, prix, broché : 4 fr. Relié, prix : 6 fr.

ŒUVRES DE MOLIÈRE
ILLUSTRÉES PAR JANET-LANGE

Nouvelle édition, augmentée d'une Vie de Molière et de Notices sur chaque pièce, par Émile de la Bédollière. 1 beau volume-album, orné de 140 gravures, prix, broché : 4 fr. Relié, prix : 6 fr.

— Le même ouvrage, orné de 10 gravures en taille-douce (les chefs-d'œuvre) dessinées et gravées sur acier par A. Riffaut, prix, broché : 5 fr. Relié, prix : 7 fr.

ŒUVRES DE CORNEILLE
ILLUSTRÉES PAR PAUQUET

Nouvelle édition, augmentée d'une Vie de Corneille et de Notices sur chaque pièce, par Émile de la Bédollière. 1 volume-album, orné de 85 gravures, prix, broché, 2 fr. 50 c.

ŒUVRES DE RACINE
ILLUSTRÉES PAR PAUQUET

Nouvelle édition, augmentée d'une Vie de Racine et de Notices sur chaque pièce, par Émile de la Bédollière. 1 volume-album, orné de 85 gravures, prix, broché : 2 fr. 50 c.

CORNEILLE et RACINE réunis en un fort volume relié, prix : 7 fr.

HISTOIRE DE FRANCE
ILLUSTRÉE PAR BELLANGÉ

Divisée en quatre parties, par A. Challamel : 1re, Histoire de France; 2°, Histoire de la Révolution; 3°, Histoire de Napoléon; 4°, Histoire de Paris. 1 beau volume-album, orné de 125 gravures, prix, broché : 4 fr. Relié, prix : 6 fr.

NOUVEAU PARIS
HISTOIRE DE SES 20 ARRONDISSEMENTS
PAR ÉMILE DE LA BÉDOLLIÈRE

Illustré de 75 vignettes par Gustave Doré. — 21 Cartes coloriées dressées par Desbuissons. 1 beau volume in-8°, prix, broché : 13 fr. Relié, prix : 15 fr.

HISTOIRE DES ENVIRONS DU NOUVEAU PARIS
PAR ÉMILE DE LA BÉDOLLIÈRE

Illustrée de 75 vignettes par Gustave Doré. — 21 Cartes coloriées dressées par Desbuissons. 1 beau volume in-8°, prix, broché : 13 fr. Relié, prix : 15 fr.

ŒUVRES DU CAPITAINE MAYNE-REID
ILLUSTRÉES PAR J.-LANGE, HARVEY ET J. DUVAUX

Contenant : 1° les Chasseurs de chevelures; 2° les Tirailleurs au Mexique; 3° le Désert; 4° les Enfants des bois; 5° les Forêts vierges; 6° la Baie d'Hudson; 7° les Chasseurs de bisons; 8° le Chef blanc, 2 vol. 250 gravures, prix, broché : 8 fr. Relié : 12 fr.

HISTOIRE DE LA GUERRE D'ORIENT
ILLUSTRÉE PAR JANET-LANGE

Ornée de Cartes géographiques par A. Dufour.

Premier volume, contenant : les Turcs et les Russes; la Russie et l'Europe; Sébastopol; la Crimée. 1 beau volume-album, orné de gravures et de cartes, prix, broché : 4 fr. Relié, prix : 6 fr.
Deuxième volume, contenant : Inkermann; Malakoff; Histoire de Pologne. 1 beau volume-album, orné de gravures et de cartes, prix, broché : 4 fr. Relié, prix : 6 fr.
Troisième volume, contenant : Kinburn; le Congrès de Paris; Histoire de Turquie. 1 beau volume-album, orné de gravures et de cartes, prix, broché : 4 fr. Relié, prix : 6 fr.

MÉMORIAL DE SAINTE-HÉLÈNE
ILLUSTRÉ PAR RAFFET ET JANET-LANGE

Première série, par M. le comte de Las Cases, publié avec le concours de M. Emmanuel Las Cases. 1 beau volume-album, orné de 125 gravures, prix, broché, 5 fr. Relié, prix : 7 fr.
Deuxième série, par O'Méara, Antomarchi, E. Las Cases. 1 beau volume-album, orné de 125 gravures, prix, broché : 4 fr. Relié, prix : 6 fr.

ŒUVRES DE WALTER-SCOTT
TRADUCTION DE LA BÉDOLLIÈRE
ILLUSTRÉES PAR JANET-LANGE

Contenant : Quentin Durward, Rob Roy, Ivanhoé, le Capitaine Daigetty, la Fiancée de Lammermoor, le Puritain d'Écosse, la Prisonnière d'Édimbourg, le Pirate, la Jolie Fille de Perth. 2 beaux volumes-album, ornés de 165 gravures, prix, broché : 10 fr. chacun. Relié, prix : 14 fr.

ŒUVRES D'HOFFMANN
TRADUCTION DE LA BÉDOLLIÈRE
ILLUSTRÉES PAR FOULQUIER

Contenant : les Contes fantastiques, les Contes nocturnes, l'Élixir du Diable et les Frères Sérapion. 1 beau volume-album, orné de 126 gravures, prix, broché : 4 fr. Relié, prix : 6 fr.

GÉOGRAPHIE UNIVERSELLE
DE MALTE-BRUN

Illustrée de 350 vignettes par Gustave Doré. — 110 Cartes géographiques coloriées, divisées et dressées par nationalités par A. H. Dufour. Ouvrage terminé et complété jusqu'à nos jours par plusieurs membres de la Société de géographie. 3 beaux vol. in-8°, prix, broché : 45 fr. Relié en demi-chagrin, prix : 55 fr.

LE LIVRE DE LA JEUNESSE
(Première série)
ILLUSTRÉ PAR BERTALL, FOULQUIER ET G. JANET

Cet ouvrage contient : 1° Fables de la Fontaine; 2° Fables de Florian; 3° Fabulistes populaires; 4° Œuvres de Boileau; 5° Histoire de Charles XII; 6° Nouvelles genevoises. 1 beau volume-album, orné de 126 gravures, prix, broché : 4 fr. Relié, prix : 6 fr.

LE LIVRE DE LA JEUNESSE (LES ROBINSON)
(Deuxième série)
ILLUSTRÉ PAR JANET-LANGE, BERTALL ET FOULQUIER

Contenant réunis : Robinson Crusoé, par Daniel Foé; Robinson suisse, par Mme de Montolieu; Robinson américain, par F. Cooper; le Dernier Robinson, par E. de la Bédollière. 1 beau volume-album, orné de 126 gravures, prix, broché : 4 fr. Relié, prix : 6 fr.

ŒUVRES DE COOPER
ILLUSTRÉES PAR BERTALL

Nouvelle traduction par E. de la Bédollière, ornée de 750 gravures. 6 volumes-album, prix, brochés : 24 fr. Reliés, prix : 36 fr.

CHRONIQUES DE L'ŒIL-DE-BŒUF
PAR TOUCHARD-LAFOSSE
ILLUSTRÉES PAR JANET-LANGE

2 beaux volumes-album, ornés de 240 gravures, prix, brochés : 8 fr. Reliés, prix : 12 fr.

MÉMOIRES DE LA BELLE GABRIELLE
SUIVIS DES
MÉMOIRES DU CARDINAL DUBOIS
ILLUSTRÉS PAR JANET-LANGE

Ces deux ouvrages sont reliés en 1 beau volume-album, orné de 125 gravures, prix, broché : 4 fr. Relié, prix : 6 fr.

MÉMOIRES DE MADAME DU BARRI
ILLUSTRÉES PAR JANET-LANGE

1 beau volume-album, orné de 125 gravures, prix, broché : 4 fr. Relié, prix : 6 fr.

MÉMOIRES SUR L'IMPÉRATRICE JOSÉPHINE
PAR Mme G. DUCREST

MÉMOIRES DE Mme DE GENLIS
ILLUSTRÉS PAR JANET-LANGE

Ces deux ouvrages forment 1 beau volume-album, orné de 25 gravures, prix, broché : 4 fr. Relié, prix : 6 fr.

LA CASE DU PÈRE TOM
PAR Mme STOWE
TRADUCTION DE LA BÉDOLLIÈRE

Grande édition de luxe. 1 beau volume grand-jésus vélin, orné de 48 gravures anglaises tirées à part. Relié en mosaïque, doré sur tranche, prix : 10 fr.
Petite édition de luxe. 1 volume in-8°, orné de 8 gravures, broché, prix : 3 fr. Relié en toile, doré sur tranche, prix : 4 fr.
Édition portative. 1 volume in-18 jésus, orné de 9 gravures, broché, prix : 2 fr. Relié en toile, doré sur tranche, prix : 3 fr.

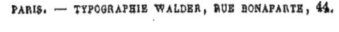

PARIS. — TYPOGRAPHIE WALDER, RUE BONAPARTE, 44.

www.ingramcontent.com/pod-product-compliance
Lightning Source LLC
LaVergne TN
LVHW050650090426
835512LV00007B/1140